中古译经语法研究丛书

《妙法莲华经》语法研究

龙国富 著

商務印書館
创于1897 The Commercial Press

2013年·北京

图书在版编目(CIP)数据

《妙法莲华经》语法研究/龙国富著.—北京:商务印书馆,2013

(中古译经语法研究丛书)

ISBN 978-7-100-09831-1

I.①妙… II.①龙… III.①大乘-佛经 ②《妙法莲华经》-语法-研究 IV.①B942.1 ②H141

中国版本图书馆 CIP 数据核字(2013)第 035046 号

教育部哲学社会科学重点项目(O6JJD740015)
中国人民大学"九八五"项目

中古译经语法研究丛书

MIÀOFǍLIÁNHUÁJĪNG YǓFǍ YÁNJiŪ

《妙法莲华经》语法研究

龙国富 著

商 务 印 书 馆 出 版

(北京王府井大街36号 邮政编码100710)

商 务 印 书 馆 发 行

北 京 市 艺 辉 印 刷 厂 印 刷

ISBN 978-7-100-09831-1

2013年12月第1版 开本 850×1168 1/32

2013年12月北京第1次印刷 印张 15 1/2

定价: 39.00元

目　　录

第一章　绪　论……………………………………………………（1）
　一　鸠摩罗什与《妙法莲华经》……………………………………（1）
　二　从语言学角度看《妙法莲华经》的语言状况…………（5）
　三　从翻译和同经异译的角度看《妙法莲华经》的语言
　　　特色 ………………………………………………………（17）
　四　本研究的理论依据和研究方法 …………………………（28）
第二章　代　词 ……………………………………………………（31）
　一　人称代词 ……………………………………………………（31）
　　1.1　第一人称代词……………………………………………（32）
　　1.2　第二人称代词……………………………………………（37）
　　1.3　反身代词…………………………………………………（62）
　二　指称代词 ……………………………………………………（76）
　　2.1　近指称词…………………………………………………（77）
　　2.2　远指称词…………………………………………………（91）
　　2.3　特指称词…………………………………………………（93）
　　2.4　兼称代词…………………………………………………（97）
　　2.5　逐指称词、旁指称词和不定指称词 ……………………（99）
　三　疑问代词……………………………………………………（107）
　　3.1　询问人 …………………………………………………（108）

3.2　询问事物 ……………………………………… (109)
3.3　询问原因和目的 ……………………………… (111)
3.4　询问状况和方式 ……………………………… (112)
3.5　询问数量和处所 ……………………………… (117)
第三章　数词和量词………………………………… (124)
一　数词………………………………………………… (124)
1.1　基数 …………………………………………… (124)
1.2　序数 …………………………………………… (143)
1.3　分数和半数 …………………………………… (144)
1.4　倍数 …………………………………………… (145)
二　量词………………………………………………… (147)
2.1　名量词 ………………………………………… (147)
2.2　动量词 ………………………………………… (162)
2.3　数词和量词的表达 …………………………… (165)
第四章　情态动词…………………………………… (174)
一　真势情态…………………………………………… (177)
1.1　表示能力 ……………………………………… (177)
1.2　表示可能 ……………………………………… (180)
1.3　表示意愿 ……………………………………… (182)
二　义务情态…………………………………………… (183)
2.1　表示必要 ……………………………………… (183)
2.2　表示应当 ……………………………………… (184)
2.3　表示许可 ……………………………………… (186)
三　认识情态…………………………………………… (186)
3.1　表示当然 ……………………………………… (187)
3.2　表示可能 ……………………………………… (188)

第五章 副 词…………………………………………………(195)
一 时间副词……………………………………………………(195)
1.1 表示时体 ……………………………………………(196)
1.2 表示时长 ……………………………………………(201)
1.3 表示时点 ……………………………………………(205)
1.4 表示时速 ……………………………………………(210)
1.5 表示时频 ……………………………………………(211)
二 范围副词……………………………………………………(221)
2.1 表示总括 ……………………………………………(221)
2.2 表示限定 ……………………………………………(228)
三 程度副词……………………………………………………(232)
3.1 表示高程度 …………………………………………(232)
3.2 表示比较程度 ………………………………………(236)
3.3 表示低程度 …………………………………………(238)
四 关联副词……………………………………………………(240)
4.1 表示承接 ……………………………………………(240)
4.2 表示类同 ……………………………………………(246)
4.3 表示累加和条件 ……………………………………(248)
五 否定副词……………………………………………………(251)
5.1 否定叙述 ……………………………………………(252)
5.2 否定判断 ……………………………………………(256)
5.3 否定祈使 ……………………………………………(257)
六 语气副词……………………………………………………(260)
6.1 表示肯定和强调 ……………………………………(260)
6.2 表示揣度和意外 ……………………………………(264)

6.3 表示疑问和意愿 …………………………………… (266)
6.4 表示祈使和反诘 …………………………………… (268)
七 情状方式副词……………………………………………… (271)
7.1 表示情状 ………………………………………………… (271)
7.2 表示方式 ………………………………………………… (274)
第六章 介词…………………………………………………… (289)
一 介引时间和处所…………………………………………… (289)
二 介引对象、施事、受事和与事…………………………… (297)
三 介引工具和凭借…………………………………………… (303)
四 介引原因和目的…………………………………………… (305)
五 介引排除…………………………………………………… (309)
第七章 连词…………………………………………………… (316)
一 联合关系连词……………………………………………… (316)
1.1 并列连词 ………………………………………………… (317)
1.2 承接连词 ………………………………………………… (322)
1.3 递进连词 ………………………………………………… (325)
1.4 选择连词 ………………………………………………… (327)
1.5 目的连词 ………………………………………………… (339)
二 主从关系连词……………………………………………… (340)
2.1 让步连词 ………………………………………………… (340)
2.2 转折连词 ………………………………………………… (345)
2.3 条件连词 ………………………………………………… (346)
2.4 因果连词 ………………………………………………… (348)
第八章 助词…………………………………………………… (355)
一 结构助词…………………………………………………… (355)

二 语气助词…………………………………………………………(359)
三 其他助词…………………………………………………………(365)
第九章 述补结构……………………………………………………(377)
一 述补结构的产生和判断标准……………………………………(377)
二 "V+动词"述补结构 …………………………………………(381)
三 "V+形容词"述补结构 ………………………………………(388)
四 "V+趋向动词"述补结构 ……………………………………(389)
4.1 "V+趋向动词"述补结构的产生 ……………………(389)
4.2 "V+趋向动词"述补结构的使用 ……………………(393)
第十章 判断句………………………………………………………(400)
一 有标记判断句……………………………………………………(400)
1.1 "也"字式 ……………………………………………………(400)
1.2 "是/为"字式…………………………………………………(401)
二 无标记判断句……………………………………………………(403)
三 特殊判断句………………………………………………………(404)
3.1 特殊判断句的使用 ……………………………………………(404)
3.2 特殊判断句的来源 ……………………………………………(407)
第十一章 处置式……………………………………………………(413)
一 "以"字句…………………………………………………………(413)
1.1 广义处置式 ……………………………………………………(413)
1.2 带"之"字的处置式 ……………………………………………(414)
二 "持"字句…………………………………………………………(416)
2.1 广义处置式 ……………………………………………………(416)
2.2 带"之"字的处置式 ……………………………………………(417)
三 "取"字句…………………………………………………………(418)

3.1 广义处置式 …………………………… (418)
3.2 狭义处置式 …………………………… (418)
四 "将"字句…………………………………… (420)
4.1 广义处置式 …………………………… (420)
4.2 狭义处置式 …………………………… (421)
第十二章 被动式…………………………………… (427)
一 "见"字句…………………………………… (427)
二 "为"字句…………………………………… (429)
三 "为……所"句………………………………… (430)
四 "所"字句…………………………………… (431)
五 "蒙"字句…………………………………… (433)
六 "被"字句…………………………………… (434)
第十三章 疑问句…………………………………… (445)
一 特指问句…………………………………… (445)
二 是非问句…………………………………… (450)
三 反诘问句…………………………………… (454)
四 选择问句…………………………………… (457)
五 特殊疑问形式……………………………… (458)
5.1 特殊疑问形式的使用 ……………………… (458)
5.2 特殊疑问形式的来源 ……………………… (460)
结语…………………………………………… (466)

参考文献 ……………………………………… (473)
后记 ………………………………………… (485)

第一章 绪 论

一 鸠摩罗什与《妙法莲华经》

鸠摩罗什(Kumārajīva 344－413)，又音译为鸠摩罗什婆、鸠摩罗耆婆，略作罗什，意译为童寿，后秦僧人、译经家。罗什祖籍天竺(今印度)，生于龟兹(今我国新疆地区)。罗什的母语是龟兹语，该语言属于印欧语系中 Centum 语组的吐火罗语 B 种，用印度的婆罗米文(Brahmi)书写。[①] 自汉代张骞出使西域始，我国开始了中西文化的交流。特别是西方佛教哲学的东来，为我国的佛教文化的产生奠定了基础，这也为罗什在我国传播佛教文化提供了便利。东晋永和六年(350)，罗什七岁，随母出家，从师受经。据载："(罗什)日诵千偈，偈有三十二字，凡三万二千言。"(《高僧传》卷二)九岁，罗什随母到罽宾(今克什米尔地区)，师从有名的佛教大师盘头达多，修学小乘。十二岁时，罗什入疏勒(今喀什地区)，一边修学大乘，一边寻访古印度的宗教和哲学。十三岁时，罗什随母返抵龟兹，开始他的讲经说法生涯。此后，罗什移居凉州(今甘肃河西地区)。在凉州，他生活了十六年。在这里，他一边收徒传教，

---

① 参见梁慧皎《高僧传》卷二、梁僧佑《出三藏记集》卷十四、丁福保《佛学大辞典》《中国大百科全书》(佛教篇)。

一边学习汉语，广泛接触我国的经史典籍。后秦弘始三年(401)，时年五十八岁的罗什来到长安。在长安，历时十一年，他集佛经翻译、说法和传教于一身，对我国的佛学文化的发展做出了卓越贡献。后秦弘始十五年(413)，罗什去世。据《出三藏记集》记载：罗什共译佛经35部，294卷。罗什从弘始三年至十一年的八年内，与弟子共译出《阿弥陀经》《妙法莲华经》《大品般若经》《维摩诘经》《金刚经》等经和《中论》《百论》《十二门论》《大智度论》《成实论》等论，系统地介绍龙树中观学派的学说。其中，不少经论被中国佛教诸学派和宗派奉为立论建宗的依据。而他于弘始八年(406)译成的《妙法莲华经》八卷，乃为传世之作。

罗什是我国一位著名的佛经翻译家和佛教理论家。他之所以能顺利完成大量高水平的佛经译作，主要是得益于他对印度佛教经典和汉语都有很好的学习和掌握。罗什在中国佛教史上占有重要的地位，影响极为深远。从罗什开始，佛教经典被封建统治阶级正式作为国家的宗教文化事业，由国家提供资金，组织人力，设立僧尼管理机构。罗什译的佛教经典，对中国佛教的宗教哲学和教义的形成有极大的影响，后来中国佛教学派和宗派所依据的重要经典，基本上是这一时期翻译成汉文的。参与罗什译经的弟子达五百人或八百人，从他受学、听法的弟子多至五六千人，对中国佛教学派的形成有着直接的影响。罗什对中国佛学走向独立发展的道路，并形成中国佛学体系，有着不可磨灭的功勋。罗什的译经传教，既促进了中印文化的交流，也对当时我国少数民族与汉族文化交流起了促进作用。(任继愈1985:257-273)

《妙法莲华经》，也称《法华经》，译自梵语Saddharma Puṇḍarīka

Sūtra。[①] 该经共八卷二十八品，六万九千余字。《法华经》与竺法护译《正法华经》、隋阇那崛多、达摩笈多译《妙法莲华经添品》为同本异译。该经是鸠摩罗什应后秦安城侯姚嵩之邀而译得。译经时，他“手执胡经，口译秦语，曲从方言，而趣不乖本”。[②]今本二十八品中，“提婆达多品”为南朝齐达摩摩提译，“普门品”中的重诵偈是阇那崛多译，皆为后人所加。[③]（任继愈 1985：278－279）

《法华经》，用白莲花做比喻，赞美佛法的圣洁、清雅和美好。它的思想主要集中体现“会三归一”。所谓“会三归一”意即三乘归一乘。“三”，指的是声闻、缘觉、菩萨三乘；“一”，指的是大乘，或称佛乘。整部经文，既没有深奥繁冗的理论说教，也少有艰涩难懂、故弄玄虚的语言出现。全经以譬喻和叙述方式，对“会三归一”的思想进行阐释。尤其针对“开权显实”的佛教道理，进行了细腻而又深刻的描述。他在译经和传教中，不仅要求信徒不要满足小乘之果，而且要求他们锲而不舍地穷究“诸法实相”的大乘奥义。整部《法华经》包含以下三大内容：

A. 从《序品》（第一）开始，到《授学无学人记品》（第九），共九品，为一部分。其中，以第二《方便品》为核心，提出大乘佛教“开、示、悟、入”的四字主张，并阐述“三乘归一乘”的中心思想。

B. 从《法师品》（第十）到《嘱累品》（第二十二），共十三品，为一部分。主要运用各种神奇故事，极力赞美《法华经》的伟大功德，大力渲染佛教精神。给大乘佛教增添了不少宗教和神学色彩。

---

① 《祐录》称《法华经》为《新法华经》。本书标题和目录写作“《妙法莲华经》”，正文写作“《法华经》”。

② 参见《祐录》卷八慧观《法华宗要序》、僧叡《法华经后序》。

③ 参见《开元录》卷十一。

C. 从《药王菩萨本事品》(第二十三)到最后《普贤菩萨劝发品》(第二十八),共六品,为最后部分。主要记载几大菩萨成佛的故事。以点代面,赞美《法华经》的精妙殊胜。

概而言之,《法华经》对中国佛教文化的影响深远而又广泛。它与此前所译的《般若经》,其后所译的《大般泥洹经》,构成东晋南北朝时期佛教思想的经典支柱。《法华经》是一部篇幅适当的大乘佛教,也是佛教史上最重要的一部著作。在中国、朝鲜、日本等国家和地区,《法华经》广为传布,对这些国家和地区的佛教思想都有过重大影响。

关于《法华经》的汉、梵版本,据梁僧佑《出三藏记集》和隋费长房《历代三宝记》记载,汉文本共三个:西晋太康七年(286)竺法护译《正法华经》十卷,后秦弘始八年(406)鸠摩罗什译《妙法莲华经》八卷(原亦二十七品,后增为二十八品),以及隋阇那崛多、达摩笈多译《妙法莲华经添品》八卷。在现存的这三个汉译版本中,最通行的译本是鸠摩罗什译《妙法莲华经》八卷二十八品。我们所用的正是此译本,亦即于 1924—1934 年日本高楠顺次郎、渡边海旭主编《大正新修大藏经》本。关于《法华经》的梵文本,根据季羡林的研究,梵文本《法华经》应形成于公元 1 世纪前后,印度大乘佛教开始升起之时。据考究,梵文写本可归纳为三类:19 世纪前半叶,英国霍格森发现的尼泊尔贝叶本;1932 年 6 月,克什米尔发现的基尔基特本,一般认为这是五六世纪时的作品;19 世纪末到 20 世纪初,新疆天山南路的和田发现的中亚细亚本。初步研究,该本为七八世纪时的作品。《法华经》的原本,成书于印度东部,并用纯粹的印度东部古摩揭陀方言写成。季羡林认为,《法华经》的原始经文是几经传抄,再辗转流布到印度西北部,再由印度西北部传入到中亚,最后传入中国和日本。由于几经传抄,《法华经》已经不再是纯粹的原典文经文,而是多种俗语和混合梵文的组合。(季羡林 1985;2007:46-52)依据季羡林先生的观点,产生于印度东部古摩揭陀的《法华经》,比我们现在能看到的版本要早得多。而我们现在所用的版本,是由我国西藏萨迦寺所藏的一个内容完整的贝叶写本,由蒋忠新编注,中国社会科学出版社 1988 年出版。该贝叶写本完成于我国宋代元丰五年二月十五日(1082)。目前,多数学者使用此梵文本。当然,可参考的梵文版本还有狄原云来、土田胜弥编《改订梵文法华经》,山喜房佛书林(东京),1934—1935 年。

二 从语言学角度看《妙法莲华经》的语言状况

佛典,广而言之,有梵文佛典、汉文佛典、藏文佛典和巴利文佛典。无疑,不同的佛典必然有着不同的语言风貌。因为汉译佛经基本来源于梵文佛典,因此必定保留原典文语言的痕迹,并能反映出译师语言特色的一面。《法华经》译自梵文佛典,有着梵文佛典的痕迹和译师罗什的语言特征。初步研究发现,译本《法华经》中的语言,总体上属于中土汉语语言,具有中土文献的语言特征。当然,在文体、句读、句法、修辞、构词等方面,也存在与中土文献不同的地方。下面,我们从语言学的角度对《法华经》的语言状况从以下八个方面进行阐述:

A. 文体上,以四字格为主。

魏晋时期,凡中土文献,均以政论散文见长。此类散文,不但语句雄奇疏宕,句式长短交错,而且外现诗意俊美,内蕴感情真挚。而当时的汉译佛经,如与之相比,却是别具一格。汉译佛经语言,既不讲究语句的雄奇俊美,也不追求句式的错落有致。南北朝时期，凡中土文献，骈文盛行，四、六字句式常见。既讲究对仗工整，运用平仄，韵律和谐，又注重藻饰和用典。而此时的汉译佛经却是另一番模样。既不讲究对仗工整，也没运用到平仄和押韵。但凡汉译佛经语言，好用独具特色的“四字格”。可以说，在汉译佛经，尤其是在西晋以后的汉译佛经中，“四字格”语言极为盛行。表现为：四字一格，两字一顿。虽讲求节律，但并不押韵，也不对仗。这种语言的特点：节奏明快，朗朗上口；易于诵读，易于记忆。

B. 句读上，节律和文法不一致。

汉译佛经有散体和偈颂之分。在句读上，无论是散体还是偈颂，都有节律句读与语法句读不一致的特点。以散体为例，就说中土骈体文，凡四字一句或六字一句，节律句读与语法句读基本一致。而在汉译佛经中，虽然也是严格按四字一格、两字一顿的节律来读，但句义的理解，却并不能依节律的停顿而停顿。如果单纯依据节律句读来理解汉译佛经中的句子，那必然会有断章取义的嫌疑。如：

(1) 我从昔来，终日竟夜，每自克责，而今从佛，闻所未闻，未曾有法。(10c)①

此例中，从节律上看，“每自克责”先是“每”与“自”合为一顿，“克”与“责”合为一顿，后是两顿合一，成为四字格。从意义上看，“每自克责”的句读却应该为“每/自克责”，“自”属下。“每自克责”，指“经常克责自己”，译自梵文 ātmaparibhāṣa。ātmaparibhāṣa 是由 ātma（自己）和 paribhāṣa（责骂）组成的复合词，表示“克责自

① 数字来源于1934年日本《大正新修大藏经》的页码，字母是该经的栏目，上、中、下三栏分别用 a、b、c 标注。下同。

己”的意思，“自克责”是一个反身代词前置的动宾结构，反身代词宾语“自”与副词“每”不发生语法关系。同样，如果我们光依据语义句读去阅读经文，也必然会理解不畅。在偈颂部分，一般用的是五言或七言。表面上看，这似乎跟中土诗歌并无两样，中土诗歌通常也有五言或七言的表达形式。但实际上，二者并不相同。其表现，中土文献中，虽然也是五言或七言一行，但一行便能表达一个完整的意思。而汉译佛经中，虽然也是五言或七言一顿，但并不一定是一个完整的句子，也并不一定能够表达一个完整的意思。只有继续往下读，才有可能将一个完整的意思理解透彻。如：

(2) 舍利弗来世，成佛普智尊。(11c)

从此例看，前五言中，“舍利弗”是呼语，“来世”是时间词。此五言不成句，需要连读下五言才成句。这种情况，在汉译佛经的偈颂部分较为普遍，这也正是汉译佛经与中土诗歌的不同之处。

C. 句法上，存在从梵文佛经直译而来的结构。

在汉译佛经中，通常会有一些从梵文佛经直译的结构出现。这些因直译而来的结构又往往在使用频率或表达上与中土文献的表达不符。汉语中，倘若是受事做宾语，那么这种宾语主要还是出现在谓语动词之后。从上古到中古，虽然中土文献也有受事做主语的情况，如《孟子·尽心下》中的“来者不拒”。但总归是少数，而汉译佛经中则普遍出现受事主语句。《法华经》中，受事主语句有两种情况：

a. 只出现受事主语，施事主语隐藏。如：

(3) 驷马宝车，栏楯华盖，轩饰布施。(3a)

(4) 肴膳饮食，百种汤药，施佛及僧。(3b)

这一类句式的结构是“受事主语＋动词(＋对象宾语)”。下面，我们来看例(4)的梵汉对勘：

(4') khādyaṃ ca bhojyaṃ ca tathānnapānaṃ
肴膳 和 食 和 饮食

gilānabhaiṣajya bahū analpakam vastrāṇa koṭīśata te
汤药 无数 众 衣服 无数 此

dadanti//(12 页)[①]

施(诸菩萨向佛)

(施舍肴膳、饮食、无数汤药、无数衣服。)

对勘发现，梵文是“受事宾语＋动词”语序，四个受事宾语“肴膳”“饮食”“汤药”“衣服”都位于动词“施”之前。依原文语序翻译成汉语之后，受事宾语仍然在动词之前面，梵文中的受事宾语转变而成为汉语中的受事主语。

b. 受事与施事共同出现在谓语前面。如：

(5) 如是我闻。(1c)

(6) 尔时世尊，四众围绕，供养恭敬，尊重赞叹。(2b)

这一类受事主语句的语序为“受事＋施事＋动词”。在中土文献中，这类与施事共现的受事句也有存在，但一般会在动词后面出现一个表回指宾语的“之”。有的学者把此句式叫“话题句”。当然，在这种语境下，并不排除有不带“之”的情况，但却需要有一些附带条件来做铺垫。如“蟾蜍含受，神龙吐出。”(《三国志·魏书》引《魏略》)。根据语境，“蟾蜍含受”是一个名词结构，指蟾蜍含受

① 梵文出自蒋忠新编注《梵文〈妙法莲华经〉写本》，中国社会科学出版社，1988 年。又参照荻原云来、土田胜弥编《改订梵文法华经》，山喜房佛书林(东京)，1934—1935 年。以下梵文同此。

之物。

下面，我们将例(5)、(6)予以对勘：

(5') evaṃ mayā śrutam//(3 页)

如是 我 闻

(我闻如是。)

(6') bhagavāṃś catasṛbhiḥ parṣadbhiḥ parivṛtaḥ

世尊 四 众 围绕

puraskṛtaḥ satkṛto gurukṛto mānitaḥ pūjitaḥ arcitaḥ

敬重 礼拜 尊重 恭敬 供养 赞叹

apacāyito//(5 页)

敬重

(这时四众弟子围住世尊，大家都敬重他、礼拜他、供养佛、赞叹他。)

梵文是屈折语，它的语序是宾语＋主语＋谓语。宾语一般由受事充当，主语一般由施事充当。英语和日语都有这样的语序。而 3 世纪到 6 世纪的古代汉语，其语序是主语＋谓语＋宾语。如果按照梵文的语序直译，则汉语变成了受事主语句。汉语中虽然早有受事主语句，但数量极为有限。而梵文翻译在客观上造成了汉译佛经中普遍使用受事主语句。

定语后置现象普遍出现。汉语的定语一般在所修饰的名词之前，古汉语中存在极少量的定语后置现象，但需要有“之”“者”等形式标识。如“石之铿然有声者，所在皆是也”。而《法华经》中，定语置于名词之后的现象很常见。如：

(7) 但念空、无相、无作，于菩萨法，游戏神通，净佛国土，成就众生，心不喜乐。(16b)

此例的意义为“我们只诵读世尊演说的空性、无相、无愿之法，不会在游戏神通、净佛国土、成就众生的诸佛法方面有爱好”。罗什把修饰中心词“菩萨法”的三个定语“游戏神通、净佛国土、成就众生”后置。这种情况的产生与梵文佛经直译有关。下面是例(7)后半部分的原典梵文：

(7’) na asmābhiḥ eṣu buddha-dharmeṣu
不 我们 这些 佛法
buddha-kṣetra-vyūheṣu vā bodhisattva-vikrīḍiteṣu vā
庄严佛土 或 菩萨乐园 或
tathāgata-vikrīḍiteṣu vā spṛhotpāditā//(94 页)
如来乐园 或 渴望产生

(我们不会在庄严佛土、菩萨乐园、如来乐园的诸佛法中产生渴求。)

buddha-dharmeṣu buddha-kṣetra-vyūheṣu bodhisattva-vikrīditeṣu tathāgata-vikrīditeṣu，这四个复合词都属于依主释形式，介宾短语做状语。buddha-kṣetra-vyūheṣu bodhisattva-vikrīditeṣu tathāgata-vikrīditeṣu 这三个复合词修饰中心词 buddha-dharmeṣu。梵文的语序是“中心词(于诸法)+定语(庄严佛土、菩萨乐园、如来乐园)”，罗什的翻译是梵文佛经的直译。

《法华经》中，除了受事主语句和定语后置受梵文直译的影响以外，还有“特殊判断句”(参见第十章)和“特殊疑问形式”等句式(参见第十三章)也受梵文直译的影响。这类句式在句法上能体现汉译佛经独有的语言特色。这些句式的使用频率大量增加是语言接触所诱发的语法化产生的动因。它是模型语中大量的使用模式被复制在复制语中的一种产物。(Heine & Kuteva 2003：529 -

572)

D. 修辞上，着力并列铺排。

并列铺排，就是让多个同义或近义的词，或以堆砌的方式，或以排列的方式，使之形成一种铺排式的修辞形式，以求达到渲染的效果。在汉语的表达上，人们历来讲求修辞的运用效果。但在使用当中，如果需要选用名词、动词或形容词来表现修辞手法，却往往只在具有相同意义的众多词中选取一个来表达，而极少选用多个同义的名词、动词或形容词来并列铺排。而在《法华经》中，这种并列铺排的情形随处可见。如：

(8) 于最后身得成为佛，名曰光明如来、应供、正遍知、明行足、善逝、世间解、无上士、调御丈夫、天人师、佛、世尊。(20b)

(9) 我此弟子摩诃迦叶，于未来世当得奉觐三百万亿诸佛世尊，供养、恭敬、尊重、赞叹，广宣诸佛无量大法。(20b)

再看如下的梵汉对勘：

(8’) sa paścime samucchraye avabhāsa prāptāyāṃ
此 最后 身 普照 获得

lokadhātau mahāvyūhe kalpe raśmi-prabhāso nāma
世间 大庄严 等同 光明 名

tathāgato ‘rhan samyaksaṃbuddho loke bhaviṣyati
如来 应供 正遍知 世界 将是

vidyācaraṇa-saṃpannaḥ sugato lokavid anuttaraḥ puruṣa
明行足 善逝 世间解 无上 士

damya-sārathiḥ śāstā devānāṃ ca manuṣyāṇāṃ ca
调御士 调御 帝释 或 丈夫 或

buddho bhagavān//（129 页）

佛 世尊

“光明”“如来”“应供”“正遍知”“明行”“足善逝”“世间解”“无上士”“调御丈夫”“天人师”“佛”“世尊”，都指的是同一个对象“如来”。从汉语的视角看，这样的排列，很难排除语言拖沓、冗长之嫌。但这在梵文里，却是一种绝妙的表现手法。这是因为，只有这样，才能竭尽全力地体现出如来的法力无边和神通广大，才能触发人们对他的敬仰之情。下面，是例(9)中一组由“恭敬”“尊重”和“赞叹”排列而成的原典梵文：

（9'）ayaṃ mama śrāvakaḥ kāśyapo bhikṣus triṃśato

此 我 弟子 迦叶 乞请 三十

buddha koṭī sahasrāṇām antike satkāraṃ kariṣyati /

佛 万亿 千 所 供养 作

gurukāraṃ mānanāṃ pūjanāṃ kariṣyati / teṣāṃ ca

恭敬 尊敬 赞叹 作 此

buddhānāṃ bhagavatāṃ saddharmaṃ dhārayiṣyati//（129 页）

佛 世尊 法 受持

此例句中的 gurukāraṃ、mānanāṃ 和 pūjanāṃ，都属于同格形容词的并列铺排。这是重复使用复合词，并大量进行修饰和铺张的一种表达方式。这样的表达，意在达到一种强烈的修辞效果。这样的修辞，显然带有很强的夸张色彩。尽管，在梵文中这种铺排现象最为常见，但在汉译佛经中这种现象却已相对减少。其原因，大概是受到了汉语语法规则的约束。从对勘看，罗什在翻译佛经时，或者采取删减的方式，或者采取稍做改动的方式，力求使原本重复而又繁冗的词汇简化而成为简短而又精练的语言。显然，这是汉译佛经语言在句法上的一种突破，也是罗什译经语言的独到之处。如：

(10) śāriputra iha syāt kasmiṃścid eva grāme vā
舍利弗 此时 国土 或

nagare vā nigame vā janapade vā janapada-pradeśe vā
国土 或 城 或 城 或 聚落 或

rāṣṭre vā rājadhānyāṃ vā gṛhapatir jīrṇṇo vṛddho
聚落 或 国土 或 边际 长者 老

mahallako anuprāpta āḍhyo mahādhano mahābhogoḥ //(67-
老 老 财富 无量财富 无量财富

68页)

(舍利弗，有个村邑，有位老者有无数财富。)

在梵文里，上例中表示"村邑"意义的名词出现了八个同格复合词，表示"年老"意义的同格名词用了三次，表示"财富多"意义的同格名词出现两次。但罗什却将它译为："舍利弗，若国邑聚落，有大长者，其年衰迈，财富无量。"(12b)显而易见，译文相对梵文而言，既简单又明了。经调查，《法华经》中，对于梵文中同义铺排的同格复合词，大多进行过删减。就是有一些翻译过来的铺排的表达式，也是做过一些删繁就简的工作的。

E. 语体上，口语色彩浓厚。

《法华经》的语言，带有浓厚的口语色彩。主要表现在：

第一，口语对话突出。如：

(11) 尔时诸梵天王，偈赞佛已，各作是言："唯愿世尊转于法轮，度脱众生，开涅槃道。"时诸梵天王，一心同声，而说偈言："世雄两足尊，唯愿演说法，以大慈悲力，度苦恼众生。"(23b)

(12) 有一导师,聪慧明达,善知险道,通塞之相,将导众人,欲过此难。所将人众,中路懈退,白导师言:"我等疲极而复怖畏,不能复进,前路犹远,今欲退还。"导师多诸方便,而作是念:"此等可愍,云何舍大珍宝而欲退还?"作是念已,以方便力于险道中过三百由旬,化作一城,告众人言:"汝等勿怖,莫得退还。今此大城,可于中止,随意所作。若入是城,快得安隐;若能前至宝所,亦可得去。"是时,疲极之众,心大欢喜,叹未曾有。我等今者,免斯恶道,快得安隐。于是众人,前入化城,生已度想,生安隐想。尔时导师知此人众,既得止息,无复疲惓,即灭化城,语众人言:"汝等去来,宝处在近,向者大城,我所化作,为止息耳。"(25c)

(13) 尔时长者将欲诱引其子,而设方便,密遣二人形色憔悴无威德者:"汝可诣彼徐语穷子:'此有作处,倍与汝直。'穷子若许,将来使作,若言:'欲何所作?'便可语之:'雇汝除粪,我等二人亦共汝作。'"时二使人即求穷子,既已得之,具陈上事。(17a)

第二,口语疑问句常见。如:

(14) 得大势,于意云何? 尔时常不轻菩萨岂异人乎? 则我身是。(51a)

(15) 于意云何? 是诸世界,可得思惟校计知其数不?(42b)

(16) 世尊分身所在国土灭度之处,当广说此经。所以者何? 我等亦自欲得是真净大法,受持、读诵、解说、书写而供养之。(51c)

"于意云何"是当时最为直接、最为常见的口语疑问句式,相当于“怎么样”。(志村良治 1995:45-46)“所以者何”相当于口语词“为什么”。“于意云何”这种带有极浓口语色彩的疑问成分,在《法华经》中共有 11 例,而“所以者何”在《法华经》中多达 37 例。

第三,在叙事和说理文段中,普遍带有口语词。如:

(17) 迦叶当知,如来是诸法之王,若有所说,皆不虚也。于一切法以智方便而演说之。其所说法,皆悉到于一切智地。如来观知一切诸法之所归趣,亦知一切众生深心所行,通达无碍。又于诸法究尽明了,示诸众生一切智慧。(19a)

这一文段中的口语词汇有“演说”“到于”“观知”“归趣”“明了”等。由于语言带有浓厚的口语色彩,因而一些与之相适应的新的词汇应运而生。《法华经》中新的口语词汇如:表示疑问的疑问词“所以者何”“云何”等;表示事理之间时间相隔短暂的虚词“随次”“随后”“次第”“寻便”“即寻”等;实词“作”“止住”“著”“求”“进”“言”“真实”“遍覆”“懈怠”“欢喜”“随宜”“清凉”“丰足”“充润”,等等。又由于语言带有浓厚的口语色彩,因而一些与之相适应的新的语法现象也应运而生。如:“独”产生“完全”义的新用法,“作”出现有在动词性体词前面表泛指行为的用法。

F. 构词上,复合词使用频繁。

在构词方面,《法华经》中复合词使用频繁。《法华经》中的复合词,通常以两个音节为主,以三个音节为辅。复合词的使用范围,不仅涉及名词、动词和形容词等实词,而且涉及代词、副词和连词等虚词。如名词,上古单用的“志”,该经用复合词“志意”;上古单用的“色”,该经用复合词“形色”;上古单用的“人”,该经用“人民”。如人称代词,上古单用的“我”“汝”,该经用“我等”“汝等”。如动词,上古单用的“醒”,该经用“醒悟”,上古单用的“诱”,该经用“诱引”。如形容词,上古单用的“劣”,该经用“下劣”;上古单用的“少”,该经用“少壮”;上古单用的“老”,该经用“老大”。如副词,上古单用的“独”,该经用“独自”;上古单用的“各”,该经用“各自”;上古单用的“相”,该经用“互相”。《法华经》全文仅七万字,而其复合词却有三万字之多,约占全文字数的42.8%。可见复合词在《法华经》中的使用已形成规模。

G. 属性上,词类已初步成形。

上古汉语中,因以单音词为主,体用同辞现象很突出,所以同一个词形往往具有几个意义或几种词性。这些词常以兼类为主,没有明显的词类划分。《法华经》中,词类已初步成形。如:“军”,上古时,既可以做名词,也可以做动词。做动词如《国语·晋语》“军于庐柳”中的“军”,韦注:“军,屯也。”而在《法华经》中,“军”却已基本双音化,并成为名词,如“将军”“魔军”“军阵”“军众”“军马”等。如“雨”,在上古时,名词和动词兼而用之,词类很不确定。而在《法华经》中,“雨”做动词时仍是单用,如:“适坐此座,时诸梵天王,雨众天华,两百由旬。”(22b)而做名词时,却有由名词或数量修饰的复合词,如“法雨”“云雨”“一雨”“一味雨”等。显然,《法华经》中,名词和动词的词性都已有明确的分工,界限分明。又如“王”,上古时,也是名词和动词二者兼用。而在《法华经》中,“王”已经不用作动词,而只用作名词,且为复合词,如“法王”“王子”“王位”“天王”“国王”“王者”“大王”“魔王”“父王”等。在汉译佛经中,如果“王”要做动词,必须在“王”前面加上动词“作”。

之所以说汉译佛经中的词类已基本成形,是因为已经发生了以下一些变化:第一,名词、代词、动词、形容词、副词的分工已经基本明确。第二,复合名词、复合代词、复合动词、复合形容词和复合副词的发展迅速,使用已经非常普遍。第三,只能充当主语、宾语和定语的名词性复合词普遍增多,如"过去""导师""金色""光明""宫殿""光曜""人民"等;只能做动词性复合词的词类有增无减,如"供养""普照""决疑""演说""开悟""行施""照耀""欢喜""踊跃""纳受""减少""推寻""成就"等;只能做形容词性复合词的词类频繁出现,如"聪慧""明志""真实""旷远"等;只能做状语的副词比比皆是,如"寻时""则时""次第""寻即""当即""应时""数数""随即"等;只能做复数的代词与单数代词争相抗衡,如人称代词"我等""汝等",如指示代词有"是等""此等""彼等"。显然,这诸多词类的成形,形成了《法华经》语言的一大特色。从《法华经》及其他的汉译佛经看,这种词类的成形,跟四字格形式的汉译佛经文体密不可分。

H. 组合构词上,同义并列构词普遍使用而语序随意。

在《法华经》中,出现有很多的双音节同义并列构词(其他汉译佛经也有类似情况)。这些词不但搭配自由、语序随意,而且结构松散,尚未凝固成形。一旦将这类同义并列构词拆开,便可成为两个音节词,要么同义,要么近义。不管语序如何颠倒,这些词都不会影响语义的表达效果。在《法华经》中,该特征在各词类中都有出现,但以副词最为突出。如:既有"皆悉",又有"悉皆";既有"即便",又有"便即"。下面各章节词法中,我们将会对该类情况进行更为具体的分析。

三 从翻译和同经异译的角度看《妙法莲华经》的语言特色

《法华经》是一种翻译文献,从翻译的角度看,它有着跟原典梵文佛经既有同又有异的语言现象。对其进行研究，有必要采用梵汉对勘的方式。[①]梵汉对勘，简而言之，就是将梵本中原有的文字与译本中现有的文字一一对照，从中发现二者的相同和不同之处。

据《晋书·姚兴载记》，罗什译经时，"两释异音，交辩文旨"，"胡音失者，正之以天竺"（此处"天竺"，指梵文）。在翻译时，罗什力求译文忠实于原文。据我们调查，《法华经》译本中的语言，与梵文《妙法莲华经》（民族文化宫图书馆收藏的尼泊尔写本）基本一致。语言的精确率非常地高。如：

（1）atha sa bhagavāṃś candrasūryapradīpas tathāgato
尔时 这 佛 日月灯明 如来

'rhan samyaksaṃbuddhaḥ ṣaṣṭīnnām antarakalpānām atyayāt
应供 正等觉 六十 小劫 经历

taṃ saddharmapuṇḍarīkaṃ dharmaparyāyaṃ sūtrāntaṃ
此 妙法莲华 经 经

mahāvaipulyaṃ bodhisattvāvavādaṃ sarvabuddhaparigrahaṃ
大弘方广 教菩萨法 一切佛所护念

nirdiśya tasminn eva kṣaṇe parinirvāṇam ārocitavān
说 此 即 刹那间 须臾 告

sadevakasya lokasya samārakasya sabrahmakasya saśramaṇa
有天 世间 诸魔 诸净梵 沙门

① 关于梵汉对勘的原本和译本，前文已经说过，原文是 1082 年的梵文本，译本是后秦（公元 406 年）鸠摩罗什译的《法华经》本。虽然两个本子相差 600 多年，但是，对勘之后我们发现二者的内容是基本一致的。这是一种有价值的对勘。

brāhmaṇikāyāḥ prajāyāḥ sadeva mānuṣāsurāyāḥ purastāt
婆罗门 世间 天人 阿修罗 现前
adya bhikṣavaḥ asyām eva rātryāṃ madhyame yāme
今日夜 愿望 此 即 夜 中间 初夜
tathāgato ‘nupadhiśeṣe nirvāṇadhātau parinirvāsyati//(18 页)
如来 无余 涅槃 当入

(日月灯明佛讲说《法华经》,一共历时六十小劫。此法是教化大乘菩萨的无上法门,常受诸佛的护持与关怀。日月灯明佛经过六十小劫说完此经,就在梵、魔、沙门、婆罗门、及天、人、阿修罗众中宣布:今天夜里,如来将入于涅槃。)

罗什译:是时日月灯明佛从三昧起,因妙光菩萨、说大乘经,名妙法莲华,教菩萨法,佛所护念,六十小劫不起于座。时会听者亦坐一处,六十小劫身心不动,听佛所说,谓如食顷。是时众中,无有一人若身若心而生懈倦。日月灯明佛,于六十小劫,说是经已,即于梵、魔、沙门、婆罗门、及天、人、阿修罗众中,而宣此言:“如来于今日中夜,当入无余涅槃。”(4b)

对勘显示,总体上,译文语义基本与梵文保持一致,语法规则基本符合汉语。当然也有个别地方,在文字、语法和语意等方面与梵文存在一些差异。如:

(2) tasya ca puruṣasya bahavaḥ kumārakāḥ syuḥ
此 长者 许多 童子
pañca vā daśa vā viṃśatir vā sa ca puruṣo nirdhāvitaḥ
五 或 十 或 二十 或 此 长者 走出
syāt tasmān niveśanāt//(68 页)
此 宅

（长者走出了此宅，而长者诸子，或者是五个，或者是十个，或者是二十个，都在此宅中。）

罗什译：长者诸子，若十、二十，或至三十，在此宅中。（12b）

此例句中，梵文的数字是“五”“十”和“二十”，而译文却变成了“十”“二十”和“三十”。这种情况的出现，可以引出多种猜测，抑或是鸠摩罗什依据的不是此写本，而是其他重抄本。抑或罗什依据的不是梵本，而是胡语。抑或是采用意译或者沿用传统译法。

对于佛经翻译，罗什提倡意译，不过他的意译是非常矜重的。对于原文，亦非常忠实。严格意义上说，多采取直译和意译相结合的方式，有时甚至只取直译。直译时，一般是名词，或者是易于理解的单句。如：“及见诸天人，龙神夜叉众，乾闼紧那罗，各供养其佛。”（4c）就是照梵文直译而来。如：

（3）devā manuṣyās tatha nāga-yakṣā gandharva
天 人 此 龙 夜叉 乾闼婆

tatra-asura kiṃnarāś ca/ ve ca abhi yuktāḥ sugatāna
那 阿修罗 紧那罗 及 及 求 佛

pūjayā//（21页）
供养

（天、人、龙神、鬼神、天神、紧那罗，求佛供养。）

梵文中，有一种反复使用同格词的情况。尤其是在进行心理活动描写时，这种情况更为突出。如：（梵文中的隔开符“-”由笔者所加，下同）

（4）atha khalu tāś caturaḥ parṣado bhikṣu-bhikṣuṇ-
尔时 此 四 众 比丘-比丘尼-

yupāsa- kopāsikā deva- nāga- yakṣa- gandharva asura- garuḍa-
优婆塞-优婆夷 天 龙 夜叉 乾闼婆 阿修罗-迦楼罗-

kiṃnara- mahoraga- manuṣya amanuṣyā āyuṣmataḥ śāriputrasya
紧那罗-摩睺罗伽-人 非人 尊者 舍利弗

idaṃ vyākaraṇam- anuttarāyāṃ samyaksaṃbodhau bhagavato
受记-无上 正觉 佛

'ntikāt saṃmukhaṃ śrutvā tuṣṭā udagrā āttamanasaḥ
于 面前 见闻已 欢喜 欢喜 欢喜

pramuditāḥ prīti- saumanasya- jātaḥ//(66 页)
欢喜 大-欢-喜-生

（这时，四众弟子即比丘、比丘尼、优婆塞、优婆夷，以及天龙八部诸天、龙神、夜叉、乾闼婆、阿修罗、迦楼罗、紧那罗、摩睺罗伽等参加法会的大众，看见舍利弗在释迦牟尼佛前，接受无上圣智的记号，并成为华光如来。他们个个欢欣鼓舞，激动不已。）

这是对四部众在见到舍利弗受记时的心理活动所进行的一番描写。罗什译文：尔时四部众，比丘、比丘尼、优婆塞、优婆夷、天、龙、夜叉、乾闼婆、阿修罗、迦楼罗、紧那罗、摩睺罗伽等大众，见舍利弗于佛前受阿耨多罗三藐三菩提记，心大欢喜，踊跃无量。(12a)

梵文中，一连出现五个表示心理活动的词：tuṣṭā（欢喜）udagrā（欢喜）āttamanasaḥ（欢喜）pramuditāḥ（欢喜）saumanasyaḥ（欢喜）。罗什在翻译时，却把 uṣṭā（欢喜）、udagrā（欢喜）、āttamanasaḥ（欢喜）、pramuditāḥ（欢喜）四个词仅译作“踊跃无量”。“踊跃”有“激动”和“狂喜”的意思。梵文中连续出现的五个同义词（近义词），意在表达四部众在见到舍利弗于佛前受记时的无限欢喜之情。在此，罗什采用汉语中表程度的形容词来修饰动词的方式，将四部众的欢喜情状翻译成“心大欢喜，踊跃无量”。又如：

（5）mahac ca asya niveśanaṃ bhaved ucchritaṃ ca
大 及此 聚落 有 高大 及
vistīrṇṇaṃ ca cirakṛtaṃ ca jīrṇṇaṃ ca dvayor vā
广大 及 久 及 旧 及 二 或
trayāṇāṃ vā caturṇāṃ vā pañcānāṃ vā prāṇi-śatānām
三 或 四 或 五 或 众生 百
āvāsaḥ/ eka-dvāraṃ ca tan niveśanaṃ bhavet//（68 页）
住 唯门 此 家 有

（在一个宽大而古老的宅子里，有二三百乃至四五百人止住其中，而却只有一道门。）

罗什译：其家广大，唯有一门，多诸人众，一百二百，乃至五百人，止住其中。(13c)这是对住宅中众生的数量进行描写，梵文是对所有数目一一列举：“或二百、或三百、或四百、或五百”。而汉译佛经却是“一百二百，乃至五百人”。中间的“三百”和“四百”直接省略，而在二百之前加上“一百”，在“五百”之前加上连接词“乃至”。显然，这与汉语的表达方式极为吻合。在数词的表达上，汉语正是采取这种不逐项列举，而取其首尾来代表全部的表达方式。其优点，语言精练，言简意赅。

上文是通过对勘《法华经》译本与其梵本，对其译经的语言状况进行观察。下面，再将罗什的译经与他人的同经异译进行对照，以便发现罗什译经语言的独特性。对照的译品有：罗什译《法华经》与西晋竺法护译《正法华经》；罗什译《小品般若波罗蜜经》与东汉支谶译《道行般若经》；罗什译《维摩诘所问经》与三国吴支谦译

《维摩诘经》;罗什译《思益梵天所问经》与北魏菩提留支译《胜思惟梵天所问经》。这些相对照的汉译佛经都是同经异译。通过对照罗什译《法华经》与西晋竺法护译《正法华经》,我们发现,罗什的译经在语言表达上具有以下三个特征:

第一,逻辑严密,结构紧凑。

罗什的译经语言,不但上下语句具有严密的逻辑,而且上下文之间以及段落之间的衔接也极为紧凑。以梵文为基础,我们将竺法护的译文与罗什的译文做如下比照:

(6) atha khalu bhagavāṇ samṛtimān saṃprajānas

此时 世尊 正念 · 正念

tataḥ samādher vyutthitaḥ vyutthāya āyuṣmataṃ śāriputram

然后 三昧 出 出 尊者 舍利弗

āmantrayāmāsa / gambhīraṃ śāriputra durdṛśaṃ duranubodhaṃ

告 深 舍利弗 难见 难解

buddhajñānaṃ tathāgatair arhadbhiḥ samyaksaṃbuddhaiḥ

智慧 佛 罗汉 正等觉

pratividdhaṃ durvijñeyaṃ sarvaśrāvakapratyekabuddhaiḥ tat

觉知 难知 一切声闻辟支佛

kasya hetoḥ bahubuddha- koṭīniyuta- śata- sahasra- paryupāsitāvino

为什么 无数 亿万 百千 供养

śāriputra tathāgatā- arhantaḥ samyaksaṃbuddhā bahubuddha-

舍利弗 佛 罗汉 正等觉 无数

koṭīniyuta- śatasahasra- cīrṇṇacaritāvino 'nuttarāyāṃ samy-

亿万 百千 尽行 无上

aksaṃbodhau dūrānugatāḥ kṛtavīryā āścaryādbhutadharma-

正等觉 深 勇猛精进 奇特未曾有法

samanvāgatā durvijñeyadharma- anujñātāvinaḥ//（30页）

成就 难知的法 随意所说

（这时，世尊结束禅定。然后，他告诉舍利弗：诸佛的智慧深奥无比，难解难入，所有声闻、辟支佛二乘之人不得知晓。为什么能成为佛？是他曾亲近供养过成百上千、数万数亿以至无量无数的佛，并尽行诸佛无量种道法，勇猛无畏，精进不怠，成就了前所未有的深妙法门。佛随宜说法，所说法义微妙难解。）

此段梵文，围绕着"佛法无边"这一主题展开论述。先提出中心论点："诸佛的智慧深奥无比"，再用"为什么"引出疑问，然后解释佛法深奥的原因。比较罗什和竺法护对该段梵文的翻译：

竺法护译：于是世尊从三昧觉，告贤者舍利弗："佛道甚深，如来、至真、等正觉，所入之慧难晓难了，不可及知。虽声闻、缘觉，从本亿载所事归命，无央数劫造立德本，奉遵佛法，殷勤劳苦，精进修行。尚不能了，道品之化。"（西晋竺法护译《正法华经》卷一）

罗什译：尔时世尊从三昧安详而起，告舍利弗："诸佛智慧甚深无量，其智慧门难解难入，一切声闻、辟支佛所不能知。所以者何？佛曾亲近百千万亿无数诸佛，尽行诸佛无量道法。勇猛精进名称普闻，成就甚深未曾有法。随宜所说，意趣难解。"（《法华经》卷一）

显然，竺法护的翻译，虽然说理透彻，语义准确，但其逻辑不够严谨，结构偏于松散。这种译文，既不利于诵读，也不便于理解和记忆。而罗什的翻译，以意译结合直译的方式，继承了梵文的优点。先提出论点"佛法深奥"，再用一个疑问句"所以者何"进行发问，然后做出回答。罗什的翻译，结构上基本与梵文保持一致，并且与梵文比,其逻辑更为严密,其结构更为紧凑。罗什的翻译,易于诵读,易于理解和记忆。

第二,文字简练,措辞恰当。

东晋时,道安主张"胡经委悉,至于叹咏,丁宁反复,或三或四,不嫌其烦,而今裁斥"的翻译方法。[①]而罗什译经,文字但求简洁,措辞但求恰当。下面取其描写人物动作或行为的一段译文,与梵文进行对勘:

(7) adhyavasitā hy amī satvāḥ pañcasu kāmaguṇeṣu
贪 (表原因)此 众生 五 贪欲
traidhatukaratyām aparimuktā jāti- jara- avyādhi- maraṇa- śoka-
三界 不被解脱 生 老 病 死 忧
parideva- duḥkha- daurmanasya- upāyā- sebhyo dahyante pacyante
悲 忧恼 忧恼 苦恼 被烧 被烧
tapyante paritapyante / anirdhāvitās traidhātukād ādīpta- jīrṇṇa-
被烧 被烧 不出 三界 被烧 老
paṭala- śaraṇa- niveśana- sadṛśāt katham ete buddhajñānaṃ
被覆 救护 舍宅 犹如 怎能 此 佛之智慧
paribhotsyante//(72 页)
悟

(诸众生贪恋五欲,未能摆脱生老病死忧悲苦恼,犹如三界舍宅被火所烧,怎么能悟得到佛的智慧呢?)

罗什译:是诸众生,未免生老病死、忧悲苦恼,而为三界火宅所烧,何由能解佛之智慧?(13b)

---

① 参见东晋道安《摩诃钵罗若波罗蜜经抄序》,载僧佑《出三藏记集》。

梵文描写的是众生因贪著五欲而不被解脱，犹如三界舍宅被火所烧时的情景。为了强调，原典文一连使用五个意义相同的动词：dahya（被烧）、pacya（被烧）、tapya（被烧）、paritapya（被烧）、ādīpta（被烧）。这样重复使用意思相同或相近的同一类词，意在强调贪著五欲必将带来恶果。但连续五个“被烧”，如果照搬照抄，显然与汉语的行文规则不相符。罗什在翻译时，只使用一个“为……所烧”结构，便把梵文所要强调的贪著五欲必将带来恶果的因果关系交代得清清楚楚。

（8）anyaḥ sa tena kālena tena samayena śubhavyūlo
别人 那 此时 妙庄严
nāma rāja abhūt/ na khalu punaḥ kulaputrā yuṣmābhir
名 国王 是 不 然而 善男子 你们
evaṃ draṣṭavyam / tat kasya hetoḥ / ayam eva sa
即 所应见 这 什么 原故 这 即 那
padmaśrīr bodhisattvo mahāsattvas tena kālena tena samayena
华德 菩萨 大士 同时
śubhavyūho nāma rāja abhūt//（383 页）
妙庄严 名 国王 是

这段梵文直译为：此时那位名为妙庄严菩萨的国王不是别人，然而所见不应该是这样，这是什么原故呢？此时华德菩萨就是那位名为妙庄严的国王。罗什译：妙庄严王岂异人乎？华德菩萨是。(60c)罗什用一个简单的判断句“NP_2+NP_1+是”格式，既照顾到了梵文原典的语序，又基本符合汉语判断句标准，翻译言简意赅。

在梵文中，devavimāna 和 devabhavana 两个词，都有“车子”和“宫殿”的意思。而在巴利语中，devavimāna 和 devabhavana 则表示人类使用的车子或人类居住的宫殿。（Franklin Edgerton 1953：

111－132）对于 devavimāna 和 devabhavana 的翻译，译师很难把握。如《中本起经》译本，将 devavimāna 和 devabhavana 译作“天车”。[1]罗什则不然，他将其译作“宫殿”。如“华供养已，各以宫殿奉上彼佛。”（《法华经》卷三）从其语境看，译为“宫殿”显然更为恰当。

第三，语言浅显易懂，表达流畅自然。

罗什的译经，语言朴实无华，浅显易懂，表达流畅自然。罗什每译经文，“手执胡文，口自宣译，道俗虔虔，一言三复，陶冶精求，务存圣意；其文约而诣，其旨婉而彰”。[2]请看如下对勘：

（9）prayatā　sucittā　bhavathā　kṛtāñjalī　bhāṣiṣyate
一心　期待　众生　合掌　当是
lokahitānukampī / varṣiṣyate　dharmam　anantavarṣaṃ
愍众生（佛）　当雨　法　广赞
tarpiṣyate　ye　sthita　bodhihetoḥ // yeṣāṃ　ca　saṃdehagatīha
满足　诸　有　为道故　彼　若　疑问
kācid　ye　saṃśayā　yā　vicikitsa　kācit / vyapaneṣyate　tāṃ
诸　疑惑　诸　疑　当除去　此
vidur　ātmajānāṃ　ye　bodhisattvā　iha　bodhiprasthitāḥ//（25 页）
智者　自知　诸　菩萨　于此　行菩萨行

（众生一心合掌期待佛，佛将会降下法雨（妙法能滋润众生，故譬之为雨），以满足求法之人。如果众生有疑惑，佛就会替他们除去疑惑。有智慧的人自然会知道众菩萨在行菩萨之道。）

---

① 王乘天车，忽然升虚。（东汉昙果共康孟详译《中本起经》卷上）
② 《祐录》卷八僧肇《维摩诘经序》。

对于此段文字，我们将罗什的译文与竺法护的译文再做一次比对：

竺法护译：诸怀道意，悉叉手归，导利世者，今者分别，当雨法雨，柔软法教，普润饱满，履道意者，其有诸天，入于无为，志怀狐疑，而有犹豫，若有菩萨，求斯道意，今当蠲除，吾我之想。（竺法护译《正法华经》卷一）

罗什译：诸人今当知，合掌一心待，佛当雨法雨，充足求道者，诸求三乘人。若有疑悔者，佛当为除断，令尽无有余。（《法华经》卷一）

此段梵文，竺法护的翻译，语言虽然详尽，但却过于生硬，不利于理解；表达虽然清楚，但却文言色彩太浓，不便于讲解和传诵。而罗什的翻译，不但语言通俗易懂，而且表达流畅自然。因而罗什的译经更容易让信徒和听众喜闻乐见。真可谓宋赞宁法师所说："童寿译《法华》，可谓折中，有天然西域之语趣矣。"[①]

四　本研究的理论依据和研究方法

《法华经》是由源头语转变为复制语的一种语言，它是语言接触的产物。语言接触是语言变化的重要外因，它可以促使语言发生重大的变化。一旦这种变化发生，形态句法成分的借用和影响也会发生。这种借用和影响往往表现出与一般汉语不一样的现象。究其来源，有的源自底层语的语言成分，有的是接受语形式的借用，也有的是源头语语法功能的移入。在语言接触中，这种现象分为三种情况：第一种情况，基础语内部语言现象逐渐发生变化；

① 赞宁《宋高僧传·唐京师满月传》。

第二种情况，在很短的时间跨度中，接受语骤然发生变化；第三种情况，底层语的成分移入到接受语中。在语言接触中，借用随时都有可能发生。而当借用发生时，重新分析和扩展也会发生相应的演变。进而，还有可能会导致语法变化机制的扩散。当语言接触达到一定程度，翻译者还完全可以将其源头语中业已存在的重新分析机制转移到接受语中。在语言接触过程中，如果一个语言形式从独立的词汇短时间内变成为一个形态标记，那绝非基础语内部发生变化所造成，而有可能是源头语或者其他语言直接移入所致。(Baker & Syea 1995)这也可能是汉译佛经中常常会在很短时间内产生新的语言形式的直接原因。对于汉译佛经来说，接触是特殊语语现象产生的一个重要因素之一，唯一单一语法化的观点并不合适。这表明，在分析汉译佛经语言变化时，务必需要很好地区分语言自身内在的演变与因接触而发生的演变。只有这样，才能对汉译佛经语言变化有一个正确的认识。

《法华经》是翻译佛经文献。基于这一点，它的语言势必与同期中土文献有着不一样的地方。这就告诫我们，在研究《法华经》的语法现象时，一定要结合同期的中土文献进行，并要探寻它与中土文献的相同点与不同点。又《法华经》是汉语史的一部分，基于这一点，我们有必要将其与此前的上古汉语进行比对，以便弄清楚《法华经》中的语法现象，哪些是对汉语语法的继承？哪些是新的创造和新的发展？至于我们之所以将其与此后的唐宋汉语进行对比，是为了要弄清楚《法华经》中，到底有哪些语法成分在唐宋以后得到发展，并对汉语史造成了什么影响？鉴于汉译佛经语法是汉语史的一部分，因此，需要将它放到汉语史的大背景中进行研究，这将有利于对它的全面考察。这是本研究中不可或缺的一个环节。我们这样做,也是为了实践王力先生提倡的“有史的观念”。

众所周知,《法华经》的原典文是梵文佛典。我们要想有足够的能力从事该汉译佛经的语法研究。就需要对梵文有所掌握。这是因为,汉译佛经中存在一些特殊的语法现象,而梵汉对勘是分析和解决汉译佛经特殊语法成分产生动因的重要手段。同时,梵汉对勘还可以帮助我们判断和鉴别汉译佛经中一些语法现象的性质。梵汉对勘是本研究中的一项重要研究方法。但是,梵汉对勘的局限性也是存在的。目前的材料显示,真正能找到原典文佛经与汉译佛经对应一致的梵文原本并不多,很多的梵文原本是6世纪以后的材料。加上译经者的翻译大都是好几个译师辗转相授,其对原文的真实性都受到不同程度的影响。

世界主要佛教文献,包括印度梵文佛教文献、藏文佛教文献、巴利文佛教文献和汉语佛教文献。汉译佛经《法华经》属于汉语佛教文献。汉语佛教文献中的汉译佛经是世界佛教文献中最重要的文献之一。当今,世界佛典研究的动向:一是对佛教教义的研究,即把整个世界的佛典作为研究的对象,以关注各不同佛典之间的联系和影响。二是对承载这一教义的语言载体的研究。我们研究承载这一教义的语言载体,需要把汉译佛经语言放到世界佛典文献之中去观察,辨别汉译佛经中哪些语言属于世界佛教语言中借用的,哪些语言属于汉语固有的。

第二章　代　词

《法华经》中代词的基本情况：包括人称代词、指称词和疑问代词三类。其中，人称代词又包括纯然指人的人称代词（包括第一人称代词、第二人称代词）和反身代词，指称词包括指示代词和称代第三人称的人称代词，疑问代词主要有问人、事物、处所、情况方式、时间等。《法华经》中代词 47 个，用法 153 项，4021 例。《法华经》中代词使用的基本特点为：a. 代词系统仍然承传上古汉语的代词系统，承传之中也有一定程度的发展和变化；b. 人称代词为两类，包括第一人称代词和第二人称代词，存在单、复数两种形式；c. 指示代词为远指和近指两类，有两种功能，既做指示代词，又兼做第三人称代词，与上古汉语指示代词用法完全一致；d. 疑问代词主要为询问人、询问事物、询问处所三类，存在一种特殊的“云何＋疑问句”的双重疑问形式。

一　人称代词

《法华经》中，人称代词包括纯然指人的第一人称代词、第二人称代词和反身代词。词项共 7 个，用法 32 项，966 例。研究发现，《法华经》中，人称代词发生了较大的变化，具体表现在：词项减少，用词单一；文言词“吾”很少出现，并且用法受限；单、复数对立，新的复数形式产生；新的第三人称代词萌芽；“自”的用法得到发展，为“自己”的产生奠定了基础。

1.1 第一人称代词

《法华经》中，第一人称代词有 3 个，用法 16 项，618 例。①有“我”(462)、“我等”(142)、“吾”(14)。②依据数的不同，第一人称可以分第一人称单数和第一人称复数两类。在上古时，“我”既做单数又做复数，而在《法华经》中，“我”多数用作单数，少数用作复数。第一人称复数形式“我等”产生于汉译佛经，是汉译佛经中独有的用法。该用法的出现，与佛经的翻译有关。“我等”极个别用作单数，这种情况主要出现在佛经翻译的早期，到佛经翻译的晚期“我等”做单数基本上消失了。“吾”新出现有做宾语的用法。

我

“我”用于第一人称，共 462 例。其功能和语义承传上古而来。在数的表达上，“我”的用法已发生了很大的变化，绝大多数用作单数，极少数用作复数。做单数和复数的用例之比为 426:36。

A. 用于个体自称，426 例，以做主语和定语为主，其次用作宾语和兼语。

a. 做主语，327 例。如：

(1) 我见诸王，往诣佛所。(3a)

b. 做定语，84 例。如：

---

① 根据词项在句子中所充当的语义功能或句法功能计算其用法。

② 《法华经》中，“我有”是佛教词，共 2 例。佛教教义指出，人的自身为“我”，我之一切外物为“我所有”。“我有”即“我所有”的省略。“我”，表示名词“有”的领属，由梵文 mama 译来。mama 是第一人称单数属格，表示领有。“有”，代表“所有的东西”，是从梵文 parigraho 译来，本义指“完全抓住”，意思是：外界事物只要被我抓住，就归我所有。

(2) 我有无量无边智慧、力、无畏等诸佛法藏，是诸众生皆是我子，等与大乘。(13c)

做定语的“我”，多来自梵文属格 me 的翻译。

c. 做宾语，有动词宾语和介词宾语，10 例。如：

(3) 十方佛皆现，梵音慰喻我。(9c)

(4) 诸佛子等，从我闻法，日夜思惟，精勤修习。(18b)

d. 做兼语，5 例。如：

(5) 何用衣食，使我至此。(18a)

(6) 世尊甚稀有，令我念过去，无量诸佛法。(30a)

B. 用于全体自称，36 例。可以做主语、定语、宾语和兼语。

a. 做主语，26 例。如：

(7) 诸菩萨众恭敬围绕……而自佛言：“……世尊，我今欲见多宝佛身，唯愿世尊示我令见。”(55c)｜阿若憍陈如等欲重宣此义……而说偈言：“……我今从佛闻，授记庄严事，乃转次受决，身心遍欢喜。”(29b)

根据语境，此例中的上下文人称代词都用“我等”，文中的“我”应该等同于“我等”。“我”译自梵文 asmi，asmi 表示第一人称复数。Franklin Ederton(1953)认为，asmi 在梵文中充当第一人称复数。这里可能是因为偈颂四字体的限制，将理应为五字“观我等心故”改成了四字“观我心故”。

b. 做宾语，6 例。可以做介词宾语，也可以做动词宾语。如：

(8) 若我等有乐大之心，佛则为我说大乘法。(17c)

(9) 浊劫恶世中，多有诸恐怖，恶鬼入其身，骂詈毁辱我，我等敬信佛，当著忍辱铠。(36c)

c. 做定语，3 例。如：

(10) 世尊,我等亦欲拥护读诵受持法华经者……宁上我头上,莫恼于法师。(59b)

d. 做兼语,1 例。如:

(11) 愿为我等说是三昧名字,我等亦欲勤修行之……唯愿世尊,以神通力,彼菩萨来,令我得见。(55c)

"我"的功能,本来是主要用于说话人的自称,但在《法华经》中却主要用于佛和弟子的自称。常出现于回忆、转叙文体中。如:

(12) 尔时佛告舍利弗:"吾今于天、人、沙门、婆罗门等大众中说:'我昔曾于二万亿佛所,为无上道故,常教化汝。'"(11b)

(13) 佛于大众中说:"我当作佛。"(11a)

(14) 尔时文殊师利语弥勒菩萨摩诃萨及诸大士:"善男子等,如我惟忖,今佛世尊欲说大法。"(3c)

我等

《法华经》中,"我等"[①]用作第一人称,共 142 例。"我等"做人称代词的用法只见于汉译佛经,且绝大多数用于全体自称,只有极个别用于个体自称。

A. 用于全体自称,134 例。"我等"和"我"的功能相同,可以做主语、宾语、定语和兼语。

a. 做主语,100 例。如:

(1) 我等是法王子,而生此邪见家。(60a)

b. 做宾语,17 例,其中介词宾语 7 例,动词宾语 10 例。如:

---

① 在其他的汉译佛经里,还有在人称代词后面加上"曹",构成"我曹/汝曹"等情况。但在《法华经》中,此类情况并没有出现。

(2) 诸子闻父背丧，心大忧恼，而作是念："若父在者，慈悲愍我等，能见救护。"(43a)

(3) 愿为我等说是三昧名字，我等亦欲勤修行之。(55c)

c. 做定语，13例。如：

(4) 彼云雷音宿王智佛，今在七宝菩提树下法座上坐，于一切世间天人众中，广说《法华经》，是我等师，我是弟子。(60a)

d. 做兼语，4例。如：

(5) 世尊令我等出于三界，得涅槃证。(16b)

B. 用于个体自称，8例。如：

(6) 我昔从佛闻如是法，见诸菩萨授记作佛，而我等不豫斯事，甚自感伤，失于如来无量知见。(10c)

(我过去曾在佛那里听到这种微妙的佛法，当时我看到各位菩萨都蒙佛授记作佛，而我对此事却很不快乐，心中十分悲伤，感慨自己失却了如来世尊慈悲无量的智慧知见。)

(7) 譬如有人，色美发黑，年二十五，指百岁人，言是我子。其百岁人，亦指年少，言是我父，生育我等，是事难信。(41c)

(譬如：有这么一个人，他的面貌姣好，头发乌黑，年仅二十五岁，却指着一位百岁老人说：他是我的儿子。而那位百岁老人，也指着这位年轻人说：他是生我养我的父亲。像这样的事情，实在是太让人难以置信了。)

例(6)中，"我等"就是"我"。结合上下文看，"我等"出现在单数"我"的语境中，谈论的内容属于说话人"我"本身。再从梵汉对勘看，atīva(甚)śocāmy(感伤)atīva(甚)saṃtapye(后悔)//(59页)。动词 śocana(感伤)的语尾 ami，表示为现在时主动语态单数第一人称；动词 saṃtapya(后悔)的语尾 e，表示为现在时中间语态单数第一人称。根据梵文的语法，这里必然有一种与之相匹配的单数第一人称出现，因而出现“我甚自感伤，甚自后悔”的译文。对勘显示，“我等”译自梵文的单数形态。同样，例(7)中的“我等”指的也是“我”，是个体自称。对勘显示，此句中的“我等”也译自梵文的第一人称单数形态。

“我等”做复数的用法，来自于梵文代词的变格。多数做主语的“我等”，都从第一人称代词复数体格 vayam 译来。而在被动语态中，做逻辑主语的第一人称代词复数具格的 asmābhir，也通常被译作“我等”。梵文中动词的变格，如现在时主动语态复数语尾 mas 和中间语态单数语尾 mahe，也有译作“我等”的情况。此外，还有个别“我等”译自 asmādṛśā，asmādṛśā 是由 asma（我们）和 adṛśa（这些人）组成。“我等”由“我们这些人”译来。“我等”做个体自称的情况，只在翻译佛经初期出现，到翻译佛经后期基本不用。

吾

“吾”，第一人称单数，14 例。

A. 做主语，9 例。如：

（1）吾为汝等，造作此车。（14b）

B. 做宾语，1 例。如：

（2）诸君当知，此是我子，我之所生，于某城中舍吾逃走，伶俜辛苦五十余年。（17b）

C. 做定语，4 例。如：

（3）我财物无极，不应以下劣小车与诸子等，今此幼童，皆是吾子，爱无偏党。（12c）

上古时，“吾”只做主语和定语。而在《法华经》中，“吾”不但保留了做主语和定语的用法，而且还发展出做宾语的用法。在单、复数的使用方面：上古时，“吾”主要用于第一人称单、复数包括式，相当于北京话中的“咱”和“咱们”。（洪波 2005：69）但在汉译佛经中，“吾”表单数，复数由“吾等”表现。在三国吴《六度集经》中“吾等”有 26 例，后秦《长阿含经》中“吾等”有 9 例。打破了原有的单、复数同形的格局。相对中土文献而言，《法华经》中“吾”的使用频率降至极低，表明它的使用趋于衰落，不适宜在汉译佛经口语性语体中使用。

表 2-1　《法华经》第一人称代词的用法及其频率

词项 \ 功能	单数				复数				总数
	主语	宾语	定语	兼语	主语	宾语	定语	兼语	
我	327	10	84	5	26	6	3	1	462
我等	8				100	17	13	4	142
吾	9	1	4						14

1.2　第二人称代词

第二人称代词共 2 个，用法 11 项，233 例，有“汝”(142)、“汝等”(91)。第二人称代词可以分为第二人称单数和第二人称复数。“汝”，在数的表达上，在上古中土文献中，既做单数又做复数，而在《法华经》中，则大部分用作单数，只有少部分用作复数。第二人称复数形式“汝等”是汉译佛经中新产生的词，因为梵文翻译而形成。在翻译佛经早期，“汝等”极少量做单数，到翻译佛经晚期消失。

汝

“汝”共出现 142 例，其中绝大多数部分用作第二人称代词单数，共 109 例；少数用作复数，33 例。在上古中土文献中，“汝”是一个表贱称的词。在汉译佛经中，此轻贱之义依然存在，只是其语用色彩有所淡化。

A. 用于单数，109 例。可以做主语、宾语、定语和兼语。

a. 做主语，77 例。如：

(1) 汝为世间眼，一切所归信，能奉持法藏。(5a)

(2) 彼佛灭度后，懈怠者汝是。(5b)

“汝”做主语时，一般单独使用。但在个别情况下，“汝”也有用在体词性成分之前构成同位语短语做主语的情况，2 例。如：

(3) 汝诸子等，先因游戏，来入此宅，稚小无知，欢娱乐著。(14b)

b. 做宾语，有动词宾语和介词宾语两种，21 例。如：

(4) 我为汝略说，闻名及见身。(57c)

(5) 我昔曾于二万亿佛所，为无上道故，常教化汝。(11b)

c. 做定语，8 例。如：

(6) 以汝神力观我成佛，复速于此。(35c)

d. 做兼语，3 例。如：

(7) 我今还欲令汝忆念本愿所行道故，为诸声闻说是大乘经。(11b)

例(7)中的“我今还欲令汝忆念本愿所行道”，意思是“我现在还想让你回忆起昔日所许下的要让自己成佛的誓言”。

B. “汝”用于复数，33 例。可以充当主语、宾语和定语。“汝”在做复数的用法上，数量上要多于“我”。在单、复数的对立方面，它与“汝等”的对立也没有“我”与“我等”的对立那么明显。

a. 做主语，21 例。如：

(8)（佛）寻即于是日，告于天人众：“诸法实相义，已为汝

等说，我今于中夜，当入于涅槃，汝一心精进，当离于放逸。”(5a)

(9) 父知诸子先心各有所好，种种珍玩奇异之物情必乐著，而告之言：“汝等所可玩好稀有难得，汝若不取，后必忧悔。”(12c)

根据语境，例(8)中“汝”的前指成分是表复数的“天人众”，例(9)中“汝”的前指成分是表复数的“诸子”，该两例中的“汝”当为复数。对勘发现，《法华经》中，由梵文中带有陈述语气的动词语尾的复数形式翻译而来的“汝”，一般表示复数。

b. 做宾语，有动词宾语和介词宾语，8 例。如：

(10) 父知诸子先心各有所好，种种珍玩奇异之物情必乐著……汝等于此火宅，宜速出来，随汝所欲皆当与汝。(12c)

(11) 如来亦复如是，虽有力、无所畏而不用之，但以智慧、方便，於三界火宅拔济众生。为说三乘——声闻、辟支佛、佛乘，而作是言：“汝等莫得乐住三界火宅，勿贪粗弊色声香味触也。若贪著生爱，则为所烧。汝速出三界，当得三乘——声闻、辟支佛、佛乘。我今为汝保任此事，终不虚也。汝等但当勤修精进。”(13b)

根据语境，例(10)中“汝”和“汝等”的前指成分都是“诸子”，例(11)中“汝”和“汝等”的前指成分都是“众生”，该两例中的“汝”为复数。

c. 做定语，4 例。如：

(12) 净藏、净眼合十指爪掌白母：“我等是法王子，而生此邪见家。”母告子言：“汝等忧念汝父，为现神变，若得见者，心必清净，或听我等，往至佛所。”(60a)

根据语境,例(12)中"汝"和"我等"所指的成分都是"诸法王子","汝"为复数。

"汝"用于对话语中,可以和称谓名词连用,不做句子的主语或其他主要成分,专用于说话人对听话人的呼语,8例。如:

(13) 汝舍利弗,我为众生,以此譬喻,说一佛乘。(15a)

"汝舍利弗"类似于"你们这些舍利弗啊"。这样的用例都是对话语体。"汝"在句中出现时,是说话人对听话人的呼唤,以达到引起听话人注意的目的。对勘发现,该语体中的"汝",用作呼格,表示复数,起指示作用,后面有表示复数的"汝等"与之呼应。用作呼格的"汝"来源于梵文呼格(saṃbodhanam),呼格的用法与体格相同。"汝舍利弗"译自 śariputrā,在梵语文法里,该词就做呼语,śariputrā 的语尾-ā 可以用作阳性复数体格。对于语尾-ā 的来源问题,Franklin Ederton(1953:66)的观点可供参考。①

"汝"的功能,本来是主要用于指听话人,但在《法华经》中却主要用于模拟佛的口气来表示佛对弟子的称呼。如:

(14) 尔时佛告舍利弗:"吾今于天、人、沙门、婆罗门等大众中说:'我昔曾于二万亿佛所,为无上道故,常教化汝。'"(11b)

(15) 尔时世尊复告大众:"我今语汝,是大目犍连,当以种种供具供养八千诸佛,恭敬尊重。"(21c)

汝等

"汝等"做第二人称代词,共91例,做复数。"汝等"与"汝"的

---

① Franklin Edgerton(1953:66)认为,词尾-ā 是丢失 s 或者发生音变而引起的,因为在手写巴利语和泊利克里语的时候,通常会有句尾 s 被丢失的情况发生,以致因此会发生音变。这和韵律没有太大的关系。

功能相同,可以做主语、宾语、定语和兼语。

A. 做主语,69 例。如:

(1) 母告子言:"汝等当忧念汝父,为现神变,若得见者,心必清净。"(60a)

B. 做宾语,17 例。其中介词宾语为 8 例,动词宾语为 9 例。如:

(2) 诸法实相义,已为汝等说,我今于中夜,当入于涅槃。(5a)

(3) 我于无量百千万亿阿僧祇劫,修习是难得阿耨多罗三藐三菩提法,今以付嘱汝等,汝等应当一心流布此法,广令增益。(52c)

C. 做定语,4 例。如:

(4) 我今亦欲见汝等师,可共俱往。(60a)

D. 做兼语,1 例。如:

(5) 我久令汝等种佛善根,以方便故示涅槃相,而汝谓为实得灭度。(29a)

"汝等"用在同位偏正结构的前一部分,起指示作用,3 例。如:

(6) 汝等天人阿修罗众,皆应到此,为听法故。(19b)

"汝等"这个代词的出现,是在特定的时间和特定的语境下产生的一种新的语法现象。[①]在《法华经》以外的汉译佛经里,还有"若""若等","尔""尔等"用作第二人称代词的情况。但多数出现

① 这种现象只在汉译佛经中出现,并且时间短却又很集中,语法程度又高。西方有的语言学者将其称为"翻译对等"现象。参见 Johanson, Lars (1998:325 - 337)。

在初期的汉译佛经中，少数出现在后期的汉译佛经中。在罗什的其他佛经译著作里，也曾出现过这些代词。

关于“仁”字的用法。在中土文献中，“仁”做称谓名词，表示对对方的尊称。在汉译佛经中，“仁”仍然表示对人的敬称。梁晓虹(1986:23-24)则认为，“仁”是汉译佛经中一个特殊的第二人称代词。

《法华经》中的“仁”，是呼人的敬称，共2例。做主语1例，做宾语1例。如：

(1) 智积菩萨问文殊师利：“仁往龙宫，所化众生，其数几何？”文殊师利言：“其数无量，不可称计。”(35a)

(2) 佛子文殊，愿决众疑，四众欣仰，瞻仁及我，世尊何故，放斯光明？(3c)

例(1)中的“仁”指对人的尊称，即“仁者”，对佛则称为“仁王”。“仁”是称谓名词。例(2)中“瞻仁及我”指彼此用怀疑的眼神对望。“仁”指“仁者文殊”。

“仁”的复数形式是“仁等”，在《法华经》中没有出现，在其他汉译佛经中存在有用例。如在唐义净译《根本说一切有部毗奈耶药事》中，“仁等”有150余例。如：

(3) 苾刍问曰：“釜中气出，是何物耶？”报言：“圣者，此是龙肉。仁等岂可食龙肉耶？”答言：“我等唯凭施主而活。”(唐义净译《根本说一切有部毗奈耶药事》卷二)

上例中的“仁等”，指对众苾刍的尊称，相当于“诸位仁者”，它也不是第二人称复数代词，而是复数称谓名词。尊称是中国古代社会称呼对方的一种礼貌形式，它可以用爵位、才德等来表达。

表 2-2 《法华经》第二人称代词的用法及其频率

功能 词项	单数				复数				总数
	主语	宾语	定语	兼语	主语	宾语	定语	兼语	
汝	77	21	8	3	21	8	4		142
汝等					69	17	4	1	91

通过上面的描写,《法华经》中,第一、二人称代词具有三个方面的特征:“我”和“吾”在语法功能上没有区别;单数和复数被有意识地分开;复数形式大量使用。

第一,“我”和“吾”在语法功能上没有区别。

在上古,一般而言,“我”用于主语和宾语,“吾”用于主语和定语。当“我”用于宾语时,“吾”往往用于主语;当“吾”用于定语时,“我”往往用于主语。任何时候“吾”都不做动词后的宾语。(王力1980[1958]:262)而在《法华经》中,“我”和“吾”都可以用于主语、定语和宾语,它们在功能上没有区别。不过,在整个汉译佛经中,“吾”做宾语并不多见。

第二,单数和复数被有意识地分开。

上古汉语中,诸如“我”和“吾”等人称代词,既作单数使用,也作复数使用。在中古,虽然出现“～等(曹)”这种复数形式,但是“等(曹)”还是名词,它既可以用在名词后,也可以用在代词后,并且主要由“我”充当单数和复数。但在汉译佛经中,人称代词单、复数却出现了分开使用的情况:单数基本用“我”,复数基本用“我等(曹)”。《法华经》中,“我”,共 462 例,其中,表示单数的 426 例,占总数的 92%;表示复数的 36 例,仅占总数的 8%。“我等”,共 142 例,其中 134 例做复数,占总数的 94%,8 例表示单数,只占总数的

6%。《法华经》中之所以出现单、复数分开使用的情况，是因为这是对梵文的直译。（朱庆之 1992b：379－385；龙国富 2008c：218－224）在梵文文法里，第一人称代词有着数和格的范畴。而在数的应用上，一般来说，代词也应与其所代表的词相一致。如：第一人称代词单数主格为 aham，宾格为 mām、mā，具格为 mayā，为格为 mahyam、me，从格为 mat；复数主格为 vayam，宾格为 asmān、nas，具格为 asmābhir，为格为 asmabhyam，nas，从格为 asmat；双数主格为 āvām，宾格为 āvām、nau，具格为 āvābhyām，为格为 āvābhyām、nau，从格为 āvābhyām，属格为 āvayoḥ、nau，依格为 āvayoḥ。显然，梵文中的第一人称代词，每一个格的单数形式和复数形式都有严格区分。这足以说明，单数和复数的区分，源自译师对梵文的直译。如：

（1）yāvantaḥ　śrāvakā　asti　sugatasyeha　sarvaśaḥ /
　　乃至　声闻　所有　如来　诸
aham　atra　pāramīprāpto　nirdiṣṭaḥ　paramarṣiṇā//（34 页）
　我　此　最终　说　大仙
（佛甚至对诸声闻众说：我是大仙。）
罗什译：于诸声闻众，佛说我第一。（6b）

（2）yadā　tāvad　bhagavatā　eka　eva　vimuktir　ākhyātā
　　若　如是　佛　一　亦　解脱　说
vayam　api　buddhadharmāṇāṃ　lābhino　nirvāṇaprāptāḥ　asya
我们　也　佛法　得　得涅槃　而
ca　vayam bhagavato　bhāṣitasyārthaṃ　na　jānīmahe//（33 页）
　我们　佛　义　不　知

（佛以前所说的第一等解脱的教义，我们声闻乘的人也完全得到这种解脱义的道理，如果依法修行，将来必证得涅槃的乐果。可是现在佛又说，以前所说的是权法，不是实法。现在我们不知究竟的义理到底是什么了。）

罗什译：佛说一解脱义，我等亦得此法到于涅槃，而今不知是义所趣。(6b)

例(1)中，梵文第一人称单数主格形式是 aham，译文用"我"来翻译。例(2)中，梵文第一人称复数主格形式是 vayam，译文用"我等"来翻译。

当然，在《法华经》中，"我"和"我等"单、复数的对立还并不是那么绝对。"我"仍然存在少部分用作复数的情况。如：

(3) 世尊，我今欲见多宝佛身，唯愿世尊示我令见。(55c)

此句是众菩萨与佛的对话，前文为："诸菩萨众恭敬围绕，而来诣此娑婆世界耆阇崛山"，"我"即指"诸菩萨众"。例(3)的梵文为：

(3') vayam api bhagavaṃs tasya prabhūtaratnasya
我们 皆 世尊 此 宝

tathāgatasyārhataḥ samyaksaṃbuddhasya dhātuvigrahaṃ
如来 三藐三菩提 身

paśyema// tat sādhu bhagavān darśayatu tathāgatas
见 此 最胜 佛 能示 如来

tasya bhagavataḥ prabhūtaratnasya tathāgatasyārhataḥ
此 佛 多宝 如来

samyaksaṃbuddhhasya dhātuvigraham iti//(357 页)
三藐三菩提 身

（世尊，我们想见多宝佛，恳请世尊让我们去见他吧。）

此例句中，译文"我"由梵文第一人称复数代词 vayam 直译而来。句中的谓语动词 paśyema，即在现在时第四类动词 paśy 的语态上，直接加上一个表示主动语态祈使语气的第一人称复数语尾 ema。结合上下语境和梵汉对勘的方式，我们断定，此句中的两个"我"均为复数。

从上古到中古，第二人称代词单数和复数主要由同一种形式表示。如"女(汝)""尔""而""若"等，既表单数，也表复数。虽然出现了少数的"汝等(曹)"复数形式，但这是名词词组，还不是做专用代词。在《世说新语》中，"汝"共 65 次，既表单数，又表复数。而在《法华经》中，单数和复数却已经被有意识地分开，单数用"汝"表示，而复数则用"汝等"表示。据调查，在《法华经》中，"汝"，总数为 142 例。其中，表单数的"汝"有 109 例，占总数的 75%；而表复数的"汝"有 33 例，占总数的 25%。"汝等"，总数为 91 例，均表示复数。这组数据显示，在《法华经》中，"汝"表单数，"汝等"表复数，虽然，"汝"有表示复数的情况，但所占的比例并不大。我们了解到，梵文文法中第二人称代词和第一人称代词一样有着数和格的范畴。在数的应用上，第二人称代词以单数、双数和复数三种数的形式出现，并且与格保持一致。如：单数主格为 tvam，宾格为 tvām、tvā，具格为 tvayā，为格为 tubhyam、te，从格为 tvat；复数主格为 yūyam，宾格为 yuṣmān、vas，具格为 yuṣmābhiḥ，为格为 yuṣmabhyam，nas，从格为 yuṣmat；双数主格和宾格为 yuvām，具格和从格为 yuvābhyām，为格为 yuvābhyām、vām，依格为 yuvayoḥ，属格为 yuvayoḥ、vām，等等。在《法华经》中，表示单数的用"汝"翻译，表示复数和双数的用"汝等"翻译。如：

（4）tvaṃ hy atra sākṣī mama dharmakośe
汝 如此 能证 我 法藏
yathāhu bhāṣiṣya hitāya prāṇinām//（22 页）
如 所说 利益 众生
（只有日月灯明佛你才能证知佛所说的法，给众生带来利益。）
罗什译：如我所说法，唯汝能证知。（5a）

（5）tato yūyaṃ śroṣyatheti//（258 页）
此 你们 将闻
（你们将会听到此事。）
罗什译：汝等自当因是得闻。（41a）

例（4）是第二人称单数主格形式 tvam，《法华经》用“汝”翻译。例（5）是第二人称复数主格 yūyam，《法华经》用“汝等”翻译。

当然，在《法华经》中，关于第一人称和第二人称代词单数和复数的分立，也是带有一定局限性的。而这一点在语言接触环境下语法化初期阶段属于正常现象。

第三，复数形式大量使用。

在中土文献中，“等（曹）”还不是固定的，而且没有成为形尾。（王力 1980[1958]：273）当时口语有代表性的两部书《世说新语》和《三国志》中，“我等”都还只用作称谓名词，“等”没有第一人称代词复数形尾的用法。而在汉译佛经中，“等”已经固定，而且成为形尾。第一人称代词复数“我等”已被大量使用。据统计，《法华经》中第一人称代词复数“我等”共 142 例。在同期的《摩诃僧祇律》中，第一人称代词复数“我等”也有 172 例。显然，在两部被调查的汉译佛经中，复数形式“我等”已明显成为第一人称单数“我”的对立形式。对勘发现，汉译佛经中这种复数形式的大量出现，与佛经原典梵文拥有大量的复数形式密切相关。其一,在梵文语法里,单数、双数和复数的表现形式丰富,第一人称双数和复数形式都用“我等”来对译。其二,梵文语法里第一人称的格和性,在形式上有着多样的标志,分别与双数和复数搭配以后也用“我等”对译。其三,梵文中,第一人称各类动词语态显现出三种数的区别,动词复数语尾也可用“我等”对译。梵文中第一人称代词的格、性、复数的频繁出现,动词复数语尾广泛使用,是促成第一人称代词复数形式“我等”普遍出现的直接原因。

同样,在中土文献中,“汝等(曹)”的“等(曹)”也还不固定,用作称谓名词,而不用作与“汝”相对立的第二人称复数形尾。(王力1980[1958]:273)而在汉译佛经中,“汝等”的“等”已经固定,而且已被普遍用作第二人称代词复数形尾。《法华经》中,第二人称代词复数“汝等”共94例。《摩诃僧祇律》中,第二人称代词复数“汝等”共174例。《佛本行集经》中,第二人称代词复数“汝等”共408例,其他的汉译佛经中,“汝等”用做第二人称代词复数的情况也是大量出现。对勘发现,汉译佛经中第二人称代词复数的普遍出现,同样跟梵文中第二人称代词复数的大量使用密不可分。由于在梵文语法里,双数和复数的表现形式多样,第二人称代词性和格的表现形式丰富,第二人称各类动词语态广泛使用,这些都造成汉译佛经第二人称复数形式“我等”大量出现。

在《法华经》中,当“汝等”作为第二人称代词复数形式出现时,由于结构凝固,不容易拆开。虽然也有在“汝”和“等”之间插入其他成分的情况出现,但这时的语义是不同的,强调表示你们这些人。如:

(6) 汝诸人等,皆是吾子,我则是父。(15a)

对勘发现，“汝诸人等”译自第二人称代词 yūyam（你们）。显然，yūyam 可以翻译成“汝等”。如：

(6’) Putrā　mamā　yūyam　ahaṃ　pitā　vo//（82 页）
　　子　　我的　　你等　　我　　父　　则

不过，在“汝”和“等”之间插入其他成分的情况还只是极少数，而在“我”和“等”之间插入其他成分的情况则更是罕见。

关于“我等”“汝等”的词汇化：因佛经翻译而引发的语法变化。

《法华经》中，第一、二人称代词复数形式“我等”“汝等”已经词汇化，“等”只能作为复数词尾使用。从语言演变的类型上看，汉译佛经中复数形式“我等”“汝等”的出现，并非内部因素的演变所致，而是语言接触的结果。中土文献中，“我等”有“我们这些人”的意思，是一个名词短语，“汝等”的情况相似。人称代词“我等”“汝等”产生的机制是由语言接触而引发的演变。（Baker & Syea 1995；Plag 1993）在语言接触语法化理论中，语言接触引发的语法复制过程，既可能是从次要使用模式到主要使用模式的复制过程，也可能是从主要使用模式到语法范畴的复制过程。由语言接触引发的演变有两个语法化过程，一个是复制语法化过程（replica grammaticalization），即不借助于语法化的普遍策略，而运用类推公式[My>Mx]：[Ry>Rx]把语言形式复制在模型语言（modal language）中的过程。当然这个语言形式在模型语言里已经早已存在。[1]另一个是一般语法化过程（ordinary grammaticalization），即借助于语法化的普遍策略，根据模型语言中某个由 My 演变到

---

① [My>Mx]：[Ry>Rx]是一个复制语法化过程的类推公式，My 和 Mx 分别指模型语言中演变前后的语言形式，Ry 和 Rx 则分别指复制语言中复制前后的语言形式。

Mx 语法范畴的演变模式，在复制语言（replica language）中创造出一个由 Ry 演变到 Rx 的过程。第一个演变过程，就如同中国人使用英语复制语言中的“have”（Ry）来表达存在标记（Rx）一样，其实质就是通过复制，实现了汉语模型语言中已经发生的“有”从领属动词（My）到存在标记（Mx）的演变。在翻译佛经中，译师使用汉语复制语中的“等”（Ry）来表达复数标记（Rx），其实质就是通过复制，实现了梵文模型语言中已经发生的“复数”从名词成分（My）到复数标记（Mx）的演变。总之，汉译佛经中人称代词复数形式“我等”和“汝等”，这是一种借译，它们产生的动因就是借译（loan translation）或仿借（calquing）。西方语言学把语言接触中出现的这种现象称之为“假词汇化”（dummy-lexicalization）。（Bernd Heine & Kuteva 2002，2005，2006）

“我等”“汝等”这种因“仿借”而产生的语法化与一般的语法化相比，具有自己的特点：a. 它是语法概念的“仿借”，可以导致一个新的语法意义的产生，但也可以导致一个新的词汇意义的产生；b. 它无过渡阶段，不是一种渐变的过程，而是一种激变的过程；c. 它不一定具有单向性的演变，即单向性语法化不明显；d. 汉译佛经复制语中产生的语法成分，其语法化程度不一定就总是低于梵语这种模式语范畴；e. 它的语法化中通常所谓的“去范畴化”“语义磨损”等特征不一定出现。

第一人称代词复数“我等”的产生，主要的动因是语法复制。因佛经翻译而促使语言发生接触，在语言接触过程中出现语法复制，而导致语法发生变化。通过梵汉对勘，我们发现，“我等”译自梵文的多种复数形态：

a. 第一人称代词的复数体格译作“我等”。如：

(1) vayaṃ pi buddhā hi paraṃ tadā padaṃ /
我等 亦 佛 为了 最胜 此 道
tṛvidhā ca kṛtvā hi prakāśayāmaḥ hīnādhimuktā hi
三乘 做已 为了 说 小法 为了
avidvasū narā / bhaviṣyathā buddha na śraddadheyuḥ//(52 页)
少智 众生 将成为 佛 不 信

(我们都获得了最好的佛法,我们为众生清楚地演说佛法,但他们还是贪恋小法,就是不相信自己会成佛。)

罗什译:我等亦皆得,最妙第一法,为诸众生类,分别说三乘,少智乐小法,不自信作佛。(9c)

"我等"是从梵文第一人称复数的体格 vayam 对译而来,用做主语。在梵文中,这一现象极为普遍。

b. 第一人称代词的复数具格出现两种情形:

其一,凡在第一人称代词的复数具格和被动语态组合中指向的行为者和逻辑主语,都一律译作"我等"。如:

(2) bahudharmāḥ śrutāsmābhir lokanāthasya saṃmukham
大法 被我等闻 世尊的 现前
na ca ayam īdṛśo dharmaḥ śrutapūrvaḥ kadācana//(66 页)
不 此 如是 法 曾被闻 决

(我们听到了世尊大法,这是我们以前从来没有听说过的。)

罗什译:我等从昔来,数闻世尊说,未曾闻如是,深妙之上法。(12a)

na…kadācana 指"绝没有"的意思,śruta 词根√śru(听)带过去分词语尾 ta,表示及物动词的被动意义,指"被听说"。asmābhir 是第一人称代词复数的具格形式,做被动结构中的逻辑主语。"我等”就是从 asmābhir 对译而来。在梵汉对译时，由于在表达上发生了变化，导致句式也从被动句变为主动句。因而，asmābhir 也从逻辑主语变成了句子的主语。

其二，第一人称代词的复数具格和 saha 等是陪同类短语组合。《法华经》中，凡表示陪同的梵语词，一律译作“我等”。如：

(3) sacet sa evaṃ vadet kiṃ karma karttavyam
假设 他 如是 问 何 作 欲作
iti sa yuvābhyām evaṃ vaktavyaḥ saṃkāradhānaṃ
他 你们 如是 当告诉 诸粪秽
śodhayitavyaṃ sahāvābhyāṃ //(98 页)
当扫除 与我们一起

（假设他问：要做什么？你们就告诉他：和我们一起去清扫垃圾。）

罗什译：若言：“欲何所作？”便可语之：“雇汝除粪，我等二人亦共汝作。”(17a)

sahāvābhyāṃ 指“和我们在一起”的意思。语干 √ sahāva（与……在一起）带双数具格格尾 abhyām，表示陪同。在翻译过程中，由于在表达的手段上发生了变化，所以，表示陪同的复数具格也便变成为句子的复数主语，《法华经》用“我等”来翻译。

c. 现在时中间语态陈述语气第一人称复数语尾，译作“我等”。如：

(4) anumodāmahe vīra saṃdhābhāṣyaṃ maharṣiṇām /
欢喜 勇猛 方便说 大圣者
yathāryo vyākṛto hy eṣa śāriputro viśāradaḥ//(66—67 页)
如此 被授记 此 舍利弗 大智

（世尊以方便演说（佛法），我们都很高兴，舍利弗得到佛的授记。）

罗什译为：世尊说是法，我等皆随喜，大智舍利弗，今得受尊记。（9c）

梵文动词 anumodāmahe 用的是现在时中间语态陈述语气第一人称复数，词根√anumoda（欢喜）的语尾 mahe 表示第一人称复数，这一复数语尾 mahe 被对译为“我等”，做主语。

d. 特别地，梵文第一人称代词的复数属格译为做定语的“我等”。如：

（5）asmākam evaiṣo aparādho naiṣa bhagavato
我们的 即是 咎 不是 世尊

aparādhaḥ//（59 页）
咎

（这是我们的过错，不是世尊的过错。）

罗什译：是我等咎，非世尊也。（10c）

asmākam 表示第一人称代词的复数属格，译作“我等”，做定语。

e. 直接引语中的第二人称复数转变为间接引语中的第一人称复数，译作“我等”。如：

（6）evam eva bhagavan vayaṃ tathāgatasya putra
那 即 如来 我们 如来的 子

pratirūpakās tathāgataś ca asmākam evaṃ vadati putra
相似 佛 我们的 那 说 子

mama yūyam iti //（100 页）
我的 你们

(世尊,那(大富长者)就是如来,我等都算是佛子。如来常说:你们都是我的儿子。)

罗什译:世尊,大富长者则是如来,我等皆似佛子,如来常说我等为子。(17b)

如果对梵文 cāsmākam evaṃ vadati putra mama yūyam 进行直译,就应该是"我们的如来说:你们都是我的儿子",译本把它译成了间接引语"如来常说我等为子",原本是第二人称代词的复数体格 yūyam,译作了第一人称代词的复数"我等"。

此外,梵文动词的变位还有着人称和数的变化。如第一人称中,有单数、双数和复数之分。如现在时陈述语气主动语态第一人称单数语尾为 mi,双数语尾为 vas,复数语尾为 mas。又如中间语态第一人称单数语尾为 e,双数语尾为 vahe,复数语尾为 mahe。如:

(7) upāyam etaṃ kurute svayambhūr bauddhasya
方便 此 作 世尊 佛
jñānasya prabodhanārtham na cāpi teṣāṃ pravade
智慧 令得入 不 这些 说
kadācid yuṣme pi buddheha bheṣyatheti//(42 页)
从来 你们 佛 将成

(我(只是)设方便让你们入佛慧,并没有说你们将会成佛。)

罗什译作:我设是方便,令得入佛慧,未曾说汝等,当得成佛道。(8a)

从以上对勘看出,动词在变位时,一般遵循以下原则:第一人称单数语尾翻译为"我",双数和复数语尾翻译为"我等"。

第二人称代词复数"汝等"的复制语法化,主要的动因也是仿借,因梵文第二人称复数形态高频率的使用。通过梵汉对勘,我们

发现,“汝等”也译自梵文的复数、格以及动词双数和复数的语尾等多种形态:

a. 现在时中间语态陈述语气第二人称复数语尾,如:

(8) tat kiṃ manyadhve bhikṣavaḥ śakyaṃ//(59 页)

此 云何 意 比丘 弟子

(比丘们,你们有何想法?)

罗什译作:于汝等意云何?(22a)

manyadhve 的词根√man(意)的语尾-dhve,表示现在时中间语态陈述语气第二人称复数,“汝等”从语尾-dhve 对译而来。

b. 现在时主动语态陈述语气第二人称复数语尾,如:

(9) maharddhikāḥ pañca mi śrāvakā me nirdiṣṭa

威德 五 弟子 我 授记

ye te maya agrabodhaye/ anāgate adhvāni jināḥ

此 我 佛 未来 世 佛

svayaṃbhuvas teṣāṃ ca caryāṃ śṛṇuthā mamāntikāt//(137 页)

世尊 这些 业 听 我所

(我此五弟子——你们已经充满威德,我准备给你们授记,将来你们都能成佛。我和你们有宿世因缘,你们都好好听我说法吧。)

罗什译:我诸弟子,威德具足,其数五百,皆当授记,于未来世,咸得成佛,我及汝等,宿世因缘,吾今当说,汝等善听。(22a)

śṛṇuthā 的词根√śru(听)的语尾-thā 表示第二人称复数。根据 Franklin Edgerton(1953:132)的研究,词尾 thā 和词尾 tha 一样,二者并没有严格意义上的区分,词尾 thā 也可以被看作第二人称复数。他认为,“汝等”从-thā 对译而来。而据我们的调查,-thā 就是

-tha,-tha 代表现在时主动语态陈述语气第二人称复数。在佛经中，动词语尾用-thā 表示第二人称复数的现象相当普遍，Franklin Edgerton(1953:132)认为，这就是梵文语法的特点。再如：

(10) 汝舍利弗，我为众生，以此譬喻，说一佛乘，汝等若能，信受是语，一切皆当，成得佛道。(15a)

"汝等……成得佛道"的梵文是 parigṛhṇathā(获得)sarvi(皆)jinā(佛)bhaviṣyatha(成为)，动词 bhaviṣyatha 用现在时主动语态第二人称复数语尾-tha，parigṛhṇathā 和 bhaviṣyatha 的用法一致。Franklin Ederton(1953:132)认为，-thā is second plural。We have indeed conceded this possibility in -tha. 我们发现，语尾-tha 表示的就是第二人称复数。并且，这种表现形式在传统的梵文语法中常见。如：

(11) ārocayāmi	aham	adya	bhikṣavaḥ	Prativedayāmy
告	我	今	比丘	当知

adya	mama	śṛṇotha /	sthaviraḥ	subhūtir	mama
今	我	听	大德	须菩萨	我

śrāvako	ayaṃ	bhaviṣyate	budhha	anāgate adhvani//(132 页)
弟子	此	当成	佛	未来世

(诸比丘，我告诉你们，你们都听我说，我的大弟子须菩萨将会成佛。)

罗什译：诸比丘众，今告汝等，皆当一心，听我所说，我大弟子，须菩萨者，当得作佛。(21b)

śṛṇotha 的词根√śru(听)的语尾-tha，表示现在时主动语态陈述语气第二人称复数。"汝等"从语尾-tha 对译而来。

c. 第二人称代词的复数体格，如：

(12) sādhu sādhu kāśyapa sādhu khalu punar yuṣmākaṃ
善 善 迦叶 善 尔时 你们

mahākāśyapa yad yūyaṃ tathāgatasya bhūtān guṇavarṇṇāṇ
摩诃迦叶 那 你们 如来 真实 功德

bhāṣadhve / ete ca kāśyapa tathāgatasya bhūtā guṇāḥ
说 此 迦叶 如来 真实 功德

ataś ca bhūyo anye aprameyā aśaṃkhyeyā yeṣāṃ
此 多 其他 无量 不可数 听

na sukaraḥ paryanto adhigantum/ aparimitān api kalpān
不 易 尽 证得 无量 又 劫

bhāṣamāṇaiḥ//(112 页)
说

(此时世尊告诉摩诃迦叶及诸大弟子说:"好啊,好啊,迦叶,你们说如来有真实功德,如来的功德的确如你们所言。他有数不尽的功德,你们说也说不尽。")

罗什译:尔时世尊告摩诃迦叶及诸大弟子:"善哉,善哉!迦叶,善说如来真实功德,诚如所言,如来复有无量无边阿僧祇功德,汝等若于无量亿劫说不能尽。"(19a)

梵文 yūyaṃ 是第二人称复数体格,"汝等"从 yūyaṃ 对译而来。

有时,梵文第二人称复数的属格也译作为"汝等"。如:

(13) tathāgatasya jñānakośa eṣa eva yuṣmākaṃ
如来 智慧藏 此 即 你们

bhaviṣyatīti//(100 页)
当有

(你们将来都会有如来的智慧之法。)

罗什译作：汝等当有如来知见宝藏之分。（17b）

梵文 yuṣmākaṃ 是第二人称代词复数属格形式，译作“汝等”。

在梵文中，存在有一种 yūya 形式，这是第二人称复数的不规则形式。如：

（14）putrā mamā yūyam ahaṃ pitā vo mayā

子 我 你们 我 父 则 我

ca niṣkāsita yūya duḥkhāt/ paridahyamānā bahu-kalpa-

被斥逐 你们 苦 被烧 多劫万亿

koṭyas traidhātukato bhayabhairavātaḥ//（82 页）

三界 恐怖

（你们是我的儿子，我是你们的父亲。你们在三界中被无数苦所烧，我要把你们从三界苦中救出来。）

罗什译作：汝诸人等，皆是吾子，我则是父。汝等累劫，众苦所烧，我皆济拔，令出三界。（15a）

梵文 yūya 是第二人称代词复数属格形式，译作“汝等”。根据 Franklin Edgerton（1953：108－114）的研究，梵文 yūya 是第二人称代词复数，它是一个佛教语词。另，梵文 yuṣme 和 yuṣmi 与 yūya 的情况相同。

d. 现在时主动语态命令语气第二人称复数。如：

（15）ahaṃ vo yasya yasya yenārtho yena

我 此 此 为此故 诸

prayojanaṃ bhaviṣyati tasmai tasmai tat pradāsyāmi

所须 联系词 此 此 此 与

āgacchata śīghraṃ teṣāṃ kāraṇaṃ nirdhāvata//（69 页）

出来 速 此 因缘 出来

（你们快从火宅中出来吧。你们想要的东西，我都给你们。）

罗什译作：汝等于此火宅，宜速出来，随汝所欲，皆当与汝。(12c)

nirdhāvata 词根√dhāv（出）带主动语态命令语气第二人称复数语尾-ta，表示第二人称。同样，āgacchata 词根√gam（出）也带主动语态命令语气第二人称复数语尾-ta，表示第二人称。译本中，二者都译作“汝等”。

此外，梵文动词的变位也还存在有人称和数的变化。表现在数方面，则有单数、双数和复数之分。如：现在时陈述语气主动语态第二人称单数语尾为 si，双数语尾为 thas，复数语尾为 tha；中间语态第二人称单数语尾为 se，双数语尾为 ethe，复数语尾为 dhve。如：

(16) teṣām aham̩ dharma prakāśayiṣye śr̥ṇotha me
此 我 法 说 听 我
yādr̥śakā yathā ca te//（258 页）
如此 如此 如此

（我将说此法，你们来听吧。）

罗什译作：如是今当说，汝等一心听。(41a)

此例中，śr̥ṇotha（听）是词根√śru 加语尾-tha，-tha 表示现在时主动语态第二人称复数形式，译文用“汝等”来翻译。梵文中，由于数和格因人称的不同而不同，因此动词语态也因人称的不同而不同。据此，《法华经》中第二人称单数和复数形式自然分开。

对勘发现，是翻译造成了人称代词单、复数形式的区分，因为梵文中广泛存在人称代词格、数、语态的复数形式，造成了“我等”“汝等”复数形式的大量使用，使得它们变成一个专门的人称代词。

在语言接触诱导下的语法化演变中,例频率,即某一特定形式出现的次数,对词汇形式发展为语法功能起着重要的作用。词汇语法化特征的各种演变,如语义淡化、位置固化、词语界限消失,与词汇形式的绝对使用频率密切相关。在汉译佛经中,“我等”“汝等”中的“等”,不再有“等辈”这样的定义,已经淡化为表复数的语法功能;“我”“汝”和“等”不再分别是松散的两个词,已经凝固成一个词;“我”“汝”和“等”的界限不再是分明的同位关系,已经发展为界限含糊的附着形式,“等”只能做附着性的词缀。可见,“我等”“汝等”不断地重现,导致“等”从较早的话语语境中获得释放,自由度增加了,语义模糊了,显著性降低了,可以与其他更广泛的各类形式发生联系。“等”从用于名词之后表复数的名词,扩展到用于所有人称代词、指示代词的后面做词缀。

关于第三人称代词的萌芽

《法华经》中没有专指人的第三人称代词,只有由指称词“彼”“其”“之”充当第三人称用法,参见 2.3 节特指称词。专指人的第三人称代词“他”,虽然在《法华经》中没有出现,但在其他汉译佛经里却已经萌芽。对于“他”做第三人称代词的用法是否产生于中古,学术界看法各异。王力(1980[1948]:270、271)最早提出:“他”产生于唐代,因为“他”的前面都有先行词。随后,唐作藩(1980:55－63)、郭锡良(1980:64－93)举出充分的事例,以支持王力的观点。但杨伯峻、何乐士(2001:131、132)却认为,“他”做人称代词最早出现于《后汉书·费长房传》,云:“长房曾与人共行,见一书生,黄巾被裘,无鞍骑马,下而叩头。长房曰:‘还他马,赦汝死罪。’”李维琦(2004:301)以中古汉译佛经为例,提出南北朝时期产生“他”做第三人称代词的用法。我们则认为,在魏晋南北朝时期的汉译佛经中,“他”用作第三人称代词的萌芽,正式产生的时间还应该在唐代。这一点与王力的观点相一致,并与语法演变渐变性规律相符。汉译佛经中“他”处于萌芽阶段的第三人称代词的用例如:①

(1) 忍辱为第一,佛说泥洹最,不以怀烦热,害彼为沙门……害他为沙门者,夫为沙门应第一义。随沙门法不越次序,无有憎嫉诈诳,于人护彼如视己,不从教令进学,是故说曰:“害他为沙门也。”(后秦竺佛念译《出曜经》卷二十三)

“害他为沙门”的前文是偈颂“忍辱为第一,佛说泥洹最,不以怀烦热,害彼为沙门”,偈颂中的“彼”,用作指称词,指“怀烦热者”。下文有“他”与之相呼应,“他”之前有先行指称词“彼”。

(2) 大德僧听:此比丘某甲,憙共斗争,共相骂詈,口出刀剑,互求长短。彼自共斗争已,若复有余比丘斗争者,即复往彼劝言:“汝等勉力莫不如他,汝等智慧多闻财富,亦胜多有知识,我等当为汝作伴党。”(曹魏昙谛译《羯磨》卷一)

“莫不如他”的“他”是个回指称词,指说话人和听话人都知道的好斗的比丘,即“汝等”的对手。

(3) 彼人唤我,令遮王马,高奔叵御,下手得石,捉而掷之,误折马脚,非故尔也。王语马吏:“由汝唤他,当截汝舌。由彼打马,当截其手。”(元魏慧觉等集《贤愚经》卷十一)

“由汝唤他”的“他”,回指对话双方都知道的误折了马脚的人。吕叔湘(1985:8)提出,人称代词“他”的发展是从无定到有定。第一次指点给别人时还得用指示代词,当回指前面提到过的人时,然

① 此3例引自李维琦(2004:301),李先生共列举了6例,此引用了3例。

后才算出现人称代词"他"。这必须要在说话人和听话人都有了默契,并都知道只有在"他"指着谁的情况下,才能用"他"来回指。"他",原来用于旁指,指示别的人,我们称其为"旁指称词"。(参2.4节[①])汉译佛经中,"他"广泛地用于旁指称词,从泛指别的人发展到专指某个人。正是旁指称词"他"的广泛出现,为第三人称代词"他"的产生奠定了基础。

中土文献中,第三人称代词"伊"和"渠"得到广泛使用,但在汉译佛经中,却没有出现类似的用法。"伊",主要出现在南方方言中。而从魏晋到宋、齐、梁、陈,佛经的翻译都一直在北方进行,并且,译师也都来自西北一带。因此,"伊"没有在汉译佛经中出现。这是因为在当时,按语音划分,南方属于江东方言,而西北却属于陇西方言,江东方言和陇西方言显然有着明显的差别。(丁邦新1975)因此,南方方言中的"伊"难以在陇西方言中出现。"渠"的情况与"伊"有所不同。"渠"本来与"其"同源,只是字形上有了变化。但在汉译佛经中,由于"其"已由领格用法扩大到主格和宾格的用法,因此,从东汉汉译佛经开始直到唐宋汉译佛经为止,"渠"都未曾出现。

1.3 反身代词

《法华经》中,反身代词2个,用法5项,共115例,有"自"(110)和"己"(5),词项都是承传上古而来。在《法华经》中,"自"产生出两种新的用法:做主语;表泛指。在其他汉译佛经中,"自"还

---

① "参2.4节"指参见本章的2.4节。如果参见的是本章以外的章节,则会注明其所在的章数。下同。

产生出做定语的新用法。

自

汉语中，“自”是典型的反身代词。东汉之前，“自”在指称上，在局部地域内受到一定的约束，遵循第一约束原则；“自”在语义用法上，做宾语时，对应前面的人或事物，做状语时，强调动作或行为；[①]“自”在句法功能上，常出现在动词和介词之前，做状语和宾语。（程工 1999a，1999b：33－43；董秀芳 2002：69－75）在《法华经》中，“自”仍然做反身代词，具有典型性，用于回指前面出现过的人，共 75 例。其句法功能：做主语、宾语、状语和同位语；其用法上：照应、强调和泛指。其中表泛指的用法是新出现的，共 15 例，如例(3)(4)(12)。下面按句法功能分类讨论：

A. 做主语，表示实指和泛指，54 例。如：

(1) 自作若使人，皆已成佛道。(9a)

(2) 复经少时，父知子意，渐已通泰，成就大志，自鄙先心。(17b)

(3) 又，阿逸多，若有闻佛寿命长远，解其言趣，是人所得功德无有限量，能起如来无上之慧，何况广闻是经。若自闻，若教人闻；若自持，若教人持；若自书，若教人书；若以华、香、璎珞、幢幡、缯盖、香油、酥灯供养经卷，是人功德无量无边，能生一切种智。(45b)

(4) 于我灭后，若自书持，若使人书，是则为难。(34a)

例(1)的意思是：“(那些)自己作佛像或者花钱请人作佛像的

---

① 关于古汉语“自”的功能，《马氏文通》：“‘自’字可主可宾，而居其宾次者，必先乎宾之者，宾于介字者亦先焉。”(56 页)王力(1958)认为“自”只作状语，用作指代性副词。

人，都已经成了佛。”例(2)、例(3)中的“自”是指“当事人自己”，属于实指。例(4)的意思是：“在我超度后，假使有人自己书写此经，或者雇人书写此经，都是不容易做到的事。”“自”即“书写此经的人”，是泛指。

做主语的“自”有“自身”之意，属于施事者，译自梵文 ātman。如：

(5) 我独经行时，见佛在大众，名闻满十方，广饶益众生，自惟失此利，我为自欺诳。(43b)

例(5)中，“自惟”是指“我自己思考”，“自”指代“我自己”，译自梵文 ātmanaṃ。在梵文语法里，ātman 常用于单数，做主语，可以指称三身反身代词的任何一个。如梵文 ātmānaṃ sā hanti，相当于英语 she strikes herself。再如：

(6) 世尊，尔时长者有疾，自知将死不久。(17a)

“自知”中的“自”从梵文 ātmanaḥ 译来。梵文中，ātmanaḥ 做主语。

“自”除了是从梵文 ātman 译来以外，它还译自梵文 sva。在梵文里，sva 是一个用来加强语气的不变格反身代词，常做主格，可以与人称代词并用，以表示“自己本身”。sva 还可以独立使用，指代自身。如 svayaṃ tat kṛitavān，相当于英语 he himself did that；svayaṃ tat kurvanti，相当于英语 they themselves do that。“自作若使人”由梵文 likhet svayaṃ cāpi likhāpayed vā 翻译而来，其中做主格的 svayaṃ被译成做主语的“自”。

此外，“自”还译自梵文现在时主动语态的语尾。如：

(7) 心生大欢喜，自知当作佛。(10b)

“自知当作佛”指的是“你们自己应该知道，将来你们必将成佛”。“自”指代“你们自己”，做主语，它译自现在时主动语态第二人称复数语尾-thā。“自知当作佛”从梵文 bhaviṣyathā budha 译来。

《法华经》中，“自”多做主语，与译师对梵文 ātman、svayam 和现在时主动语态语尾的翻译有关。

B. 做宾语，一般出现在动词的前面，10 例。如：

(8) 我处于山谷，或在林树下，若坐若经行，常思惟是事，呜呼深自责，云何而自欺？(10c)

(9) 我从昔来，终日竟夜，每自克责。(10c)

例(8)中的“自责”即“克责自己”，有“克制自己”的意思，译自梵文 ātma-paribhāṣa(自-克责)，ātma 指的是“自己”。

C. 做状语，35 例。如：

(10) 如是四众等，其数有五千，不自见其过，于戒有缺漏。(7c)

(11) 尔时弥勒菩萨欲自决疑，又观四众比丘比丘、比丘尼、优婆塞、优婆夷、及诸天、龙、鬼神等众会之心，而问文殊师利言……。(2c)

(12) 若有众生，内有智性，从佛世尊闻法信受，殷勤精进，欲速出三界，自求涅槃，是名声闻乘。(13b)

“自”做主语和做状语都是在动词前面，我们把单独用在主语位置的“自”看成主语，而把用在副词、情态动词等词和动词之间的“自”看成状语，或者把在省略主语的动词前面的“自”也看成状语。做状语的“自”表示“亲自”的意思。

D. 做同位语，用在做主语的三身代词或指人的名词之后，强调施事所发出的动作行为，11 例。如：

(13) 诸比丘，若如来自知涅槃时到，众又清净，信解坚

固，了达空法，深入禅定，便集诸菩萨及声闻众，为说是经。(25c)

(14) 汝等自当因是得闻。(41a)

"自"，做同位语，指称前面已经出现过的人。所指的人既可以是第一人称和第二人称，也可以是第三人称。语境中，前文有先行词出现。"自"主要有对前文所指的对象进行回指的功能。

在《法华经》以外的汉译佛经中，"自"还产生出做定语的新用法。（魏培泉 2000）如：

(15) 若前世时亦复高明，或见自字，或见乞食，或时一处饭。（东汉支娄迦谶译《道行般若经》卷七）

(16) 比丘、比丘尼以自心为浴池泉。（东晋僧伽提婆译《中阿含经》卷十五）

(17) 时忧楼伽贤者，即请阿难将入自舍，敷座令坐。（后秦弗若多罗译《十诵律》卷四十）

它的产生源于对梵文 sva 的领属格的翻译。（朱冠明 2007b：402－412）

在汉译佛经中，"自"的使用频率高。如东汉《道行般若经》232例，西晋《正法华经》240例，元魏《贤愚经》621例，隋《佛本行集经》1014例。而中土文献《论衡》《世说新语》《齐民要术》和隋笔记小说，[①]它们的使用频率分别为：427、219、84、26。可以看出，汉译佛经中"自"的使用频率要远远高于中土文献。我们推测，出现这种情况的原因很有可能是佛经翻译所造成。因为汉译佛经中"自"的结

① 隋代"笔记小说"共 13 万字，包括《谈薮》八卷宗，隋阳芥松撰，《启颜录》十卷，隋侯白撰，《旌异记》十五卷，隋侯白撰，《古镜记》一卷，隋王度撰。

构主要有两类:"自(宾语)+动词"和"自(定语)+名词"。"自(宾语)+动词"结构属于宾语前置的动宾结构,这种结构译自以梵文 ātma 为首词的复合词。如"自爱"译自 ātma-kāma,或 sva-tṛṣṇā,"自杀"译自 ātma-ghātaka, 或 sva-tyāga,或 sva-vadha,"自知"译自 ātma-jṅa,"自满"译自 ātma-tṛpta,"自见"译自 ātma-dṛṣṭi,"自责"译自 ātma-nindā,"自夸"译自 ātma-pūjā,"自制"译自 ātma-saṃyama,"自慢"译自 ātma-ślāgha,"自利"译自 ātma-udaya,"自为"译自 ātma-uddeśika,"自主"译自 ātma-īśvara,等等。"自(定语)+动词"结构属于定中结构,这种结构译自以梵文 sva 为首词的复合词。如"自法"(我身中的法性)译自 sva-dharmatā,"自界"译自 sva-dhātu,"自朋友、自宗、自法、自分"译自 sva-pakṣa,"自身命"译自 sva-deha,或 sva-jīvita,"自身肉"译自 sva-māṃsa,"自因、自性"译自 sva-kāraṇa,"自烦恼"译自 sva-kleśa,"自功德"译自 sva-guṇa,"自财利、自所得、自所有物"译自 sva-lābha,"自事"译自 sva-ikā,"自所生子"译自 sva-ika-ātma-ja,"自论、自法"译自 sva-vāda,"自国境"译自 sva-viṣaya,"自性"译自 sva-bhāvatā,"自种子、自种"译自 sva-bīja,"自能、自功力"译自 sva-śakti,"自相"译自 sva-linga,"自智"译自 sva-jṅāna,"自心"译自 sva-mati,"自地"译自 sva-bhūmika,等等。梵文佛经中这些大量的以 ātma 为首词和以 sva 为首词的复合词,在被译成汉语以后,造成了汉译佛经中的"自(宾语)+动词"结构和"自(定语)+名词"结构的普遍存在。

己

"己"是反身代词。东汉之前,"己"在指称上,回指局部地域外更上层的名词短语。"己"在回指时,受距离长短的约束,只在本辖域内使用自由。功能用法上,"己"做宾语,照应前面的人或事物,可以在代词的所有位置上出现，泛指人和事物。句法位置上，可以在主语、宾语和定语等位置上出现。在《法华经》中，“己”只做定语，相当于“自己的”，共5例。如：

(1) 诸漏已尽，无复烦恼，逮得己利，尽诸有结，心得自在。(1c)

(2) 或示己事，或示他事，诸所言说，皆实不虚。(42c)

例(1)中的“逮得己利”就是“获取了自己的利益”。例(2)中的“或示己事或示他事”，意思是：“或道出自己本生本事的因缘，或道出诸佛、菩萨、辟支佛、阿罗汉的本生本事的因缘。”这两个例句中的“己”，都是“自己的”意思，都是做定语。在《法华经》中，己称代词以“自”为主，很少用到“己”。

对于“自”和“己”的连用，《法华经》中也没有出现。从以上己称代词“自”的用法看，《法华经》中，“自”的句法和语义还在扩大，并与“己”的用法形成趋同的局面，虽然没有与“己”连用，但其同义连用的条件却已经达成。其他汉译佛经中，已出现“自”“己”连用的情况，并且，只要“自己”一旦出现，就会有词汇化的可能。[①] 如：

(3) 太子形貌与世超异，面色清净，俛不可意，使自择之；诣无忧堂皆集众女，使太子身自己察之。（西晋竺法护译《普曜经》卷三）

(4) 自余五百诸释种童，亦各在其自己园内，忧游嬉戏。（隋阇那崛多译《佛本行集经》卷十二）

① 关于“自己”的形成问题，参见朱冠明(2007b:402－412)。

表 2－3　《法华经》反身代词的用法及其频率

功能／词项	主语	宾语	定语	状语	同位语	总数
自	54	10		35	11	110
己			5			5

关于代词带“身”结构的问题

《法华经》中，人称代词和反身代词带“身”的词有：“身”(1)、“我身”(16)、“汝身”(5)、“自身”(1)、“己身”(3)。

身

“身”用于个体自称，做主语，1 例。如：

(1) 我念过去劫，为求大法故，虽作世国王，不贪五欲乐。搥钟告四方：“谁有大法者？若为我解说，身当为奴仆。”(34c)

“身”，译自梵文的第一人称代词单数体格 aham。此例后面三句话的意思是：谁能懂得大乘佛法呢？倘若他能为我解说大乘佛法的话，我愿做他的奴仆。“身”是“我”，在这里指有着国王身份的“我”。

我身　汝身

“我身”，用于个体自称，做主语和宾语，共 16 例。“我身”出现在以下两种格式中：

A. 用于特殊判断句“NP_2＋NP_1＋是”中，做主语，9 例。如：

(1) 尔时妙光菩萨，岂异人乎？我身是也。(4a)

(2) 尔时王者，则我身是。(34c)

(3) 彼佛灭度后，懈怠者汝是。妙光法师者，今则我身是。(5b)

此类格式中的“我身”，表示说话人的自称，做第一人称代词，其功能相当于现代汉语的第一人称代词“我”。

B. 用于一般陈述句中，做宾语，7 例。如：

(4) 其有欲以我身示四众者，彼佛分身诸佛，在于十方世界说法，尽还集一处，然后我身乃出现耳。(32c)

(5) 若人具是德，或为四众说，空处读诵经，皆得见我身。(32b)

(6) 此诸众生，始见我身，闻我所说，即皆信受入如来慧。(40b)

此类格式中的“我身”可以做两种理解：一是可以理解为第一人称代词“我”，如例(5)(6)；二是可以理解为名词性成分“我的身躯(体)”，如例(4)。例(4)可译作：“若有想见我全身的四众，只有等到在十方世界说法华经的佛把他所有的分身佛统统集合在一起的时候，我的全身才能出现在四众的面前。”

“汝身”用于单数，做主语和宾语，共 5 例。“汝身”出现在以下两种格式中：

A. 用于判断句中，做主语和宾语，2 例。如：

(7) 彼即是汝身，宜应自欣庆。(12a)

(8) 求名菩萨，汝身是也。(4b)

例(7)用于一般判断句，例(8)用于特殊判断句“NP_2+NP_1+是”格式。判断句中的“汝身”，表示说话人的对方，只做第二人称代词，其功能相当于现代汉语的第二人称代词“汝”。

B. 用于一般陈述句中，做主语和宾语，3 例。如：

(9) 彼娑婆世界高下不平，土石诸山秽恶充满。佛身卑小，诸菩萨众其形亦小。而汝身四万二千由旬，我身六百八十万由旬，汝身第一端正，百千万福，光明殊妙。(55b)

(10) 时多宝佛告彼菩萨:"善男子,来,文殊师利法王子欲见汝身。"(55c)

此类格式中的"汝身"可以做两种理解:一是可以理解为第二人称代词"你",如例(10);二是可以理解为名词性成分"你的身躯(体),如例(9)"。

己身 自身

"己身"和"自身"都称代说话人自己,前者做宾语,3例;后者做主语,1例。如:

(1) 普为诸众生,勤求于大法,亦不为己身,及以五欲乐。(34c)

(2) 如来所演经典,皆为度脱众生,或说己身,或说他身,或示己身,或示他身。(42c)

(3) 又见自身在山林中修习善法。(39c)

例(2)中的"说己身"即"说如来自己",从梵文 ātmopadarśanena 译来,"己身"从反身代词 ātma 译来。"他身"即指别的诸佛。此例中的"己身"突出"自己的身躯(体)"这一语意。

汉译佛经中,还出现有指示代词带"身"的词"彼身""是身""此身"。如:

(4) 彼人故活,然彼身一切穿决破碎坏尽,无一处完。(东晋僧伽提婆译《中阿含经》卷五十三)

(5) 世尊,我亦如是,常观此身臭处不净,心怀羞惭,极恶秽之。(同上,卷五)

(6) 我此弟子,大目犍连,舍是身已,得见八千二百万亿诸佛世尊。(22a)

上面例子中的"彼身"指那人的身躯(体),"此身"指这人的身躯(体),“是身”指这身躯(体)。指示代词带“身”的结构具有名词性成分的功能。

关于“身”“我身/汝身”和“自身/己身”是不是人称代词和反身代词的问题,学界存在有不同的看法。蔡镜浩(1990:293、294)主张把“身”当作第一人称代词。他认为,魏晋南北朝时期,“身”用作第一人称的现象很是普遍。[①]而俞理明(1999:91-95)却认为,“身”和“我身”不是人称代词,而是说话人为了显示自己的高雅脱俗,因而以此自称。从上面《法华经》中“身”“我身/汝身”和“自身/己身”的使用来看,一部分用例中的“身”“我身/汝身”和“自身/己身”可以看作是第一人称代词和反身代词。尤其是判断句中的“我身/汝身”,应该是用作人称代词。其理由有三:a.从语法看,它们可以做主语、宾语和定语的功能,没有做谓语和状语的功能,与人称代词“我/你”的语义一致。b.从翻译看,“身”和“我身”译自梵文第一人称代词单数和词形的单数词尾,“汝身”译自梵文第二人称代词单数和词形的单数词尾。如上例“身当为奴仆”中的“身”,和“则我身是”中的“我身”,都译自梵文的第一人称代词单数体格aham。c.从同经异译看,罗什译《法华经》用“我身”,而西晋竺法护译《正法华经》则用“吾”。如:

(7) 尔时妙光菩萨岂异人乎?我身是也。(4b)

(8) 欲知尔时比丘法师号超光者,则吾是也。(《正法华经》卷一)

---

① 蔡镜浩(1990:293、294)引《尔雅·释诂下》有云:“朕、余、躬,身也。”郭璞注:“今人亦自呼为身。”又他的引例如:丞相自起解帐带麈尾,语殷曰:“身今日当与君共谈析理。”另吕叔湘(1985a)、杨树达(1954)均提出“身”“我身”是第一人称代词的观点。

但值得注意的是，当我们把“身”“我身/汝身”和“自身/己身”放到整个汉译佛经和整个汉语史中进行考察时，则又发现它们有不做代词用法的迹象。在中土文献中，古人称呼用一种礼貌式，不用人称代词，而用名词。晋人指说话人本人时多用“身”，可看作一个表谦称的称谓成分。“我身”相当于“我”，“己身”相当于“自己”。在汉译佛经中，“身”可以表示“身躯”或“身体”之义，“我身/汝身”可以表示“我的身躯(体)/你的身躯(体)”之义，“自身/己身”可以表示“自己的身躯(体)”之义。如：

(9) 人所贪著，耳闻声、鼻知香、舌知味、身知触，可爱可乐。(后秦佛陀耶舍共竺佛念译《长阿含经》卷十二)

(10) 汝病差不？身安隐不？(同上，卷二十二)

(11) 沐浴我已，赤旃檀香用涂我身，香涂身已，著新缯衣。(东晋僧伽提婆译《中阿含经》卷二十九)

(12) 世尊又复答曰：“苦行，我身业异、口业异、意业异也。”(同上，卷三十二)

(13) 我鼻嗅香，我舌甞味，我身觉触，我意识法。(刘宋求那跋陀罗译《杂阿含经》卷十三)

(14) 跋迦梨白佛：“如前叉摩比丘修多罗广说，世尊，我身苦痛，极难堪忍，欲求刀自杀，不乐苦生。”(同上，卷四十七)

(15) “长寿博士，汝身无疾患、意无忧慼耶？”长寿博士白曰：“尊者，我身无患，但意有忧慼耳。”(东晋僧伽提婆译《中阿含经》卷十七)

(16) 世尊即坐异床，语跋迦梨：“汝心堪忍此病苦不？汝身所患，为增为损？”(刘宋求那跋陀罗译《杂阿含经》卷四十七)

(17) 或有沙门、婆罗门不以想观察,亦不闻诸天及非人语,自观己身,又听他言,语彼人言:汝心如是,汝心如是。此亦有实有虚,是为三观察。(后秦佛陀耶舍共竺佛念译《长阿含经》卷十二)

(18) 梵志问曰:"何以故千眼梵天不自见形所著服饰?"阿那律曰:"以其彼天无有无上智慧眼故,故不自见己身所著服饰。"梵志问曰:"设我得无上智慧眼者,见此身所著服饰不耶?"阿那律曰:"若能得无上智慧眼者,则能见己形所著服饰。"(东晋僧伽提婆译《增壹阿含经》卷七)

由此看来,中古时期的"身""我身""汝身""己身"是否是人称代词,需要具体情况具体分析。多数情况下,它们可以看作人称代词,但也有少数情况不能看作代词。

人称代词小结:

通过上面的描写,《法华经》中人称代词的使用情况可以归纳为以下五个方面:

第一,词项减少,用词单一。

第一人称,在上古,有"吾""我""卬""余""予""台""朕"等,而在《法华经》中,却只有"我""我等"和"吾"。第二人称代词,在上古,有"汝""女""若""乃""而""尔"等,而在《法华经》中,却只有"汝""汝等"。

第二,文言词"吾"很少出现,并且用法受限。

在《法华经》中,第一人称代词共635例,但"吾"使用不多,仅14例,只占总数的2%。且"吾"只用作单数,不用作复数。而在中土文献中,"吾"出现的频率却要高得多。在《世说新语》中,第一人称代词共220例。其中,"吾"为58例,占总数的26%。是什么原因在第一人称在《法华经》中的使用频率比在《世说新语》中的使用频率高出一倍的情况下，“吾”却在《法华经》中的使用频率远远低于《世说新语》呢？无疑，这是“吾”的文言色彩太浓所致。在其他汉译佛经中，“吾”的使用情况与《法华经》大体相似。

第三，单、复数相对立，新的复数形式产生。

在中土文献中，第一、二人称代词，既没有出现单、复数相对立的情况，也没有新的复数形式产生。而在《法华经》中，不但出现了单、复数对立，而且产生了新的复数形式。《法华经》中，由于罗什采用了用“我等”“汝等”来翻译梵文中的人称代词复数形式的方式，因而导致人称代词单、复数相对立的情况出现。《法华经》中，不但专有的人称代词复数形式“我等”“汝等”是第一次出现，而且专有的人称代词“我”“汝”只做单数的用法也是第一次出现。这样的用法从东汉直到唐宋的汉译佛经都是如此。在汉语史上，虽然，这种人称代词单、复数相对立的情况并没有对当时的中土文献造成直接的影响，但却对后来宋代汉语中人称代词单、复数形式的对立起着积极的作用。

《法华经》中，人称代词复数形式的“我等”“汝等”，虽然有做人称代词复数的作用，但是，它们的作用却还是极为有限，只局限在汉译佛经当中。在同期的中土文献中，这些人称代词复数并没有像后来汉语中出现的“我们”“你们”一样有过很好的发展。同样，“等”也并没有像“们”那样最终成为汉语史人称代词复数的语尾形式。《法华经》中的人称代词复数形式“～等”和当今客家方言人称代词复数形式的“～等”相一致。[①]

---

① 客家话用“佢等人”表示第三人称复数，如“佢等人都系客家人。”参见张维耿(1995:68)。

第四,新的第三人称代词萌芽。

在中土文献中,第三人称代词“他”还没有出现。但在《法华经》中,第三人称代词却已经萌芽。这是由于佛经口语性强的缘故。正因为这样,“他”由泛指别的人发展成为专指前面所提到过的人。显然这个“他”与第三人称代词的性质已经非常接近。汉译佛经中,由于专指前面提到过的人的“他”得到广泛使用,因而促成了“他”发展成为第三人称代词。

第五,“自”的用法得到发展,并为“自己”的产生奠定了基础。

在《法华经》和其他汉译佛经中,表示己称的“自”,在句法上,有做主语和定语的功能;在语义上,有表泛指的作用。这是“自”和“己”成为“自己”的基础。在佛经翻译过程中,由于出现了“移植”梵文中 ātman、svayam 和现在时主动语态语尾这些语法功能的情况,因此,“自”率先在翻译佛经中发展出与“己”功能完全一致的用法。“自”既可以做定语,也可以表示泛指,并因此成为与“己”组合成为“自己”的先决条件。正是这些梵语成分的“移植”,促成了“自”和“己”的同义组合,并为“自己”最终成为反身代词奠定了基础。

二 指称代词

所谓“指称代词”,指用作指示代词与兼任第三人称的指称词。其功能范围,前者相当于现代汉语的指示代词,后者相当于现代汉语的第三人称代词。其中指示代词有指示和称代两类,指示词指用在“特指词+名词”位置做定语,专指后面所指的名词。称代词指指示词以外用在主语、宾语、状语等位置独立充当句子成分,承前或蒙后起指示作用的词。根据指称对象的空间位置,《法华经》

中，指称代词存在有近指称词、远指称词、特指代词、逐指称词和旁指称词及不定指称词。“彼”“其”“之”存在有指示代词和人称代词两类用法，其他都只有指示代词一类用法。《法华经》中，指称代词24个，用法93项，2894例。《法华经》中，指称代词词项在继承中有所发展。其特点：单、复数形式出现对立；领格用法突出，表指示的“是”使用频率高；“此”“彼”都存在特指的用法；双音节词大量产生。

2.1 近指称词

近指称词是指所指的人或事物其空间相对较近的指称词。《法华经》中，共有近指称词13个，用法52项，1712例。有带“此”的“此”(470)、“此等”(6)、“此辈”(3)、“如此”(18)；有带“是”的“是”(875)、“是等”(7)、“如是”(239)、“如是等”(29)；有带“斯”的“斯”(49)、“斯等”(5)、“如斯”(7)、“如斯等”(1)、“若斯”(3)。这些近指称词大多数构成“指示词＋名词”结构，其作用是指示一个在说话人看来是听说双方都确知的对象。它所指称的对象，包括人、事物、时间、方位处所和数量等。新产生出近指称词“此等”“此辈”“如此”“是等”“如斯”“如斯等”“如是等”“斯等”“如斯”“如斯等”。“此”“是”“斯”，由上古单、复数同形发展为只做单数形式，其复数形式，或有“～等”，或在其后面加复数名词。当这三个词后面出现方位词时，发展成为“此～”“是～”“斯～”等方位词。其中，“此”还有做状语的用法。

此 此等 此辈

《法华经》中，“此”用作指示和称代，共470例。其中，指示393例，称代68例，方位词前8例，虚指1例。“此”承传上古而来，是中古指称词中最为活跃的一个词。唐代以后，由于指示代词“这”产生，直接导致“此”的发展受到阻碍。《法华经》中，“此”，语义丰富，可以指称与说话人或和听话人双方都有关的比较近的人、事物、处所和时间。“此”的句法功能多样，可以做主语、宾语和定语，也可以用在方位结构的前项。“此”存在单、复数形式对立的情况：单数用“此”，复数用“此等”和“此辈”。

A. 做指示，指与说话人或和听话人双方都有关的比较近的人、事物、处所和时间，做定语，393 例。

a. 指人，74 例。如：

(1) 父作是念：“此子可愍，为毒所中，心皆颠倒。”(43a)

b. 指事物，279 例。如：

(2) 我等敬信佛，当著忍辱铠，为说是经故，忍此诸难事。(36c)

c. 指处所。34 例。如：

(3) 我虽能于此所烧之门安隐得出，而诸子等，于火宅内乐著嬉戏，不觉不知，不惊不怖。(12b)

此例的意思是：虽然我能从这个大火焚烧的院门中安全逃出，但是诸位儿子却依然在火宅之中嬉戏玩耍，毫无觉知，毫不惊惧。这里的“火”是一个比喻，指的是“常、乐、我、净”，即“非常计常、非乐计乐、非我计我、非净计净”。“此”指的是“火宅之门”。

d. 指时间，6 例。如：

(4) 佛此夜灭度，如薪尽火灭。(5a)

(5) 我成佛已来，复过于此百千万亿那由他阿僧祇劫。(42b)

用作指示的“此”，都以“此＋名词”形式出现。“此”做定指，没有出现冠词性用法和虚指用法。

B. 做称代,主要用作主语、宾语和定语,68 例。

a. 做主语,称代人、事物和处所,13 例。如:

(6) 此非佛弟子,非阿罗汉,非辟支佛。(7b)

b. 做宾语,称代事物和处所,54 例。其中介宾 37 例,动宾 16 例。如:

(7) 诸佛神力,智慧稀有。放一净光,照无量国。我等见此,得未曾有。(3c)

(8) 穷子见父,有大力势,即怀恐怖,悔来至此。(16c)

c. 做状语,称代处所,1 例。如:

(9) 汝常此作,勿复余去,当加汝价。(17a)

其语意:你就在这里干活,不要到别的地方去,我会给你加工钱。"此"表示处所时,从梵文 iha 翻译而来,iha 的语义相当于英语 in this place。

C. 用在方位词前,表示方位,8 例。其中,"此中"3 例,"此间"5 例。如:

(10) 其中众生各得相见,咸作是言:"此中云何忽生众生?"(23a)

D. 用于虚指,且与"彼"连用,1 例。如:

(11) 我观一切,普皆平等,无有彼此。(20a)

其语意:我(如来)认为一切众生都平等,所以没有任何爱此憎彼之心。这里的"此"已经失去了它的指示作用,具有无定的性质。"此"的虚指用法并非汉译佛经所独有,中土文献中也有存在。如:

(12) 间令足下,因其顺亲,盖惜足下门户,欲令彼此无恙也。(三国魏嵇康《与吕长悌绝交书》)

在中土文献中，当"此"做主语时，基本用于判断句；当"此"做宾语时，一般称代人、事物和处所；当"此"做状语时，通常指代处所。这些用法在《法华经》中都有出现。

《法华经》中的语言，记载的大多是佛与众徒的言行，以独白和对话的形式居多。而这种独白和对话的方式，既包含有书面的语言成分，又包含有口头语言的成分。从话语分析（discourse analysis）角度观察，《法华经》中的"此"主要用于"上指"和"下指"，共393例。

a. 用于上指（anaphore）。"上指"，是对前文出现过的人或事物的回指，所指称的对象是前面话语中已经引入的谈话内容，这是"此"最基本的功能。上指有承上启下的作用，它的出现，主要能使下一个谈论目标与前面已有的谈话内容保持一定的衔接。《法华经》中，"此"用于上指共254例。如：

(13) 若复有人，受持、读诵、解说、书写《妙法华经》，乃至一偈，于此经卷敬视如佛。(30c)

b. 用于下指（cataphore）。"下指"，是对下文所要陈述的事件或内容进行指称，所指的对象是下文所要叙述的事件或内容。用于下指的"此"，带有提示意义，提醒对方注意后面的内容。《法华经》中，"此"用于下指共39例。如：

(14) 尔时比丘、比丘尼、优婆塞、优婆夷，及诸天、龙、鬼神等咸作此念："是佛光明神通之相，今当问谁？"(2c)

"此"表示复数时，需要在后面加上复数名词，如"诸""众"等，也可在后面加上"等""辈"，构成与单数"此"相对立的"此等""此辈"形式。

《法华经》中，"此辈"用来称代说话人身边的人，表示回指，做

主语,3 例。如:

(15) 说此语时,会中有比丘、比丘尼、优婆塞、优婆夷五千人等,即从座起,礼佛而退。所以者何?此辈罪根深重,及增上慢,未得谓得,未证谓证。(7a)

《法华经》中,“此等”用来称代说话人身边的人或事物,表示回指,共 6 例。可做主语(2 例)、宾语(1 例)、定语(3 例)。如:

(16) 此等闻得佛,大喜充遍身。(8a)

(17) 若人小智,深著爱欲,为此等故,说于苦谛。众生心喜,得未曾有。(15a)

(18) 诸余经典,数如恒沙。虽说此等,未足为难。(34a)

如此

《法华经》中,“如此”有指示和表示称代的用法,共 18 例。“如此”是中古新出现的双音节词,它在《法华经》中一般表示单数。“如此”表示复数时,或加上复数名词“诸”“种种”等,或用“如此等”形式。“如此”的功能具体表现为:

A. 做指示,指示较近的人或事物。“如此”处于领格位置,出现在“如此+名词”结构中,13 例。如:

(1) 父知诸子先心各有所好,种种珍玩奇异之物情必乐著,而告之言:“汝等所可玩好稀有难得,汝若不取,后必忧悔。如此种种羊车、鹿车、牛车,今在门外,可以游戏。”(12c)

(2) 我等敬佛故,悉忍是诸恶。为斯所轻言,汝等皆是佛。如此轻慢言,皆当忍受之。(36c)

B. 做称代,主要用作主语、宾语和定语,5 例。如:

a. 做主语,1 例。如:

(3) 舍利弗,如此皆为得一佛乘一切种智故。(7b)

b. 做宾语，1例。如：

(4) 若人悉无有，一切诸疑悔，深心须臾信，其福为如此。(45a)

c. 表示动作行为的样态或程度，做状语，可以在谓语之后，也可以在谓语之前，3例。如：

(5) 虽未得无漏智慧，而其意根清净如此。(50a)

在其他汉译佛经中，出现有"如此"的复数形式"如此等"。如：

(6) 如此等比丘，皆七返罢道。(后秦鸠摩罗什译《大庄严论经》卷六)

是　是等

《法华经》中，"是"用作指示和称代，共875例。其中，用作指示861例，用作称代9例，用于方位词前项5例。其特点：语义丰富，功能完备，单、复数对立，可与"此"的用法相媲美。"是"在上古，主要用在主语的位置，做指称词，①唐代以后，主要做系词。而在中古，它主要用在定语位置，指称事物。

A. 做指示，指人、事物、数目、处所和时间，表领格，861例。

a. 指人，321例。如：

(1) 是八王子，威德自在，各领四天下。(4a)

b. 指事物，490例。如：

(2) 世尊灭度后，其有闻是经，若能随喜者，为得几所福？(46b)

c. 指时间，35例。如：

(3) 诸子是时，欢喜踊跃，乘是宝车，游于四方，嬉戏快

① 见洪波(1986)，转引杨伯峻、何乐士(2001:161)。

乐。(14c)

d. 指处所,15 例。如:

(4) 汝等昔所未见者,我于是娑婆世界,得阿耨多罗三藐三菩提已,教化示导是诸菩萨。(41b)

B. 表称代,做主语和宾语,用法不多见,仅 9 例,称代事物。

a. 做主语,2 例。如:

(5) 我虽说涅槃,是亦非真灭。(8b)

b. 做宾语,7 例。如:

(6) 今皆堕疑网,佛何故说是?(6b)

(7) 如是诸国土,点与不点等。复尽末为尘,一尘为一劫。此诸微尘数,其劫复过是。(22b)

C. 做方位词的前项,表示处所。这种组合用作主语和宾语,5 例。如:

(8) 若山谷旷野,是中皆应起塔供养。所以者何?当知是处即是道场,诸佛于此得阿耨多罗三藐三菩提。(52a)

当《法华经》中的近指称词"是"出现在言谈话语中时,通常用作上指和下指,共 861 例。如:

A. 用于上指,783 例。如:

(9) 长者是时,在师子座,遥见其子,默而识之,即敕使者,追捉将来。穷子惊唤,迷闷躄地:是人执我,必当见杀。(18a)

B. 用于下指,78 例。如:

(10) 若如来灭后,后五百岁中,若有人见受持、读诵《法华经》者,应作是念:"此人不久当诣道场,破诸魔众,得阿耨多罗三藐三菩提。"(62a)

显而易见,"是"的用法与"此"相似,都是定指。"是"和"此"翻译的梵语来源相同,大部分译自梵文的冠词和指称词,如 idam、tad、etad。

"是"表示复数时,或在其后加上一个复数名词,如"诸""众"等;或用专有词"是等"。《法华经》中,"是等"共 7 例,用作指示和称代。

A. 表指示,指人,3 例。如:

(11) 我从久远来,教化是等众。(41b)

(12) 如来方便深入众生之性,知其志乐小法,深著五欲,为是等故说于涅槃。(25c)

B. 表称代,做主语,2 例;做宾语,1 例,兼语 1 例。如:

(13) 是等闻此法,则生大欢喜。(6c)

(14) 若有人得见此塔,礼拜供养,当知是等皆近阿耨多罗三藐三菩提。(31c)

(15) 声闻亦无数,三明八解脱。得四无碍智,以是等为僧。其国诸众生,淫欲皆已断。(28b)

如是　如是等

《法华经》中,"如是"用作指示和称代,共 239 例。其中,指示 132 例,称代 107 例。"如是"除了做近指称词以外,还可以做特指称词,表示事物的情况或动作行为的样态和程度。

A. 用在"如是+名词"结构中,指人、事物、时间、处所和数目,表领格,132 例。

a. 指人,50 例。如:

(1) 如是二万佛,皆同一字,号日月灯明。(3c)

b. 指事物,79 例。如:

(2) 知诸根利钝,常说清净法。演畅如是义,教诸千亿

众。(28b)

(3) 我于世尊前,诸来十方佛,发如是誓言,佛自知我心。(36c)

c. 指时间,1例。如:

(4) 如是一小劫,乃至十小劫,结加趺坐,身心不动,而诸佛法,犹不在前。(22b)

d. 指数量,1例。如:

(5) 于汝意云何? 一切众生憙见菩萨岂异人乎? 今药王菩萨是也。其所舍身布施,如是无量百千万亿那由他数。(54a)

e. 指处所,1例。如:

(6) 世尊,如是诸世界,无量无边。(42b)

B. 表称代,称代事物,可以做主语、谓语和状语,107例。

a. 做受事主语,5例。如:

(7) 如是今当说,汝等一心听。(41a)

(8) 如是我闻,一时佛住王舍城耆阇崛山中,与大比丘众万二千人俱,皆是阿罗汉。(1c)

例(8)中,"如是我闻"依照汉语的语序应该是"我闻如是",汉译佛经中,受事宾语位于句首,形成佛经中特有的一种固定模式。是佛经翻译的结果。"我闻如是"译自梵文 evaṃ(如是)mayā(我)ṣrutam(闻),显然是对梵文语序的直译。

b. 表示情况,做谓语,65例。如:

(9) 虽能如是,亦未为难。(34b)

(10) 迦叶汝已知,五百自在者,余诸声闻众,亦当复如是。(28c)

c. 表示样态,做状语,37例。如:

(11) 汝如是渐渐具菩萨道,当得作佛。(36a)

(12) 从久远劫来,赞示涅槃法,生死苦永尽,我常如是说。(10a)

"如是",在表示复数时,或在后面加上复数名词"诸""众"等,或用专有词"如是等"表示。《法华经》中,"如是等"共 29 例,用作指示和称代。

A. 指示人和事物,表领格,27 例。如:

(13) 如是等众生,闻佛寿长远,得无量无漏,清净之果报。(44b)

B. 称代人,做主语和介词宾语,2 例。如:

(14) 佛已曾世世,教化如是等。(6c)

(15) 有惭愧清净,志求佛道者,当为如是等,广赞一乘道。(10b)

据我们对勘,《法华经》中的"是等""如是等"和"此等",都译自对相同梵文指代词复数形式的翻译。

斯　斯等　如斯　如斯等　若斯

《法华经》中,"斯"共 49 例。其中表指示 46 例,表称代 3 例。"斯"在中土文献中没有单、复数对立,而在《法华经》中却有单、复数形式对立的情况出现。"斯"的复数是"斯等","如斯"的复数是"如斯等"。

A. "斯"和名词组合成为"斯+名词",指人、事物和处所,表领格,46 例。

a. 指人,8 例。如:

(1) 斯人则为顶戴如来。(45b)

b. 指事物,37 例。如:

(2) 我于前世,劝是诸人,听受斯经。(51b)

c. 指处所,1 例。如:

(3) 富楼那比丘,功德悉成满,当得斯净土,贤圣众甚多。如是无量事,我今但略说。(28b)

此例中“功德悉成满,当得斯净土”指富楼那比丘圆满一切功德,自觉、觉他、觉行圆满,将得如此净土世界。

B. “斯”表称代,称代人或事物,做主语和宾语,3 例。

a. 做主语,2 例。如:

(4) 有见诸佛土,以众宝庄严,琉璃颇梨色,斯由佛光照。(4c)

b. 做宾语,1 例。如:

(5) 我等敬佛故,悉忍是诸恶,为斯所轻言,汝等皆是佛。(36c)

“斯等”,表示复数,表示称代,称代人或事物,做主语,5 例。如:

(6) 斯等不闻、不信是经,则为大失。(39a)

(7) 色力及智慧,斯等皆减少。(24c)

“如斯”,指示人(3 例)或事物(4 例),表领格,7 例。如:

(8) 其有诽谤如斯经典,见有读诵、书持经者,轻贱憎嫉,而怀结恨。(15b)

(9) 众生诸根钝,著乐痴所盲。如斯之等类,云何而可度?(9c)

“如斯”从梵文形容词 evaṃrūpa 译来。罗什多把它与指称词“如此”“如是”看作同一类词。

“如斯等”,表示复数,指示事物,表领格,1 例。如:

(10) 牛头栴檀，及诸珍宝，以起塔庙，宝衣布地。如斯等事，以用供养。(18c)

“若斯”，指示程度和事物的情况，3 例。状语 2 例，宾语 1 例。如：

(11) 然我实成佛已来久远若斯，但以方便，教化众生，令入佛道，作如是说。(42c)

(12) 文殊师利，我住于此，见闻若斯，及千亿事。如是众多，今当略说。(3a)

例(12)中的“若斯”从梵文指称词īdṛśakāni 译来，词根√īdṛśaka 做指称词，相当于英语 these，词尾-ani 表示名词中性业格复数。

在《法华经》中，“之”不再出现在定语位置做近指称词，“若”也不做近指称词。

关于近指称词“斯”的使用问题，王力(1980[1958]:281)认为，“斯”在最初使用，有方言的因素。根据殷国光(2008:267)调查，在战国时期，指称词“斯”只在鲁地方言中得到沿用，而在非鲁地的方言中却已消亡。我们进一步调查，汉代《史记》中“斯”的使用已几近消失。但是，在魏晋南北朝北方和南方汉译佛经中，却又有相当数量的“斯”出现。“斯”之所以能在该时期汉译佛经中得到广泛使用，很有可能是地域因素在起作用。战国时期保存在鲁地方言中的“斯”，经过 4 世纪“永嘉之乱”，北方汉族大批南迁，江淮之间以至江南一带为北方话所占领。南北朝时期各民族大融合，至梁与北周、北齐鼎峙时，中国已形成两个通语，黄河流域以洛阳话为中心，江淮地区则以金陵为中心。(鲁国尧 2002:536－549，2003:137－147)鲁地方言的渗透极有可能就是汉译佛经中“斯”出现的主要原因。这样类似的情况，还有“著”字。北宋“著”做完成貌的用法属于南方方言的一大特色，该时期北方文献和官话文献不曾出现。但是，到了南宋和元代，在南方官话文献和从北方传入南方的北方官话文献中，均出现有"著"表完成貌的情况。（梅祖麟1988：193－216，1994：61－97）

关于"此""是""斯"的区分。王力（1980[1958]：282）认为："'此''是''斯'三者的分别还看不出来。"显然，这是针对上古这一共时阶段而言的。从现有的研究看，如果单从佛经语言入手，很难看出三者的差别来。通过对勘，我们发现，"此""是""斯"都由idam、tad、etad等梵文指称词和冠词等的格、数译来，三者无明显差别。但是，如果从历史的角度对三者进行考察，我们就会发现，原来"此""是""斯"还是存在有一定区分的。就其形态变化（morphological process）而言，[①]三者的区分在于：

A. 从春秋战国到唐宋，三者虽然都可以在主语、宾语和定语的位置上出现，但是，分布的具体情况却各不相同。在上古，三者在功能上都有着普遍的存在。不过"斯"是按方言的地域性进行分布的。但到了中古，三者在功能的分布上显示出了很大的差异。在定语位置上，三者有着同样的强势，但在主语和宾语位置上，三者的分布却呈现出一种阶梯式的强弱势态。总的趋势是："是"的分布强过"此"，"此"的分布强过"斯"。也就是说，三者当中，"是"的分布最多，"斯"的分布最少，"此"的分布居中。到唐五代，"是"在各功能位置上的分布呈急速下滑趋势。"是"不再出现在主语的位置，而仅出现在宾语和定语的位置。并且，"是"与"此"相比，用

① 语音上有相同的来源，"此""是""斯"都属于支部，同属于齿音，"此"，清母齿头，"是"，禅母正齿，"斯"，心母齿头。

例不到“此”的10%。而“此”和“斯”，其分布则都呈强劲势头。

B. 语义上，在上古，“此”和“是”大体上有所区分。其表现，如马建忠(1983[1898]:53)所言：“凡言前文事理，不必历陈目前，而为心中可意者，即以‘是’字为之；前文事理有形可迹，且为近而可指者，以‘此’字指之。”从汉语史的全貌可以看出，“是”的确很难算作是典型的近指称词。它既非近指，也非远指，具有特指的性质。但是，如果把“是”拿来指示后面的名词所代表的人或事物，却是再恰当不过。对于“此”，从古到今，一直是一个与“彼”相对应的近指称词。当然，马氏的观点也有需商榷之处。有一些例句，既可用“此”，也可用“是”，从意义上看，很难有什么区分。而到了中古，它们相似的地方则更为明显。尤其是在定语(它们在定语位置上的用法占90%)位置上指示人或事物这一用法上，二者完全一致，甚至可以替代。在唐宋，“斯”保持了原来的势头，“此”的近指意义更是久盛不衰。“是”表指称的用法衰落，向系词的用法发展。曹广顺等(2011:33)研究，《祖堂集》中“是”不和“彼”对立出现，他们不把“是”与“此”同归入近指称词一类，而把“是”算为特指称词。

C. 用法上，从上古开始，当“此”做主语时，谓语多用体词；当“是”做主语时，谓语多用谓词；当“斯”做主语时，则不受此限，谓语可以是谓词，也可以是体词。“此”和“斯”一般不用作谓语，“是”多用作谓语。“此”做定语时，中间有时可以插入“之”，而“是”和“斯”做定语时，却不允许有此类情况发生。总体上说，在上古，做定语和宾语主要用“此”和“斯”，做主语主要用“是”。到中古和唐宋，情况发生微妙变化。虽然三个词仍然都可普遍做定语，但是，“此”和“斯”还通常有做主语和宾语的情况，而“是”则很少做主语和宾语。

D. 倘将“此”“是”“斯”与原因介词“以”结合，那么，“此”必将后置，“是”必将前置，“斯”则不与“以”结合。①

表 2-4:《法华经》近指称词的用法及其频率

功能 词项	指示					称代						方位词前	虚指	总数
	人	事物	处所	时间	数量	主语	谓语	宾语	定语	状语	兼语			
此	74	279	34	6		13		54		1		8	1	470
此辈						3								3
此等						2		1	3					6
如此	4	9				1		1		3				18
是	321	490	15	35		2		7				5		875
是等	3					2		1			1			7
如是	50	79	1	1	1	5	65			37				239
如是等	13	14				1		1						29
斯	8	37	1			2		1						49
斯等						5								5
如斯	3	4												7
如斯等		1												1
若斯								1		2				3

2.2 远指称词

远指称词指所指对象是空间相对远的指称词。《法华经》中，远指称词只有“彼”，用作指示和称代，相当于“那”，用法 7 项，共 99 例。其中，指示 88 例，称代 7 例，方位前项 3 例。另，还有虚指 1 例。“彼”是唯一与近指称词“此”相对应的远指称词。在汉译佛

① 以上关于上古的成果参见殷国光(2008:264－272)。

经中，和近指称词“此”一样，“彼”也有其明显的单、复数对立特征，单数用“彼”，复数用“彼等”。

A. 用作指示，指人、事物、时间和处所，88 例。

a. 指人，41 例。如：

(1) 彼佛灭度后，懈怠者汝是。(5b)

b. 指事物，28 例。如：

(2) 如彼卉木丛林诸药草等，而不自知上中下性。(19c)

c. 指处所，15 例。如：

(3)（诸菩萨）以慈修身，善入佛慧。通达大智，到于彼岸。名称普闻无量世界，能度无数百千众生。(2a)

d. 指时间，4 例。如：

(4) 彼时四众——比丘、比丘尼、优婆塞、优婆夷，以瞋恚意轻贱我故，二百亿劫常不值佛，不闻法，不见僧。(51a)

B. 用作称代，做宾语，表示人、事物和处所，7 例。如：

(5) 彼即是汝身，宜应自欣庆。(12a)

(6) 尔时长者将欲诱引其子，而设方便，密遣二人形色憔悴无威德者：“汝可诣彼，徐语穷子：‘此有作处，倍与汝直。’”(17a)

C. “彼”与“中”组合构成“彼＋方位词”结构，表示处所，3 例。如：

(7) 我复于彼中，为说无上法，汝等不闻此，但谓我灭度。(43b)

D. 用作虚指，与“此”连用，1 例。如：

(8) 我观一切，普皆平等，无有彼此，爱憎之心。我无贪著，亦无限碍。(20a)

语篇上，“彼”在言谈话语中，充当上指和外指的功能，共 82 例。

用于上指，复指前面出现过的人或事物，58例。如：

(9) 尔时有佛，名大通智胜如来、应供、正遍知、明行足、善逝、世间解、无上士、调御丈夫、天人师、佛、世尊，其国名好成，劫名大相。诸比丘，彼佛灭度已来，甚大久远。(22a)

用于外指，所指的对象在上文虽然没有出现，但听话人完全可以凭借自己已有的知识对谈话内容中所隐含的对象做一个合理的推断，24例。如：

(10) 以慈修身，善入佛慧，通达大智，到于彼岸。(2a)

虽然，《法华经》中没有出现"彼"的复数形式"彼等"，但在其他佛经中，"彼等"的出现却已成规模。如《佛本行集经》中，"彼等"共出现370余例。如：

(11) 彼等各各，面相睹见，厌离地狱，复得光明，身心安乐。(隋阇那崛多译《佛本行集经》卷七)

2.3 特指称词

特指称词指所指对象是既非近指亦非远指的指称词。《法华经》中，特指词有"其"(385)、"尔"(12)、"尔时"(235)，用法共9项，632例。

其

"其"做指示和称代，共385例。其中，指示317例，称代16例，方位词前项52例，"其"不论是用作称代还是用作指示，都以承指用法为主。[①] 表指示时，用作领属定语，实指前面出现过的

① 吕叔湘(1982:155-160)认为，"其"专用于承指。《法华经》中，"其"共385例，表承指有317例。

人或事物，相当于现代汉语的“那种”“那个”；表称代时，称代人和处所。

A. 用在名词的前面做指示，指话语中的某个确定的对象，充当领格，317例。

a. 指人，91例。如：

(1) 其二沙弥东方作佛，一名阿閦，在欢喜国，二名须弥顶。(25b)

b. 指事物，179例。如：

(2) 诸佛子等，为供舍利，严饰塔庙，国界自然，殊特妙好，如天树王，其华开敷。(3b)

c. 指方位处所，45例。如：

(3) 又于其上张设幰盖，亦以珍奇杂宝而严饰之。(12c)

d. 指时间，2例。如：

(4) 所以未曾说，说时未至故，今正是其时，决定说大乘。(8a)

B. 用作称代，称代人和处所，16例。

(5) 是人于何，而得解脱？但离虚妄，名为解脱，其实未得，一切解脱。(15b)

“其”称代人时，相当于“那个人”；称代处所时，相当于“那里”，用在句首，做主语。其标志是句子都用“其有”开始。“其有”有“(只要)那里有”的意思。如：

(6) 诸聚落城邑，其有求法者，我皆到其所，说佛所嘱法。(36c)

C. “其”与方位词语组合，构成方位词组“其上”“其中”“其下”“其前”。52例。如：

(7) 又于其上张设幰盖，亦以珍奇杂宝而严饰之。(12c)

(8) 今此三界，皆是我有。其中众生，悉是吾子。(14c)

(9) 此诸宝树，皆有菩萨、声闻而坐其下。(53a)

《法华经》中没有“其”的复数形式“其等”，其他汉译佛经中偶有出现。如：

(10) 其等欲开解王意故，故现颜色，自无忧愁。(隋阇那崛多译《佛本行集经》卷二十)

尔　尔时

《法华经》中，“尔”做指示的时候，用作特指，表示事物的样态，做主语和谓语，12 例。如：

(1) 若蒙佛授记，尔乃快安乐。(21a)

(2) 佛知时未至，受请默然坐，三方及四维，上下亦复尔。(26b)

在上古时，“尔”和“时”均为单用，在汉译佛经中却已基本凝固成词。在很多时候，“尔时”似乎更应该看作近指，但就实际而言，近指和远指的分别不是很明朗。《法华经》中，“尔时”放在故事叙述的开端，指示事情发生的时间，做状语，235 例。① 如：

(3)尔时会中有二十亿菩萨，乐欲听法。(4a)

(4) 尔时释迦牟尼佛，见所分身佛悉已来集，各各坐于师

---

① 译经中，有时候“尔时”也可以分析为一个表承接的连接词，相当于现代汉语“于是”。如下面例中第二个“尔时”。“尔时多宝佛于宝塔中分半座，与释迦牟尼佛，而作是言：释迦牟尼佛可就此座。即时，释迦牟尼佛入其塔中，坐其半座，结加趺坐。尔时大众见二如来在七宝塔中师子座上结加趺坐，各作是念……”(33c)说明“尔时”在汉译佛经中的虚化程度要比中土文献更高。姜南(2011)利用梵汉对勘证明，“尔时”做话题转移标记，它是译师在遇到原典语转移话题时有意添加的。

子之座。(33b)

中土文献中,“尔时”主要出现在定语位置,用来指人、事物或时间等。但在汉译佛经中,“尔时”却只能用来表示时间。王力(1980[1958]:281)认为,对于“尔时”,应该把“尔”和“时”分开,“尔”视作“时”的定语。但我们发现,汉译佛经中“尔时”应视为一个词。其理由:从意义上看,意义单一;从结构上看,结合紧密而稳定,不宜拆开;从使用上看,使用频率高,使用范围广。“尔时”组合成词,绝非偶然。汉译佛经中,这种在短时间内出现高度词汇化的现象,其演变不是内部自身发展的结果,而是外部动因所造成,亦即因语言接触所造成。梵文中,tena khalu 这个成分总是出现在故事的开头,用作指代故事发生的时间背景,并通常出现在两个内容相衔接的地方。早在东汉,译师就已经用“尔时”来对译 tena khalu。并由此沿用不变。在唐宋佛经文献中,“尔时”仍然得到沿用。但它在近代的中土文献里,“尔时”的使用并没有得到进一步的发展。

“尔时”与前文人称代词“我等/汝等”一样,它们产生的动因就是借译(loan translation)。借译和复制语法化存在一些不同的地方:借译没有中间阶段或过渡形式,它语法化结果有词汇意义,也有语法意义。其单向性不明显,复制语的复制范畴的语法化程度不一定低于模式语中的模式范畴,不一定有去范畴化、去语法化等语法化特征。“尔时”的词汇化是对梵文中普遍出现的段首成分 tena khalu 的翻译所造成。

“尔”和“若”有着相同的来源。在上古,二者都可以做指称词。但奇怪的是,在汉译佛经中,“若”一般只做连词,没有做指称词的用法。在调查的几部佛经文献中,都未曾发现“若”做指称词的用法。

表 2-5:《法华经》远指称词和特指称词的用法及其频率

功能 / 词项	指示				称代			方位前	虚指	总数
	人	事物	处所	时间	主语	宾语	状语 谓语			
彼	41	28	15	4		7		3	1	99
其	91	179	45	2	16			52		385
尔					6		6			12
尔时							235			235

2.4　兼称代词

《法华经》中,“彼”“其”除了做指示代词以外,[①]还兼称代第三人称,“之”也称代第三人称,都相当于现代汉语“他”。“彼”(8)、“其”(96)和“之”(122)共 226 例,用法 8 项。它们既做单数又做复数。在句法上,“彼”和“其”做主语、宾语和定语,“之”只做宾语;语义上,都指人和事物。

彼

“彼”8 例,其中做主语 2 例,做宾语 5 例,做定语 1 例。如:

(1) 其两足圣尊,最胜无伦匹,彼即是汝身,宜应自欣庆。(12a)

(2) 世尊妙相具,我今重问彼,佛子何因缘,名为观世音?(57c)

(3) 此等闻得佛,大喜充遍身,佛知彼心行,故为说大乘。(8a)

① “之”在上古可以用作指示代词,做定语。(王力 1958)而《法华经》中,“之”不再在定语位置做指示代词。

以上用例中的“彼”，例(1)做主语，例(2)做宾语，例(3)做定语。“彼”，表示单数和复数，称代前文已经出现过的人。《法华经》以外的汉译佛经中，“彼”还出现有复数形式“彼等”和“彼辈”。

其

“其”兼称第三人称时专用于承指，(吕叔湘 1982:155－167)共 96 例。“其”做主语、宾语、定语和兼语，其中做定语是其最主要的句法功能，承指前文提及的人。上古“其”字做定语，到中古佛经中还可以做主语、宾语和兼语。据王力(1958)引吕叔湘的观点认为，在中土文献中，“其”字用于宾语，出现于晋代以后的史料中，至于主语，则出现于南北朝以后。我们的研究发现，在汉译佛经中，“其”做主语和宾语的用法出现在东汉和两晋时期。

A. 做主语，14 例。如：

(1) 今见释师子，其后当作佛，号名曰弥勒。(5b)

此例中，“其后”的语义为“他到最后”，“其”从梵文 ayaṃ翻译而来，ayaṃ是语干 idam 的单数体格，回指 śākyasiṃhaḥ(释师子)。

(2) 迦叶汝已知，五百自在者，余诸声闻众，亦当复如是。其不在此会，汝当为宣说。(28c)

B. 做宾语，16 例。如：

(3) 是时诸佛，即授其记。(18b)

(4) 我于余国遣化人为其集听法众。(31c)

C. 做定语，表示领有，60 例。如：

(5) 当知是人行普贤行，于无量无边诸佛所深种善根，为诸如来手摩其头。(61c)

(6) 以是庄严故，其目甚清净。(47c)

D. 做兼语，6 例。如：

(7) 我见诸众生,没在于苦恼,故不为现身,令其生渴仰。(43c)

之

"之",在《法华经》中已经没有在定语位置上做指示代词的用法,它用来称代第三人称。用于称代第三人称时,既可以是单数,也可以是复数,共122例。其句法功能仍然承传上古,做宾语,承指前文提及的人和事物。如:

(1) 众生处处著,引之令得出。(6a)

(2) 若人欲加恶,刀杖及瓦石,则遣变化人,为之作卫护。(32b)

例(1)中"引之令得出"中的"之"指"他们",具体指的是众生。句意为:引导他们使(他们)脱离痛苦。

表2-6 《法华经》中称代第三人称的指称词的用法及其频率

功能 词项	主语	宾语	定语	兼语	总数
彼	2	5	1		8
其	14	16	60	6	96
之		122			122

2.5 逐指称词、旁指称词和不定指称词

逐指称词是指所指代的对象属于每个个体的代词。《法华经》中,逐指称词共3个,用法17项,95例。有"各"(79)、"各自"(4)和"各各"(12),这都是承传上古的用法,没有新的变化。相对中古,"各各"在《法华经》中的使用略占上峰,从梵文svaka(各)的重叠形式译来。旁指称词是指所指代的对象属于另外的人或事物的

代词。《法华经》中，旁指称词共 2 个，112 例，有“余”(68)、“他”(44)。在当时这两个词中，“他”的发展空间最大。不定指称词是指所指代的对象不能确定的代词。《法华经》中，不定指称词有“或”，18 例。以上三类指称词共计 6 个，用法 9 项，225 例。

各 各自 各各

《法华经》中的逐指称词“各”有指示和称代两种用法，共 79 例。

A. 表示称代，做主语。所表示的动作行为，既为诸个体所共有，又为各个体所特有，76 例。如：

(1) 是八王子，威德自在，各领四天下。(4a)

B. 表指示，做定语，指该名词所指范围的每一个个体，相当于“每一”，3 例。如：

(2) 一一塔庙，各千幢幡，珠交露幔，宝铃和鸣。(3b)

“各”译自梵文 svaka，该词相当于英语 own，one's own，my (they，his，her，our，their) own。

《法华经》中的“各自”用在动词前，指某个动作行为为个体所有。表示称代，做主语，4 例。如：

(3) 诸恶禽兽，孚乳产生，各自藏护。(14a)

《法华经》中的“各各”用在动词前，表示称代，做主语。指某个动作行为，不但为诸个体集体所共有，而且为诸个体所特有，12 例。如：

(4) 世尊诸子等，闻佛入涅槃，各各怀悲恼，佛灭一何速。(5a)

“各各”做主语，译自梵文 svakasvakaiś，是对梵文 svaka(各)重叠使用的一种翻译方式。《法华经》中的“各”，其重叠形式比中土文献多得多，这与梵文中重叠词的频繁出现有关。

余

《法华经》中的“余”共68例。其中，用于指示60例，用于称代8例。

A. 用在名词前，用于旁指另外的人、事物、处所，60例。如：

(1) 余失心者，见其父来，虽亦欢喜问讯，求索治病，然与其药，而不肯服。(43a)

(2) 并诸余山林，大海江河水，下至阿鼻狱，上至有顶处，其中诸众生，一切皆悉见。(47c)

其中，“其”与“余”可以连用，同指别的人或事物，3例。如：

(3) 其余声闻，信佛语故，随顺此经，非己智分。(15b)

B. 用于旁称时，泛指另外的人、事物或处所。做主语、宾语，共8例。如：

(4) 若作骆驼，或生驴中，身常负重，加诸杖捶，但念水草，余无所知。(15c)

(5) 咄，男子，汝常此作，勿复余去，当加汝价。(17a)

“勿复余去”，指“不要去其他的地方”，“去”表示“前往”，此义由“离开”义发展而来。

他

《法华经》中，“他”共44例。其中，用于指示41例，用于称代3例。

A. 用于指示，和名词组成“他＋名词”，旁指说话人和听话人以外的人、事物、时间和处所，41例。如：

(1) 如来灭后，其能书、持、读、诵、供养、为他人说者，如来则为以衣覆之。(31b)

(2) 若修医道,顺方治病,更增他疾。(15c)

(3) 又以他日于窗牖中遥见子身,羸瘦憔悴,粪土尘坌,污秽不净。(17a)

(4) "汝可取服,勿忧不差。"作是教已,复至他国,遣使还告:"汝父已死。"(43a)

B. 用于称代,旁称说话人和听话人以外的人,3 例。如:

(5) 若他反逆,抄劫窃盗,如是等罪,横罗其殃。(15c)

(6) 不轻蔑于人,亦不戏论法,不令他疑悔,云汝不得佛。(38b)

做旁称的"他",可做主语,如例(5);可做兼语,如例(6)。

汉译佛经和中土文献都有"他"用于他称代词的用法。但与中土文献相比,其在汉译佛经中的使用频率要高很多。因为汉译佛经中的"他",已有大量的旁指称词用法,由此,"他"便也出现有第三人称用法的萌芽。这是汉译佛经语言口语化作用的结果。王力(1980[1958]:271)认为,人称代词"他"产生于唐代,从旁指代词的"他"发展而来。可见,魏晋南北朝汉译佛经中旁指代词"他"的广泛使用,为唐代人称代词"他"的产生奠定了基础。

或

"或"做不定代词,共 18 例,称代人和鬼神,充当主语。如:

(1) 复有诸鬼,首如牛头,或食人肉,或复噉狗,头发蓬乱,残害凶险。(14a)

(2) 尔时长者,于其门内,施大宝帐,处师子座。眷属围绕,诸人侍卫,或在计算,金银宝物,出内财产,注记券疏。(18a)

表 2-7 《法华经》逐指称词、旁指称词、不定指称词用法及频率

词项＼功能		指示				称代					总数
		人	事物	时间	处所	主语	宾语	定语	兼语	同位语	
逐指称词	各		3			76					79
	各自					4					4
	各各					12					12
旁指称词	余	18	27		15	3	5				68
	他	9	11	1	20	1	1		1		44
不定指称词	或					18					18

指称词小结：

通过上面的描写，《法华经》中指称词的使用情况可以归纳为如下四个方面：

第一，指称词系统建立在上古指称词系统基础之上，且在用法上又有新的发展。

《法华经》中的指称词系统承传上古，有近指示词和远指示词两类。其词项承传上古，如近指词主要有"此""是""斯"，远指词主要有"其""彼"等。其语义功能，与上古一致，既可做指示又可做称代。做指示时，主要在领格位置出现，表示领属关系。做称代时，做主语和宾语，既可以称代人，又可以称代事和物。在上古汉语里，指称词和人称代词关系密切，第三人称代词由指称词充当。在《法华经》和其他汉译佛经中，情况大体与上古汉语一致，"其""彼""之"既充当指称词，又充当人称代词。

《法华经》的语言，由于偏向口语化，因此排斥了"兹""夫""时""若"等，吸收了"斯""是""此""其""之""彼"等。被吸收的指称词在用法上又有新的发展。"是"在主语和宾语位置表称代,在定语位置表指示,并开始出现向系词发展的趋势,"此"在主语和宾语位置表称代,在定语和状语位置表指示,但由于是单音节,因此在"此"需要有双音节形式出现的语言环境里难以出现。"斯"在上古受方言区域的影响大,在《法华经》和其他汉译佛经中,这种影响已经不明显。"其"和"彼"都是单音节词,无法产生双音节形式的词,因此也因与汉语发展双音节词的语言环境不相吻合而无法出现。这正是唐代产生既有口语特征又是双音节指称词"这个""那个"的原因。

第二,单、复数有意识地分开,出现有单、复数形式互相对立的情况。

《法华经》中,在数的使用上,单、复数已被有意识地分开。上古,指称词的单、复数,在使用形式上并无区分。直到中古,情况依然如此(只有个别用名词"等""辈"来区分数的情况)。而在《法华经》中,指称词的单数和复数已经有意识地分开,并有比较鲜明的区分标志。当复数出现时,定会有一种与单数不一样的词汇出现。如:单数用单音节指称词"此""是""斯""彼""其",复数则在单音指称词后面加上"等"(其他汉译佛经还有加"曹""辈"的情况)。在使用范围上,复数形式的使用出现不同的情形。除了常见的"等"以外,有的在指称词后面加"诸""众"。相对而言,近指称词复数形式的使用较为频繁,而远指称词复数形式的使用则较为稀少。

在《法华经》中,指称词不仅普遍存在单数和复数区分使用的情况,而且还频繁出现单数形式与复数形式相对立的现象。单音节指称词一般表单数,复数则由单音节指称词后面加上"等"("辈"),组成"~等(辈)"形式。如"此"和"此等","此"是单数,"此等”是复数;“是”和“是等”,“是”是单数,“是等”是复数;“彼”和“彼等”,“彼”是单数,“彼等”是复数;“斯”和“斯等”,“斯”是单数,“斯等”是复数。不过,虽然单、复数形式已经形成了对立,但是特征却还不是那么明显。确切来讲,指称词单、复数形式的对立,还仅处于萌芽阶段。其表现:a. 结构不够凝固。《法华经》中指称词的复数形式,中间往往还会插入其他成分。如“彼等”“此等”“是等”中间会插入“诸人”“诸比丘”等。b. 使用频率不高。“是等”“如是等”“此等”“如此等”“彼等”“斯等”和“其等”,使用都不够频繁。在《法华经》中,“此”做指称词虽然出现有470余例,但是,其相应的复数形式“此等”却只有9例。“是”做指称词虽然有870余例,但其复数形式“是等”却只有7例。“如是”做指称词有240余例,其复数形式“如是等”略多,但却也仅29例。c. 应用范围不广。在不少需要使用复数的地方,并没有看到指称词“此等”“是等”“斯等”“彼等”复数形式的出现。

据调查,《法华经》中指称词单、复数形式对立的情形,在唐宋汉译佛经文献中还有出现。汉译佛经文献中指称词单、复数形式对立为唐代复数形式“这些”“那些”的产生奠定了基础。

第三,领格用法突出,表指示的“是”使用频率高。

《法华经》中,最常见的指称词主要有“此”“彼”“是”“其”。这四个词绝大多数情况下是以“X+名词”的形式出现,用作领格,用于承指上文出现过的人或事物。它们在名词前做领格的用法特别突出。“此”共470例,领格用法有393例,约占指称词“此”总数的84%;“是”共875例,领格用法861例,占了指称词“是”总数的98%;“彼”共99例,领格用法95例,占了指称词“彼”总数的96%;“其”共385例,领格用法333例,约占指称词“其”总数的

86%。而在中土文献中，这四个词做领格的用法却很是少见，如《世说新语》(7.3万字)，其总用例远不到《法华经》(6.9万字)的三分之一。《法华经》中领格用法的突出使用，当与梵文指称词的频繁使用有关。如上所述，梵文 idam 和 adas 指称词广泛用作指示(性)形容词(indexicality adjective)，梵文定冠词 tad 也在名词前指示提到过的人或事物。另外，还有一些其他的指称词，由于这些词在梵文文法中都有多样而复杂的格、数、性，因此只要是依照梵文进行直译，就会造成译文中"此""彼""是""其"等领格用法的大量出现。

在《法华经》中，指称词"是"可以做主语、宾语、定语、方位词的前项，指人、事、物、时间、处所和数量。指称词"是"的使用频率高。在中土文献中，"是"的使用不如汉译佛经频繁，以《世说新语》为例，在该文体中，"是"表承指用法还不到30例，而在《法华经》中，承指用法却有875例。其他汉译佛经中"是"的承指用法也非常普遍。造成这种状况出现的最主要原因有两点：一是与"是"的性质有关。"是"是一个特指词，在关系上既可做特指，也可做承指；在对象的空间位置上，"是"既不受近指限制，也不受远指限制。二与梵文指称词的大量存在有关。在梵语中，近指称词有 idam(这)，有语干为 tad(此)和 etad(此)的冠词或指称词，还有专门表示状态的 iti(这样)，用于领格位置的 evaṃrūpaṃ(这)，表示处所的 tatra(这里)。而且每格中都有单、双、复三数，又，每类数的形式中有两性的存在。如语干 idam(代词"这")有七格两种性，共计有42种变化形式。在梵文指称系统中，格、数和性的多样性，导致汉译佛经中"是"使用频率的提高。

第四，双音节词大量产生。

《法华经》中,双音节词大量产生。近指称词共 13 个,双音节词占 10 个。近指称词中,有从单音节向双音节发展的势头,而且有些双音节形式还有词汇化的趋势。单音节"此"发展出双音节"如此""此辈""此等",单音节"是"发展出双音节"如是""是辈""是等",单音节"斯"发展出双音节或三音节"斯等""如斯""如斯等""若斯"。这些双音节或三音节词在上古都是没有的。不过,除了"如此""如是"以外,其他的双音节近指称词在汉语史上没有得到继续使用。远指称词也发展出"彼等""其等"等双音节远指称词。这些指称词双音节的产生,为唐宋以后新的双音节指称词"这个""这些""那个""那些"的产生奠定了坚实的基础。

三　疑问代词

《法华经》中,疑问代词词汇兴衰交替频繁,语法功能发展迅速,代词宾语前置基本消失,新的用法多有出现。疑问代词共 16 个,用法 28 项,161 例。其中,以询问人物为主的疑问代词 1 个:"谁";以询问事物为主的疑问代词 3 个:"何""何者""何等";以询问原因为主的疑问代词 3 个:"何故""何以故""所以者何";以询问状况和方式为主的疑问代词 5 个:"云何""如之何""如何""于何""何由";以询问数量为主的疑问代词 2 个:"几何"和"几所";以询问处所为主的疑问代词 1 个:"何所";表反问的疑问代词 1 个:"何为"。其中,表示原因的"所以者何"是新出现的疑问词。"谁"新产生出询问事物的用法,"何为"新产生出表示反诘的用法。用在是非问句和反诘问句前面表前引问的"云何",是新出现的疑问用法,它这种用法的出现跟翻译有关。

3.1 询问人

谁

《法华经》中，“谁”，15 例，可用作主语、宾语和定语。其中，除有 1 例具有指示性功能（如例 3），询问事物之外，其他用例都具有替代性功能和询问人的用法。如：

A. 做主语，9 例。如：

(1) 今佛世尊入于三昧，是不可思议、现希有事，当以问谁？谁能答者？(2b)

B. 做宾语，4 例。如：

(2) 从谁初发心？称扬何佛法？(40c)

C. 做定语，2 例。如：

(3) 受持行谁经？修习何佛道？(40c)

在上古，“谁”和“孰”都有出现，主要用于询问人，并且分工各异：“谁”专指人，表疑问；“孰”可以指人，也可以指物，表选择。（王力 2005:354）《法华经》中，只用到“谁”，没用到“孰”。“谁”用于问人和物。例(3)中，“谁”与“何”同义对举，各自指向“经”和“道”。在其他汉译佛经中，“谁”得以使用，且所指向的对象更为广泛。有“谁”表抉择的疑问用法，如例(4)；还有“谁”询问姓名的用法，如例(5)；还出现有“阿谁”询问人的用法，如例(6)。如：

(4)龙象共斗，谁者胜负？（东晋僧伽提婆译《增壹阿含经》卷九）

(5) 时琴师问曰：“今汝姓谁？父母为所在？”（同上，卷十六）

(6) 我妇久死，汝是阿谁？妄言我妇。（萧齐求那毘地译

《百喻经》卷一）

3.2 询问事物

何

《法华经》中，“何”共 38 例，主要用于询问。其中，有询问事物、原因、方式等用法。另，有虚指和任指用法。“何”可以做主语、宾语、定语和状语。

A. 表询问。

问事物，10 例。如：

(1) 世尊，是妙音菩萨，种何善根，修何功德，有是神力？(56a)

询问原因，18 例。如：

(2) 佛子何因缘，名为观世音？(67c)

询问方式，1 例。如：

(3) 每自作是意，以何令众生，得入无上慧，速成就佛身？(44a)

B. 表虚指。8 例。

(4) 唯有如来，知此众生种相体性，念何事，思何事，修何事，云何念，云何思，云何修，以何法念，以何法思，以何法修，以何法得何法。(19b)

C. 表示任指，1 例。如：

(5) 其人虽不问不信不解是经，我得阿耨多罗三藐三菩提时，随在何地，以神通力、智慧力引之，令得住是法中。(38c)

例(5)的意思是：他们即使不问不信不解此经，我也发愿在我证得无上正等正觉时，不论在何地何时，皆以神通力及智慧力接引他们，让他们住在妙法之中。

“何”在中土文献中，无论是在上古还是在南北朝，都承担着疑问代词的重要角色。“何”的功能齐备，语义也相当丰富。在《法华经》中，“何”做主语、宾语和定语，询问事物、情状方式、原因。不过，无论是在功能还是在语义上，“何”都已趋于衰落，取而代之的是双音节词“云何”。“何”出现时，仅局限于表原因和做定语，且多数用于指代，少数用于替代。其他汉译佛经中，情况也是如此。“何”为什么会在汉译佛经中走向衰落？我们认为，a. 与词汇双音节化趋势有关。因为词汇双音化的缘故，“何”被“云何”“为何”等取代；b. 与汉译佛经中口语性浓的语言特征相冲突。“何”是一个文言性质较强的疑问代词，在中土文献中得到普遍使用。由于汉译佛经语言具有口语化的特征，与中土文献中文言性质较强的语言发生冲突。“何”因失去了它原有的语言环境而走向衰落。c. 专业疑问词汇的形成，促使“何”失去了承担疑问代词重要角色的作用。汉译佛经中，专业疑问词有：表事件的“云何”“何等”，表原因的“何故”“所以者何”，表状况的“如何”“云何”，表反诘的“何由”“何为”“何用”，表数量的“几何”，表处所的“几所”“何所”，表时间的“何时”。

何者　何等

《法华经》中，“何者”，询问事物，做主语，2 例；“何等”，询问人或事物，做宾语和定语，2 例。如：

(1) 文殊当知，四众龙神，瞻察仁者，为说何等？(3c)

(2) 若有人问：“何等众生于未来世当得作佛？”(30c)

(3) 何者是火？(12c)

3.3　询问原因和目的

《法华经》中，表示询问原因、目的疑问代词共 3 个，有“何故”“何以故”“所以者何”。[①]

何故　何以故　所以者何

“何故”8 例，“何以故”4 例，“所以者何”37 例，都专用于询问原因或目的。“何故”充当状语，“何以故”和“所以者何”充当句子。如：

(1) 今皆堕疑网，佛何故说是？(6b)

(2) 何以故？是长者先作是意：“我以方便令子得出。”以是因缘，无虚妄也。(13a)

(3) 我等亦当于他国土广说此经。所以者何？是娑婆国中人多弊恶，怀增上慢，功德浅薄，瞋浊谄曲，心不实故。(36a)

“所以者何”，相当于现代汉语疑问句“为什么”。在中土文献里，“所以者何”极为少见，而在汉译佛经中却有大量使用。这与梵文中表示原因的疑问词的大量使用有关。(见第十三章“疑问句”)

其他汉译佛经中，表原因的疑问代词还有“何以”。在上古，

---

① 《法华经》中有一组表示原因的佛教词汇，“何因”1 例，“何缘”1 例，“何因缘”14 例。出现在疑问句，询问原因。其中，“何因”作宾语，“何因缘”可作宾语(4 例)，也可做状语(9 例)，其他都做状语。如：

(1) 尔时，舍利弗知四众心疑，自亦未了，而白佛言：“世尊，何因何缘？”(6c)

(2) 此是何因缘？宜各共求之。(23a)

(3) 今以何因缘，我等诸宫殿，威德光明曜，严饰未曾有？(24b)

“何以”表示原因，在中古，“何以”表原因的用法得到推广。在《法华经》中，“何以”没有出现。

3.4 询问状况和方式

《法华经》中，用于询问状况和方式的疑问代词共5个，有“云何”“如之何”“如何”“于何”“何由”。

云何

“云何”，40例。其中，20例表示询问，包括问事物、情状方式、原因；6例表示反诘；3例表示虚指；11例起提示作用。其中，起提示作用的“云何”出现在“云何+是非问句”和“云何+反诘问句”两种语境当中，表示前引问功能。这是只有汉译佛经中才有的特殊用法。《法华经》中，“云何”做主语（2例）、谓语（14例）和状语（24例）。

A. 用于询问，询问事物、情状方式、原因。20例。

a. 询问事物，做主语，2例。如：

（1）云何名诸佛世尊唯以一大事因缘故出现于世？（7a）

b. 询问情状方式，做状语和谓语，相当于“如何”“怎么办”，8例。如：

（2）药王，若有善男子、善女人，如来灭后，欲为四众说是法华经者，云何应说？（31c）

（3）复作是念：“佛今默然，不见告敕，我当云何？”（36b）

c. 询问原因，做状语，相当于“为什么”“为何”的意思，10例。如：

（4）我等同入法性，云何如来以小乘法而见济度？是我等咎，非世尊也。（10c）

(5) 世尊,观世音菩萨,云何游此娑婆世界?云何而为众生说法?(57a)

“云何”从梵文 katham 翻译而来。在梵语文法里,katham 单独表示情状方式和原因。它经常和 iva,nī,nu,svid 等助词连用在一般疑问句中,相当于“怎么办”“为什么”。

关于表原因和表情状方式的疑问句,二者有着密切的关系。当事物的情状或方式的程度加深到一定程度,就极有可能发展出表示事物的原因。关于这一点,是世界许多语言所具有的共性。为此,我们在区分汉语中询问情状方式和询问原因的用法时,需要随具体的语言环境去理解。如在询问情状方式时,一定要弄清楚问题出现的方式;而在询问原因时,则一定要弄清楚问题发生的原因。

B. 用于反诘,做状语,6 例。如:

(6) 是事难思议,云何而可信?(42a)

C. 用于虚指,做状语,3 例。如:

(7) 唯有如来知此众生种相体性,念何事,思何事,修何事,云何念,云何思,云何修,以何法念,以何法思,以何法修,以何法得何法。(19b)

D. “云何”的特殊用法,用于提示问,做谓语,11 例。

“云何”用于提示问的用法,都出现在“云何+是非问句”和“云何+反诘问句”句式中。

a. “云何”用在是非问句前,充当谓语,出现在前一个对话的固定格式“(于)汝意云何”疑问句中,形成“(于)汝意云何+是非问句”格式,6 例。如:

(8)(佛告弥勒):“于汝意云何?是大施主所得功德宁为

多不?”弥勒白佛言:“世尊,是人功德甚多,无量无边。”(46c)

(9)(佛告诸菩萨):“诸善男子,于意云何?是诸世界可得思惟校计知其数不?”弥勒菩萨等俱白佛言:“世尊,是诸世界无量无边非算数所知。”(42b)

(10)(佛告诸比丘):“于汝等意云何?是诸国土,若算师若算师弟子,能得边际知其数不?”(诸比丘白佛言):“不也,世尊。”(22a)

“云何”用在疑问句的前面,表示问话人对听话人所做出的某种暗示,目的在于提请听话人注意,不要求听话人做出回答。但是,紧随其后,必有一个确切的是非问句出现,这个是非问句才是说话人向听话人提出的具体的询问,是要求对方做出回答的。这类格式中的“云何”,均译自梵文中询问情况的 tat kim manyase 的格式。tat kim manyase 句式在梵文中用于询问句前表暗示,暗示说话人会有问题询问对方。

b. “云何”用于反诘问句前,充当谓语,形成“云何+反诘问句”形式,5 例。如:

(11)得大势,于意云何?尔时常不轻菩萨岂异人乎?则我身是。(51a)

(12)佛告大众:“于意云何?妙庄严王岂异人乎?今华德菩萨是。”(60c)

用于反诘问句之前的“云何”,其作用与用于是非问句之前的“云何”相同,例句中的“云何”就类似于现代汉语口语中的“怎么样”。这类格式中的“云何”也是汉译、佛经中的特殊用法,同样是梵文 tat kim manyase 句式的直译,是翻译时语言接触中的语法复制。例见本书第十三章 5.2 节。吴娟(2011)关于《维摩诘经》的梵汉对勘也证实了“云何”来源于梵文翻译。

“云何”除了有以上用法外，在魏晋南北朝时期的汉译佛经中，还出现在以下三种句式中：A. 云何＋反复问句，B. 云何＋选择问句，C. 云何＋特指问句。（其用法参见第十三章“疑问句”）

从以上两种特殊用法看，“云何”具有以下两方面特征：a. 口语性强，带有一定的随意性，可以出现，也可以隐藏；b. 是泛指性提问的一种，用于询问情况或原因，具有前引问功能。汉译佛经中“云何”这种特殊用法的出现，可能与佛经翻译有关，是译师在佛经翻译过程中对原典文篇章结构按原样复制的结果。（具体讨论参见第十三章第五节）

上面的描写显示，“云何”具有丰富的用法：a. 在疑问类型上，有询问、反诘和虚指用法；b. 询问对象上，可以询问事物、原因、情状方式等；c. 可以用在是非问句和反诘问句前头，做提示问的用法；d. 语法功能上，可以做主语、宾语、谓语和状语。在其他汉译佛经中，“云何”还有做定语的用法。如：（引自卢列红 2008：97）

(13) 我说不得狎习一切人，亦说得狎习一切人。云何人我说不得狎习？若狎习人便增长恶不善法、衰退善法者，如是人我说不得狎习。（东晋僧伽提婆译《中阿含经》卷二十七）

与中土文献相比，汉译佛经中“云何”的用法有所突破，主要表现在五个方面：a. 在疑问类型上，中土文献中“云何”只有询问和反诘用法，没有虚指用法，而汉译佛经中存在有虚指用法；b. 询问对象上，中土文献中“云何”询问事物、原因和情况，而汉译佛经中还有询问情状和方式的用法；c. 汉译佛经中“云何”可以用在是非问句、选择问、特指问和反诘问句的前头，做提示问的用法，这一点中土文献中没有；d. 语法功能上，中土文献中“云何”做宾语、谓语和状语，而汉译佛经中还可以做定语和主语；e. 在使用频率上，汉译佛经中“云何”远远多于中土文献。据卢列红（2008：94－101）研究，魏晋南北朝时期七种中土文献中的“云何”只有 42 例，而八种汉译佛经中的用例多达 1170 例。为什么在汉译佛经中“云何”如此大规模地出现呢？原因可能是多方面的，而最主要的原因可能需要从两个方面来看，第一个方面是语体因素的影响。汉译佛经的口语色彩非常地浓，“云何”是一个口语色彩较浓的词，这样自然就在汉译佛经中普遍出现。第二个方面是原典文翻译的影响。在原典梵文佛经中，存在有许多疑问代词（如 ka，katama，katara，kīdṛśa）、疑问副词（如 katham，kutas，kutra）、疑问助词（如 kim，kaccit）用于是非问、选择问、特指问、反诘问等疑问句前面，这些疑问形式被直译后的结果就是汉译佛经中的特殊疑问形式。唐宋以后的汉译佛经中，“云何”仍然频繁使用。但在中土文献里，“云何”的使用却趋于衰落，并逐渐呈现被疑问代词“如何”替代的趋势。①

如之何　如何　于何　何由

“如之何”“如何”“于何”“何由”询问状况或方式。除了“如之何”做谓语以外，其他都做状语，各 1 例。如：

(1) 痴子舍我，五十余年，库藏诸物，当如之何？(17c)

(2) 导师作是念：“此辈甚可愍，如何欲退还，而失大珍

---

① 关于疑问代词“云何”的来源问题，存在不同的意见。王力(1958)认为，“云何”是由动词短语“说什么”演变而来。志村良治(1995：45－46)则认为，“云何”最早是按照脱口而出的口语原样记下来的，相当于现代汉语的“怎么样”，后来才发展成书面语。

宝？”(27a)

(3) 是人于何而得解脱？(15b)

(4) 是诸众生，未免生老病死、忧悲苦恼，而为三界火宅所烧，何由能解佛之智慧？(13b)

汉译佛经中，表情状方式的疑问代词还有“奈何”。“奈何”产生于汉代，中古时期发展迅速，主要用于询问情状方式和原因。“奈何”在《法华经》中没有出现，但在其他汉译佛经中却有出现。汉译佛经中，“奈何”询问情状方式的用法要多于询问原因。并如前所述，当询问的方式和表达的情状变得更加突显的时候，就会有询问原因的语法意义出现。下面例句中的“奈何”，既可询问情状，也可询问原因。如：

(5) 奈何令此下贱之徒坐我床席？(元魏慧觉等集《贤愚经》卷五)

3.5　询问数量和处所

《法华经》中，询问数量和处所的疑问代词有：“几何”“几所”“何所”。其中“几何”(1 例)、“几所”(3 例)主要用于询问事物的数量。前者充当谓语，后者充当定语。如：

(1) 智积菩萨问文殊师利：“仁往龙宫所化众生，其数几何？”文殊师利言：“其数无量，不可称计。”(35a)

(2) 若有善男子、善女人，闻是《法华经》随喜者，得几所福？(46b)

在其他汉译佛经中，还有用“几”和“几许”询问数量的情况。如：

(3) 若有外道梵志作如是问：“汝等于此乐中求几果功德？”应答彼言：“此乐当有七果功德。”(后秦佛陀耶舍共竺佛

念译《长阿含经》卷十）

(4) 内手水中，宝缘手出，充满船上，而白王言："向须宝用，为须几许？"时王善见语居士言："止，止，吾无所须，向相试耳，汝今便为供养我已。"（同上，卷三）

"何所"（6例）主要用来询问处所。其中，询问处所4例，做宾语，在介词之后；询问事物2例，做宾语，在动词之前。

A. 询问处所，4例，相当于"哪里"。如：

(5) 是无智比丘从何所来？（50c）

B. 询问事物，2例，相当于"什么"。如：

(6) 何所饶益，演斯光明？（3c）

例(6)的语义为："释迦牟尼佛是为了饶益什么，而放出如此的光明？""饶益"，动词，做谓语；"何所"，"什么"，宾语前置。"何所"的形成是由于词汇沾染的结果。因为"所"长期与"何"连用，而产生与"何"一样的功能。

《法华经》中没有出现询问时间的疑问代词，但在其他的汉译佛经里出现有专用于询问时间的词"何时""几时"。如：

(7) 但掘水，何时当得？（后秦鸠摩罗什译《众经撰杂譬喻经》卷十三）

(8) 诸梵志等越故梵志法来为几时耶？（东晋僧伽提婆译《中阿含经》卷三十九）

在其他汉译佛经中，还出现有特殊的疑问代词："所""如""几如""久如"。"所"主要询问处所和事物，如例(9)、(10)。"如"主要询问状态，如例(11)。询问处所，"如"在动词之前，如例(13)。"几如"询问数量，如例(12)。"久如"询问时间，如例(14)。疑问代词"所""如"主要见于早期汉译佛经，中土文献很少见。（太田辰夫

1987:404－408;朱庆之 1990:75－83、117)

(9) 道士何来,今欲所之?(东汉昙果共康孟详译《中本起经》卷下)

(10) 尔时群臣至优填王所,白优填王曰:“今为所患?”时王报曰:“我今以愁忧成患。”(东晋僧伽提婆译《增壹阿含经》卷二十八)

(11) 世尊又问:“其子大如?”答曰:“形如芥子。”(西晋竺法护译《心明经》卷一)

(12) 舍利弗白世尊曰:“王阿阇世所毕几如? 余有几如?”世尊告曰:“王之余殃犹如芥子。”(西晋竺法护译《文殊师利普超三昧经》卷下)

(13) 优吁问佛:“瞿昙如行?”佛告梵志:“吾欲诣波罗奈国。”(东汉昙果共康孟详译《中本起经》卷上)

(14) 文殊师利问天王佛:“今此女子发无上正真道心以来久如?”(西晋竺法护译《诸佛要集经》卷下)

《法华经》中,还出现“何为”在反诘句中表反问用法,1 例。如:

(15) 穷子惊愕,称怨大唤:“我不相犯,何为见捉?”(16c)

疑问代词小结:

通过上面的描写,《法华经》中疑问代词的使用情况可以归纳为以下五个方面:

第一,词汇兴衰交替频繁。

上古时期原有的那些具有文言性质的疑问代词趋于衰落,并逐渐被一些口语性强的双音节形式词汇替代。在询问人物的小类中,“谁”的使用继续,但其他的疑问代词的使用却出现新的情况。如“孰”走向衰亡,由“何者”替代,并由“何者”取代其原有做主语和询问抉择的用法。在宾语的位置，如果有询问人物的句子出现，“何＋人”形式随之产生。在询问事物的小类中，除了上古时期的“何”和西汉出现的“何所”“何等”继续得以使用外，“孰”“胡”“奚”“安”“曷”都趋于消失，取而代之的是“何所”“何等”和“云何”。出现了在宾语位置使用“何等”，在主语位置使用“何等”和“云何”的情况。在询问情状方式的小类中，除了“何如”“何以”“云何”“奈何”继续使用外，表示反诘问的“恶”“胡”“奚”“安”“曷”和表示真性问的“若何”“奚如”“奚若”都已消失，并被一种非常能产的“何＋名词”形式所取代。在询问原因目的的小类中，承传上古而来的“何”“何以”“何故”“何由”得到使用，但“胡”“奚”“曷”衰退，新出现“何为”“何以故”“云何”“所以者何”和“何缘”等。在询问处所的小类中，上古的“胡”“奚”“安”“曷”消失，新出现在“何”后面附加处所词的“何所”“何处”“何方”“何许”等，并产生有单音节疑问代词“所”“若”“如”“那”等。在询问时间的小类中，上古的“曷”“何”不再出现，出现在“何”“几”后面附上时间名词的疑问代词“何时”“何日”“几时”等。在询问数量的小类中，上古的“几”“几何”得到使用，但出现在“几”后附上名词，以表示对数量进行询问的情况，新的疑问代词“几许”出现。汉译佛经中，还产生了一种询问距离的疑问代词“远近”和“几所”。

第二，语法功能发展迅速。

汉译佛经中的疑问代词系统，从上古汉语发展而来。在它的每一小类中，少数是对上古汉语功能的继承，多数是功能的进一步发展。询问人物的“谁”，不仅发展出表抉择的疑问用法，而且产生询问事物的用法。询问事物的“何”，是使用最广的疑问代词，上古用来询问事物、情状方式、处所时间和原因，汉译佛经中，出现在“何”的后面连接名词来询问人物的用法，还出现与“几”组合，用于询问数量的用法。“何”有一种功能尤为不同，它能在询问事物、情状方式、处所时间和原因等方面，与各类名词组合。并且，有些组合形式还具有词汇化的趋势。如“何等”“何所”“何时”“何许”“何处”等。“何所”在上古用来询问处所。汉译佛经中，“何所”发展成为询问事物的疑问代词。

第三，前置的疑问代词宾语基本后移，但还没有消失。

在中土文献中，上古出现部分疑问代词做宾语，且宾语前置的情况。到中古，也还有极少部分疑问代词宾语处于动词或介词前面的情况。而在《法华经》和其他汉译佛经中，前置的疑问代词已经基本移到动词后面，只有极个别的用例仍然保持前置状态。《法华经》中，共有疑问代词 163 例，其中只有 2 例是宾语前置的用法。

第四，新的构词更趋专业。

在新出现的疑问代词中，由“何”为核心成分构成的词汇增多。在各个语义小类中，几乎每一个小类都出现由“何”与表示人物、事物、情状方式、原因目的、时间处所以及距离等意义的词连接而成为专业疑问词的情况。《法华经》中的专业疑问词有：表事件的“云何”“何等”，表原因的“何故”“所以者何”，表状况的“如何”“云何”，表方式的“何由”，表数量的“几何”，表处所的“几所”“何所”，表时间的“何时”，表反问语气的“何为”。

第五，新的用法多有出现，极少数新用法与佛经翻译有关。

“谁”，中土文献用于询问人，汉译佛经中新产生出询问事物的用法。“何为”，中土文献用于询问，而汉译佛经中新产生出表示反诘的用法。“所”和“如”，在中土文献中没有出现，而汉译佛经中可以用来询问状况、原因、处所、时间。“云何”则呈在继承中求发展趋势：不仅继承了中土文献询问和反诘用法，而且还产生出虚指用法；不仅继承了中土文献询问事物、原因和情况的用法，而且还发展出询问情状方式的用法；“云何”可用在是非问句、选择问、特指问和反诘问句的前面，这是汉译佛经中新出现的用法；汉译佛经中的“云何”不仅继承了中土文献做宾语、谓语和状语的用法，而且还产生出做定语和主语的用法。

鉴于《法华经》的前身是梵文佛典，那么以下两种新用法的出现应该跟翻译有关：一是翻译导致用在结果与原因之间表示原因的“所以者何”出现；二是翻译导致在是非问和反诘问等疑问句中，有在前附加语中起提示功能的“云何”出现。在原典梵文中，疑问代词 ka、katama、katara、kīdṛśa，疑问副词 katham、kutas、kutra，疑问助词 kim、kaccit，都可用于是非问、选择问、特指问、反诘问等疑问句前面。可见，只要将梵文中的“疑问词＋疑问句”疑问形式直译，汉译佛经中就会出现特殊疑问形式“云何＋疑问句”。

表 2-8　《法华经》疑问代词的用法及其频率

功能 / 词项	语义功能										句法功能						总数
	询问							反诘	虚指	任指或提示	主语	宾语	定语	谓语	状语	句子	
	人	事物	原因	状况	情状方式	数量	处所										
谁	14	1									9	4	2				15
何		10	18		1				8	1	2	2	34				38
何者		2									2						2
何等	1	1										1	1				2

（续表）

云何		2	10		8			6	3	11	2			14	24		40
如之何				1										1			1
如何				1											1		1
于何				1											1		1
何由				1											1		1
何以故			4													4	4
所以者何			37													37	37
何故			8												8		8
几何						1								1			1
几所						3							3				3
何所		2					4					6					6
何为								1							1		1

第三章　数词和量词

《法华经》中数词和量词的基本情况为：数词多使用“百”“千”“万”“亿”，虚数表达突出。量词的词项14个，用例100例。其中，个体量词6个，52例，有“渧(滴)”“段”“味”“种”“反(返)”“分”；集合量词2个，10例，有“种”“部”；度量衡量词4个，30例，有“由旬”“尺”“铢”“两”。动量词2个，8例。《法华经》中数词和量词使用的基本特点为：a.虚数表达形式多样，数量丰富，以极力突出佛法的威力；b.量词类型单一，词项数量少，用法简单且分布不均匀；c.数词、量词与中心语名词的位置以“名＋数＋量”为主，带量词的结构超过不带量词的结构；d.有的数量表达带有一定的佛教色彩。

一　数　词

数词主要讨论的是基数、序数、分数、半数和倍数。

1.1　基数

基数词主要讨论实数、虚数、余数、“两”和“二”的使用情况。

1.1.1　实数

《法华经》中，实数的使用有如下几种情况：

A. 整数与不足十的零数直接相连(69例)，其中有1例在整数和零数之间加“有”。如：

(1) 其佛有八十亿大菩萨摩诃萨，七十二恒河沙大声闻众。(53a)

(2) 以赤栴檀，作诸殿堂，三十有二，高八多罗树。(45c)

B. 位数词前面的“一”通常被省略，只在接连列举数字时，位数词前才有“一”出现。如：

(3) 况复一千、一百、乃至一十。(40a)

(4) 百万至一万，一千及一百，五十与一十。(40c)

《法华经》中，将位数词“十”前不用“一”的情况与用“一”的情况比，比率为20:2。将位数词“百”前面不用“一”的情况与用“一”的情况比，其比率为32:4。同样，位数词“千”前用“一”与不用“一”的比率是22:3，位数词“万”前用“一”与不用“一”的比率是14:4。上面这两点都符合汉语史的使用情况。

C. 表个体时，用“一一”来表达全体中的任何个体，强调个体的共同点。“一一”后面直接连接其所指向的对象，12例。如：

(5) 一一塔庙，各千幢幡，珠交露幔，宝铃和鸣。(3b)

这种用数词叠用的方式在动词前修饰名词的情况，在汉译佛经中常见，而中土文献中这种用法还少见。在中土文献中，一般只用在动词前修饰动词。

D. 在接连列举从大到小或从小到大的一组数字时，中间的数通常被省略，而在倒数第一个数之前或倒数两、三位数之前，出现用“乃至”“至”来连接。共18例。其中由“乃至”连接的14例；由“至”连接的4例。如：

(6) 解是义已，能演说一句一偈，至于一月、四月乃至一岁。(50a)

(7) 长者诸子，若十、二十，或至三十，在此宅中。(12b)

这是一种连续的计数方式，这种方式在中土文献中一般采用或从小到大、或从大到小的顺序依次排列的办法，将数据一一列出，中间并无省略。可以看出，这种计数方式，汉译佛经与中土文献是不一致的。

在列举从大到小的多项连续的数目时，中间用“况复”进行连接。如：

(8) 是诸菩萨，闻释迦牟尼佛所说音声，从下发来。一一菩萨皆是大众唱导之首，各将六万恒河沙眷属，况将五万、四万、三万、二万、一万恒河沙等眷属者，况复乃至一恒河沙、半恒河沙、四分之一、乃至千万亿那由他分之一，况复千万亿那由他眷属，况复亿万眷属，况复千万、百万、乃至一万，况复一千、一百、乃至一十，况复将五、四、三、二、一弟子者，况复单己，乐远离行。如是等比，无量无边，算数譬喻所不能知。(40a)

此段话的意义是：这些菩萨能听释迦牟尼佛演说妙法莲华经的法音，他们都是教化众生的导师。每位菩萨都率领学习佛法的弟子来到法会，有的菩萨领着六万恒河沙数那么多的弟子，有的领着五万、或四万、或三万、或二万、或一万恒河沙数那么多的弟子，有的菩萨领着一恒河沙数、或半恒河沙数、或四分之一恒河沙数那么多的弟子，如此等等，甚至有的领着千万亿那由他分之一恒河沙数那么多的弟子。有的率领千万亿那由他数那么多的弟子，有的率领亿万、或千万、或百万个弟子，如此等等，有的乃至领着一万个弟子。有的带着一千、或一百个弟子，如此等等，甚至有的带领十个弟子。有的带着五个、或四个、或三个、或二个、或一个弟子，相互不等。有的菩萨是自己一人离开闹世到深山中修行。以上所有的菩萨和弟子，其数量无限多。就是用数来计算，或者用譬喻来打比方，也不能知道准确的数目。

有时多项列举的数之间用连接词“至”“及”和“与”进行连接。如：

(9) 将五万恒沙，其数过于是，四万及三万，二万至一万，一千一百等，乃至一恒沙，半及三四分，亿万分之一，千万那由他，万亿诸弟子，乃至于半亿，其数复过上，百万至一万，一千及一百，五十与一十，乃至三二一，单己无眷属。(40c)

此段话的意义是：有的大菩萨率领着五万恒河沙数甚至更多的弟子，有的率领四万个、或三万个、或二万个、或一万个、或一千个、或一百个弟子，如此等等，甚至有的带着一恒河沙数、或半恒河沙数、或三分之一恒河沙数、或四分之一恒河沙数、或亿万分之一恒河沙数的弟子，有的带着千万亿个、或亿万个弟子，如此等等，甚至有的带着半亿或更多的弟子。还有的菩萨带着一百万个、或一万个、或一千个、或一百个、或五十个、或十个，如此等等，甚至有的带着三个、或二个、或一个弟子，相互不等。有的大菩萨单独一人，没有弟子。

多项数词的连续使用是《法华经》中数词用法的一大特色，这样使用能体现出佛法弘大。

1.1.2　虚数

《法华经》中的虚数包括无限的虚数和有限的不定数。

甲、无限的虚数

《法华经》中，无限虚数的使用非常普遍。有通过用数词来表达的情况，也有用非数词来表达的情况。一般来看，“亿”以上的数是虚数，在“系数词＋百(千)”结构前面加“万”是虚数，由“万”或

"亿"与位数词"百""千"任意组合的数是虚数。无限的虚数的组合形式主要有:"万"系类的"千万""百千万";"亿"系类的"亿""百亿""千亿","万亿""亿千""百万亿""千万亿""亿百千""百千万亿""亿劫"。不仅如此,还有一种用非数词,即用形容词或音译词来充当表示无限虚数的方式。如"若干""无量""无量无边""数""无数""不可思议""那由他""姟""劫""阿僧祇"。之所以将这些非数词和数词相提并论,是因为在《法华经》中,这些词包含有无限数的意义。这也是《法华经》中数词使用的独特之处。其具体表现在:

A. 用数词组合的方式表示虚数。

表示虚数的数词组合形式有:"千万"15 例,"百千万"7 例,"亿千万"2 例,"亿亿万"2 例,"亿"13 例,"百亿"2 例,"千亿"11 例,"亿千"4 例,"亿百千"1 例,"百千亿"2 例,"万亿"25 例,"百万亿"27 例,"千万亿"17 例,"百千万亿"49 例。如:

(1) 名衣上服,价直千万,或无价衣,施佛及僧。(3b)

此例中,"千万"指的是衣服的价值无数,非实指。它译自梵文 sahasrakoṭīśata,其意是"千-千万-百"(sahasra- koṭī - śata),非实指。如:

(2) 诸天伎乐百千万种,于虚空中一时俱作。(12a)

"百千万"译自梵文 sahasrakoṭya,非实指。如:

(3) 现为我长子,以示诸众生,无量亿千万,功德不可数,安住于佛法,以求无上道。(30b)

此例中的"亿千万"也译自梵文 sahasrakoṭya,非实指,其前面又有表虚数的"无量"修饰。如:

(4) 世世受持,如是经典。亿亿万劫,至不可议。(51c)

(5) 时乃得闻,是《法华经》,亿亿万劫,至不可议。(51c)

例(4)中的"亿亿万"译自梵文 koṭī,例(5)中的"亿亿万"译自梵文 koṭī-śata,都是虚指。如:

(6) 世尊演说法,度无量众生,无数亿菩萨,令入佛智慧。(4b)

(7) 斯等共一心,于亿无量劫,欲思佛实智,莫能知少分。(6a)

"亿"由梵文 koṭī 译来,koṭī 表示数的极端。梵文 koṭī译作"亿""一亿""兆""京"等数词,又音译作"拘致""俱胝""拘胝""俱致"等。唐慧琳在《一切经音义》中云:"'拘致',一百、百千,名一'拘致',数当千万也。"凡是有"亿"的数指的都是无限数,"亿"表泛指。关于这一点,印度文化与中国文化相同。于是"亿"和其他"百""千""万"组合以后仍为虚数。如:

(8) 若人曾见,亿百千佛,殖诸善本,深心坚固,如是之人,乃可为说。(16a)

(9) 如来亦复如是,为一切众生之父,若见无量亿千众生,以佛教门出三界苦,怖畏险道,得涅槃乐。(13c)

例(8)中的"亿百千佛"指无数佛,例(9)中的"亿千众生"指无数众生。"亿千众生"的原典文为 satvakoṭyas,其中,koṭi 译作"亿",表示虚数。凡汉译佛经中的"亿"不论与何种数词组合连用,都表示虚数。如:

(10) 彼时四众——比丘、比丘尼、优婆塞、优婆夷,以瞋恚意轻贱我故,二百亿劫常不值佛,不闻法,不见僧。(51a)

(11) 上妙细氎,价直千亿,鲜白净洁,以覆其上。(14c)

(12) 今此之大会,无量百千亿,是诸菩萨等,皆欲知此事。(40c)

(13) 诸菩萨众,无数千万亿那由他。(21a)

(14) 于十方国土,现在说法。有无量百千万亿菩萨、声闻,以为眷属。(25b)

上文中与“亿”组合的各种形式都不可数,无论其包含实数与否,都表示无限。在中土文献中,汉以前“亿”指千万,汉以后“亿”指万万。(唐钰明 1996)可见汉译佛经中“亿”的表达与中土文献是有所区别的。

B. 用非数词表虚数。

除了以数词组合的方式表虚指以外,还用非数词表虚指。表示虚指的非数词有“若干”“无数”“无量”“无量无边”“不可思议”“那由他”“姟”“劫”“阿僧祇”,等等。①

“若干”用在名词前面,表示虚指,17 例。如:

(15) 是药王菩萨有若干百千万亿那由他难行苦行?善哉,世尊,愿少解说。(53a)

通常情况下,“若干”与表示虚数的数目并列出现,一同修饰它们共同的名词。

“无数”,65 例,分以下四种情况:

第一,与数词或虚数词搭配,用在名词前面,表示虚数,29 例。如:

(16) 名称普闻,无量世界,能度无数百千众生。(2a)

(17) 正使出于世,说是法复难。无量无数劫,闻是法亦

① 本来这些词不是数词,而是形容词或名词,但因为它们的功能是表示无限数目,在汉译佛经中它们和表示无限数目的数词组合表示一种无限的概念,所以放在这里讨论,以突出汉译佛经表虚数的独特性。

难。(10a)

(18) 阿逸多,是诸大菩萨摩诃萨,无量无数阿僧祇,从地踊出。(41a)

第二,直接用在名词前,修饰名词,表示虚数,31 例。如:

(19) 或有菩萨,说寂灭法,种种教诏,无数众生。(3b)

(20) 亦行众善业,得见无数佛。(5b)

"得见无数佛"的梵文是:āragayī(见) buddha-sahasrakoṭyāḥ(佛-千亿)。梵文 sahasrakoṭyāḥ 的意思是"千亿"。罗什将其译作"无数",表示虚数。

第三,用在名词后,做谓语,表示虚数,4 例。如:

(21) 一一诸佛土,声闻众无数,因佛光所照,悉见彼大众。(43c)

第四,与量词搭配使用,修饰名词,表示虚数,1 例。如:

(22) 清净好歌声,听之而不著,无数种人声,闻悉能解了。(48a)

"无边",表示虚数,4 例。如:

(23) 是人之功德,无边无有穷。(52b)

"无量",232 例,分以下两种情况:

第一,用于与数词一起修饰名词,表示虚数,76 例。如:

(24) 一切众生,所应称赞,供养礼拜,无量亿千,诸力解脱。(15a)

"无量"从梵文形容词 naike 对译而来,naike 由 na(不)和 eka(唯一)拼合而成,指"不是唯一",意即数量多,naike 用于无限复数。"无量"有时写作"不可量"。

第二,用在名词前面修饰名词,用在名词后面做谓语,表示虚

数,156 例。如:

(25) 世尊甚希有,令我念过去,无量诸佛法,如今日所闻。(30a)

(26) 或时为此众,说佛寿无量。(39c)

"无量"也写作"无有量",表示无限数,6 例。如:

(27) 其数无有量,如恒河沙等。(40c)

"无量无边",由"无量"和"无边"组合而成,表示数的极致,34 例。如:

(28) 我实成佛已来,无量无边百千万亿那由他劫。(42b)

"无量无边"来源于梵文 aprameya,该词有"无量"之义,表示不可数,可以修饰时间,也可修饰事物,这里用来修饰时间词"劫"。"劫"是一个指久远漫长无法计量的时间概念的词。至今,现代汉语中的"无量无边"有了更为广泛的意义,多指事物的广大和无限。

"无量"也可以和"无数"组合为"无量无数",表示数的极致,10 例。如:

(29) 我念过去世,无量无数劫,有佛人中尊,号曰月灯明。(4b)

"阿僧祇"表示数的无限,不可数,38 例。它和表示无限数的词一起使用,起加强数的无限的作用。如:

(30) 诸善男子,如过去无量无边不可思议阿僧祇劫。(3c)

"阿僧祇"是梵文 asaṃkhya 的音译。asaṃkhya 是一个表示无限数目的词,除了能音译为"阿僧"以外,还可译为"阿僧企耶",指数的极限。以百万为兆计算,"阿僧祇劫"则为"千万万万万万万万万兆”。有时,“阿僧祇”也有由梵文 nayuta 意译而来的,指数的无限。

“那由他”用在数词的后面,表示虚数,33 例。如:

(31) 诸菩萨众,无数千万亿那由他。(21a)

“那由他”从梵文 niyuta 音译而来。niyuta 在梵文里表示数目“十万”“百万”和“兆”。它还音译作“那由侘”“那由多”“那述”等。唐玄应在《放光般若经音义篇》中云:“‘那术’,《经》又作‘述’,同食聿反,或言‘那由他’,正言‘那庾多’,当中国‘十万’。《光赞经》云:‘亿那术劫’是也。案:《佛本行经》‘一百千’,是名‘俱致’,此当‘千万百’。‘俱致’名‘阿由多’,此当‘千亿百’。‘阿由多’名‘那由他’,此当‘万亿’,此应上筭也。”可见“那由他”表虚数。

个别地,“那由他”后带有非数词“等”,1 例 。如:

(32) 第二、第三、第四说法时,千万亿恒河沙那由他等众生,亦以不受一切法故,而于诸漏心得解脱。(25a)

“姟”的用法与“那由他”的用法相同,1 例。如:

(33) 如是众过患,汝等应当知,宣畅是法时,六百万亿姟,得尽诸苦际,皆成阿罗汉。(26b)

“姟”,表数目的词,指兆,一说为“十京”。《太平御览》卷七五〇引应劭《风俗通》“姟,十万谓之亿,十亿谓之兆,十兆谓之京,十京谓之姟。那由他,姟也。”“姟”从梵文 niyuta 或 nayuta 意译而来,它音译为“那由他”“那庾多”“那由多”等。可见“姟”与“那由他”一样表示虚数。

“劫”,佛教名词,表示时间的虚数,99 例。如:

(34) 我念过去世,无量无数劫,有佛人中尊,号日月灯明。(4b)

(35) 汝一心精进，当离于放逸，诸佛甚难值，亿劫时一遇。(5a)

"劫"由梵文 kalpa 译来，表示极为久远的时节。古印度传说世界经历若干万年毁灭一次，重新再开始，这样一个周期叫作"一劫"。

"不可称数"，表示数量无限，3 例。如：

(36) 诸声闻众，不可称数。(21b)

有时为了强调数量的无限，在"不可称数"之前使用一个表无限的词。如：

(37) 尔时普贤菩萨，以自在神通力，威德名闻，与大菩萨无量无边不可称数，从东方来。(60a)

个别地，"不可称数"写作"不可称计"(2 例)、"不可数"(1 例)、"不可计"(2 例)。如：

(38) 智积菩萨问文殊师利："仁往龙宫，所化众生，其数几何？"文殊师利言："其数无量，不可称计。"(35a)

(39) 现为我长子，以示诸众生，无量亿千万，功德不可数。(30b)

"不可思议"，常和表示无数的词连用，修饰名词，表示数量无限，5 例。如：

(40) 得大势，乃往古昔，过无量无边不可思议阿僧祇劫，有佛名威音王如来。(50b)

(41) 诸善男子，如过去无量无边不可思议阿僧祇劫，尔时有佛，号日月灯明如来。(3c)

个别地，"不可思议"写作"不可议"(2 例)、"叵思议"(3 例)。如：

(42) 世世受持,如是经典。亿亿万劫,至不可议,时乃得闻,是《法华经》。(51c)

“无央数”表示无限,2 例。如:

(43) 此佛灭度,无央数劫,处处听法,以难遇故。(33c)

“恒河沙”,有时简称“恒沙”①,比喻无数,一般修饰名词。与无数的数词连用,表示数的无限,66 例。其中,“恒沙”22 例,“恒河沙”44 例。如:

(44) 第二说法时,千万恒沙众,于诸法不受,亦得阿罗汉。(26b)

“微尘数”比喻数量之多,以微尘数量比喻佛和众生之多,16 例。另,“微尘等数”1 例,“微尘”8 例。如:

(45) 此诸微尘数,其劫复过是。(22b)

(46) 复有四三二,如此四天下,微尘诸菩萨,随数生成佛。(44b)

(47) 当供养十世界微尘等数诸佛如来。(30a)

从上面的描写中,我们可以归纳出无限虚数在《法华经》中所表现出来的一些特征:

第一,表无限数的词,达到 1200 余例,无论是虚指数词还是虚指非数词,都大量使用,以达到极力宣扬佛法神通广大的目的。

第二,表示无限的非数词和表示无限的数词大量连用,数词和非数词没有先后顺序。如:

(48) 是威音王佛,寿四十万亿那由他恒河沙劫。(50c)

---

① 恒河是古印度的一条大河,河中多细沙,佛说法时,每以恒河之细沙来形容众生等数目之多。

(49) 复有一世界微尘数菩萨摩诃萨，得百千万亿无量旋陀罗尼。(44a)

(50) 舍利弗当知，我见佛子等，志求佛道者，无量千万亿，咸以恭敬心，皆来至佛所。(10a)

表示无限数的词(包括数词和非数词)的连用，是对数量无穷尽的强调。位数词的来源和非数词的来源不尽相同。位数词来源于译师对原典文的直译；非数词的来源，除了是对原典文的翻译以外，还有译师有意增加的成分存在。

第三，实数词和表示无限的位数词连用，出现有“实数词＋位数词”结构表虚数的用法。梵文中，表示无限的位数词前面出现系数词的情况极为罕见。但是，在《法华经》中，却普遍出现在无限的位数词前面使用系数词的情况，而且，大多是在相当一部分无限的位数词前面使用系数词。如：

(51) 尔时会中有二十亿菩萨，乐欲听法。(4a)

(52) 我昔曾于二万亿佛所，为无上道故，常教化汝。(11b)

例(51)中的“二十亿菩萨”，泛指无限多。“二十”可数，由viṃśata译来。“亿”不可数，由不定数koṭya译来。例(52)中的“二万亿佛”，译自对梵文viṃśata buddhakoṭīnayutaśatasahasra的翻译。viṃśata(二十)buddha- koṭī - nayuta - śata- sahasra(佛-亿-那由他-百-千)//(63页)。梵文的意思是：“二十百千万亿那由他佛”。译师将它译为“二万亿佛”，泛指数量之多。“实数词”来源于梵文可数之数的翻译，“位数词”来源于原典文不可数之数的翻译。将这两个数词组合在一起进行翻译，就成为不可数。

第四，在组合方式上，位数词“百”“千”“万”“亿”有单独用的，也有把两个或多个位数词组合使用的情况。据分析，这多半是译者将有位数词连用的原典文予以直译所致。如：

(53) 百分、千分、百千万亿分、不及其一，乃至算数譬喻所不能知。(44c)

此例中的“百千万亿”，译自梵文 śata sahasrakoṭyaḥ，śata 指“百”，sahasra 指“千”，koṭi 指“亿”，“百”“千”“万”“亿”等位数组合，形成译经虚数表达的独特风格。

乙、有限的不定数①

有限的不定数都是非数词，分为表示数量多和数量少两类。

A. 表示数量多的词共 8 个，有“大数”(1)、“多少”(1)、“多”(53)、“众多”(5)、“多诸”(9)、“诸”(936)、“种种”(102)、“等”(499)。“种种”是汉译佛经中新出现的非数词。

“大数”用来表数的名词，表示约数，相当于“约计之数”，1 例。如：

(1) 诸天龙神等，其数如恒沙，求佛诸菩萨，大数有八万。(6c)

“多少”表示数量的不确定，侧重于对数量多或少的选择，1 例。如：

(2) 我今多有金银珍宝，仓库盈溢，其中多少，所应取与，汝悉知之。(17b)

“多”用来修饰和描写人和事物，表示次数多、数量多，53 例。如：

---

① 我们把表有限不定数的非数词放这里讨论也是为了突出汉译佛经虚数表达的特点。

(3) 求名利无厌，多游族姓家。(5b)

(4) 侍多千亿佛，发大清净愿。(57c)

"众多"用来修饰和描写人和事物，表示次数多、数量多，5 例。如：

(5) 多有僮仆、臣佐、吏民。象马车乘，牛羊无数，出入息利，乃遍他国。商估贾客，亦甚众多。(16c)

"诸"用在名词前，表示多数，936 例。如：

(6) 诸婆罗门、刹利、居士皆恭敬围绕，以真珠璎珞，价直千万，庄严其身。(16c)

"多诸"，由"多"和"诸"同义连用而成，指次数多、数量多，9 例。如：

(7) 而今此处，多诸患难，唯我一人，能为救护。(14c)

"种种"用在名词前面表示众多，102 例。如：

(8) 或有菩萨，说寂灭法，种种教诏，无数众生。(3b)

(9) 吾从成佛已来，种种因缘，种种譬喻，广演言教，无数方便引导众生，令离诸著。(5c)

例(8)"种种教诏"指用众多的方法教化(众生)。"种种"从梵文表示数量多的形容词 aneka 翻译而来。例(9)"种种因缘，种种譬喻"指用多种多样的因缘譬喻(说法)，它是从梵文依主释(tatpuruṣa)复合词 vividha - upayakauśalya - jñānadarśana - hetukāraṇa - nideśana- arambaṇa- nirukti- vijñapti- bhis(种种-方便-智见-因缘-教示-因缘-言辞-示现)翻译而来，其中，"种种"从梵文表示数量多的形容词 vividha 翻译而来。"种种"在中土文献里很少出现，而在汉译佛经中却普遍出现，这与译师对梵文里普遍使用的 vividha 一词的翻译有关。

“等”主要有以下四种用法：

第一，用在名词或代词的后面，直接表示复数，459例。如：

(10) 如是等菩萨摩诃萨八万人俱。(2a)

(11) 诸佛子等，为供舍利，严饰塔庙。(3b)

(12) 雇汝除粪，我等二人亦共汝作。(17a)

第二，用在名词之后，表示列举未尽，30例。如：

(13) 我时广遣天、龙、鬼神、乾闼婆、阿修罗等，听其说法。(32b)

第三，用在数量名短语后面，表示约数，9例。如：

(14) 说此语时，会中有比丘、比丘尼、优婆塞、优婆夷五千人等，即从座起，礼佛而退。(7a)

此例中，“五千人等”指“大约五千人”。“五千人等”译自梵文pañcamatrāṇi sahasrāṇy，pañca和sahasra指“五千”，matra指“些少”或“少部分”。由梵文来理解的话，“五千人等”指“大约五千人”。

第四，用在一组数词之间，指列举的数未尽，1例。如：

(15) 四万及三万，二万至一万，一千一百等，乃至一恒沙，半及三四分，亿万分之一，千万那由他，万亿诸弟子。(40c)

“等”，在中土文献中用作复数的情况相对少见，并且是做名词。而在《法华经》中，它大量出现在名词和代词后虚化为复数词缀。(“等”做人称代词和指称词复数的讨论参见第一章代词)，“等”用在数量名短语后面表示约数的用法仅见于汉译佛经。

B. 表示数量少的词有“少”(28例)和“略”(3例)。

“少”用在名词之前，相当于“一点点”，16例。如：

(16) 今于世尊前，自悔诸过咎，于无量佛宝，得少涅槃

分。(29a)

“少”用在动词之前,相当于“少部分”,3 例。如:

(17) 是法甚深奥,少有能信者。(12a)

(18) 世尊,是药王菩萨有若干百千万亿那由他难行苦行? 善哉,世尊,愿少解说。(53a)

例(18)中的“愿少解说”是指“希望能解说(药王菩萨所修苦行的法)一小部分”,是从梵文 pradeśamātra 译来。“少”译自梵文 mātra。“少解说”和“略说”都有“说出其中一小部分”的意思。

“少”单独使用,5 例。如:

(19) 若有众生闻是观世音菩萨品自在之业、普门示现神通力者,当知是人功德不少。(58b)

“少+名词”结构后带构词成分“分”,或“少”直接带名词的构词成分“分”。(李维琦 2004:114)3 例。如:

(20) 斯等共一心,于亿无量劫,欲思佛实智,莫能知少分。(6a)

(21) 今于世尊前,自悔诸过咎,于无量佛宝,得少涅槃分。(29a)

“莫能知少分”指无法知道一点点(佛的智慧),“少分”中的“分”是构词成分。“分”的具体讨论参见“助词”一章。

“少”与“多”对举,构成“不多不少”,1 例。如:

(22) 以顺法故,不多不少,乃至深爱法者,亦不为多说。(38b)

“略”用在动词前,表示数量少,相当于“少”,3 例。如:

(23) 我住于此,见闻若斯,及千亿事,如是众多,今当略说。(3a)

例(23)中的“略说”指的是“大致说一小部分”,“略”有总括内容的数量的作用。“略说”从梵文词 pradeśamātraṃ 译来,pradeśamātraṃ 指“说很少的部分”的意思。“略”译自 mātra,mātra 有“小部分”“些少”的意思。

在《法华经》中,有限的不定数和表达无限数一样有着显著的特征:词项丰富,使用广泛,有 8 个词项,1600 余例;表达形式多样,可以是名词和形容词。

1.1.3　余数

《法华经》中,余数用“余”来表示。“余”出现在数词后面,表示不确定的零数。与中土文献余数的表达方式相同,5 例。如:

(1) 父母念子,与子离别五十余年,而未曾向人说如此事。(16c)

(2) 从是已来始过四十余年。(41c)

《法华经》中没有出现“许”表示余数的用法,但这种用法在其他汉译佛经中得见。如:

(3) 如阎浮提二十许人。(后秦佛陀耶舍共竺佛念译《长阿含经》卷十八)

在《法华经》和其他汉译佛经中,余数只出现有“余”和“许”的使用,而在魏晋南北朝的中土文献中,余数除有“余”“许”的使用以外,还有“所”和“左右”的使用。

1.1.4　“两”和“二”

A. 在表达人的两足(臂)或动物的两足以及成双的事物时,多数用“两”,12 例。少数用“二”,1 例。如:

(1) 我舍两臂,必当得佛金色之身。(54a)

(2) 若有形、无形、有想、无想、非有想、非无想、无足、二

足、四足、多足,如是等在众生数者,有人求福,随其所欲娱乐之具皆给与之。(46c)

中土文献中,从上古到唐代,在表达成双的人、动物或事物时,一律用“两”。但在《法华经》中,这种表达除了用“两”之外,还有用“二”的情况,如例(2)。其他汉译佛经也是如此。如《长阿含经》中,用“二”来表达天然成双事物的句子共有13例。这说明,汉译佛经中“两”和“二”同时得以使用。

B. 在表达天然不成双的事物时,在名词或单位词前,多数用“二”表达,12例;少数用“两”,1例。如:

(3) 其国众生常以二食:一者法喜食,二者禅悦食。(27c)

(4) 诸天宫殿,近处虚空,人天交接,两得相见。(27c)

其他汉译佛经中,“两”可以被用在“刀”“壁”“义”“盐”“食”等名词的前面。汉代以后,中土文献中“两”和“二”的使用范围开始交错出现,有些地方“二”和“两”等同使用。汉译佛经中“两”和“二”的使用情况与中土文献相同。

C. 在“百”“千”“万”“亿”等单位词前,多数用“二”,32例;少数用“两”,1例。如:

(5) 尔时佛前有七宝塔,高五百由旬,纵广二百五十由旬。(32b)

(6) 时诸梵天王,雨众天华,两百由旬,香风时来,吹去萎华,更雨新者。(22b)

D. 在序数表达中,用“二”,51例。如:

(7) 第二、第三、第四说法时,千万亿恒河沙那由他等众生,亦以不受一切法故,而于诸漏心得解脱。(25a)

(8) 北方二佛,一名云自在,二名云自在王。(25c)

“二名云自在王”指的是“第二个佛名叫自在王”。

中土文献中,序数表达只用“二”,不用“两”。《法华经》序数的使用也是如此。

E. 在零数表达中用“二”,31例。如:

(9) 东南堂有三十二,高八多罗树。(46a)

中土文献中,整数后的零数用“二”表示。《法华经》中整数后的零数表达与中土文献保持一致。

1.2 序数

《法华经》中的序数词,通常在数词前用词头“第”表示,或在数词后用“者”表示,或直接用数词来表示。可以归纳为以下四种情况:

A. 用“第+数词”表示序数,53例。如:

(1) 第十六我释迦牟尼佛,于娑婆国土,成阿耨多罗三藐三菩提。(25c)

(2) 余人闻已,亦随喜转教,如是辗转至第五十。(46c)

例(1)的意思:第十六位沙弥就是我释迦牟尼佛,在娑婆世界得阿耨多罗三藐三菩提。“第十六”做主语。

B. 用“第+数词(+之)+名词”表示序数,3例。如:

(3) 我于前世,劝是诸人,听受斯经,第一之法。(51c)

(4) 所得功德,不如是第五十人,闻《法华经》一偈,随喜功德,百分、千分、百千万亿分,不及其一。(46c)

C. 用“数词+者”结构,以列举“一者”“二者”……“五者”的方式表示序数,12例。如:

(5) 又女人身犹有五障：一者不得作梵天王，二者帝释，三者魔王，四者转轮圣王，五者佛身。(35c)

D. 用数词“一”“二”……“十”等表示序数，32 例。如：

(6) 尔时有罗刹女等，一名蓝婆，二名毗蓝婆。三名曲齿，四名华齿，五名黑齿，六名多发，七名无厌足，八名持璎珞，九名睾帝，十名夺一切众生精气。(59a)

“第”本作“弟”，用作名词，表示功勋、爵位的名次、位次，有“次第”的意思。如果将其引申，则有“顺序”“高低”之义。“第”做序数词词头的用法产生于西汉，用作“第＋数词”。东汉产生“第＋数词＋名词”结构，魏晋产生“第＋数词＋量词＋名词”结构。《法华经》中，“第”的使用不如中土文献。其表现：没有“第＋数词＋量词＋名词”结构的出现；“第”使用的范围偏窄，如在《法华经》中，凡有关年、月、日的序数都不使用“第”。

1.3 分数和半数

《法华经》中，分数用“几分之一”表示，半数用“半”表示。

A. 表示分数，用“几分之一”，3 例。如：

(1) 一一菩萨，皆是大众唱导之首，各将六万恒河沙眷属……况复乃至一恒河沙、半恒河沙、四分之一、乃至千万亿那由他分之一。(40a)

中土文献的分数表达，在汉代已极为普遍。分母和分子可以直接使用，也可以在分母和分子之间加上各种成分，如可以加入“分”字、“之”字、“分之”等字，还可以在中间插入名词。但《法华经》和其他汉译佛经中的分数使用形式还过于简单，就一种形式出现，即“几分之一”。而这在中土文献里，却是汉代以来一种最为常见的分数表达形式。另外，中土文献中常见的“什几”，在汉译佛经中也没有出现。

B. 表示半数，用“半”，6 例。其用法：

a. 用在普通名词或时间的前面，表示半数，3 例。如：

(2) 尔时多宝佛于宝塔中分半座与释迦牟尼佛。(33c)

b. 用在表虚数的名词的前面，与“一”对举，表示半数，2 例。如：

(3) 况复乃至一恒河沙、半恒河沙、四分之一，乃至千万亿那由他分之一。(40a)

此例中，“半”后面有名词“恒河沙”。

c. 用在数词前面，表半数，1 例。如：

(4) 千万那由他，万亿诸弟子，乃至于半亿，其数复过上。(40c)

“半”承传汉代文献中的用法而来，在汉译佛经中没有得到发展。到唐代，“半”发展出表“中间”的意义，出现在固定的格式里。

1.4　倍数

《法华经》中，有倍数出现。其表现形式有两种情况：

A. 表示倍数时，倍数和由“数＋数＋名”组成的倍数结构搭配，5 例。如：

(1) 复有四四天下微尘数菩萨摩诃萨，四生当得阿耨多罗三藐三菩提。(44a)

(2) 或一四天下，微尘数菩萨，余有一生在，当成一切智。(44b)

例(1)的语义是：“又有四个四大部洲微尘数那么多的菩萨、大菩萨由此经过四度转生将证成至高无上的佛智。”“四四天下微尘数菩萨摩诃萨”，即“四个四大部微尘数那么多的菩萨、大菩萨”，亦即“四倍于四大部微尘数的菩萨、大菩萨”。例(2)的语义是：“另有一个四大部洲微尘数的菩萨由此只经过一生，即可证成佛智而成佛。”同样，“一四天下微尘数菩萨”即“一倍于四大部洲微尘数的菩萨、大菩萨”。“四天下”，佛教用语，或称作“四大部洲”，略称为“四洲”。“四大部洲”，由梵文 caturdvipa 意译而来，指世界构成的一部分。具体指须弥山四方威海之中的四洲，即：东胜身洲，南赡部洲，西牛货洲和北俱卢洲。

B. 表示多个倍数时，把多项倍数的数词按从大到小的顺序依次排列，并把表倍数所指向的名词合并为一，1 例。如：

(3) 复有四三二，如此四天下，微尘诸菩萨，随数生成佛。(44b)

该例的意义是：还有四个四部洲微尘数的菩萨、三个四部洲微尘数的菩萨、二个四部洲微尘数的菩萨，经过四次、三次、二次转生之后，最终证成佛智而成佛。

从上面的描写看出，《法华经》中数词的运用，重点突出在无限数的使用上。第一，表无限数的基数使用频繁。中土文献中，最为复杂的表达方式是在“万”这样的基数前加上“数”字，而《法华经》中无限数词的表达要复杂得多，有把“千”“万”“亿”等基数堆砌在一起使用的现象。这种表达方式略显繁冗，缺少一个统一有序的基数表达形式。第二，用名词和形容词表示无限数的情况普遍。这些名词和形容词，有汉语本来就有的，也有从梵文音译过来的，它们在表无限数时，通常与基数相结合。这样表达的优势，能将佛法的无穷无尽和佛力的无边无际都表现得淋漓尽致。

二　量　词

《法华经》中，数词直接与名词或动词搭配的情况普遍，量词使用少。量词词项14项，100例。分成为两类：一类是名量词，另一类是动量词。名量词包括：个体量词、集合量词、度量衡量词等。其中，个体量词6个，54例，有“渧(滴)”(1)、“段”(1)、“味”(3)、“种”(35)、“反(返)”(1)、“分”(13)；集合量词2个，10例，有“种”(1)、“部”(9)；度量衡量词4个，30例，有“由旬”(26)、“尺”(2)、“铢”(1)、“两”(1)。动量词2个，8例，即：“匝”(7)、“反(返)”(1)。

2.1　名量词

名量词包括：个体量词、集合量词和度量衡量词。

2.1.1　个体量词

渧(滴)

“渧(滴)”用于水的计数，跟数词组合，形成数量结构，1例。如：

(1) 于佛智慧，如海一渧，我雨法雨，充满世间。(20b)

《正字通·水部》：“渧，俗‘滴’字。《说文》本作‘澹’，梵书省作‘渧’，水点也。”早先，“滴”指水点，它称量名词，“一滴”亦即“一滴水”。后来，“滴”发展成为量词，专指水滴，后面还接上名词“水”。从例(1)看，“滴”有两种理解：A.“一滴水”，“滴”只能算作名词，不能算作量词；B.名词“水”被省略，“滴”是量词。结合中土文献中“滴”的使用情况，宜把例(1)中的“滴”看作量词。其他汉译佛经中，“滴”做量词的用法普遍，除了用来计量水以外，还可用来计量油等。如：

(2) 一渧油，不与不应取。后秦弗若多罗共罗什译《十诵律》(卷四十五)

中土文献中，“滴”在南北朝做量词，只用来称量水，直到唐宋，“滴”的用法保持原有状态。汉译佛经里的“滴”也一样，用作量词，只限用于水。

段

“段”用于具体物体长度的计量，两个“段”重叠使用，“段”前面不用数词“一”，做状语，1 例。如：

(1) 彼所执刀杖，寻段段坏，而得解脱。(56c)

“段”表示物体的数量。量词叠用为“段段”，即“一段一段”的意思，表现刀杖被损坏的程度。这种量词重叠的形式在汉译佛经中很是常见。在其他佛经中，也有数量结构的“段”出现。处在名词之前，称量铁器和树木。如：

(2) 十段香木，悉皆售尽。(元魏慧觉等集《贤愚经》卷六)

在中古中土文献里，“段”用作称量具体事物的量词，如“肉”“衣”“珠”“头”等。但在汉译佛经里，除了称量“衣物”是一致的以外，还用于称量“人”和“动物”，有时还可以用于称量“波浪”。

味

“味”用于计量液体，液体可以是水和“雨”；也用于计量佛法，3 例。如：

(1) 佛平等说，如一味雨，随众生性，所受不同。(20b)

(2) 为大众说，甘露净法，其法一味，解脱涅槃。(20a)

“味”，本意是物质使舌头得到某种味觉的特性，有“味道”的意思。“味”与“一”相连形成“一味”时，“味”便有了量词的用法。中土文献中,“味”,原指食物的味道,名词。后来,“味”出现做量词的用法,用于称量食物和药物。《法华经》中,“味”传承了中土文献做量词的用法,出现在“一味雨”“法一味”等结构中。

种

“种”做量词有个体量词和集体量词之分。个体量词共35例,其中,用在具体名词之前或之后,计量具体事物,19例;用在抽象名词前,16例。

A. 用在具体名词之前或之后,计量具体事物,共19例。其表现在下面三个方面:

用于计量佛、众生、供养者和法身的种类,9例。如:

(1) 过去无数劫,无量灭度佛,百千万亿种,其数不可量。(8c)

(2) 说是经时,十六菩萨沙弥皆悉信受,声闻众中亦有信解,其余众生千万亿种皆生疑惑。(25b)

用于计量天衣、伎乐、乐器、宝车、幡盖、宝塔、颜色和香气的种类,8例。如:

(3) 又雨千种天衣,垂诸璎珞、真珠璎珞、摩尼珠璎珞、如意珠璎珞,遍于九方。(44b)

(4) 愿赐我等,三种宝车。(14c)

(5) 妙音菩萨,于万二千岁,以十万种伎乐,供养云雷音王佛,并奉上八万四千七宝钵。(56a)

用于计量汤药、栴檀等的种类,2例。如:

(6) 或见菩萨,肴馔饮食,百种汤药,施佛及僧。(3b)

(7) 千万亿种,栴檀宝舍,众妙卧具,施佛及僧。(3b)

B. 用在抽象名词前,计量抽象事物或概念的种类,16例。如:

(8) 由提婆达多善知识故,令我具足六波罗蜜,慈悲喜舍,三十二相,八十种好,紫磨金色,十力、四无所畏、四摄法、十八不共,神通道力,成等正觉。(34c)

(9) 又其国界诸天宫殿,乃至梵宫,六种震动,大光普照遍满世界,胜诸天光。(23a)

(10) 能以千万种,善巧之语言,分别而说法,持《法华经》故。(50b)

例(8)中的“八十种好”,指的是“八十种非凡的细微身相”;例(9)中的“六种震动”,具体是指:震、吼、击(以上声变)、动、涌、起(以上形变)。根据不同的语言环境,“妙好”有时写作“好”,“震动”有时写作“动”。“六种”从 ṣaḍvikāraṃ 译来,ṣaḍvikāra 是业格做定语,指“六类”之意,表“震动的种类方式”。再如“七种智”,其梵文为 satta-vidha jñāna。量词“种”由 vidha 译来,vidha 和数词 satta (七)组合成数量短语,修饰名词 jñāna(智)。

“种”由“种类”义转变为量词。汉代以后,“种”得到发展,出现有称量人或具体事物的用法。《法华经》中,“种”所称量的对象比中土文献多。如佛教有关的内容“好”“性”“法”“人声”“震动”等。

反(返)

“反(返)”用于抽象事物的种类,1 例。如:

(1) 无垢世界,六反震动。(35c)

此例中的“六反震动”,即六种震动,抽象名词,指“震”“吼”“击”“动”“涌”“起”六种震动。此例从梵文原典的存在句翻译而来。sā(此) ca(或) vimalā(无垢) lokadhātur(世界) iyaṃ(此) ca(或) sahā(一起) lokadhātuḥ(世界) ṣaḍvikāraṃ(六种) prakampitā

(震动)//(224 页),“六种震动”是从业格翻译而来,指“有六种方式的震动”。在其他汉译佛经里,也有“六反震动”出现,也译自梵文 ṣaḍvijñāna(六种) mahāpṛthivīcālo(大地震动)'bhūt(有)。梵文的这种结构是典型的存在句或判断句。“反(返)”以用作动量词为主,参见 2.2 节。

有人认为:“六种震动”和“六反震动”中的“种”和“反”都应该看作是动量词。我们并不赞成此观点。理由有三:a.“震动”一词在汉语里,从古到今都有词性兼类,既可以做名词,也可以做动词。b. 在佛教教义里,“六种震动”或“六反震动”都是指大地震动之六种相,略称为“六震”或“六动”。如:《新华严经》卷十六:“举出震、吼、击、动、涌、起等六相。” c. 梵汉对勘得知,“六种震动”和“六反震动”都是从梵文的名词复合词译来,应该看作是数量短语做定语的名词结构。该结构在其他汉译佛经里也有出现,如“六种识”和“识有六种”,都译自梵文 ṣaḍvijñāna。同样,汉译佛经中“六种散动”和“散动有六种”,都译自梵文 ṣaḍvidhavikṣepa。做名词性成分时,则译自梵文 ṣaḍvijñāna。

分

“分”做量词,后写作“份”,共 11 例。其中,计量具体名词的单位,4 例;计量抽象名词的单位,7 例。如:

(1) 受其璎珞,分作二分,一分奉释迦牟尼佛,一分奉多宝佛塔。(57c)

(2) 闻《法华经》一偈随喜功德,百分、千分、百千万亿分、不及其一,乃至算数譬喻所不能知。(46c)

“分”,最先表示“把东西分成两半”,做名词,指被分开的物(亦即“份”),然后发展出称量词的用法。它可以称量具体的事物,如

"璎珞"，也可以称量抽象事物，如"功德"。"分"称量抽象事物的用法在中土文献中没有出现。

《法华经》中个体量词的用法不多，这和叙事材料有关。在其他汉译佛经中，个体量词的使用还是很丰富。除《法华经》中使用的量词外，还有"个""枚""乘""两(辆)""张""只""重""行""枝""头""品""口""首""茎""领""双""匹""契""层""裔""緉"等。

"个"，可以称量人、动物、衣钵和花草等。如：

(1) 身上唯留一个单衣，余衣悉解，以施太子。(隋阇那崛多译《佛本行集经》卷十三)

"枚"，使用的数量和范围与中土文献基本一致。可以用于各类事物，如：瓮罐、瓶钵、宝珠、钱币、书、笛、马鞭、箭矢、油饼、筋、木、灯光，等等。有时，"枚"还可以称量车辆。

(2) 自名女以下，至于宝车，事事各有千八十四枚，以施与人。(吴康僧会译《六度集经》卷三)

"乘"，称量车辆。如：

(3) 时有商贾五百乘车经过其土。(后秦佛陀耶舍共竺佛念译《长阿含经》卷七)

"乘"最早做"乘载"义动词。《说文》徐笺云："车，人之所乘也，故车谓之乘车。"后引申为兵车的量词。汉代，"乘"发展为量词，不仅用于专指，专指车辆，而且用于泛指，泛指交通工具，如"船"，以及与交通密切相关的"牛"和马匹等。但是，汉译佛经中的"乘"在称量车辆时，使用范围不够广泛，远不及中土文献。

"两(辆)"称量车辆。汉译佛经中用"两(辆)"来计量车辆的情况很少。如：

(4) 尔时有五百两车，新入水过，使水扰浊，是以不取。

（西晋安法钦译《阿育王传》卷四）

“张”，称量布匹、衣物、贝叶。如：

(5) 使归取黄金织成氎布一张来。（西晋白法祖译《般泥洹经》卷下）

“只”，称量鞋屐等。如：

(6) 献屐一只，何所施补。若获一緉，罪可除也。（西晋竺法护译《生经》卷一）

“只”在中古汉译佛经中仅限于称量鞋屐，而在中土文献中，它不受此限，除了可以称量鞋屐以外，还可以称量鸟兽等其他成双的事物。

“重”，称量建筑、器具、树木。如：

(7) 栏楯七重，刀分七重，行树七重，周匝皆以七宝。（西晋法立共法炬译《大楼炭经》卷一）

在汉代，“重”由动词“重叠”虚化为个体量词。中土文献中，“重”做量词的用法极为活跃。从东汉汉译佛经开始，量词“重”的使用得到推广，可以称量具有层次的物体，包括自然的和非自然的物体；可以称量具体的事物和抽象的事物。

“品”称量虫鸟、车马、药材、音声、智慧等。还可以指事物的品类或等级。如：

(8) 为设方便，即入雪山，采四品药。（西晋竺法护译《正法华经》卷三）

“茎”，称量植物，相当于“枚”。如：

(9) 若有众生，以珍宝、伎乐供养舍利，乃至礼拜，右绕一匝，合掌称叹，一茎华散。（北凉昙无谶译《悲华经》卷七）

(10) 其一茎蔗，出一童子，更一茎蔗，出一童女。（隋阇

那崛多译《佛本行集经》卷五）

“首”称量牲畜。如：

（11）有得之者赏金银各千斤，牛马各千首。（吴康僧会译《六度集经》卷五）

“头”称量牲畜，可以用于指牛、驴、骡、驼。如：

（12）其价能与一头牛等不？（东汉支娄迦谶译《般舟三昧经》）

“口”称量钵瓮、刀具。如：

（13）宝瓮万口，悉盛甘露。（吴支谦译《太子瑞应本起经》卷上）

“枝”称量花草。如：

（14）五枝新华，五枝故华，亦往上佛。（西晋竺法护译《贤劫经》卷三）

“领”称量衣帽。如：

（15）内藏金织成衣有千领。（吴康僧会译《六度集经》卷七）

“匹”称量马匹、车乘及其他兽类。如：

（16）即便敕严车千乘，马万匹。（东汉昙果共康孟详译《中本起经》卷上）

“疋”称量马匹与车乘。如：

（17）诸阿须伦见天帝释千疋马车回还，便言欲来与我战斗。（西晋法立共法炬译《大楼炭经》卷五）

“行”称量道路、树木，其称量用法是从“行列”义发展而来。如：

（18）时作转轮圣王，以八万四千行树贡上施佛，使造精

舍。（西晋竺法护译《贤劫经》卷八）

“契”称量经传以及经传的偈品。如：

（19）比丘即便作三契呗而欲说法。（西晋安法钦译《阿育王传》卷五）

“契”做量词的用法从动词“契合”发展而来。

“双”称量衣物和其他物品。如：

（20）彼八万四千双衣中，有一双衣。（东晋僧伽提婆译《中阿含经》卷十一）

“层”称量建筑。如：

（21）七层之观，众宝天乐，世所希睹。（吴康僧会译《六度集经》卷八）

“脔”称量肉块。如：

（22）此肉二脔，父母食之。（元魏吉迦夜共昙曜译《杂宝藏经》卷一）

“緉”，称量鞋，犹双。如：

（23）献屐一只，何所施补？若获一緉，罪可除也。（西晋竺法护译《生经》卷一）

2.1.2 集合量词

《法华经》中的集合量词很少，只出现两个，一个是“种”；另一个是“部”，共10例。

种

“种”用于计量人的种类，1例。如：

若入他家，不与小女、处女、寡女等共语，亦复不近五种不男之人，以为亲厚。（37b）

部

"部"用于计量大众的类属和佛经的部数,9 例。如:

(1) 尔时四部众,比丘、比丘尼、优婆塞、优婆夷、天龙、夜叉、乾闼婆、阿修罗、迦楼罗、紧那罗、摩睺罗伽等大众,见舍利弗于佛前受阿耨多罗三藐三菩提记,心大欢喜,踊跃无量。(12a)

(2) 若持八万四千法藏,十二部经,为人演说,令诸听者得六神通。(34b)

例(1)中的"四部众"是数量词结构,又曰"四众",又曰"四部弟子",指比丘,比丘尼,优婆塞,优婆夷。"部",集体量词,由表"部落"义的名词发展而来。

在其他汉译佛经中,用于集体量词的还有"群"等。如:

(3) 尔时慈地比丘及六群比丘等,来索房舍。(东晋佛陀跋陀罗共法显译《摩诃僧祇律》卷六)

(4) 譬如百群牛羊,若千牛羊群,一人牧护之。(西晋法立共法炬译《大楼炭经》卷四)

"群"主要计量牲畜。

2.1.3 度量衡量词

《法华经》中表达度量衡的量词很少,只出现 4 个,共 30 例。即"尺"(2 例)、"由旬"(26 例)、"铢"(1 例)和"两"(1 例)。"由旬"从梵文音译而来,其他三个量词用的是汉语词汇。

A. 表示度制

尺 由旬

《法华经》中,"尺"用于计量距离,2 例。如:

(1) 鸠槃荼鬼,蹲踞土埵,或时离地,一尺二尺,往返游

行，纵逸嬉戏。(14a)

此句的语义是：那些鸠槃荼鬼们通常都蹲在土堆上面，但有时也会离地一到二尺，往返游转，纵情嬉戏。“尺”在汉译佛经中表示长度单位。“一尺二尺”译自梵文 vitasti-mātraś(一磔手一长度) tatha(此) hasta-mātrā(一磔手一长度) dvihasta-matrāś(二磔手一长度)(76 页)“磔”，宋、元、明本写作“搩”，“一搩手”指“一张手”(张开五指)的长度。如：“若比丘尼作浴衣应量作，应量作者长佛六磔手、广二磔手半。”(后秦佛陀耶舍共竺佛念译《四分律》卷二十六)《说文解字》(卷八下)载：“人手却十分动脉，为寸口，十寸为尺。”汉译佛经中的“尺”相当于印度“磔手”长度的单位，罗什依据汉语长度单位进行翻译。

“由旬”，共 26 例，用于计量佛的身高、菩提树和师子座的高度、塔庙的高度和宽度、路程的距离以及蟒蛇的身长等。与“由旬”搭配的数量成分不带名词中心语。如：

(2) 诸菩萨众其形亦小，而汝身四万二千由旬，我身六百八十万由旬，汝身第一端正，百千万福光明殊妙。(55b)

(3) 尔时佛前有七宝塔，高五百由旬，纵广二百五十由旬。(32b)

“由旬”，印度的里程单位，梵语 yojana 之音译，巴利语同。又音译作“逾阇那”“逾缮那”“瑜膳那”“俞旬”“由延”(彼大剑树高一由延。《中阿含经》卷十二)。意译则作“合”“和合”“限量”“一程”等。梵语 yojana 乃“附轭”之义，是由语根√yuj 演变而来的名词，指牡牛挂轭行走一日之旅程。据《大唐西域记》(卷二)载，“一由旬”指帝王一日行军之路程。由此发展则为称量里程的量词。据《有部百一羯磨》(卷三)注释：一拘卢舍约四公里，四拘卢舍为一由旬,一由旬约为十六公里。而据佛音论师说,一由旬相当于公牛行走一天的路程,大约七英里,即 11.2 公里。中土文献中,“由旬”虽然少见,但也一直沿用到明清时期。

除《法华经》中的“尺”“由旬”以外,其他汉译佛经中还出现有量制量词“寸”“丈”“仞”“疋”“围”“肘”等,计量长度和高度。如:

(4) 独生千秋杖,头著四寸针。(东晋佛陀跋陀罗共法显译《摩诃僧祇律》卷六)

(5) 便引项,令长十余丈。(元魏吉迦夜共昙曜译《杂宝藏经》卷十)

(6) 竖大长木,去地十仞,举钵置上。(后秦鸠摩罗什译《鼻奈耶经》卷六)

(7) 一阿含者六十疋素。(西晋白法祖译《佛般泥洹经》卷下)

(8) 时有毒蛇逸城七匝,体大百围。(吴康僧会译《六度集经》卷一)

(9) 阎浮提人身长三肘半,衣长七肘,广三肘半。(后秦佛陀耶舍共竺佛念译《长阿含经》卷二十)

“围”用来计量周长的约略单位。旧说尺寸长短不一,现多指两手或两臂之间合拱的长度。“肘”计量长度单位的用法,在古印度有其独特的一面。《大乘入楞伽经》(卷一)载:“一一刹为几尘,一一弓为几肘,几弓为俱卢舍,半由旬、由旬等。”古印度长度计量以自然物人体身段为标准,以“七麦为一指节,三指节为一指,横布二十四指为一肘;竖布四肘为一弓,五百弓为一俱卢舍,一俱卢舍为村庄,至阿练若(无人之寂静处)之距离,八俱卢舍为一踰缮那,即一由旬等”。(参见《佛学大辞典》)又唐玄奘《大唐西域记》载:

“分一弓为四肘，一肘为二十四指。”“肘”在中土文献中有，只是用途不及汉译佛经广泛。

汉译佛经中，“寸”计量树木、土石以及人体和动物的部位等，“尺”计量人体身高、禾麦、水深、房舍等，“丈”计量人体、树木、土石、房舍等，“仞”计量天空、树木、佛身等。“寸”“尺”“丈”“仞”都属于度制单位，都可以用来计量人和动物的身体。但是，这些量词分工明确。在计量长度和高度时，最小的长度和最短的高度用“寸”，其次用“尺”，再次用“丈”。而到了最长的长度或最高的高度时，则用“仞”。这些分工的存在，与中土文献的表达习惯相同。

《法华经》中，前文所说到的“由旬”，既可以用来计量塔庙之高度，也可以用来计量道路之里程。而对于专门用于计量里程的词“里”，《法华经》中没有，但在其他汉译佛经中却有使用。如：

(10) 天晓，行四百八十里，到阿奴摩国。（东汉竺大力共康孟详译《修行本起经》卷二）

B. 表示衡制

《法华经》中，表示衡制的量词有“两”和“铢”两个，2 例。

两　铢

“两”，用于宝珠璎珞等的计量，1 例。如：

(1) 无尽意菩萨白佛言：“世尊，我今当供养观世音菩萨。”即解颈众宝珠璎珞，价直百千两金，而以与之。(57b)

“两”在由“两个”的意义虚化为量词以后，表现为三种用法：一是用于车的计量，这种用法后来转化作“辆”，并成为车的专用量词；二是鞋袜的计量，此用法后来分化作“緉”或“量”；三是用于度量衡的，表示黄金等的重量单位。汉译佛经中量词“两”的使用不如中土文献，第一类用法不出现，只有表双数或做重量的单位词的用法。

"铢",用于表示栴檀等物的重量单位,1例。如:

(2) 又雨海此岸栴檀之香,此香六铢,价直娑婆世界,以供养佛。(53b)

"铢",古代称量轻重之器具名,指极轻极微之单位。(参见《佛光大词典》)《礼记·儒行》有云:"虽分国如锱铢。"后来,"铢"发展成为用来表称量货币重量的单位词。在古代,二十四铢为一两(参见《孙子算法》)。汉译佛经中,"铢"不仅可以称量货币,还可以计量檀香、衣物、金属、水果等,"铢"在汉译佛经中的使用超过了同期的中土文献。

衡制量词除了在《法华经》中有"铢"和"两"以外,在其他汉译佛经中还有"斤"等。

(3) 躬往收摄财宝,理使入官,纯金八万斤。(东晋僧伽提婆译《增壹阿含经》卷十三)

《法华经》中,没有出现量制的量词,但其他汉译佛经中,有"升""斗""斛""石"等,用于对食物的计量。如:

(4) 施越比丘尼须胡麻油五升。(后秦竺佛念译《鼻奈耶》卷一)

(5) 粳米二斗,油四升,用作何等?(东晋佛陀跋陀罗共法显译《摩诃僧祇律》卷二十九)

(6) 复欲见其儿妇福德之力,即敕出一斛米供王大众一月不尽。(刘宋佛陀什共竺道生译《弥沙塞部和醯五分律》卷二十二)

(7) 是时萨陀波伦菩萨闻说般若波罗蜜,大欢欣踊跃,及五百女人共持天衣及八百石杂宝,供养上昙无竭菩萨。(东汉

支娄迦谶译《道行般若经》卷十）

在汉译佛经中，“升”计量米饭、麻油、麦粒等，“斗”计量米麦、胡麻、果蔬等，“斛”计量果汁、饭食等。这三个词都属于量制单位，都可以用来计量带汁和不带汁的食物。但三者各有侧重点。“升”侧重于计量量少的食物，“斛”侧重于计量量大的食物，“斗”则居中。“升”“斗”“斛”的这些用法与中土文献相似。

另，有一种词原本是名词，但通过翻译，被临时用作计量量词。便于区别，我们称之为“临时量词”。这种临时量词在《法华经》中没有出现，但在其他汉译佛经中却有出现，如“舆”“车”“瓶”“匙”“瓫”“囊”等。

“舆”和“车”，用于计量车装的物体。“瓶”，用于计量液体。“裹”，用于计量香料。如：

(8) 五百瓶酥，五百瓶油，五百舆花，五百裹香，五百车薪。（东晋僧伽提婆译《增壹阿含经》卷五十）

“匙”被用来计量粉末和液体。如：

(9) 食五三匙，便言已足。（元魏吉迦夜共昙曜译《杂宝藏经》卷九）

“瓫”被用来计量液体。如：

(10) 欲行天人，各共赍持万瓫香水。（西晋竺法护译《普曜经》卷七）

“囊”被用来计量物体。如：

(11) 狐化为人，得一囊炒。（吴康僧会译《六度集经》卷三）

以上是借用名词的称量词，下面是借用动词的称量词，如“把”“撮”“掬”“贯”。

"把",用来称量能束捆成把的物体。如:

(12) 譬如有力壮健丈夫,手撮一把麦麸令碎。(隋达摩笈多译《起世因本经》卷九)

魏晋以后,"把"由"把持"义虚化为称量词。唐宋以后,"把"发展成为个体量词。汉译佛经中,只出现"把"表"一束之多"的称量用法,还没有出现个体量词的用法。中土文献中,"把"的使用情况也是如此。

"撮"和"掬",都由表示用手的动作捧食物的动词演变成为用于计量食物的量词。如:

(13) 或有所食渐顿多少随月增减,或有日食一撮乃至七撮。(唐地婆诃罗译《方广大庄严经》卷七)

(14) 所谓或有执器巡乞行而食之,或有唯一掬食以济一日。(同上,卷七)

"贯"最先指钱贝有眼可贯穿,后演变为用于计量钱币的量词。如:

(15) 若从心出,如一贯珠,同时俱兴,退从五阴。(西晋竺法护译《修行道地经》卷一)

2.2 动量词

《法华经》中,动量词有"匝"和"反(返)",8例。

匝

"匝"与数词组合,表示某一动作行为的反复出现,相当于"周"和"圈",7例。如:

(1) 其王二子与四万二千人俱,一时共诣佛所。到已,头面礼足,绕佛三匝,却住一面。(60b)

(2) 即时诸梵天王头面礼佛,绕百千匝。(23b)

“匝”由动词“周匝”义引申为动量词,表示“围绕”义动作的圈数,指动作的状态。《法华经》中,“匝”绝大多数出现在“绕(佛)X匝”(“X”表示数量,或是“三”“七”或是“百千”)这种程序化的语言模式中,对象指向佛祖。在其他汉译佛经中,还有对象指向山丘、花草和树木的情况。此用法与中土文献同步。

反(返)

“反(返)”,表示某一动作行为的反复出现,相当于“遍”,1例。如:

(1) 时诸菩萨摩诃萨……俱发声言:“如世尊敕,当具奉行。唯然,世尊! 愿不有虑。”诸菩萨摩诃萨众,如是三反,俱发声言……(52c)

“如是三反”即“(诸菩萨摩诃萨众)这样反复说了三遍”。在汉译佛经中,“反”有两种用法:第一种用法,表示人和动物的动作行为往返的次数,如例(1);第二种用法,表示佛教意义上的生死轮回。如:“七反(返)”“三十六反(返)”,“七反(返)”指众生七次生死轮回,“三十六反(返)”,指释家成道前的种种变化。还有“千返”的说法,“千返”即轮回多次。其用例见于《法华经》以外的汉译佛经中。

在《法华经》以外的汉译佛经中,动量词还有“度”“遍”“通”“番”“周”“过”等。

“度”,由动词“渡过”义引申而来,表示渡过的回合,指向人的生死轮回。“度”绝大多数做状语,极少数做补语。如:

(2) 是时优娄频螺迦叶,以佛三度殷勤未已,即白佛言……(隋阇那崛多译《佛本行集经》卷四十)

"通",由表示"叩击"义虚化而来,表示叩击动作的次数,多数用在动词前面,少数用在动词后面。如:

(3) 佛言:"应三通打,打竟,悬著中庭。"(刘宋佛陀什共竺道生译《弥沙塞部和酰五分律》卷十八)

中土文献中,在动词带宾语的情况下,由"通"组成的动量结构出现在宾语的后面。

(4) 四面诸村始闻者挝鼓一通,次复闻者以二为节。(《魏书·李崇传》)

"周"和"遍",都由"周遍"义引申而成为动量词。"遍"表示"诵读"义动作的次数,"周"的用法与"遍"相同。多数用在动词前面,少数用在动词后面。"周"还可以用于表示动作的圈数。如:

(5) 婿即向日,妻佯绕之数周,推落山下。(吴康僧会译《六度集经》卷二)

(6) 优波帝写有弟子极智慧……复自覆九遍,是故最胜。(萧齐僧伽跋陀罗译《善见律毗婆沙》卷七)

"番",由动作多次出现发展为动量词。凡人的动作行为次数,无论多少,都可以用"番"表示。如:

(7) 其女后来,太子共语,数番往复。(隋阇那崛多译《佛本行集经》卷十二)

"过",表示可以重复的动作。如:

(8) 便唤婢问:"汝朝三过,取食与谁?"(元魏吉迦夜共昙曜译《杂宝藏经》卷五)

"过"在汉代由动词"经过"虚化而成为动量词,表示经过的次数。可用于动词前做状语,也可用于动词后做补语,还能和"建""揩""咽""往返""按""思论"等动词搭配。在汉代,动量词"过"的用法已相当成熟。“过”在《法华经》中没有该用法，但在其他汉译佛经中，动量词“过”的用法多见。可以做状语，也可以做补语，如“骂数过”。当“过”做补语并带宾语时，常处在宾语之后，如“散华八过”。汉译佛经中，“过”还可以用在序数之后，这一现象在中古中土文献未曾有。如：

(9) 一过初入夏坐欲取禅定，第二过夏坐竟现有所得。(萧齐僧伽跋陀罗译《善见律毗婆沙》卷五)

在《法华经》以外的汉译佛经中出现的这些动量词，可以与数词组成数量短语。这些词可以置于动词(及其宾语)之后，也可以置于动词之前。这种由动量词和数词组成的数量短语，表示的是动作行为出现的次数，基本与中土文献保持一致。但是，也有极个别的动量词带有佛教教义色彩。在中土文献中，动量词“过”的用法很少出现。

2.3　数词和量词的表达

《法华经》中，数词和量词的表达包括以下五种方式：

第一种表达方式：“数词＋名词”。数词直接放在名词前面表数量，14 例。该结构在句子中主要充当宾语。如：

(1) 或有人礼拜，或复但合掌，乃至举一手，或复小低头，以此供养佛，渐见无量佛。(9a)

(2) 闻法欢喜赞，乃至发一言，则为已供养。(10b)

第二种表达方式：“名词＋数词”。数词放在名词的后面表数量，9 例。该结构既可以做主谓结构，也可以做前正后偏的偏正结构。如：

(3) 金色三十二，十力诸解脱。(10c)

(4) 龛室千万,无数幢幡,以为严饰,垂宝璎珞宝铃万亿而悬其上。(32b)

第三种表达方式:"名词+数词+量词"。数词放在名词的后面,带有量词,20 例。如:

(5) 但乐受持,大乘经典,乃至不受,余经一偈。(16a)

(6) 诸天伎乐百千万种,于虚空中一时俱作。(12a)

在这种表达式中,数词和量词构成数量短语,既可以做后置定语,如例(5),也可以做谓语,如例(6)。因为数量短语既可以是体词性成分,也可以是谓词性成分。(朱德熙 1982:52)例(5)中的这类结构带有描写性质,例(6)中的这类结构带有计量性质。

第四种表达方式:"数词+量词+名词"。数词和量词均放在名词的前面,7 例。如:

(7) 若持八万四千法藏,十二部经,为人演说,令诸听者得六神通。(34b)

(8) 世尊,我今当供养观世音菩萨,即解颈众宝珠璎珞,价直百千两金,而以与之。(57b)

数词和量词构成数量短语做定语,修饰名词或名词性短语。这种结构具有描写性质,接近现代汉语表达功能。

第五种表达方式:"动词/形容词+数词+量词"。数词和量词均放在动词或形容词的后面,8 例。如:

(9) 其菩提树高十由旬。(23b)

(10) 即时诸梵天王,头面礼佛,绕百千匝。(23b)

"动词/形容词+数词+量词"构成句子的谓语和宾语。"数词+量词"结构之所以做宾语,是数量短语为体词性成分的缘故。这种结构具有计量的功能。

《法华经》中数词和量词的表达方式，以第三种表达方式居多。这一点与中土文献同步。中土文献中，从上古到中古时期，数量短语从名词之后逐渐向名词之前移。在当时，数量短语在名词之前的情况还是少数。据此，汉译佛经中数量短语语序的发展，与中土文献的进展基本相同。

数词和量词小结：

通过上面的描写，《法华经》中数词和量词的使用情况归纳如下：

第一，虚数表达形式多样，数量丰富，着力突出佛法无限。

《法华经》中，虚数的用法多样。表现为：a.位数词可以自由组合、广泛使用。将“百”“千”“万”“亿”等位数词自由搭配，就会形成新的表示无限大的虚数词。如“万亿”“亿万”“千亿”“百亿”“亿千万”“千万亿”“百千亿”“亿百千”“百万亿”“亿亿万”“百千万亿”等等。考察发现，由位数词“百”“千”“万”“亿”组合出现的虚指复合形式有16种，共156例。像这种表示虚数的位数词自由组合、广泛使用的情况在中土文献中非常罕见。b.表示虚指的非数词竞相出现。出现一些在当时中土文献中不曾出现或少有出现的非数词。由非数词表示虚指的词（用得最多的是形容词）7个，共473例，如“无量”（232例）、“无量无边”（34例）、“无数”（65例）、“不可思议”（5例）、“那由他”（33例）、“阿僧祇”（38例）、“恒沙/恒河沙”（66例）等。这样的虚指用法，凸显佛法无限。c.位数词与非数词搭配使用情况突出。或在位数词前面加上“无量”“无数”“无量无边”等虚指词，或在位数词后面加上“阿僧祇”“劫”和“那由他”等虚指词，如“无量百千万亿佛”“百千万亿无数诸佛”“无数百千万亿阿僧祇众生”“无量无边百千万亿阿僧祇劫”等，共260余处。这样的搭配，更凸显佛法的无限。

《法华经》中关于虚数表达不一定都是对梵文原典文的直接翻译，请看对勘：

(1) maudgalyagotro　mama　śrāvako　ayaṃ　jahitva
大目犍连　我的　弟子　此　舍已
mānuṣyakam　ātmabhāvam　viṃśatsahasrāṇi　jināna　tāyinām
人　自身　二十千　佛　如来
anyāṃś　ca　aṣṭā　virajāna　drakṣyati//(135—136 页)
其余　又　八　净　见

(我的弟子大目犍连舍身以后，将看到二万八千佛。)

罗什译文为：我此弟子，大目犍连，舍是身已，得见八千二百万亿诸佛世尊。(22a)梵文原典文 viṃśatsahasrāṇi aṣṭā 是"二万八千"，罗什译文是"八千二百万亿"，译文和原文两个数字不一致。再如：

(2) divyāni　ca　tūrya　śatasahaśrāni　dundubhayaś
上妙　又　乐　百千　鼓
copary　antarikṣe　parāghnanti　sma//(66 页)
住　虚空中　击

(最好的鼓乐百千种在虚空中同时击响。)

罗什译文为：诸天伎乐百千万种，于虚空中一时俱作。(12a)

梵文原典文 śatasahaśrāni 是"百千"，罗什译文是"百千万"，译文和原文的两个数字也不一致。

这种情况的出现，或许译师特意为之，或许译师当时所据与今本不同，或许他沿用了传统的译法，等等。

第二，量词类型单一，词项数量少，用法简单且分布不均匀。

将《法华经》与同期的中土文献比,《法华经》中量词的使用,类型单一,词项数量少,用法简单且分布不均匀。

中土文献中的量词,发展迅速而又类型多样。个体量词有泛用量词和专用量词两种,集合量词有定数量值和不定数量值两种,度量衡制有专用的计量词,还有表示器物、处置和状态的借用量词等。每一小类中又可分为多个词项,分工很细。而《法华经》中的量词,却是类型单一。仅只有个体量词、集合量词、度衡量量词和动量词等大类,没有小的分支。

在中土文献中的个体量词和集合量词以《史记》为例,个体量词有 47 个,如用于植物的量词"根""株""条""枝""挺""支""本""茎";如用于马的量词"匹""骑"和"头"。集合量词有 20 个,其中,表示容量的词 14 个,如"升""斗""斛""石""庾""钟""秉"。这些量词在中土文献中常用,但在《法华经》中却没有出现。

中土文献中,量词的用法复杂,而《法华经》中的量词却是用法简单。如量词"段",在《法华经》中只有计量"物"的用法,而在中土文献中,除了有计量"物"的用法之外,还有计量文章、时间等抽象事物的用法。再如量词"两",在中土文献中,可以做"车"的个体量词,也可以做"鞋袜"等成双物体的集体量词。不仅如此,"两"还可以做度量衡量词。而《法华经》中,"两"却只有度量衡量词用法的出现。

《法华经》中量词的使用,不仅用量少,而且分布不均匀。在已有使用的量词中,个体量词稍占优势,共 6 个,52 例,有"渧(滴)""段""味""种""反(返)""分"等。其他的不均匀分布为:集合量词共 2 个,10 例,有"种""部"。度量量词共 4 个,30 例,即"由旬""尺""铢""两"。动量词 2 个,8 例,即"匝""反(返)"。

总的来看,《法华经》中的量词,无论类型、词项和用法,都不如同期中土文献丰富。造成这种现象的出现,以下因素起了关键性的作用:

A. 受佛经翻译的程序化和模式化的影响。上起汉魏,下至唐宋的佛经翻译,是中国佛教史上佛经翻译的重要阶段。在这个阶段,总的趋势是,从内容到形式,后人的翻译多沿承前人的翻译,而前人的翻译又多采取直译的方式。直译的最大难题在于如何克服"名物不同"而造成的"传实不易"。为了克服这一难题,后继的译师们纷纷采取参考和仿效前人直译的方式。三国时,支谦因发现翻译之难而提出"依其义不用饰""因循本旨,不加文饰"的主张,亦即直译的主张。以此为标志,仿效前人的翻译成为佛经翻译的主流。东晋时,道安又一次提出直译的主张,并提出"五失本,三不易"的翻译原则。道安虽"外涉群书,善为文章",但在翻译佛经时却始终兢兢于"不失本",极力推崇遵循梵文本义。直到后秦,罗什在翻译佛经时,虽提出意译的主张,但还是尽力以前译之标本为参考,遵循直译的原则。正因为如此,佛经翻译形成了一定的程序化和模式化。乃至越是靠近唐宋时期,翻译的程序化和模式化越是突出。无疑,东汉汉译佛经中量词少,是受这种模式和程序化影响的结果。

B. 原典梵文中,量词不多且用法少。在梵文文法里,数量的表达在很多情况下并不使用量词。梵文数量表达模式:第一,以数词与名词组合的形式来表达数量。如"五百个商人",其梵文为pañcasatā vāṇijā(五百商人)。又如"六万头骆驼",其梵文为 saṭṭhi-sahasra auṣṭraka(六万骆驼)。都是数词和名词组合表数量的情况。第二,在表达数量的宏大时,不用数量值,由形容词或副词与名词的直接组合形式来表达。梵文原本就少有量词，又加上有这两种情况出现，无疑，汉译佛经会出现量词少的情况。《法华经》和其他汉译佛经在数量表达上，除了“数词＋量词”的模式外，最常用的模式有两种：一种是以“非数词＋位数词＋名词”模式出现。如“无量千万亿阿僧祇世界”(32c)。另一种是以“名词＋位数词”模式。如“眷属百千万”(9c)。归根到底，是梵文中数量表达模式对汉译佛经量词的使用构成了一定的制约。

C. 受说理文体的局限。一般描写和计数一类的文体，数量结构的使用要高；说理和说教一类的文体，数量结构的使用要低。可见文体直接关系到数量结构。《法华经》主要记载的是释迦牟尼从公元前6世纪出家悟道，到创立佛教，并终其一生，致力于宣传佛教教义的故事。这种文体，虽然也涉及生活方面一些描写，如有的篇幅是对生活百科知识的一些记载，而有的则是对生活场景的一些描写。是梵文固有的说理和说教文体，造成了量词少有出现。

第三，数词、量词与中心语名词的位置以“名＋数＋量”为主，带量词的结构超过不带量词的结构。与中土文献比，带量词的结构其使用比例要高于中土文献。

数词和量词的位置，有出现在中心语名词之前的情况，“数词＋名词”14例，“数词＋量词＋名词”7例；也有出现在中心语名词之后的情况，“名词＋数词”9例，“名词＋数词＋量词”20例。“数＋量＋名”结构比“名＋数＋量”少两倍，带量词的情况比不带量词的情况普遍。这与《齐民要术》中的数量名表达相同。但是与《世说新语》《颜氏家训》却有很大的不同。这两种文献中，“数＋量＋名”结构超过了“名＋数＋量”，带量词的情况远远没有不带量词的情况普遍，85％的是数词直接和名词组合。而《法华经》和其他汉译佛经中却是带量词的情况比不带量词的情况普遍。造成上面这两种不同情况出现的原因,主要是文体不同造成的。

第四,数词的表达带有一定的佛教色彩,个别量词具有佛教色彩或翻译特征。

《法华经》中的数词基本上用的是虚数,同时还用一些名词和形容词来表达虚数,以达到极力夸张佛的法力无边,带有一定的佛教色彩,如"亿""万亿""百万亿""无量无数""阿僧祇""不可思议"等等。《法华经》中的个别量词具有佛教色彩,如"度"是一个佛教色彩很浓的词,在《法华经》中多用于指向人的生死的轮回。也有个别量词具有翻译特征,如"由旬",由梵文 yojana 音译而来。

第五,有的量词经历了由不太规范走向规范的过程。

汉译佛经中的量词,从东汉到隋代,其使用情况,有的存在从不规范向规范发展的一个过程。如"部"在做量词时,古汉语中一般并无称量河流的用法,但在早期汉译佛经中,却出现有"部"称量河流的用法。如:

(3) 东有大流江,下行一江。有五百部河,绕阿耨达龙王,东流入大海。阿耨达龙王南有大江,名和叉。有五百部河,绕阿耨达龙王,流入大南海。阿耨达龙王西有大江,名信陀。有五百部河流,绕阿耨达龙王,入大西海。阿耨达龙王北有大江,名斯头。有五百部河流,绕阿耨达龙王,入北海。(西晋法立共法炬译《大楼炭经》卷一)

"部"的这种用法并不规范,因而导致其该用法后来逐渐衰退。到隋达摩笈多的同经异译《起世因本经》中,"部"的该用法再没有出现。如:

(4) 阿耨达池东有恒河,从象口出,共五百河,流入东海。

阿耨达池南有辛头河,从牛口出,共五百河,流入南海。阿耨达池西有博叉河,从马口出,共五百河,流入西海。阿耨达池北有斯陀河,从师子口出,共五百河,流入北海。(隋达摩笈多译《起世因本经》卷一)

表 3-1　《法华经》量词类别及其频率

类别		词项及频率	
		《法华经》	其他汉译佛经
名量词	个体量词	渧(滴)1,段 1,味 3,种 35,分 11,反(返)1	个,枚,乘,两(辆),张,只,重,行,头,品,口,首,茎,领,匹,双,契,层,窗
	集合量词	种 1,部 9	緉,重,群
	度量衡量词	尺 2,由旬 26;铢 1,两 1	寸,丈,仞,疋,围,肘;升,斗,斛,石;斤
	临时量词		舆,车,瓶,匙,瓫,囊,把,撮,掬,贯
动量词		匝 7,反(返)1	度,遍,通,番,周,过

第四章 情态动词

理论框架：从哲学上讲，情态（modality）是说话的一种方式，是说话人在交际过程中对相关情况表达的一种态度。（哈阿曼等1981）任何情态的表达都具有主观性（subjectivity）。如果说话人所表达的命题只有部分符合事物的客观规律，那么该命题便只具有可能性（possibility）。但一旦说话人的命题全部符合事物的客观规律，那么，该命题就一定具有必然性（necessity）。可能性和必然性之间是存在一定联系的，它们可以通过一定的方式取得联系。（Lyons 1977）

在语法上，情态是一个语法范畴。它是说话人在可能性和必然性相关命题上所表现出来的具有情态意义的一种主观活动。表达情态意义的形式多样，可以是词法，如情态动词、情态形容词、情态副词，也可以是句法，如疑问句、祈使句、倒装句，也可以是语气、助动词、词内成分，还可以通过时体中的"时"来表达，等等。情态动词是所有表达情态意义方式中最重要的一种形式。在许多语言中，情态动词在表达情态语法范畴中始终都处于核心地位。这种动词通常由一组具有共同形式特征的语言形式自主组成一个封闭系统，具有一定的独立性。在有些语言的情态研究中，人们倾向于把情态动词纳入语法范畴来考虑。如英语中的情态动词，由于其具有共同的、稳固的形态特征，因此在研究过程中，人们喜欢把它视作一个独立的语法范畴。

Perkins(1983)、Palmer(1986,1990)、Sweetser(1990)、Bybee Perkins & Pagliuca (1994)等认为,从语言类型上观察,在英语、西班牙语、斯拉南语、美洲印第安语中的 Hixkaryana 和 Menomiee、澳大利亚帕马尼荣根语中的 Ngiyambaa 等,都存在系统的情态动词的用法。他们发现,依据与说话人是否有关,情态动词的语义类型上可以分为三类:第一类是真势情态(dynamic modality),与说话人无关,不表达说话人的主观态度,只表达句子施事从事某动作行为所具有的能力(ability),或施事希望从事某动作行为所表达的愿望(volition)。如英语中的 Mike can speak English; Mike will enter for the competition。第二类是义务情态(deontic modality),与说话人有关,表达说话人的主观态度,即说话人对施事所进行的动作行为的可能性和必然性都会施加一定的影响。如 Mike may speak English;Mike must speak English。第三类是认识情态(epistemic modality),与说话人有关,表达说话人的主观态度,即说话人对命题的真实性做出一种可能或必然的判断。如 It may rain tomorrow;It must rain tomorrow。认识情态是对命题真实性所做出的一种判断,义务情态是对施事的动作行为的发生所做的可能或必然的一种预测。认识情态和义务情态存在着共同的特征:语言形式一致,意义相互关联。真势情态与义务情态、认识情态也有一定关联:真势情态在对施事能力做出否定时,最能表达和体现出说话人的主观性,同时,义务情态和认识情态的语法意义都源自于真势情态的发展。义务情态指的是施事者有能力做某事。即义务情态必须以施事者有做某事的行为能力为前提。可见,义务情态跟人的行为有关。认识情态,是指说话人对命题的可能性和必然性做出的主观性推测。认识情态必须以说话人的知识修养和认识水平足以做出推测为前提。认识情态与义务情态密切相关，亦即人的认知离不开人的行为。一方面，人的认知是从行动域投射(mapping)到认识域的一个过程，是一个隐喻过程。另一方面，人的行为必须以人的认知做指导。人只能施行其认知能力范围之内的行为。

Palmer(1990)和 Bybee Perkins & Pagliuca (1994)认为，在义务情态和认识情态的两种情态动词中，可以根据说话人对可能性和必然性的判断程度或级别进行再分类。并且，他认为每一类情态动词都可以分为三层或三级，即：可能性(possibility)、必然性(necessity)和盖然性(probability)。

以往的研究，人们更喜欢将汉语的情态动词称作“助动词”或“能愿动词”，很少把它当作一个独立的语法范畴系统来对待。朱德熙(1982)通过对现代汉语中情态动词语法形式和语法功能的系统考察，发现汉语情态动词具有以下语法特点：(1)只能带谓词性宾语，不能带体词性宾语；(2)不能重叠；(3)不能带缀“了”“着”“过”；(4)可以用于“X 不 X”格式；(5)可以单用。(朱德熙 1982：61)而我们的调查发现，汉语情态动词的语法形式和语法功能，大都与英语等其他语言相类似。汉语中的“能”“愿”“欲”“要”“敢”“肯”等能愿动词，都与英语 can 和 will 相当，都是“会”“应”等主观性情态动词演变的基础，对情态动词的研究有着重要意义。汉语还像英语等其他语言一样，存在着一个系统的具有说话人主观态度的认识情态和义务情态的体系。

《法华经》中，情态动词共 13 个，用法 23 项，925 例。有“能”(248)、“得”(97)、“可”(93)、“愿”(2)、“欲”(3)、“乐”(1)、“肯”(5)、

“须”(9)、“当”(307)、“应”(135)、“应当”(14)、“宜”(9)、“可以”(2)。《法华经》中情态动词使用的基本特点为：a. 情态动词的用法符合中土文献语法的表达；b. 选词用词大众化；c. 表示将来的副词和表示情态的动词界限模糊；d. 新词新义有较大的发展。这些情态动词与 Lyons(1977)、Palmer(1986，1990)、Sweetser(1990)、perkins(1983)、Bybee 等(1994)等学者发现的英语或其他一些语言情态动词的特点和语义类型基本相符。根据情态动词的概念和汉语情态动词的语法特征，结合汉语史情态动词的一般特点，我们将《法华经》中的情态动词分为真势情态、义务情态和认识情态三大类。[①]

一　真势情态

真势情态指说话人在逻辑上对语句事实内容真性的评判。《法华经》中真势情态动词有 8 个，用法 10 项，共 370 例。真势情态可以分为能力、可能、意愿和必然四个小类。表示能力的有“能$_1$”(221)、“可$_1$”(1)；表示可能的有“能$_2$”(24)、“可$_2$”(70)、“得$_1$”(41)(参 3.2)；表示意愿的有“愿”(2)、“欲”(3)、“乐”(1)、“肯”(5)；表示必然的有“须$_1$”(2)(参 2.1)。

1.1　表示能力

真势情态中的能力指主语具有施行某种动作行为的内在能力。《法华经》中，这类用法有“能$_1$”“可$_1$”(见 4.2)。

---

① 情态动词用法之间的关联性比较强，为了便于掌握情态动词用法的整体性，在体例上，我们尽量把每个词的不同用法集中在一起讨论。

能

表示情态的“能”，从情态意义上分，主要用于真势情态（能$_1$、能$_2$），245 例；极个别用于认识情态（能$_3$），有 3 例。“能”的真势情态具有能力（能$_1$）和可能（能$_2$）两类用法。

A. “能$_1$”表示主语具有某种内在能力或具有某种性质和功用，共 221 例。有肯定和否定两种组合形式：

a. 用于“NP＋能＋VP”格式，158 例。如：

（1）如来能种种分别，巧说诸法。（6c）

“能”不能单用，后面必须有 VP，VP 由动词或动词词组充当。有的学者把例（1）中的“种种分别”解释为“阐明各种事理”，值得商榷。据我们考察，“种种”是说明动词“分别”的一种方式，在句中做状语，而不是做宾语。“种种分别”指“用各种方式来阐明（诸法）”。此例的意思是：如来能够用各种方法来阐明诸法、用各种技巧来解说诸法。“种种分别，巧说诸法”的梵文为 vividha-dharma-saṃprakāśaka-aḥ（种种-法-说）。这是一个依主释（tatpuruṣa）形式。在这个形式中，有限定复合词 vividha“种种”，而这个限定复合词在句中起限定的作用，可以限定后面的每一成分，并可以表示任何格。当 vividha（种种）限制名词时，用的是属格，vividha-dharma 指“各种法”，即“诸法”的意思。当 vividha（种种）限制动词时，用的是具格，表示动作行为的方式，vividha-dharma-saṃprakāśaka 指“以各种方式演说佛法”。例（1）属于后一种情况。

b. 用于“NP＋neg＋能＋VP”格式，63 例。如：

（2）诸佛智慧甚深无量，其智慧门难解难入，一切声闻辟支佛所不能知。（5b）

否定词主要是“不”（49 例），少数是“未”（2 例）、“无”（10 例）、

"莫"(1例)和"无有"(1例),表示没有能力从事某一动作行为。

"能"与表能力的"得"同义并用,都出现在否定句中,2例。如:

(3) 是法不可示,言辞相寂灭,诸余众生类,无有能得解(5c)

从翻译的角度看,"能"字充当梵文三个方面的标记成分:1)当梵文主动时态表示施事者在客观条件下有能力完成某一动作行为时,梵文各个人称的语尾用"能"来翻译;2)当将梵文带有逻辑主语的被动语态翻译为主动语态时,其主动意义用"能"来翻译;3)当把梵文具有被动意义的过去分词翻译为主动语态时,其主动意义也用"能"来翻译。

B. "能$_2$"表示客观条件下,主语具有完成某种动作行为的可能性,这是一种客观的存在,共24例。

a. 用于"NP+能+VP"格式,3例。如:

(4) 今此会中,如我等比百千万亿,世世已曾从佛受化。如此人等,必能敬信,长夜安隐,多所饶益。(6c)

b. 用于"NP+Neg+能+VP"格式,21例。如:

(5) 若但赞佛乘,众生没在苦,不能信是法。(9c)

这种表示可能的"能"多用在否定句和反诘问句中,表示不可能实现某一动作行为或不可能达到某一状态。这类表示主语在客观条件下的可能性的用法,从表示主语有能力的用法发展而来,具有主语的内在能力语义特征。

C. 用于认识情态的"能$_3$",指说话人根据某种事实来推理认定主语具有从事某动作行为的可能性,是说话人的一种主观态度,3例。如:

(6)“诸善男子，于意云何，颇有人能说此良医虚妄罪不?”“不也，世尊。”(43b)

《法华经》中认识情态的“能”还不够发达，尚没有看到独立使用的句子，仅出现在带有推测语气的句子中，用于描写说话人对某问题的推测和试探。

《法华经》中，用于表示许可的“能$_4$”没有出现，但见于其他汉译佛经里。如：

(7) 虽复力强，何能独出?（西晋《普曜经》卷三）

用于道义情态的“能$_4$”，指说话人从情理上对主语从事某动作行为的许可，是说话人的一种主观态度。“能”在《法华经》中的用法与中土文献一致。

1.2 表示可能

真势情态中的可能，亦即主语在客观上具有从事某动作行为的可能。《法华经》中，这类用法的词有“得$_1$”（见 3.2）、“可$_2$”“能$_2$”(见 1.1)。

可

用作情态的“可”94 例，用于真势情态和义务情态两种。

A. 表示真势情态的“可”有能力(可$_1$)和可能(可$_2$)两种，共 71 例。

a. 指主语具有完成某种动作行为的内在能力。用于“NP＋可＋VP”格式，1 例。如：

(1) 世事可忍不? 众生易度不? (55c)

b. 指主语在客观环境或条件下具有完成某种动作行为的可能性。用于“NP＋可＋VP”和“NP＋neg＋可＋VP”格式，70 例。

如：

(2) 日光掩蔽，地上清凉，叆叇垂布，如可承揽。(19c)

(3) 诸菩萨众，不可称计。(20c)

B. 表示义务情态的“可”有允许(可$_3$)和估价(可$_4$)两种，共22例。

a. 指说话人主观上认定主语有实施或完成某种动作行为的可能性。用于“NP＋可＋VP”和“NP＋neg＋可＋VP”格式，共13例。如：

(4) 汝可取服，勿忧不差。(43a)

(5) 若以小乘化，乃至于一人，我则堕悭贪，此事为不可。(8a)

b. 指说话人主观上对人或事物性质的评价。这类“可$_4$”都用于“NP＋可＋VP”格式，共9例。如：

(6) 不厚不大，亦不黧黑，无诸可恶。(17c)

这种用法的“可”主要和“怖”“恶”“畏”“乐”“愍”组合，后来这些组合的词都词汇化了。

“可”与“得”同义连用作“可得”，表示允许，4例。如：

(7) 以此事故，我作是言：“诸比丘，如来难可得见。”(43a)

“可得”从梵文 śakyam 译来。在梵文里，śakya 做动词，该词有“能够”的意思，它常和不定词连用，用以表示目的或意图。翻译成汉语时，译师用来表示主语在客观条件下具有某一动作行为发生的可能性。汉译佛经中“可”的用法和中土文献保持一致。

1.3 表示意愿

表示施事者有施行某种动作行为的意愿。《法华经》中，表示意愿的情态动词有“愿”“欲”“肯”“乐”。这四个词在表示情态时，语义各有侧重。

愿

《法华经》中，“愿”绝大多数用作表“希望”的心理动词。表意愿的情态动词“愿”仅2例，且与“乐”“欲”同义连用。如：

(1) 舍利弗言：“唯然，世尊，愿乐欲闻。”(7a)

(2) 是时大乐说菩萨，以如来神力故，白佛言：“世尊，我等愿欲见此佛身。”(32c)

欲

“欲”大多数是心理动词，表示施事希望或打算从事某种动作行为。做心理动词时，主要用于肯定式，相当于“想”和“希望”，少数用于否定式，以“不欲”形式出现。“欲”做情态动词的情况很少，不能独立使用，需要与“愿”“乐”同义连用，3例。如：

(1) 是时大乐说菩萨，以如来神力故，白佛言：“世尊，我等愿欲见此佛身。”(32c)

(2) 舍利弗言：“唯然，世尊，愿乐欲闻。”(7a)

(3) 弥勒当知，尔时会中有二十亿菩萨，乐欲听法。(4a)

乐

“乐”做情态动词仅1例，限于“乐”与“愿”“欲”连用的情况。如：

舍利弗言：“唯然，世尊，愿乐欲闻。”(7a)

《法华经》中，当“愿”“乐”“欲”单独成词时，并不能表示意愿。只有当“愿”“乐”“欲”三者中任意二者连用时，才有表示意愿的用法。这是只有《法华经》中才有的一种组合形式。

肯

“肯”用于否定句中，表示主语并不愿意从事某动作行为，用于“NP＋Neg＋肯＋VP”格式，共5例。如：

（无尽意菩萨）作是言：“仁者，受此法施珍宝璎珞。”时观世音菩萨不肯受之。无尽意复白观世音菩萨言：“仁者，愍我等故受此璎珞。”(57b)

《法华经》中的“敢”，都是做表“敢于”义的心理动词，没有情态动词的用法。

二 义务情态

义务情态表示说话人在主观上对主语实施某种动作行为的可能性或必然性施加一定的影响。《法华经》中，义务情态动词有8个，用法9项，共337例。义务情态可以分为必要、应当、许可和估价四种，表示必要的有“须$_2$”(7)；表示应当的有“应$_1$”(129)、“当$_1$”(146)(见3.1)、“应当”(14)、“得$_2$”(8)(见3.2)、“宜”(9)；表示许可的有“可$_3$”(13)(见1.2)、“可以”(2)；表示估价的有“可$_4$”(9)(见1.2)。

2.1 表示必要

表示必要的情态动词有“须$_2$”。[①]

须

情态动词“须”共9例，用于义务情态和真势情态。义务情态

① 在《法华经》中，“必”都用作表肯定语气的副词，没有出现情态动词的用法。如：诸增上慢者，闻必不敢信。(6c)

的“须$_2$”出现在否定句中，真势情态的“须$_1$”出现在肯定句中。

A. 表义务情态的“须$_2$”指说话人在情理上认定主语从事某动作行为的必然性，出现在“NP＋neg＋须＋VP”格式，7 例。如：

(1) 止，舍利弗，不须复说。(5c)

B. 表真势情态的“须$_1$”指说话人在主观上认定主语在客观条件下从事某动作行为的必然性，都出现在“NP＋须＋VP”格式，2 例。如：

(2) 妙音观世音，梵音海潮音，胜彼世间音，是故须常念。(58a)

(3) 若入他家，不与小女、处女、寡女等共语，亦复不近五种不男之人以为亲厚，不独入他家。若有因缘须独入时，但一心念佛。(37b)

2.2 表示应当

表示说话人认为主语在情理或事实上应当从事某动作行为。《法华经》中，表示应当的情态动词有“应$_1$”“当$_1$”(参 3.1)、“应当”“宜”。

应

表示情态的“应”共 135 例，用于义务情态(应$_1$)和认识情态(应$_2$)。

A. 用于义务情态的“应$_1$”指说话人在情理上认为主语应当从事某动作行为，共 129 例。出现肯定和否定两种格式，多用于佛告诫信徒或长辈告诫晚辈之辞。

a. 用于“NP＋应＋VP”格式，126 例。如：

(1) 我为众生之父，应拔其苦难。(13a)

b. 用于“NP＋Neg＋应＋VP”格式，3 例。如：

(2) 我财物无极，不应以下劣小车与诸子等。(12c)

B. 用于认识情态的“应$_2$”指说话人主观上对命题真实性做应当如此的判断，共 6 例。如：

(3) 如是供养已，若得须臾闻，则应自欣庆，我今获大利。(31b)

“应”的否定词只有“不”，它没有出现单用，也没有双重否定的用法，但“应”有连用，如“应”与“必”连用而成为“必应”，1 例；“应”与“宜”连用而成为“宜应”，1 例。这些都是同义连用。“必应”表示义务情态，“宜应”表示认识情态。如：

(4) 是文殊师利法王之子……必应见此希有之相。(2b)

(5) 彼即是汝身，宜应自欣庆。(12a)

应当

表示情态的“应当”共 14 例，用于义务情态，指说话人认为主语在情理上应当如何，用于“NP＋当＋VP”格式。如：

我分身诸佛在于十方世界说法者，今应当集。(32c)

“应”做情态动词产生于西汉。到东汉时，口语中，“应”与情态动词“当”的使用相当。秦晋以后，无论佛经和中土文献，“应”和“当”在口语中一直并存使用，到南北朝时期仍然处于这种状态。从东汉开始，“应”和“当”组合而成“应当”。“应当”在南北朝时期得到普遍使用。《法华经》中 “应当”都用于义务情态的情态动词，14 例。隋唐以后，“应当”的使用更为普遍。直到今天，“应当”仍然得到使用。

宜

表示情态的“宜”都用于义务情态，共 9 例，出现应当和不应当两种形式。

A. 用于“NP＋宜＋VP”格式。这类格式中，“宜”的主语多是用于说话人指称听话人，语气比较缓和，4 例。如：

(1) 汝等于此火宅，宜速出来。(12c)

B. 用于“NP＋Neg＋宜＋VP”格式，1 例。如：

(2) 我有如是七宝大车，其数无量，应当等心各各与之，不宜差别。(12c)

“宜”没有双重否定，不能单独做谓语。它有和“应”同义连用的情况，2 例。如：

(3) 彼即是汝身，宜应自欣庆。(12a)

2.3 表示许可

《法华经》中，表示许可的有“可$_3$”(见 1.2)、“得$_2$”(见 3.2)、“可以”。

可以

“可以”做双音节情态动词共 2 例，表示允许，指说话人从情理方面认定主语有从事某种动作行为的可能性。如：

吾为汝等，造作此车，随意所乐，可以游戏(14b)

三 认识情态

认识情态表示说话人主观上对某种命题真实性做出可能或必然的判断。《法华经》中认识情态动词有 5 个，用法 4 项，共 218 例。分为当然和可能两种。其中，表示当然的有“应”(6)(见 2.2)、“当$_2$”(161)；表示可能的有“能$_3$”(3)(见 1.1)、“得$_3$”(48)。

3.1 表示当然

《法华经》中，表示当然的有“应”（见 2.2）和“$当_2$”。

当

表示情态的“当”共 307 例，用于义务情态（$当_1$）和认识情态（$当_2$）两类，分别是 146 例和 161 例。表义务情态的“当”指说话人有义务做某事，相当于“应当”的意思。表认识情态的“当”指说话人的主观判断，相当于“可能”“会”的意思。表认识情态的“当”与表将来时间的“当”有前后演变关系，它们之间的语义很接近，又都用于将来时，主语都是人称代词，二者难以区分。我们从两个方面对此加以区分：第一，从上下文进行区分，如果上下文提出了外在的原因，这些原因与“当”所在的命题有因果关系，则把“当”看作情态动词，如例(1)；如果上下文没有提出任何外在的原因，只出现带“当”字的命题，则把“当”看作将来时间副词，如例(2)。第二，从主语上区分，如果主语是时间词或其他非人称词，则把“当”看作将来时间副词，如例(3)。

(1) 是德藏菩萨，于无漏实相，心已得通达，其次当作佛。(5a)

(2) 汝代我教，我当往来王家。（东晋佛陀跋陀罗共法显译《摩诃僧祇律》卷七）

(3) 未来世当有非法人出。（同上，卷七）

例(1)中首先说明德藏菩萨成佛的两个理由：“于无漏实相，心已得通达”，接着说话人做出一种情态上的主观判断：“其次当作佛”。因此“当”在这里是情态动词。

A. 表示义务情态的“$当_1$”指主语认为在情理上应当从事某动

作行为，或说话人认为主语在情理上应当如何。这类用法的“当”只用于“NP＋当＋VP”格式，146例。如：

(4)（我）当以问谁？谁能答者？(2c)

B. 表示认识情态的“当$_2$”指说话人对命题真实性做出应当怎样的判断。这类用法的“当”也只用于“NP＋当＋VP”格式，共161例。如：

(5) 汝等若称名者，于此怨贼当得解脱。(56c)

“当”没有否定式，也没有双重否定，不能单独做谓语。它与表示必然的“必”连用，“当”肯定语气更强。6例。如：

(6) 是人执我，必当见杀。(18a)

(7) 斯众生等，闻如是语，必当生于难遭之想。(43a)

汉译佛经中“当”的用法与中土文献一致，但使用频率却高于中土文献，这是翻译所造成。

3.2 表示可能

《法华经》中，表示可能的有“能$_3$”（参1.1）、“得$_3$”。

得

情态动词“得”共97例，用于真势情态（得$_1$）、义务情态（得$_2$）和认识情态（得$_3$）。

A. 表示真势情态的“得$_1$”，指主语在客观环境或条件下具有完成某种动作行为的可能性。用于“NP＋得＋VP”和“NP＋neg＋得＋VP”两种格式，共41例，其中肯定用法38例，否定用法3例。如：

(1) 我此弟子大目犍连舍是身已，得见八千二百万亿诸佛世尊。(22a)

(2) 大通智胜佛，十劫坐道场，佛法不现前，不得成佛道。

(26a)

(3) 又女人身犹有五障,一者不得作梵天王。(35c)

“得”和“能”同义连用。如:

(4) 若不能得见闻、读诵、书持、供养是《法华经》者,当知是人未善行菩萨道。(31c)

上例中的“得”都出现在谓词性成分之前,表示对所叙述事件的发生在客观上对其可能性的一种否定。反映出表示在客观条件下动作发生的可能性用法是从表示达成实现义的语义特征发展而来。

B. 表示义务情态的“得$_2$”,指说话人从情理、社会的角度主观上认为,主语具有实施某种动作行为的可能性。这一类“得”相当于现代汉语的“应该”,都用于否定格式,共 8 例。如:

(5) 为说三乘——声闻、辟支佛、佛乘,而作是言:“汝等莫得乐住三界火宅,勿贪粗弊色声香味触也。”(13b)

(6) 汝等勿怖,莫得退还。(26a)

(7) 若说法时,无得戏笑。(37c)

“得”字前面有否定词“莫”“勿”“不”“无”,表示不能许可。例(6)“莫得退还”源自梵文 mā nivartadhvam,“莫得”译自 mā,mā 表示不能许可。

情态动词“得”连用有“能得”“得可/可得”,如:表示可能的“能”和“得”同义连用 2 例;表示可能的“可”与“得”连用作“得可”8 例,“可得”6 例。汉译佛经中“得”的用法与中土文献相同。

C. 表示认识情态的“得$_3$”,指说话人从主观上认为,主语具有行为动作的可能性。这一类“得”相当于现代汉语的“会”,一般和“当”连用。共 48 例。如:

(8) 未曾说汝等,当得成佛道。(8a)

(9) 舍利弗，汝于未来世过无量无边不可思议劫，供养若干千万亿佛，奉持正法，具足菩萨所行之道，当得作佛。(11b)

情态动词小结：

通过上面的描写，《法华经》中情态动词的使用状况可以归纳为以下四个方面：

第一，情态动词的翻译符合中土文献语法的表达要求。

在梵文里，专有的情态动词并不多，情态的表达主要不是依靠情态动词，而是依靠词尾（如被动语态词尾）来完成。而中土汉语在主动语态中用情态动词的表达非常突出。翻译者在翻译的过程中，遵循中土文献语法规则，把梵文中表情态的词尾翻译为汉语的情态动词。经过对勘，我们发现，译者是在遵循中土文献情态动词表达规则的前提下，通过把梵文被动语态转换为汉语主动语态的方式来对情态动词进行使用。如：

(1) adhimānaprāptāna kṣāmanti bhikṣuṇāṃ ākroṣaparibhāṣa
增上慢人 骂 捶打 轻毁骂詈

tathaiva tarjanāṃ kṣāntīya te prasthita agrabodhiṃ//(12 页)
如同 骂 忍 此 求 最上佛

((佛子)为了求得佛道，能够忍受增上慢人的打骂。)

罗什译为：增上慢人，恶骂捶打，皆悉能忍，以求佛道。(3b)

梵文中的 kṣāntya，是动词的被动语态形式，对译为"能忍"。动词√kṣāntī是"忍"的词汇意义，语尾 ya，原本是被动语态的构形形式，在翻译为汉语主动态构形形式时，对译为"能"。"能忍"表示佛子有能力忍受增上慢人的轻毁骂詈。再如：

(2) pṛcchanti dharmaṃ dvipadottamānāṃ śruvā ca
问 法 两足尊 听已 且

te　dharmmadharā　bhavanti//（11 页）

此　　持法　　　　系动词

（(菩萨)能够向佛请教佛法，听了以后受持佛法。）

罗什译为：(菩萨)能问诸佛，闻悉受持。(3a)

汉译佛经中的“能问”译自梵文 pṛcchanti，由动词√pracch（问）与现在时陈述语气主动语态第三人称复数语尾 nti 组合而成。语尾 nti 译为情态动词“能”，表示施事有完成某事的内在能力。

第二，情态动词的用法与中土文献相一致，选词和用词趋于大众化。

将《法华经》中的情态动词和同期的中土文献相比，我们发现，该汉译佛经中的情态动词，在词项和用法上都与汉语一致。a. 中土文献中，表示可能的情态动词共 9 个，如“可”“可以”“能”“而得”“足”“足以”“克”“而”“耐”“堪”“容”。使用上，“可”“能”“得”三个词的总和占可能类情态动词总数的 94%。其他的 7 个词不常见，只占总数的 6%。(段业辉 2002：19－21)《法华经》中，表示可能的情态动词也主要用“可”“能”和“得”，这三个词占可能类情态动词总数的 97%，其他的词不常见，只占总数的 3%。b. 中土文献中，表示意愿的情态动词共 5 个，如：“欲”“敢”“肯”“愿”“要”。其中，“欲”“敢”“肯”“愿”常见，分别占可能类情态动词总数的 99%。“要”不常见，仅占总数的 1%。(段业辉 2002：19－21)《法华经》中，表示意愿的情态动词只出现“欲”“愿”“肯”“乐”，常用的是前面三个，与中土文献相近。c. 中土文献中，表示应当的情态动词共 5 个，如“应”“当”“宜”“须”“合”，其中“应”“当”“宜”“须”常见，占应当类情态动词总数的 99%。“合”不常见，占总数的 1%。(段业辉 2002：19－21)《法华经》中，表示应当的情态动词出现“应”“当”

"宜"和"应当"，这四个词也是常用的词汇项，本土文献中不常见的"合"不出现。由此看出，《法华经》中所使用的情态动词都是当时汉语中常见的词汇，选词和用词趋于大众化。

此外，情态动词大众化趋势还体现在使用数量的分布上。《法华经》中，情态动词共有 13 个，925 例。其中，"当""能""可""得""应"5 个在当时最为常见，共 773 例，占总数的 82%，其他 8 个只有 165 例，只占总数的 18%。

第三，表示将来的副词和表示情态的动词界限模糊。

《法华经》中，"当""应""得"等词在表示将来和表示情态的用法时界限模糊。如：

(3) 汝今谛听，善思念之，吾当为汝分别解说。(6c)

(4) 我心大欢喜，疑悔永已尽，安住实智中，我定当作佛。(11b)

例(3)、(4)中的"当"，既可以看作时间副词，也可以看作情态动词，表示将来和表示情态的界限较为模糊。从语言类型上看，这是语言的一种共性。在世界语言中，许多语言都存在着这种情况。梵文文法中，用作将来时的词，既可以表示将来，也可以表示希望或应该。用作现在时的词，既可以表示不久的未来，也可以表示希望和要求等。正是这种多功能语法形式出现，在把它从梵文佛经翻译成汉语的时候会造成二者之间界限的模糊。究其原因，除了受梵文语法形式的影响以外，汉语表示将来和表示情态都是在未然的语言环境下出现的这一特征，也是造成表将来与表情态界限模糊的主要原因。这一类的词，由于是在表示说话人的主观态度的同时，也表达了主语对自己行为的预言(predict)，因此也带有表将来的意向。当句子主语(即说话人)并非从外在因素的角度认为自己应该进行某行为，纯粹是从自身角度向听话人预言自己的行为时，它成为表将来的副词。

Seishi Karashima（2001a：80；2001b：58）把下面句子中的"当"字看作相当于现代汉语的"究竟"。这一观点值得商榷。如：（引自 Seishi Karashima 2001a：80；2001b：58）

（5）诸菩萨众，如是色像，为如之何，谁当信此？（西晋竺法护译《正法华经》卷七）

（6）我等亦如是，每惟小乘过，不知当云何，得佛无上慧。（《法华经》卷三）

辛岛先生认为，例（5）中的"为如之何，谁当"和例（6）中的"当云何，得"，分别由梵文 kathaṃ 和 kathaṃ labhet 对译而来，其中的"当"相当英语（how，what，who，where）on earth。关于这一点，我们不敢苟同。我们认为，"当"很难与"究竟"沾上边。其理由：a. 从语义上看，例（5）中的"当"作"会"讲，表示情态。"谁当信此"指谁会相信这个，表示反诘问，从正面表达就是没有人会相信。例（6）中的"当"作"将"讲，表示将来时间，"当云何得佛无上慧"指要怎么样才能得到最上的佛慧，表示对将来事件能否发生持有一种怀疑态度。b. 从功能上看，"谁当信此"中的"当"做情态动词，与动词"信"一起组合成为能愿动词短语，做谓语。"当云何得佛"中的"当"做将来时间副词，与动词"得"一起组合成为动词短语，做谓语。"当"与"云何"不是修饰与被修饰的关系。c. 从历时演变看，这一时期的"当"表示情态和将来时间是常义。从我们目前掌握的资料看，"当"不表示为"究竟"义。d. 从梵汉对勘看，kathaṃ 不是对译为"当"，应该是"如之何""云何"，有"如何"的意思，表示疑问。"当"是动词语尾的构成形式。如"当云何得"由 kathaṃ labhet 译来,“当”用现在时,表示在不久的未来时间将发生某事,用主动语态祈愿语气第一人称单数语尾-et。对于例(5)、(6)中的“当”,我们认为,把它分别看成情态动词和将来时间副词可能更为贴切。

第四,新词新义有一定的发展。

与上古相比,《法华经》中的情态动词有了一定的发展。[①] 出现了新的情态动词,如表示意愿的“乐”,表示必须的“须”,表示应该的“应”。上古就有的一些情态动词,在汉译佛经中产生出一些新的意义。如“能”出现主观上认为可能的用法。

表 4-1 《法华经》情态动词的用法及其频率

功能 词项	真势情态				义务情态				认识情态		总数
	能力	可能	意愿	必然	必要	应当	许可	估价	当然	可能	
能	221	24								3	248
得		41				8				48	97
可	1	70					13	9			93
愿			2								2
欲			3								3
肯			5								5
乐			1								1
须				2	7						9
当						146			161		307
应						129			6		135
应当						14					14
宜						9					9
可以							2				2

① 这里以刘利(2000)和姚振武(2002)所讨论的情态动词为参照。

第五章 副 词

《法华经》中副词的基本情况为：副词 98 个，[①]用法 215 项，用例 3496 例。其中，单纯词为 53 个，合成词为 45 个；沿袭上古的副词 66 个，新出现的副词 32 个。[②] 另有复音组合 24 组，三音节组合 2 组。《法华经》中副词使用的基本特点为：a. 副词系统完备，与中土文献副词体系相符合；b. 单音词占优势，承传之中有发展；c. 双音词发展迅速，构词方式多样；d. 同义并用现象突出，但成词的概率低；e. 线性排列符合汉语规则；f. 新词和新用法多见；g. 副词受翻译和梵文影响并不大。依据副词的功能特征和意义特征，可将《法华经》中的副词分为七个次类：时间副词、范围副词、程度副词、关联副词、否定副词、语气副词、情状方式副词。而在每个次类以下，还可以分为若干小类。

一 时间副词

所谓时间副词，就是表示动作行为发生的时间概念以及与时间有关的词语。《法华经》中，时间副词占有很大的比重，是虚词中

---

① 在表时间、范围、程度、关联、累加、语气等用法时，“亦”“乃至”“又”“则”“俱”五个词都有两种用法，“便”“即”“乃”“或”四个词都有三种用法，而各自算作一个副词。

② 我们所谓的“新词新义”指东汉以后产生的词和意义。东汉以前的著作主要以《晏子春秋》《吕氏春秋》《战国策》《史记》为参照。

出现词项最多,语义最丰富的一类。《法华经》中的时间副词可分为两个大类:第一大类表示动作行为发生的时间,如过去、现在、将来;第二大类表示动作发生或进行时的状态,如初始终竟、短暂长久、快慢缓急、逐渐等等。共有时间副词 59 个,[1]用法 68 项,854 例。其中,单纯词 36 个,合成词 23 个。另有复音组合 12 组,三音节组合 1 组,共 39 例。从语义和功能出发,《法华经》中的时间副词可以分为五种类型:表示时体,表示时长,表示时点,表示时速,表示时频。每一类以下,还可以根据语义进行分类。

1.1 表示时体

时体,表示事件或动作行为在发展过程中所处的时间和所在的位置,《法华经》中,表示时体的时间副词 10 个,用法 14 项,159 例。其中,单纯词 8 个,合成词 2 个。其类型有三:表示过去或已然时间;表示现在或方然时间;表示将来或未然时间。

1.1.1 表示过去或已然

《法华经》中,表示动作行为发生在过去或动作行为已经完成的时体副词共 6 个,用法 9 项,139 例。其中,有 4 个单纯词,2 个合成词。有:"既"(24)、"已(以)"(82)、"既已"(4);"曾"(20)、"适$_{过去}$"(1)、"已曾"(8)。大体上说,"既""已""既已"归于一类,侧重于表示动作行为已经完成;"曾""已曾""适$_{过去}$"归于一类,侧重于表示动作行为发生在过去。在这类词中,只有"适$_{过去}$"是新出现的,其余的都是源于上古汉语而来。

---

① "适""方""时""终""常""或"六个词做时间副词时分别有两种用法,而各自算作一个时间副词。

既

A. 用在动词前面，表示动作已经完成，22 例。如：

(1) 诸人既入城，心皆大欢喜。(27a)

“既”多出现在复句的前一分句，后面再有分句连接，如例(1)。如果主语省略，“既”可以出现在分句句首。

“既”在《法华经》中，可以与该分句末尾的完成态词语“已”相呼应，构成“既 V(O)已，小句”结构，在其后接上具有时间承接关系的分句，共 4 例。如：

(2) 既见是已，皆大欢喜，得未曾有。(52a)

“既 V(O)已”结构原本出现于同期中土文献，但在《法华经》中，这种结构的使用并不在少数。究其原因，还是与佛经的翻译有关。

B. 用在形容词前面，表示状态已经存在，2 例。如：

(3) 夜叉竞来，争取食之，食之既饱，恶心转炽，斗争之声，甚可怖畏。(14a)

已(以)

A. 用在动词前面，表示动作行为的完成，74 例。如：

(1) 如来已离，三界火宅。(14c)

其中“已”写作“以”，1 例。如：

(2) 无诸恶道，亦无女人，一切众生，皆以化生。(27c)

B. 用在形容词前，表示某种状态已经存在，7 例。如：

(3) 如我昔所愿，今者已满足。(8b)

C. 用在时间词前，表示达到了某一时间，1 例。如：

(4) 自见子来，已二十年。(18b)

既已　已曾　曾

此三词都用在动词前，表示动作行为曾经已经发生，“既已”4

例,“已曾”8例,“曾”20例。如:

(1) 汝等既已知,诸佛世之师,随宜方便事,无复诸疑惑。(10b)

(2) 是人已曾,见过去佛,恭敬供养,亦闻是法。(15b)

(3) 若人有福,曾供养佛,志求胜法,为说缘觉。(3a)

“曾”和“尝”,都表示动作行为曾经已经发生。但“曾”的使用多,“尝”的使用少。《法华经》中,“尝”只和“未”连用,其他汉译佛经中,“尝”也很少单用。当他们都用于否定句时,均沿用上古的“未曾”和“未尝”形式。“曾”专表时制,以说话人的说话时间为参照点,表示动作行为已经发生。

关于“先”的用法。《法华经》中用在动词前的“先”有以下两种用法,其是否是时间副词,还需要讨论。

A. 表示动作发生的时间或次序在前,相当于“首先”。如:

(1) 尔时穷子先取其价,寻与除粪。(17a)

B. 表示动作在说话人说话之前发生,相当于“以前”。如:

(2) 尔时佛告舍利弗:“我先不言诸佛世尊以种种因缘,譬喻言辞,方便说法,皆为阿耨多罗三藐三菩提耶?”(12b)

(3) 汝诸子等,先因游戏,来入此宅。(14b)

关于“先”的以上两种用法,《古汉语虚词词典》(商务印书馆,1999,644页)把它确定为时间副词,而曹广顺、梁银峰、龙国富(2011:100-101)把它归为时间名词。我们认为,这两种用法还不是时间副词。从“先”的虚化过程可以找到答案。在上古,“先”,本义为“行走在先”,由空间发展到时间,一方面引申为动作发生的时间在先或次序在先。这就是A种用法。《广雅·释诂》:“先,始也。”如《论语·先进》:“先进于礼乐,野人也;后进于礼乐,君子也。”另一方面由行走在先发展为动作发生在说话人说话之先，语义为“以前”这就是B种用法。如《左传·僖公二十八年》：“先战，梦河神谓己曰：‘畀余！余赐女孟诸之麋。’”表“以前”的用法进一步发展，演变成表时间的副词，相当于“本来”“已经”。《颜氏家训·治家》：“借人典籍，皆须爱护，先有缺坏，就为补治，此亦士大夫百行之一也。”

适

A. “适过去”用在动词前面，表示动作行为在过去，1例。如：

(1) 我适曾供养，今复还亲觐。(53c)

其意是：“我在前生的时候曾经供养佛，我现在又来亲近佛、觐见佛。”“适”表示过去，由“刚才”意义发展而来。在佛的眼里，前生犹如眼前刚发生。“适”出现在偈颂中，在上文意义相同的散体中，译师使用的是“先”。“适”与“先”互文，都译自表示“过去”意义的梵文 pūrvam。明沙门净柱《五灯会元续略》(卷四上)引此为“往昔曾供养，今复还亲觐”。“适”表过去时间的用法产生于中古。

B. “适现在”用在动词前，表示动作行为或状态在某一参照时间正在发生，或同时发生，2例。如：

(2) 天人所奉尊，适从三昧起。(4c)

(3) (佛)适坐此座，时诸梵天王雨众天华，面百由旬。(22b)

例(2)意指“天与人所供奉敬重的日月灯明佛，正从息虑凝心处出定”。例(3)意指“佛正坐到此座上，此时诸位梵天王把各色天华散落于一百由旬的地方”。“适”既可出现在主句中，如例(2)，也可出现在时间状语从句中，如例(3)。

1.1.2　表示现在

这类副词，或表示动作行为发生的时间是现在，或表示动作行为正在进行。《法华经》中,表示现在的时间副词共 2 个,用法 2 项,4 例,都是单纯词。有"适现在"(2)(见 1.1.1)、"方正在"(2),都是承传上古而来。

方

A. "方现在"用在动词前,表示动作行为正在发生或状态正在出现,2 例。如:

(1) 长者闻已,惊入火宅,方宜救济,令无烧害。(14b)

B. "方早晚"用在动词前,表示动作经过一段时间之后才发生,13 例。如:

(2) 今我等方知世尊,于佛智慧无所吝惜。(17c)

"方"的这两种用法都产生于上古,到唐代仍在使用。

1.1.3 表示将来或未然

这类副词表示动作行为发生的时间在将来。《法华经》中,表示将来或未然的时体副词共 3 个,用法 3 项,16 例,都是单纯词。有"临"(5)、"将"(6)、"欲"(5)。如:

(1) 或遭王难苦,临刑欲寿终,念彼观音力,刀寻段段坏。(57c)

(2) 增上慢比丘将坠于大坑。(6c)

(3) 临欲终时,而命其子,并会亲族、国王、大臣、刹利、居士。(17b)

"将"承传上古而来,"临""欲"是新出现的词,且有"临""欲"连用的情况,如例(3)。中土文献中曾有"其"和"行"用作表将来时间的副词。但是,在《法华经》中没有出现。上例中的"欲""临""将"都译自梵文语尾为 sya(ṣya)的将来时态。"将"还可以译自梵文语尾为 tavya、anīya 和 ya 的必要分词,以及祈使语气中表示动作发生在将来的现在时态。“将”由“扶持”义发展为“愿望”或“估价”义，再由此发展为“打算”或“会”的情态动词，再演变为将来时间副词。（龙国富 2010b：31－39）在梵语文法中，简单将来时表将来，但近期将来时也表希望和应该怎样。并且，近期将来范畴与情态范畴相同。

1.2　表示时长

“时长”指在动作行为发生时，时间的短暂和动作行为或状态的持续。《法华经》中，表示时长的副词22个，用法22项，149例。其中，单纯词11个，合成词10个，分为短暂时间副词和持续时间副词两种。

1.2.1　表示短暂

这类副词表示动作行为发生时的时间间隔短暂。《法华经》中，表示短时间的副词共14个，用法14项，98例。其中，单纯词7个，合成词7个。分为两种情形：一种是动作行为或情况在很短的时间内发生。它们是“即$_{\text{短时}}$”（35）（见4.1）、“即时”（6）、“便$_{\text{短时}}$”（4）（见4.1）、“即便”（5）、“时$_{\text{短时}}$”（5）（见1.5）、“一时”（3）、“应时”（1）、“暂”（5）、“且”（3）、“权”（1）、“须臾”（9）。另一种是前后动作行为或事情在短时间内接连发生。有：“寻”（10）、“寻复”（10）、“寻时”（1）。前一种情况侧重于表示副词所修饰的动作行为所发生时间的短暂，后者侧重于表示前后两个动作行为发生的时间的间隔短暂。其中复音组合2组，一组是“寻即”（2），另一组是“寻便”（1）。中古新产生的副词有5个，其中新产生的合成词有“应时”“寻复”“一时”，单音词有“权”。

即时　应时 即便

都用于动词前，表示动作行为或情况的马上发生，相当于“立即”。如：

(1) 诸子闻说，如此诸车，即时奔竞，驰走而出。(14b)

(2) 云雷鼓掣电，降雹澍大雨，念彼观音力，应时得消散。(58a)

(3) 心犹怀疑惧，未敢即便食。(21a)

(4) 时王闻仙言，心生大喜悦，即便随仙人，供给于所须。(34c)

暂 且 权

都用于动词前，表示动作行为或情况的暂时发生，相当于“暂且”“暂时”。如：

(1) 佛灭度后，于恶世中，暂读此经，是则为难。(34a)

(2) 善男子，且待须臾。(35a)

(3) 我见汝疲极，中路欲退还。故以方便力，权化作此城。(27a)

例(1)中的“暂”指“短时间内”的意思，例(2)中的“且”指“暂且”的意思，例(3)的句意是“我见你们疲惫至极，想途中退回。因此，我用方便神力，暂时化出这座城郭”。

一时 须臾

都用于动词前，表示动作行为或情况的短时发生，相当于“瞬间”。如：

(1) 若复有人受持观世音菩萨名号，乃至一时礼拜供养，是二人福正等无异，于百千万亿劫不可穷尽。(57a)

(2) 作是供养已，心怀大欢喜，须臾还本国，有如是神力。(28a)

例(1)中的“一时”由梵文 samakālaṃ对译而来，samakāla 有“瞬间"的意思。"一时"和"须臾"都是从表示时间短进一步引申为"即时""立即"之义。《法华经》中还没有出现二者表示"立即"之义的用例。

寻 寻复 寻时

都用于后一分句的动词前,表示前后两个动作行为发生之间的时间短暂,相当于"马上"。如:

(1) 尔时穷子先取其价,寻与除粪。(17a)

(2) 虽亲附人,人不在意,若有所得,寻复忘失。(15c)

(3) 导师作是念:"此辈甚可愍,如何欲退还,而失大珍宝?"寻时思方便,当设神通力,化作大城郭,庄严诸舍宅。(27a)

"寻"与"即" 连用,2 例;"寻"与"便"连用,1 例。"寻便""寻即"都属于同义并用,在佛经和中土文献中并不常见。

1.2.2 表示持续

《法华经》中,表示长时间的副词有 8 个,8 项用法,51 例。分为两类:一类表示由过去到说话时为止,一直如此。有"终始"(1)、"终$_{持续}$"(5)(见 1.3.2)、"乃至$_{持续}$"(1);另一类是表示动作行为或状态持续不变。有"还"(4)、"犹"(16)、"尚$_{持续}$"(8)、"永"(8)、"常$_{持续}$"(8)。其中,单纯词 6 个,合成词 2 个。中古新出现的有"终始""乃至",其余都是对上古的传承。另,复音组合 1 组"犹故"(1),这个组合有词汇化的趋向。

终始 乃至$_{持续}$

表示动作行为由过去到说话时为止,一直如此。如:

(1) 思惟无量义,说法亦无量,终始不忘错,以持《法华》故。(50b)

(2) 香风时来，吹去萎华，更雨新者。如是不绝，满十小劫，供养于佛，乃至灭度，常雨此华。(22b)

"终始"用于动词的否定词前面，"乃至持续"用于动词前，强调动作或状态从时间的某一点起到某一点止，一直持续到最后。它从梵文 yāvat 翻译而来，yāvat 表示动作行为一直保持到最后，相当于英语 as far as the end。

还 犹 尚持续

用在动词和形容词前，表示动作行为或状态持续不变，相当于"仍然"。如：

(1) 我今还欲令汝忆念本愿所行道故，为诸声闻说是大乘经。(11b)

(2) 过是已后，心相体信，入出无难，然其所止，犹在本处。(17a)

(3) 虽闻佛音声，言我等作佛，心尚怀忧惧，如未敢便食。(21a)

(4) 犹见干土，知水尚远，施功不已，转见湿土。(31c)

"犹"和"故"并用，表示事物不发生变化。如：

(5) 虽闻父诲，犹故乐著，嬉戏不已。(14b)

永

用在动词前，表示动作行为或状态持续不变，相当于"永远"。如：

如斯罪人，永不见佛。(15c)

它们都译自梵文 dīrgharātraṃ，该词用作副词，做动词的修饰语，相当于英语中做时间副词的 long。

常

"常"做时间副词有表动作的频率和动作的持续两种用法：

A. "常$_{频率}$"用于动词前,表示动作行为或状态的经常性,相当于"常常",165 例。如:

(1) 我常独处山林树下,若坐若行,每作是念……(10c)

B. "常$_{持续}$"用在动词前,表示动作行为或状态持续不变,相当于"时时刻刻",8 例。如:

(2) 如斯罪人,常生难处。(15c)

例(2)中的"常"译自 nityakālam,该词有"一切时"之义。表示动作的持续不变的用法是从表示动作的频率发展而来的,当动作的频率达到极限就会持续不变。

1.3 表示时点

"时点"指动作行为开始发生的早晚时点和最终结束的时间点。《法华经》中表示时点的时间副词共 8 个,9 项用法,85 例。其中,单纯词 6 个,合成词 2 个。分为表示早晚和表示终结。

1.3.1 表示早晚

这类副词表示动作行为或情况发生得早或晚。《法华经》中,表示初始时间的副词共 6 个,7 项用法,83 例。单纯词 5 个,合成词 1 个,它们是"初"(10)、"本"(8)、"最初"(1)、"始"(8)、"方$_{早晚}$"(13)(见 1.1.2)、"乃"(43)。"最初"是新产生的副词,其余都承传上古而来。

初 本 最初

"初""本"用在动词前,表示动作行为最初开始发生。如:

(1) 然我等不解方便随宜所说,初闻佛法,遇便信受,思惟取证。(10c)

(2) 舍利弗当知,我本立誓愿,欲令一切众,如我等无异。(8b)

(3) 何况最初于会中闻而随喜者，其福复胜无量无边阿僧祇，不可得比。(47a)

"本"由树之根本发展为形容词"本来"，再虚化为表"原来"义。"本"在汉译佛经中出现接后缀的"来"，用作双音节"本来"，如例(4)。"初"由名词"起始"义发展为副词"当初"义，这个意义在中古普遍使用，到唐代由副词"当初"义再在两个分句之间发展为"刚才"义。

(4) 各各别有色形容，此缘本来无染污，况复无常众生类。(隋阇那崛多译《佛本行集经》卷十八)

始

"始"用在动词前，有四种用法：

A. 表示动作行为发生得早，3 例。如：

(1) 我始坐道场，观树亦经行。(9c)

B. 表示动作行为发生得晚，即离说话时间很近。在此用法中一般伴随有时间词以加强表示时间晚的程度。句子含有说话人的主观态度，1 例。如：

(2) 从是已来，始过四十余年，世尊，云何于此少时，大作佛事，以佛势力，以佛功德，教化如是无量大菩萨众，当成阿耨多罗三藐三菩提？(41c)

C. 直接修饰数量成分，表示年龄小或数量少，但是所强调的内容要求在"始"字之前，2 例。如：

(3) 有娑竭罗龙王女，年始八岁，智慧利根，善知众生诸根行业，得陀罗尼。(35b)

D. 还可以用在前一分句动词前，表示两个动作之间发生的时间短暂，2 例。如：

(4) 此诸众生，始见我身，闻我所说，即皆信受，入如来慧。(40b)

A、B两种用法产生于上古，C、D两种用法是中古新出现的。上面四种用法互相之间关系密切，表动作时间早，直接从动词“开始”虚化。本来，“始”在句中，只表示动作发生的开始，并不存在时间上的早晚。但是，由于说话人在主观上认定动作发生的时间太晚，却又用“始”表示，因而使“始”从表示时间的开始发展成为表示时间的晚。而且，当这种情况发生时，时间往往与年龄、数量关系密切。若时间短，则年龄小、数量少，反之，则年龄大、数量多。正因为如此，“始”由表时间早扩展为年龄小和数量少。“初”，如果用在有承接关系的分句中，则由表动作发生时间早发展出表两个动作之间发生时间短暂。

乃

“乃”做副词，共63例。其中，表示动作发生的时间43例，表示动作的先后承接关系6例，表示范围12例，表示加强判断语气2例(见6.1)。

A. 表示动作时间的“$乃_{时间}$”，表动作发生或结束得晚，相当于现代汉语“才”，共43例。如：

(1) 憍陈如比丘，当见无量佛，过阿僧祇劫，乃成等正觉。(28c)

(2) 佛道长远，久受勤苦，乃可得成。(26a)

(3) 其身火燃，千二百岁，过是已后，其身乃尽。(53b)

“乃”的前面有一个表示长时间的词语，用于表达动作发生之前时间漫长，例(1)有“阿僧祇劫”，例(2)有“久”，例(3)有“千二百岁”，等等。有些情况下，带有说话人的主观态度。

B. 表示关联的"乃$_{关联}$",用在表示条件、假设、承接等关系复句中,6例。如:

(4) 若有得闻是经典者,乃能善行菩萨之道。(31c)

(5) 出入息利,乃遍他国。(39c)

例(4)中的"乃"用于表示假设关系的复句中,"若……乃"相当于"如果……就"。例(5)的喻意指"心生万法,万法归心,教化众生得大乘法而自身所得利益就遍布三界",其中的"乃"相当于"就"。这类句子中的"乃"都表示承接关系。

C. 表示范围的"乃$_{范围}$",确定一个或几个对象或范围,排斥此对象或范围以外的人或事物,12例。从句法关系上,将其分为两种情况:

a. 表示前面所说的人或事物是后一种情况出现的唯一的条件或对象。如:

(6) 佛所成就第一稀有难解之法,唯佛与佛乃能究尽诸法实相。(5c)

(7) 是法非思量分别之所能解,唯有诸佛乃能知之。(7a)

这种用法中,句前多有限制词"唯"出现,并与"乃"遥相呼应,以强调句中条件关系的存在。

b. 表示前面所说的情况是后一种情况发生的唯一或根本的原因。如:

(8) 我见诸众生,没在于苦恼,故不为现身,令其生渴仰,因其心恋慕,乃出为说法。(43c)

《法华经》中,"乃"表动作发生时间和在分句之间表承接的用法都是承传上古而来。而"乃"在判断系词"是"前表语气的用法

(见 6.1)和表范围限制的用法却是《法华经》中新产生的。在唐代汉译佛经中,新产生的这两种用法得到了发展。"乃"在汉译佛经中的使用符合中土汉语语法的使用规则。

1.3.2 表示终结

表示终结的时间副词共 2 个,2 项用法,2 例。其中,单音词 1 个,合成词 1 个,它们是"毕竟"(1)、"终$_{终结}$"(1),表示动作、状态或事件在经历了一段时间之后最终发生。如:

毕竟 终

"毕竟"做时间副词,1 例,表示动作行为最终发生。如:

(1) 教无量菩萨,毕竟住一乘。(52b)

此例的意思为"教化无量菩萨,令他们行菩萨道,最终成佛"。

"终"做时间副词,6 例,承传于上古,表示动作行为的最终发生和始终不变。如:

A. "终$_{终结}$"可以修饰动词和形容词,表示动作行为最终发生,1 例。如:

(2) 如来知是一相一味之法——所谓解脱相、离相、灭相,究竟涅槃常寂灭相,终归于空。(19c)

B. "终$_{持续}$"可以用在动词的否定形式前面,表示动作行为始终不变,5 例。如:

(3) 如为一人,众多亦然,常演说法,曾无他事,去来坐立,终不疲厌。(20a)

在其他汉译佛经中,表终竟的副词还有"竟""卒""终归"等。

(4) 先立要令,竟不能全。(后秦佛陀耶舍共竺佛念译《长阿含经》卷八)

(5) 我始未作意,而世尊卒问此义。(东晋僧伽提婆译

《中阿含经》卷五）

（6）如此众具等，终归必舍弃。（后秦鸠摩罗什译《大庄严论经》卷十五）

1.4 表示时速

“时速”指动作行为发生的快慢和缓急。《法华经》中，表示时速的时间副词有6个，6项用法，49例。其中，单纯词3个，合成词3个。分为表示缓慢和表示急速。①

1.4.1 表示缓慢

这类副词表示动作行为的缓慢。《法华经》中，表示缓慢的时间副词共3个，3项用法，38例。其中，单纯词2个，合成词1个。有“转$_{缓慢}$”(1)、“渐”(29)、“渐渐”(8)，都是中古新出现的词。都用在动词前，表示动作行为或状态变化过程的缓慢，前提是需要经过一定的时间。如：

（1）施功不已，转见湿土，遂渐至泥，其心决定，知水必近。(31c)

（2）或以指爪甲，而画作佛像，如是诸人等，渐渐积功德。(9a)

《法华经》中已经不用上古的“稍”，而用新词“渐”和“转”，这是词汇替代。在汉译佛经中，这组词在构词上表现出一个显著特点：通过单音词重叠来构成双音词，如由“渐”的重叠构成“渐渐”，由“稍”的重叠构成“稍稍”，由“转”的重叠构成“转转”。如：

---

① 对于表示缓慢和表示时长、表示急速和表示短时的词项的归属问题，我们的标准是：如果是强调速度快，则归入“急遽”类；如果是强调时间短，则归入“短时”类。

(3) 时善宿比丘著衣持钵，入毗舍离城乞食，渐渐转到尼干子所。（后秦佛陀耶舍共竺佛念译《长阿含经》卷十一）

(4) 九见生死苦，十体乐佛法，稍稍开解，便发道意。（吴支谦译《菩萨本业经》卷一）

(5) 譬如女人怀妊，转转不便。（后秦鸠摩罗什译《小品般若波罗蜜经》卷十）

1.4.2　表示急遽

这类副词表示动作行为的发生急遽和突然。《法华经》中，表示急遽的时间副词共3个，3项用法，11例。其中，单纯词1个，合成词2个。有："忽"(4)、"忽然"(6)、"欻然"(1)。都是从上古形容词发展而来。在上古，还有表急遽的副词"俄""遽"等，在中古的其他汉译佛经里仍有使用。

"忽""忽然"都用在动词前，"欻然"用在句首，表示动作行为或事件的即遽发生。如：

(1) 其中众生各得相见，咸作是言："此中云何忽生众生？"(23a)

(2) 堂阁朽故，墙壁隤落，柱根腐败，梁栋倾危，周匝俱时，欻然火起，焚烧舍宅。(12b)

(3) 我于此众中，乃不识一人，忽然从地出，愿说其因缘。(40c)

"忽"是从梵文 samanantara 译来，该词相当于"急遽"。"欻然"译自梵文 sahasaiva，该词相当于现代汉语"忽然"。

1.5　表示时频

"时频"指的是动作行为发生的频数和反复。《法华经》中，表示时频的副词共 17 个,用法 17 项,412 例。其中,单纯词 11 个,合成词 6 个,分为表示频数和反复。

1.5.1 表示频数

"频数"指动作行为发生频率的高低。《法华经》中,表示频数的频率副词,共 11 个,11 项用法,221 例。其中,单纯词 5 个,合成词 6 个,分为表示不定时和表示惯常两类:

A. 表示不定时的副词指动作行为的发生是不定时的,发生的频率是低频的,有"时$_{频数}$"(6)、"时时"(2)、"或时"(6)、"或$_{频率}$"(27)。"或时"出现于汉代,其他都来自上古。

B. 表示惯常的副词指动作行为的发生是经常的、高频的,有"数数"(2)、"常$_{频率}$"(165)(见 1.2.2)、"每"(4)、"每自"(3)、"随时"(2)、"恒"(3)、"常自"(1)。"数数""每自""随时""常自"是中古新出现的。

时

"时"表示时间,共 11 例。其中,5 例表示短时,4 例表示低频,2 例表示高频。

A. "时$_{短时}$"用在动词前,表示动作行为发生正是时候,相当于"及时""马上",5 例。如:

(1) 此舍已为大火所烧,我及诸子,若不时出,必为所焚。(12c)

B. "时$_{低频}$"用在动词前,表示某个动作行为或事情不定时地发生,4 例。如:

(2) 香风时来,吹去萎华,更雨新者,如是不绝,满十小劫,供养于佛。(22b)

例(2)中"香风时来"中的"时",起强调不定时的作用。表示低频的“时”，从佛教梵文词汇 kadā-cit karhi-cit 翻译而来，由 kadā- cit 和 karhi- cit 并用，相当于英语 at some time or sometimes，相当于汉语“或时”和“不时”。罗什用“时”来对译。

C. “时$_{高频}$”用在动词前，表示某种动作行为经常地发生，类似于“经常”，2 例。如：

(3) 我时语众生：“常在此不灭，以方便力故，现有灭不灭。”(43b)

表示高频的“时”是最基本的用法，表示低频和短时的用法都由它引申而来。

时时　或时　或$_{频率}$

这三个词都用在动词前，表示某个动作行为或事情偶尔地、不定时地发生。如：

(1) 譬如优昙花，一切皆爱乐，天人所希有，时时乃一出。(10a)

(2) 鸠槃茶鬼，蹲踞土埵，或时离地，一尺二尺，往返游行，纵逸嬉戏。(14a)

(3) 从邑至邑，从国至国，或有所得，或无所得，饥饿羸瘦，体生疮癣。(17c)

例(1)中的“时时乃一出”用于五言偈颂，“时时”语义与四言“时一现耳”中的“时”用法相同。表示低频的“时时”是罗什对从佛教梵文词汇 kadā- cit karhi- cit 的翻译而来，罗什用“时时”对译，“时时”亦即“时不时”的意思。“或时”和“或”，强调动作或情况的不定时发生。表不时的“或”译自梵文 kvacid，kvacid 相当于“不时”和“有时”。

数数

“数数”都用在动词前，表示某种动作行为发生的频率高，相当于“经常”。如：

(1) 汝等皆当数数亲近而供养之。(25b)

(2) 世尊自当知，浊世恶比丘，不知佛方便，随宜所说法，恶口而频蹙，数数见摈出。(36c)

例(2)“数数见摈出”译自梵文 punaḥ(又) punaḥ(又) niṣkāsanaṃ(驱逐) vihārebhyo(塔寺)//(232页)，指“多次把我驱逐出寺庙”，重叠词“数数”由梵文词 punaḥ(又)重叠形式的直译。

常自　每　每自　恒

都用于动词前，表示动作行为或状态的经常性和长久性。如：

(1) 诸法从本来，常自寂灭相。(8b)

(2) 我常独处山林树下，若坐若行，每作是念……(10c)

(3) 我等每自思惟：“设得受记，不亦快乎？”(29b)

(4) 我无贪著，亦无限碍，恒为一切，平等说法。(20a)

“每自”是依据梵文 rātrindivāny(终日竟夜)的语义而翻译的。“终日竟夜”即表示行为经常发生。“恒”有“经常”之义，产生于上古。如《尚书·伊训》：“敢有恒舞于宫，酣歌于室，时谓巫风。”孔传：“常舞则荒淫。”“常自”和“每自”中的“自”属于构词成分。

1.5.2　表示反复

“反复”指动作行为两次或多次发生重复。《法华经》中，表反复的副词共 6 个，用法 6 项，191 例。它们是“重”(51)、“复$_{重复}$”(77)、“更$_{重复}$”(16)、“又$_{重复}$”(24)、“亦$_{重复}$”(10)、“或$_{重复}$”(13)。都为单纯词，其中，表示重复的“还”产生于中古，其余都来自上古。另有新出现表重复用法的复音组合共 3 组，有：“复更”(1)、“又复”(8)、“复还”(1)。

这 6 个词都用在动词前，表示同一动作行为或状态的重复。

分别举例如下：

(1) 尔时无尽意菩萨，以偈问曰："世尊妙相具，我今重问彼，佛子何因缘，名为观世音？"(57c)

(2) 尔时弥勒菩萨作是念："今者世尊现神变相，以何因缘而有此瑞？"……复作此念："是文殊师利，法王之子，已曾亲近供养过去无量诸佛，必应见此希有之相，我今当问。"(2b)

(3) 若复有人，于讲法处坐，更有人来，劝令坐听。(47a)

(4) 弥勒白佛言："世尊，是人功德甚多，无量无边。若是施主，但施众生一切乐具，功德无量，何况令得阿罗汉果。"佛告弥勒："我今分明语汝，是人以一切乐具，施于四百万亿阿僧祇世界六趣众生。又令得阿罗汉果。"(46c)

(5) 药王，我于余国遣化人，为其集听法众。亦遣化比丘、比丘尼、优婆塞、优婆夷，听其说法。(32a)

(6) 一一诸菩萨，所将诸眷属，其数无有量，如恒河沙等。或有大菩萨，将六万恒沙，如是诸大众，一心求佛道。(40c)

"更"与"复"同义并用，"又"与"复"并用，"还"与"复"并用。如：

(7) 是长者作是思惟："我身手有力，当以衣裓，若以机案，从舍出之。"复更思惟："是舍唯有一门，而复狭小，诸子幼稚，未有所识。"(12b)

(8) 尔时佛告诸菩萨及一切大众："诸善男子，汝等当信解如来诚谛之语。"复告大众："汝等当信解如来诚谛之语。"又复告大众："汝等当信解如来诚谛之语。"(42b)

(9) 容颜甚奇妙，光明照十方，我适曾供养，今复还亲覲。(53c)

当"或"表示动作行为或状态的重复时，有与"又"对举的情况出现。如：

(10) 或见菩萨，而作比丘，独处闲静，乐诵经典。又见菩萨，勇猛精进，入于深山，思惟佛道。(3a)

表反复的副词后的谓语动词一般见于前文。当类似例(10)的句子出现时，其后往往会有一连串的由“又见”领头的排比句式出现。并且，这样的情况通常出现在偈颂中。由这种形式组成的偈颂，读起来有一种通顺、流畅、自然的感觉，并有易于记忆的效果。

《法华经》中，“复”“更”“还”“又”和“或”等词都可以用来表动作行为的重复和继续累加。这是由于它们在做动词时都必须具备语义相同或相近的义素“动作朝相反的方向位移或动作重复”的特征。因此，这些词也就具备朝同一个方向虚化为表频率时间副词的条件。这就是语法化研究中所说的平行演变原则。到唐代，这些词还可以用在疑问句和反诘句中，或者由表频率发展为表加强语气的用法，或者在转折语义句中发展出表转折的用法。到现代汉语中，其情况则随词而异。表现为：“复”在古汉语中原有的功能基本消失；“还”在保持古汉语原有功能的基础上，发展出与“比”等连用的多种新的功能；“又”仅保留原有表重复和累加的用法；“更”失去了原有表重复的用法，但保留了原有表程度和强调的用法；“或”保留了表时频和重复的用法。这与语言在发展过程中的经济原则都是相吻合的。

通过上面的描写，《法华经》中时间副词的使用状况可以归纳为以下三个方面：

第一，时间副词系统在继承中有所发展。《法华经》中，时间副词共 59 个，用法 71 项，854 例，沿袭上古的时间副词 47 个，新产生的时间副词 12 个。可见，在上古汉语的基础上，时间副词又有新的发展。[①]据考察,从上古承传而来的47个时间副词占时间副词总数的80%。而在新的词项中,也大多是从已有的单音词扩展而来,很少有生僻的词出现。《法华经》中新出现的12个副词占时间副词总数的20%。《法华经》中新出现的词,在中古中土文献中也有出现。该经中的时间副词,可分为两大语义类型:一类是表示动作变化发生的时间,包括过去、现在和将来;另一类是表示动作变化发生的时间状态,包括时点、时长、时速、时频等方面。这些都是从上古汉语承传而来,加之在每一小类下又有新的发展,所以形成了一个很完整的时间副词系统。《法华经》中时间副词,其位置绝大多数处于动词前面,起修饰动词的作用,少数处在形容词前面,起修饰形容词作用,更有极个别的词用于修饰体词。

第二,新用法时有出现。在《法华经》中,"适"出现有表过去时间副词的用法,它的使用领先于中土文献。表过去的时间副词"既"和表完成的时间副词"已"搭配成"既……已,……",用在复句的前一小句里,并且使用频率很高。这种情况的出现与梵文原典有关。调查发现,前两种情况的出现跟语体有关,而后一种情况的出现则与梵文原典有关。表将来时间副词在《法华经》中的使用频率高于中土文献。"始",新产生的词,表年龄小或数量少,还有表前后动作行为之间发生的时间短暂的作用。"乃",新产生的词,或处在判断句中,或在"是"字前表语气,或在动词前表范围限制。"方",除了有传承上古而来的表正在和将来时间的用法以外,还产生出既表动作最初发生,又表动作发生时间晚的用法。都出现在复句中,表正在和将来时用于前一小句,表动作发生时间晚时用于

---

① 《吕氏春秋》中时间副词共26个,445例。参见殷国光(2008:297)。

后一小句。“更”，除了有传承上古而来的表动作反复发生以外，又出现表动作相继或累加发生的用法。“又”和“复”，除了有传承上古而来的表动作反复以外，还发展出表动作前后相继或事件的前后关联。“还”，新出现表示不同动作的相继发生。

第三，受梵文翻译影响的语法现象有限。从《法华经》的副词使用情况看，时间副词大多依据汉语语法规则而来，但在“既VO已，即（便）”格式中，副词“既”“即”“便”却比同期中土文献使用的频率高出许多。究其原因，是原典梵文中绝对分词的广泛使用所造成。[①]

表5-1 《法华经》时间副词的用法及其频率

类别 \ 频率		词项	修饰VP	修饰AP	修饰时间	总数
时体	过去或已然	既	22	2		24
		已（以）	74	7	1	82
		既已	4			4
		曾	20			20
		已曾	8			8
		适$_{\text{过去}}$	1			1
	现在	适$_{\text{现在}}$	2			2
		方$_{\text{现在}}$	2			2
	将来或未然	欲	5			5
		临	5			5
		将	6			6

① 关于汉译佛经中“VO已”格式受梵文翻译的影响的相关论述，参考蒋绍愚（2001，2008b）、龙国富（2007a）。

（续表）

时 长	短 暂	一时	3			3
		时$_{短时}$	5			5
		应时	1			1
		即$_{短时}$	35			35
		即时	6			6
		即便	5			5
		便$_{短时}$	4			4
		寻时	1			1
		须臾	9			9
		且	3			3
		权	1			1
		寻	10			10
		寻复	10			10
		暂	5			5
	持 续	终始	1			1
		终$_{持续}$	5			5
		乃至$_{持续}$	1			1
		永	8			8
		常$_{持续}$	8			8
		还$_{持续}$	4			4
		犹	16			16
		尚$_{持续}$	8			8
时 点	早 晚	初	10			10
		本	8			8
		始	8			8
		方$_{早晚}$	13			13
		最初	1			1
		乃	40	3		43
	终结	终$_{终结}$	1			1
		毕竟	1			1

（续表）

时速	缓慢	转	1			1
		渐	29			29
		渐渐	8			8
	急遽	欻然	1			1
		忽	4			4
		忽然	6			6
时频	频数	随时	2			2
		时频数	6			6
		时时	2			2
		或时	6			6
		或频率	27			27
		数数	2			2
		常频率	165			165
		每	4			4
		每自	3			3
		恒	3			3
		常自	1			1
	反复	重	51			51
		亦重复	10			10
		复重复	77			77
		或重复	13			13
		更重复	16			16
		又重复	24			24

二　范围副词

范围副词表示主语宾语跟动作行为搭配时所涉及的范围和数量，或者动作行为本身所包含的范围和数量。《法华经》中的范围副词共 17 个，用法 19 项，495 例。其中，单纯词 15 个，合成词 2 个。新出现的范围副词 3 个，承传上古 14 个。另外，复音组合共 6 组，57 例。从语义上划分，有总括和限定两种。

2.1　表示总括

表示总括的范围副词主要起总括动作行为前面或后面提到的事物的作用，表示动作行为没有例外。《法华经》中，表示总括的范围副词共 11 个，用法 11 项，404 例。根据它们位置的不同，这类词或用在名词或代词前面，或用在述谓中心语前面。

2.1.1　用在名词或代词前，表示总括范围

《法华经》中，用于名词或动词前面的总括范围副词共 1 个，2 例。有“凡”(2)，表示在一定范围内无一例外。如：

(1) 凡我所有，舍宅人民，悉以付之，恣其所用。(18b)

(2) 是比丘，凡有所见，若比丘、比丘尼、优婆塞、优婆夷，皆悉礼拜赞叹，(50c)

“凡”在做总括范围副词时，通常与范围副词“悉”“皆”对举。例(1)中，“凡”所指向的对象是“我所有舍宅人民”，在句中做主语。“凡”译自梵文 sarva，该词有“一切”和“所有”的意思。例(2)中，“凡”从梵文 yaṃ yaṃ 译来。梵文中，关系代词 ya，原本就是指代词，含有“诸”的意思。由于梵文把它重复地用作 ya-ya，其指代的范围随之增大，成为指代一切的指代词，罗什将它译作“凡”。

2.1.2 用在述谓中心语前,表示总括范围

用于述谓中心语前的总括范围副词,一般是指向动作行为的参与角色(participant role),《法华经》中,用于述谓中心语前的总括范围副词共10个,用法10项,402例,都是单纯的副词。有“都”(3)、“皆”(274)、“悉”(78)、“咸”(20)、“尽”(13)、“备”(1)、“俱总括”(2)、“具”(6)、“并总括”(4)、“通”(1)。除“都”出现于中古时期以外,其余都来自上古汉语。近义或同义并用6组,57例。有“悉皆”(12)、“皆悉”(27)、“皆共”(9)、“咸皆”(4)、“普皆”(4)、“咸皆共”(1),这些复音组合出现于中古时期。单纯词中除“都”出现于中古时期以外,其余都来自上古汉语。

都

“都”,3例,有下面两种用法:

A.“都”用在谓语动词“无”之前,总括施事的全部,1例。如:

(1) 我等若闻,净佛国土,教化众生,都无欣乐。(18b)

B.“都”用在否定副词之前,表示周遍,修饰谓语,相当于“完全”,2例。如:

(2) 汝常作时,无有欺怠、瞋恨、怨言,都不见汝有此诸恶,如余作人。(17a)

(3) 其人醉卧,都不觉知。起已游行,到于他国。(29a)

例(2)中的“都”,指向“欺怠、瞋恨、怨言”;例(3)中的“都”,指向“其人全身”。当“都”与“不”并用时,类别都是左向结构,即由否定词先修饰中心语,然后再一起接受“都”的修饰。“都”在否定句中所表现出来的周遍义,也可以看成是范围副词的衍变义。通常,我们把B类归入周遍义范围副词。

“都”的发展路径略显单一,先由名词“类聚的都市”(《说文》:

“有先君之宗庙曰‘都’。”)发展为动词“多人聚集”。再由动词发展为“总括”,用于动词之前,如(例 4),最后虚化为范围副词。

(4) 督脉任脉各四尺五寸,二四八尺,二五一尺,合九尺,凡都合一十六丈。(《黄帝内经·脉度》)

皆

“皆”274 例,是最为常用的一个总括范围副词,不但数量多,而且使用范围广。“皆”在语法意义和使用范围上都有新的发展,可以用在动词、形容词、名词和谓词性代词之前。后一用法如:

(1) 佛说是时,娑婆世界三千大国土地皆震裂,而于其中,有无量千万亿菩萨摩诃萨同时踊出,是诸菩萨身皆金色。(39c)

(2) 又,善男子,诸佛如来,法皆如是,为度众生,皆实不虚。(43a)

从总括的对象来看“皆”,可以分为总括个体和总括整体两大类。

A. 总括个体,即总括全体中的每个个体。指“皆”用在动词或动词词组之前,总括前面的人或事物的每个个体,247 例。“皆”的语义指向表现为:

a. “皆”所指向的对象在谓语之前,是说话者所判断或说明的对象,191 例。如:

(3) 一时,佛住王舍城耆阇崛山中,与大比丘众万二千人俱,皆是阿罗汉。(1c)

这种用法通常有判断词“是”相伴随,出现在“皆”的后面。

b. “皆”所总括的对象是动作行为的施事,充当句子的主语,56 例。如:

(4) 今此诸大众,皆应除疑惑。(8c)

以上两类用法中,“皆”所概括的人或事物,一般都是具有可指性的。

B. 总括整体。指“皆”用在动词或动词词组之前,总括前面整体的人或事物,或后面整体的人或事物,27 例。“皆”的语义指向表现:

a. “皆”所指向的对象在谓语之前,是动作行为的当事,5 例。如:

(5) 以是因缘,地皆严净,而此世界,六种震动。(2c)

b. “皆”所指向的对象在谓语之前,是动作行为的受事,所指向的对象有具体的事物和抽象的事物之分,17 例。如:

(6) 八十种妙好,十八不共法,如是等功德,而我皆已失。(10c)

这类用法中的动作对象大多数是在句首做受事主语。有时也用形式宾语“之”来回指受事主语。如:

(7) 如此轻慢言,皆当忍受之。(36c)

c. “皆”用于表示让步的复合句从句中,表示不论情况如何结果都一样,同时仍含有概括范围的意思,类似于“甚至都”,5 例。如:

(8) 声闻若菩萨,闻我所说法,乃至于一偈,皆成佛无疑。(8a)

“皆”与表示让步关系的“乃至”对举,构成“乃至……皆……”格式,相当于现代汉语的“即使……都”格式。A、B 两种用法是对上古的承传,C 种用法是新出现的。

“皆”与“悉”并用的情况较为普遍,或为“皆悉”,12 例;或为

"悉皆",27 例。用于总括范围,包括以下两种情形:

A. 总括的人或事物,所总括的人或事物是动作行为的施事。如:

(9) 国王、大臣、刹利、居士皆悉已集,即自宣言:"诸君当知,此是我子,我之所生。"(17b)

(10) 是二千声闻,今于我前住,悉皆与授记,未来当成佛。(30b)

B. 总括的事物,所总括的事物是动作的受事。如:

(11) 又见佛子,住忍辱力,增上慢人,恶骂捶打,皆悉能忍,以成佛道。(3b)

(12) 所说上妙法,是妙光法师,悉皆能受持。(5a)

这类用法中的动作对象在"皆悉"前面做受事主语,有的是大主语,也有的是小主语。

"皆"与"共"并用为"皆共",9 例;"皆"与"咸""共"并列为"咸皆共"1 例,都用于总括动作行为的施事。如:

(13) 诸天人民,数如恒沙,皆共合掌,听受佛语。(21b)

(14) 新发意菩萨,供养无数佛,了达诸义趣,又能善说法,如稻麻竹苇,充满十方刹。一心以妙智,于恒河沙劫,咸皆共思量,不能知佛智。(6a)

"皆"与"普"并用为"普皆",表示动作施事的全部,4 例。如:

(15) 我观一切,普皆平等,无有彼此,爱憎之心。(17c)

悉

"悉"用在动词和形容词之前,78 例。从语义指向来看,"悉"分为下面三类:

A. 所指向的人或事物是所说明的对象,2 例。如:

(1) 其中众生,悉是吾子。(14c)

B. 所指向的人或事物是动作的施事,71 例。如:

(2) 是诸王子,闻父出家,得阿耨多罗三藐三菩提,悉舍王位,亦随出家。(4a)

C. 所指向的事物是动作的受事,5 例。如:

(3) 道场得成果,我已悉知见。(5c)

在这类用法中,动作对象一般在"悉"的前面做受事主语,但也并不排除在后面做宾语的现象。有时,还可以用"之"来回指受事。如:

(4) 我今多有,金银珍宝,仓库盈溢,其中多少,所应取与,汝悉知之。(17b)

"悉"的来历较为复杂。王力在《古代汉语》中提出,"悉"从一开始就是副词"全都"的意思,可引《说文》:"悉,详尽也。"为旁证。后来再发展为"详尽地知道"。我们认为,"悉"的本意是"明确无漏地知道",先引申为形容词"详尽",再虚化为范围副词"全部"。①

备 咸 尽 俱总括 具 并总括 通

"备"用于动词前,总括动作所涉及受事的周遍性,1 例。②如:

(1) 以诸欲因缘,坠堕三恶道,轮回六趣中,备受诸苦毒(8b)

"咸"用于动词前,总括动作主体的全部,20 例。如:

---

① 《说文》:"悉,详尽也,从心采。"其意义为"详细而又无遗漏地知道","详"和"尽"是并列的动词。"从心采"指"心里辨明","悉"会意字。徐灏《说文段注笺》:"悉,尽也。古文从囧从心,明于心也。"

② "备"在中古做范围副词很常见。如《楚辞·离骚》:"百神翳其备降兮,九疑缤其并迎。"

(2) 尔时比丘、比丘尼、优婆塞、优婆夷,及诸天、龙、鬼、神等,咸作此念:"是佛光明神通之相,今当问谁?"(2c)

"咸"与"皆"并用为"咸皆",总括动作主体的全部,4 例。如:

(3) 时四部众,咸皆欢喜,身意快然,得未曾有。(2c)

"尽"做范围副词,13 例。有如下三种用法:

A. 用在动词前,总括动作施事的全部,6 例。如:

(4) 彼佛分身诸佛,在于十方世界说法,尽还集一处,然后我身乃出现身。(32c)

B. 用在动词前,总括受事的全部,4 例。如:

(5) 若使人作乐,击鼓吹角贝,箫笛琴箜篌,琵琶铙铜钹,如是众妙音,尽持以供养。(9a)

C. 用在动词前,表示动作行为的周遍性,修饰谓语,相当于"完全",3 例。如:

(6) 如是诸大众,若人行筹数,过于恒沙劫,犹不能尽知。(40c)

"俱总括"用在动词和形容词前,总括动作行为的当事,2 例。如:

(7) 菩萨常乐,安隐说法,于清净地,而施床座,以油涂身,澡浴尘秽,著新净衣,内外俱净,安处法座。(38a)

(8) 其诸子中,不失心者,见此大良药,色香俱好,即便服之,病尽除愈。(43a)

"具"修饰动词,总括受事的全部,6 例。如:

(9) 如世尊敕,当具奉行(52c)

(10) 作是念已,如所思惟,具告诸子:"汝等速出。"(12b)

"并总括"总括动作行为的施事或受事,4 例。如:

(11) 野干之属,并已前死,诸大恶兽,竞来食噉。(14a)

“通”语义指向动作行为的周遍,1例。如:

(12) 树下皆有宝师子座,高五由旬,种种诸宝以为庄校,亦无大海江河及目真邻陀山、摩诃目真邻陀山、铁围山、大铁围山、须弥山等诸山王,通为一佛国土。(33a)

2.2 表示限定

《法华经》中,表示限定的范围副词6个,[①]用法8项,91例。分为用于名词前和用于动词谓语前两种形式。

2.2.1 用在名词或代词前,表示限定范围

《法华经》中,用于名词或代词前限定范围的副词共4个,用法4项,26例,有“独”(1)、“唯”(15)、“唯独”(1)、“唯有”(9)。“唯独”是东汉以后新产生的副词,其他都沿袭于上古汉语。

“独”都用在前指名词前,指动作行为由限定对象独立发出,1例。如:

(1) 独王顶上有此一珠,若以与之,王诸眷属必大惊怪。(38c)

“唯”用在前指名词前,指动作行为由限定对象独立发出,共15例。其中,单用在名词前14例,数词前1例。如:

(2) 佛所成就第一稀有难解之法,唯佛与佛乃能究尽诸法实相。(5c)

(3) 诸佛语无异,唯一无二乘。(8c)

“唯独”限定动作行为所涉及的对象,1例。如:

---

① “唯”“独”做限定副词分别有两种用法,而各自算作一个限定副词。

(4) 菩萨于净身,皆见世所有,唯独自明了,余人所不见。(50a)

"唯"与"除"并用,限制动作行为产生结果的条件,强调此条件是唯一的,1例。如:

(5) 善男子,百千诸佛,以神通力共守护汝,于一切世间天、人之中无如汝者,唯除如来,其诸声闻、辟支佛乃至菩萨智慧禅定,无有与汝等者。(54c)

"唯有"限定动作行为所涉及的对象,相当于"只有",9例。如:

(6) 是法非思量分别之所能解,唯有诸佛乃能知之。(7a)

2.2.2 用在述谓中心语前,表示限定范围

《法华经》中,用在述谓中心语前限定范围的副词共4个,用法5项,65例,都是单纯词。有"独"(2)、"唯"(9)、"但"(42)、"乃$_{范围}$"(12)(见1.3)。这些词都表示在同类事物的某一性质中居于低程度,用在动词前,总括内容或数量的少数。它们都是沿袭上古而来。

独 但

"独""但"都用在动词前,表示对动作主体的限定。"独",2例;"但",42例。如:

(1) 尔时罗睺罗母耶输陀罗比丘尼作是念:"世尊于授记中,独不说我名。"(36a)

(2) 舍利弗,如来但以一佛乘故,为众生说法,无有余乘若二若三。(7b)

"独"表示对动作对象的限制,例(1)中的"独不说我名"指唯独不说出我的名字。例(2)出现"但……无有……"结构,其语义指只

用一佛乘为大众说法，不用二乘和三乘。

唯

“唯”用在动词前，表示限定，9 例。根据所限定对象的不同，可以将其分以下两类：

A. 限制与动作行为有关的人或事物。如：

(1) 曼陀罗华遍布其地，以宝网幔罗覆其上，悬诸宝铃。唯留此会众，移诸天人置于他土。(33a)

B. 限制与动作行为有关的原因、工具等。如：

(2) 所以者何？诸佛世尊唯以一大事因缘故出现于世。(7a)

通过上面的描写，《法华经》中范围副词的使用状况可做如下归纳：

《法华经》中范围副词共 17 个，用法 19 项，495 例。其中，单纯词 15 个，合成词 2 个。其特征表现为：

第一，从语义类型看，范围副词包括总括和限定两种。其中，总括副词共 11 个，404 例，都属于穷尽性总括；限定副词共 6 个，用法 8 项，91 例，都属于非穷尽性总括。

第二，从语义指向看，在表示总括的副词中，除了“凡”属于后指以外，其他的都属于前指。表示限定的副词中，“独”“唯独”“唯有”“唯”都属于后指。总的来说，范围副词一般标举施事和受事，但有的还可以标举对象和谓语的周遍性。

第三，从修饰成分看，多数位于述谓中心词前，做状语，用来限制与动词相关的名词性成分所指称对象的范围，或限制动词性成分本身。“唯”“独”“唯独”可位于述谓中心词前做状语，也可位于名词性成分之前。但“凡”却只能用于名词性成分之前。

第四，从语用角度看，多数反映事物的客观事实，但有少部分能体现说话者的主观态度。

第五，基本承传上古而来。除“都”和“唯独”是新出现的词以外，其他的都是对上古汉语的承传。范围副词“都”的产生，对汉语的发展影响很大。到明代，“都”出现有表强调的用法。以上特征表明，《法华经》中范围副词的使用情况，与中土文献基本保持一致。

《法华经》中的范围副词组合，在汉译佛经中独具特色。当然，这也是中古汉语语言的一大特色。其表现：同义或近义并用现象普遍。该经中，同义或近义并用共有 6 组，57 例。有“悉皆”“皆悉”“皆共”“咸皆”“普皆”“咸皆共”。

表 5－2　《法华经》范围副词的用法及其频率

类别＼频率		词项	前指	后指	总数
总括	名词或代词前	凡		2	2
	述谓中心语前	皆	274		274
		都	3		3
		悉	78		78
		咸	20		20
		尽	13		13
		俱(总括)	2		2
		具	6		6
		并(总括)	4		4
		备	1		1
		通	1		1

（续表）

限定	名词前	唯		15	15
		独		1	1
		唯独		1	1
		唯有		9	9
	述谓中心语前	独	2		2
		唯	9		9
		乃	12		12
		但	42		42

三 程度副词

《法华经》中的程度副词共 14 个，[①]用法 19 项，171 例。其中，单纯词 10 个，合成词 4 个。沿袭上古的副词 10 个，新出现的副词 4 个。另外，复音组合 6 组，12 例。从认知的角度看，人们对事物程度的一般评价是，与高程度相比的有低程度，与原来的情况相比的有比较程度，判断事物程度的等级可以分为高程度、低程度和比较程度。《法华经》中，程度副词有高程度、比较程度和低程度三类。

3.1 表示高程度

《法华经》中，表示高程度的范围副词共 8 个，用法 13 项，144 例。其中，单纯词 4 个，合成词 4 个；沿袭上古的副词有 4 个，新出

① “大”做高程度副词有两种用法，而只算作一个程度副词。

现的副词有 4 个;同义并用 1 组。表示高程度的副词分为两类:一类是从同类事物的某一性质的比较中居于高程度;另一类是以说话人的主观评判作为标准居于高程度。

3.1.1 在比较中居高程度

从同类事物的某一性质的比较中居于高程度的副词共 3 个,用法 5 项,35 例。有"最"(16)、"最为"(12)、"大"(7)(见 3.1.2)。"最""大"在上古就有,"最为"在中古产生。

"最"有两个用法:一是修饰形容词,13 例;二是修饰序数词,3 例。"最"修饰序数词是新出现的用法。如:

(1) 于八十亿劫,以最妙色声,及与香味触,供养持经者。(31b)

(2) 我所得智慧,微妙最第一。(9c)

"最为"修饰合成节词,作用与"最"相同。可修饰的词有形容词(有 7 例)和序数词(有 5 例),12 例。如:

(3) 此《法华经》亦复如是,于诸如来所说经中,最为深大。(54a)

(4) 又如众星之中,月天子最为第一。(54a)

3.1.2 主观判断居高程度

《法华经》中,以说话人的主观评判作为标准而居于高程度的副词共 6 个,用法 8 项,109 例。有"甚"(74)、"甚自"(1)、"甚为"(2)、"大"(30)、"极"(1)、"一何"(1)。"甚自""甚为"产生于中古,其他的词都来自上古。并用结构有"甚大"(7)。

甚 甚自 甚为

"甚"有 74 例,表示绝对程度。用在形容词之前修饰形容词,48 例;用在动词或动词词组之前修饰动词,26 例。这里所说的动词主要指的是心理动词,非心理动词较少。如:

(1) 汝一心精进,当离于放逸,诸佛甚难值,亿劫时一遇。(5a)

(2) 我等今于佛前闻授声闻阿耨多罗三藐三菩提记,心甚欢喜,得未曾有。(16b)

(3) 我昔从佛闻如是法,见诸菩萨授记作佛,而我等不豫斯事,甚自感伤,失于如来无量知见。(10c)

(4) 是诸菩萨,甚为难有。(31a)

例(1)说的是说话人主观认为"众佛都是非常难值遇的"。"甚难值"有"非常难值遇"的意思,它由梵文 sudurlabha 译来, su 表示程度的极点,相当于英语 In a high degree;extremely,相当于汉语指高程度的"非常"。su 与 dur 组合修饰形容词 dur(难),sudur 义即"非常难"。Sudur 在此句中还修饰动词 labha(值),sudurlabha 即"非常难值遇"。罗什把 sudurlabha 译作"甚难值",表示高程度。例(3)中,"甚自感伤"即"自己内心感到极大的悲伤"。"甚"来源于梵文 atīva,atīva 相当于英语表示极度程度的 exceeding,相当于汉语表示最高程度的"最大"。从梵汉对勘看,"甚"有"极大"和"最上"的意思。梵汉对勘发现,"甚"应该表示绝对程度。

大

"大"用于高程度,有表示主观态度中的高程度(30 例)和表示同类相对比较度(7 例)两小类。

A. 在人的主观评判中居高程度,30 例。如:

a. 放在动词前,修饰表示动作动词或心理活动的动词,22 例。如:

(1) 一切诸佛土,即时大震动佛放眉间光,现诸希有事。(4c)

(2) 所以者何? 独王顶上有此一珠,若以与之,王诸眷属,必大惊怪。(38c)

b. 放在形容词前,修饰形容词,8 例。如:

(3) 彼国诸佛,以大妙音而说诸法。(38c)

B. 从同类事物的比较中居于高程度的,7 例。如:

(4) 从是已来始过四十余年,世尊,云何于此少时大作佛事? (41c)

"大作佛事"表示比平常作佛事程度更高。

"甚"和"大"同义并用为"甚大",意义与"甚"或"大"相同,7 例。其中,用在形容词前 4 例,用在动词前 3 例。如:

(5) 诸比丘,彼佛灭度已来,甚大久远。(22a)

极

都位于动词和形容词前面,表示程度高,相当于"很""最",各 1 例。如:

(1) 药王,在在处处,若说、若读、若诵、若书、若经卷所住处,皆应起七宝塔,极令高广严饰,不须复安舍利。(31b)

其他汉译佛经中都有使用。如:

(2) 金色衣光悦,细软极鲜净。(后秦佛陀耶舍共竺佛念译《长阿含经》卷三)

一何

"一何"用在形容词前,强调程度很高,且带有强烈的主观夸张色彩,用在感叹句中,1 例。如:

世尊诸子等,闻佛入涅槃,各各怀悲恼,佛灭一何速。(5a)

此例中,"一何速"从梵文 ati-kṣipra 对译而来,ati-kṣipra 是"甚速"的意思,"一何"从词头 ati 对译而来,ati 指"极""很",做副词,修饰 kṣipra(速),表示速度很快。

《法华经》中,表示高程度副词在整个程度副词中的使用数量多、频率高,这是僧侣极力推崇佛法所致。如"甚"共 74 例,但仅有 7 例来自梵文的直译,其他 67 例则均由罗什根据上下文意而有意添加。如 gaṃbhīraṃ(深) ṣāriputra(舍利弗) dudṛśaṃ(难) duranubodhaṃ(难) buddha-jñānaṃ(佛智慧)。罗什将其译作"诸佛智慧甚深无量,其智慧门难解难入"。(5b)在这里,罗什有意识地将"甚"加到了"深"的前面,以强调"深"的程度不同一般。不仅如此,罗什还在动词"解"和"入"的前面也加上"难"字,极尽其所能地突出佛法的深奥与玄妙。

3.2 表示比较程度

居于比较程度的副词共 5 个,用法 5 项,26 例。有"愈"(1)、"益"(3)、"复"(12)、"转"(3)、"加"(7)。"复""转""加"属于汉代以后新增词汇，其他词都沿袭上古而用。同义或近义并用 5 组，5 例。有“益加”(1)、“转复”(1)、“转更”(1)、“加复”(1)、“倍复加”(1)。《法华经》中没有出现比倚构式“X……X……”。

“愈”“益”“复”修饰单纯动词，表示更进一步。如：

(1) 穷子惊愕，称怨大唤：“我不相犯，何为见捉？”使者执之愈急，强牵将还。(16c)

(2) 而年朽迈，益忧念子，夙夜惟念，死时将至。(17c)

(3) 诸佛兴出世，悬远值遇难，正使出于世，说是法复难。(10a)

“转”“加”用在形容词和动词前，表示变化的程度较以前更进一步。如：

(4) 食之既饱，恶心转炽，斗争之声，甚可怖畏。(14a)

(5) 今我与汝便为不异，宜加用心，无令漏失。(17b)

例(5)中的“宜加用心”指“应当更用心思”之义，程度副词“加”见于上古。如：

(6) 故有爱于主，则智当而加亲；有憎于主，则智不当见罪而加疏。(《韩非子·说难》)

“益”“加”“复”“倍”“转”“更”同义或近义并用，组成“益加”“转复”“转更”“加复”“倍复加”。如：

(7) 时诸菩萨摩诃萨，闻佛作是说已，皆大欢喜，遍满其身，益加恭敬。(52c)

(8) 尔时受持读诵法华经者，得见我身，甚大欢喜，转复精进。(60b)

(9) 于时穷子自念:"无罪而被囚执,此必定死,转更惶怖,闷绝躄地。"(16c)

(10) 譬若有人年既幼稚,舍父逃逝久住他国,或十、二十至五十岁,年既长大,加复穷困。(16b)

(11) 比丘比丘尼,其数如恒沙,倍复加精进,以求无上道。(5a)

3.3 表示低程度

《法华经》中,表示在同类事物的某一性质中居于低程度的副词仅1个词,用法1项,1例。该词用在动词前,总括内容或数量的少数。这种用法上古就有。如:

(1) 乃至举一手,或复小低头,以此供养像,渐见无量佛。(9a)

《法华经》中的程度副词独具特色。表示低程度的副词少,而表示高程度的副词多,多采用夸大和赞美之词。归根结底,这是为了达到弘扬佛法目的的需要。

通过上面的描写,《法华经》中程度副词的使用状况可以归纳为以下四个方面:

第一,语义类型上,只有高程度、比较程度和低程度副词出现。其中,低程度副词的使用少。

第二,修饰成分上,程度副词可修饰形容词和修饰动词,修饰形容词与修饰动词的差别较大。修饰形容词的副词有116例,修饰动词的副词仅47例。"最""最为"修饰数序词有8例,这一功能并不见于上古。程度副词所修饰的动词主要以心理动词为主,并且多重复出现。用在非心理动词前面的副词不多。

第三,复音词有所发展。复音词出现“最为”“甚自”“甚为”,其组合方式以单音节词后面加音节成分为主。

第四,同义并用的频率低,仅有 4 组,每组各 1 例,三个词并用的“倍复加”1 例。同义并用主要出现在比较程度的用法中。程度副词符合中土文献的使用规则,很少受到翻译或原典文的影响。

表 5-3 《法华经》程度副词的用法及其频率

类别 \ 频率		词项	修饰VP	修饰AP	修饰数量	总数
高程度	同类比较	最		13	3	16
		最为		7	5	12
		大		7		7
	主观评判	甚	26	48		74
		甚为		2		2
		甚自		1		1
		极		1		1
		一何		1		1
		大	20	10		30
比较度	同类比较	愈		1		1
		益		3		3
		复		12		12
		转		3		3
		加		7		7
低程度	主观判断	小	1			1

四　关联副词

关联副词指的是用于连接小句，表示某种语义关系或逻辑关系的副词。这种关联副词兼有连词的用法。《法华经》中共有关联副词 14 个，[1]用法 23 项，683 例。其中，单纯词 10 个，合成词 4 个。沿袭上古的副词有 13 个，新的词汇仅 1 个，即“亦复”，这些用法多在东汉以后新出现。另有复音组合 4 个，14 例。根据语义功能的不同，关联副词可分为承接、类同、累加和条件四种类型。

4.1　表示承接

《法华经》中，用于承接关系的关联副词 8 个，用法 9 项，180 例，有“即$_{\text{承接}}$”(89)、“便$_{\text{承接}}$”(39)、“则$_{\text{承接}}$”(22)、“乃$_{\text{承接}}$”(6)(见 1.3.1)、“亦$_{\text{承接}}$”(4)(见 4.2)、“然后”(14)、“遂”(5)、“乃至$_{\text{承接}}$”(1)。同义并列一组“则便”(1)。

即$_{\text{承接}}$

“即”做副词共 126 例。其中，表示短时间，35 例；表示承接，89 例；表示肯定语气，2 例。“即”由表短时间的用法发展为表承接和表肯定语气的用法。

A. “即$_{\text{短时}}$”用在动词前，表示动作行为马上发生或情况立即出现，35 例。如：

(1) 说此语时，会中有比丘、比丘尼、优婆塞、优婆夷五千人等，即从座起，礼佛而退。(6c)

---

① “亦”做关联副词有三种用法，而只算作一个关联副词。

(2) 是时诸佛,即授其记。(18b)

"即"表示短时间时,其后通常出现于"从+(方位)名词+动词"结构,如例(1)。这种结构出现最多的是"即从座起"(9例)。

B. "即$_{承接}$"用在承接关系复句的后一分句,表示后一动作或情况的发生紧接着前一动作或情况的发生,在时间上紧相承接,89例。如:

(3) 说此经已,即入静室,住于禅定八万四千劫。(25b)

(4) 应以声闻身得度者,即现声闻身而为说法;应以梵王身得度者,即现梵王身而为说法。(57a)

(5) 若为大水所漂,称其名号,即得浅处。(56c)

(6) 众商人闻,俱发声言:"南无观世音菩萨。"称其名故,即得解脱。(56c)

上例中的"即$_{承接}$",表示前后动作在时间上的承接,最常见的有"VP已,即+VP"句式,如例(3)。"即"些类用法的使用频率远比中土文献高。

C. "即$_{肯定}$"用在判断句中,表示对真实性判断的肯定和强调,2例。前提是与"是"连接,形成"即是"结构。如:

(7) 其两足圣尊,最胜无伦匹。彼即是汝身,宜应自欣庆。(12a)

从对勘看"即$_{承接}$",有的译自梵文ya,ya可以做连接词,表示承接关系;有的译自samanantarām,该词的词尾是-am,做副词,相当于英语immediately behind or after。

便$_{承接}$

"便"做副词共44例。其中,表示短时间,4例;表示承接,39例;表示肯定语气的1例(见6.1)。

A. “便$_{短时}$”用在动词前，表示动作行为马上发生或情况迅速出现，4 例。如：

(1) 心尚怀忧惧，如未敢便食。(21a)

(2) 时王闻仙言，心生大喜悦，即便随仙人，供给于所须。(34c)

B. “便$_{承接}$”表示承接，39 例，可分为以下两种用法：

a. 用于相承关系复句的后一分句，表示后一动作或情况紧接前一动作或情况出现，15 例。如：

(3) 佛授记已，便于中夜，入无余涅槃。(4b)

(4) 文殊师利，我见诸王，往诣佛所，问无上道，便舍乐土，宫殿臣妾，剃除须发，而被法服。(3a)

“VO 已，即＋VP”结构在《法华经》中的使用很普遍，而在中土文献中却很少见。我们推断，是翻译造成了该结构在《法华经》中普遍出现。

通过把“VO 已，即$_{承接}$(便$_{承接}$)VP”结构与梵文进行对勘，我们发现，“VO 已，即$_{承接}$(便$_{承接}$)VP”结构大多是从梵文的独立式形式对译而来。梵文独立式的构形方式是在动词后面加上后缀 tvā 或 ya。梵文独立式的语法意义是表示一种先于主句行为的行为。这种梵文独立式的翻译，一律使用表示承接关系的复句对译。独立式所表示的动作行为做从句，翻译在前；主句所表示的动作行为翻译在后。在主句与分句之间，有连接词“即/便”连接。

这种结构类似于现代汉语“VP＋以后，就＋VP”结构。“佛说此经已，即……”从梵文 samanantaraṃ- bhāṣiya- so- vināyakaḥ(经-说-此-佛)翻译而来。bhāṣiya(说)是独立式，词根 bhāṣ 是“说”的意思，表达词汇意义；语尾-ya 的语法意义表示在前一动作完成之后，又产生出后一动作。译师凭借自己对梵汉两种文字的理解，采取将前一动作置于前，后一动作置于后的形式，并在前一分句的末尾用“已”，在后一分句之前用“即$_{承接}$（便$_{承接}$）”的方式，将梵文 samanantaraṃ- bhāṣiya- so- vināyakaḥ 翻译为“VP 已，即承接（便承接）VP”格式。“即承接（便承接）”表承接前后分句关系的作用。再如“授记已，便 VP”，从梵文 vyākṛtvā 翻译而来，vyākara（授记）有独立式语尾 tvā，其语法意义相当于“授记已后，就入无余涅槃”。再如“得此（回指上文“勤修和精进”）已，便 VP”，从梵文 ghaṭitvā（勤修）vyāyamitvā（精进）翻译而来，ghaṭitvā（勤修）和 vyāyamitvā（精进）都有独立式语尾 tvā，其句子的语法意义相当于“勤修和精进已后，就以为于佛法中所得弘多”。

在原典梵文中，独立式应用广泛，这是造成“VO 已，即$_{承接}$（便$_{承接}$）VP”结构普遍出现的一个重要原因。

b. 用于因果、假设、条件等关系的复句中，并处于后一分句，表示前后动作或情况在事理上相互承接，共 24 例。其中表因果 2 例，表假设 9 例，表条件 11 例，转折 2 例。如：

（5）是诸比丘、比丘尼，自谓已得阿罗汉，是最后身，究竟涅槃，便不复志求阿耨多罗三藐三菩提。(7c)

（6）若言：“欲何所作？”便可语之：“雇汝除粪，我等二人亦共汝作。”(17a)

（7）阿逸多，是善男子、善女人，若坐、若立、若行处此中，便应起塔，一切天人皆应供养如佛之塔。(45c)

例(5)中的“便$_{承接}$”的前后内容表现一种因果逻辑关系；例(6)中的“便$_{承接}$”的前后内容表现一种假设逻辑关系；例(7)中“便$_{承接}$”的前后内容表现一种条件逻辑关系。

C. “便$_{肯定}$”用在判断句中，表示对判断的肯定，1例。如：

(8) 今我与汝，便为不异，宜加用心，无令漏失。(17b)

“便”做副词的用法产生于战国时期，从表示敏捷的动词发展出表示动作行为随即发生的副词。“即”，是一个广泛使用在判断句前面，用来加强判断语气的词。两汉以后，由于“即”和“便”的两词并用，受“即”的影响，在判断句中的“便”也因此具有了表示判断语气的作用。

副词“便”和“即”的功能和意义总体上是相同的，都主要用来表承接关系。但二者也有区别，“即”(126例)的用法是“便”(44例)的三倍，“即”(35例)表短时间的用法比“便”(4例)多。“便”多用在假设、因果、条件、转折等到复句中表承接关系。

则$_{承接}$

“则$_{承接}$”22例，都做承接副词，分以下两种情况：

A. 用于承接复句的后一小句，表示前后事件在时间上的相承，4例。如：

(1) 是等闻此法，则生大欢喜。(7a)

B. 用于假设和条件等复句中，表示前后事件在事理上相承，18例。如：

(2) 若以小乘化，乃至于一人，我则堕悭贪，此事为不可。(8a)

(3) 闻佛所说，则能敬信。(6c)

(4) 无明灭则行灭，行灭则识灭。(25a)

例(2)表示假设关系，例(3)表示条件关系，例(4)表示事理逻辑关系。

“则”和“便”同义并用1例。如：

(5) 是人若闻，则便信受。(25c)

然后 遂 乃至关联

“然后”用于后一小句的动词之前，表示某一动作或情况出现之后，另一动作或情况接着出现，14例。如：

(1) 如富长者，知子志劣，以方便力，柔软其心，然后乃付，一切财物。(18c)

虽然也有人把“然后”看作关联连词，但我们还是把它看作表时间的承接副词。把它看作表时间的承接副词，主要出于对句法环境的考虑：当“然后”和前一小句“VO已”相搭配时，功能则与表示短时的“即/便”相同；当“然后”与“初”相搭配时，则明显表现出前后时间的变化。如：

(2) 如来亦复如是，无有虚妄，初说三乘引导众生，然后但以大乘而度脱之。(13c)

“然后”译自梵文 paścāt。paścāt 做副词，表示时间的继续。

“遂”用在动词前面，表示两个动作或情况在时间上的紧相承接，后一个动作或情况紧接着前一个动作或情况的发生，5例。如：

(3) 昔于某城，而失是子，周行求索，遂来至此。(18b)

个别地，有表示转折的“乃至关联”(1例)用于复句后一小句的动词前面。如：

(4) 若有比丘……但乐受持，大乘经典，乃至不受，余经一偈。(16a)

此例中，两个动作行为在意义上正好相反。一个是肯定形式，另一个是否定形式，“乃至”类似于表转折的“而”。

4.2 表示类同

《法华经》中,表示类同的关联副词有 2 个,用法 8 项,297 例。有"亦$_{类同}$"(245)、"亦复"(52)。"亦"和"亦复",语义上,这是两个表示前后动作行为、性质状态或事件等方面类同的词。功能上,它们能表示语段中的前后关联。单凭意义归类,"亦"和"亦复"理应单独立类。本书中,我们将其归入关联副词。究其来源,"亦"来自上古汉语,"亦复"出现于中古汉语。

亦

"亦"做关联副词有两个方面的用法:表示类同,表示承接。另外还做时间副词,表示重复(见 1.5.2)。类同和承接两类用法都从表重复的时间副词发展而来。

A. "亦$_{类同}$"用在动词和代词前面,表示类同,245 例。从语境来看,"亦"有表示前后事件或情况的类同和假设状况下结果的类同两种情况:

a. 用在后一小句前面,表示现实情况下所述前后两个事件或情况相类同,243 例。如:

(1) 宣畅是法时,六百万亿姟,得尽诸苦际,皆成阿罗汉,第二说法时,千万恒沙众,于诸法不受,亦得阿罗汉(26b)

(2) 诸比丘,富楼那亦于七佛说法人中而得第一。(27c)

(3) 唯我知是相,十方佛亦然。(6a)

例(2)其意是:"诸位比丘,这位(隐大示小的)富楼那,也是在七佛及释迦佛说法人当中,算得上是第一的人。"这里用"亦"就是为了表达前面未曾表达的"富楼那也是说法人当中算得上第一的人"的意思。

b. 用在后一小句前面，表示无论在什么条件下所述的两个事件或情况仍相类同，2 例。如：

(4) 若接须弥，掷置他方，无数佛土，亦未为难。若以足指，动大千界，远掷他国，亦未为难。(34a)

此类"亦"强调的是常理以外的结果。表示类同的"亦"由梵文 yathā ca 译出，梵语文法 yathā ca 有"也"和"同样"的意思，有把两件有等同关系的事情放到一起来描述的功用。

B. "亦承接"用在因果、假设或条件等复句后一小句动词前面，表示前后两个事件在事理上的承接，4 例。如：

(5) 舍利佛，如是增上慢人退亦佳矣。汝今善听，当为汝说。(7a)

(6) 若能前至宝所，亦可得去。(26a)

(7) 以顺法故不多不少，乃至深爱法者，亦不为多说。(38b)

例(5)中，"如是增上慢人退亦佳矣"意思是：这样的增上慢人退了也好。副句在前，提出前提，主句在后，在副句的基础上得出结论。例(6)是副句在前，提出条件，主句在后，在副句的基础上得出结论。句中用"亦"将前后两个分句相承接，表示前后两件事接连发生。例(7)中的"亦"与表示让步关系的"乃至"相搭配，构成"乃至……亦……"格式，相当于现代汉语的"即使……也……"格式，"亦"表示无论做何种让步，后果终将一样。

亦复

"亦复"用在动词和代词前面，表示类同，强调前后所提到的事件在性质上有类同之处，52 例。如：

(1) 尽思共度量，不能测佛智……尽思共度量，亦复不能

知。(6a)

(2) 无量无数劫，闻是法亦难。能听是法者，斯人亦复难。(10a)

(3) 是故当知，今佛现光，亦复如是。(3c)

4.3 表示累加和条件

凡既在动作行为、性质状态或事件等方面叠加，又在语段中起前后关联作用的词，都叫表示累加的副词。它和表示重复的时间副词有着一定的不同。主要区别是：累加副词指两个或两个以上的不同动作行为、性质状态或事件的继续累加或追加，也包括动作相同而宾语不同的情况；重复副词是两个或两个以上的相同动作行为、性质状态的反复，需要动作和宾语都相同。继续累加的用法是在重复的基础上发展而来。《法华经》中，用作累加的词有5个，用法5项，205例，有“亦$_{累加}$”(63)、“又$_{累加}$”(88)、“或$_{累加}$”(8)、“并$_{累加}$”(2)、“复$_{累加}$”(44)。当它们用在动词前面时，表示多项不同的动作行为或状态的叠加；当用在事件或段落前面时，表示对累加的事件的关联。表示累加是中古新出现的用法。而该经中表示累加用法的使用频率比中土文献要高。之所以这样，当与梵文句首关系代词的广泛使用有关。如：

(1) 世尊知众生，深心之所念，亦知所行道，又知智慧力，欲乐及修福，宿命所行业。(23a)

(2) 或见菩萨，而作比丘，独处闲静，乐诵经典，又见菩萨，勇猛精进，入于深山，思惟佛道。(3a)

(3) 又见菩萨，离诸戏笑，及痴眷属，亲近智者，一心除乱，摄念山林，亿千万岁，以求佛道。或见菩萨，肴膳饮食，百

种汤药，施佛及僧。(3b)

(4) 如是辗转，乃至梵世，上至有顶，诸天身香，亦皆闻之，并闻诸天所烧之香，及声闻香、辟支佛香、菩萨香。诸佛身香，亦皆遥闻，知其所在。(48c)

(5) 鸠槃茶鬼，蹲踞土埵，或时离地，一尺二尺，往返游行，纵逸嬉戏……复有诸鬼，其身长大，裸形黑瘦，常住其中……复有诸鬼，其咽如针，复有诸鬼，首如牛头，或食人肉。(14a)

(6) 譬如一切川流江河诸水之中，海为第一……又如土山、黑山、小铁围山、大铁围山及十宝山，众山之中须弥山为第一。(54a)

这种累加副词出现时，通常有另一个或多个累加副词与之对举。例(1)中，“亦”与“又”对举；例(2)中，“或”与“又”对举；例(3)中，“又”与“或”对举；例(4)中，“亦”与“亦”对举；例(5)中，“复”与“复”对举。

另外，还有“或”“复”“又”对举和“并”“又”“复”对举的情况。如：

(7) 或有菩萨，驷马宝车，栏楯华盖，轩饰布施。复见菩萨，身肉手足，及妻子施，救无上道。(3a)

(8) 于此世界，尽见彼土六趣众生，又见彼土现在诸佛，及闻诸佛所说经法。并见彼诸比丘、比丘尼、优婆塞、优婆夷诸修行得道者。复见诸菩萨摩诃萨种种因缘、种种信解、种种相貌行菩萨道。复见诸佛般涅槃者。复见诸佛般涅槃后，以佛舍利起七宝塔。(2b)

中土文献中，从中古到唐代，表累加的副词一般只有“复”“又”“更”“还”“却”等，“亦”一般用于表类同副词，“或”一般用于表时间副词和连词,"并"一般表范围副词和连词。但《法华经》中集中出现这种情况,并且是在"复""又"出现的同一语言环境中出现表累加的用法。

条件关联既指前后两个动作行为、性质状态或事件等方面的条件关系。《法华经》中,这种表示条件的关联副词仅有"一旦"(1例)这一个词。

"一旦"用在动词前面,做表示条件关系的副词,1例。如:

(9) 自念老朽……无有子息,一旦终没,财物散失,无所委付。(16c)

通过上面的描写,《法华经》中关联副词的使用状况可以归纳为以下五个方面:

第一,《法华经》中,关联副词都从时间副词发展而来,具有兼类的性质,既可以表示时间,又可以表示关联。

第二,表承接的关联副词发展很快。13 个关联副词中,有 8 个是承接关联副词。这些词多从上古汉语发展而来,只有表示承接的"亦"是中古新出现的。

第三,被修饰的成分主要是动词,只有"亦"还可以修饰形容词、代词、数词和名词等。这些用法与上古相同。

第四,关联副词常出现在复句的后一小句里,连接前后两个动作行为或状态。

第五,复句中表示承接和累加的"亦"是新出现的,"VO 已,即$_{\text{承接}}$(便$_{\text{承接}}$/则$_{\text{承接}}$)VP"结构源自梵文翻译且被广泛使用。

表 5-4 《法华经》关联副词的用法及其频率

类别 \ 频率	词项	被修饰成分：动词	形容词	代词	名词	小句	总数
承接	亦承接	3	1				4
	便承接	39					39
	即承接	89					89
	则承接	22					22
	乃至承接	1					1
	乃承接	6					6
	然后	14					14
	遂	5					5
累加	亦累加	63					63
	又累加	88					88
	或累加	8					8
	并累加	2					2
	复累加	44					44
类同	亦类同	221	5	16	3		245
	亦复	19	1	31	1		52
条件	一旦	1					1

五　否定副词

《法华经》中，否定副词 16 个，[①]用法 28 项，919 例。其中，单

① “不”做否定副词共有四种用法，而只算作一个否定副词。“无”“非”“莫”三个否定副词分别有两种用法，而各自只算作一个否定副词。

纯词8个,合成词8个。新出现否定副词7个,除"叵"以外,其余都是双音节词,有9个词沿袭上古。没有复音组合。根据语义功能的不同,这些否定副词主要可以分为否定叙述、否定判断和否定祈使三类。

5.1 否定叙述

《法华经》中,否定叙述的副词共11个,用法15项,802例。有"无"(85)、"无复"(9)、"不"(569)、"靡"、(2)"不复"(7)、"叵"(4)、"未"(55)、"未曾"(61)、"未尝"(1)、"非"(8)(见5.2)、"莫"(1)(见5.3)。其中"叵""无复""不复"是新产生的否定副词。

无　无复

"无",89例。可以用于否定叙述,85例;可以用于否定祈使,4例。这些都从上古承传而来。

A. 用在动词、形容词或情态动词前,否定动作或状态的发生,类似于现代汉语"没有""不",67例。如:

(1) 而诸子等,乐著嬉戏,不肯信受,不惊不畏,了无出心。(12c)

(2) 如是等施,种果微妙,欢喜无厌,求无上道。(3b)

(3) 我意难可测,亦无能问者。(6b)

(4) 又于诸佛所说空法,明了通达,得四无碍智,常能审谛清净说法,无有疑惑,具足菩萨神通之力。(27c)

例(1)—(3)中的"无",分别修饰动词、形容词和助动词,"无"用在动词"有"之前的用法很突出,有59例,如例(4)。

"无"与"不"并用,双重否定,表示对肯定语气的加强,8例。如:

(5) 世尊净华宿王智佛问讯世尊……无不孝父母，不敬沙门、邪见，不善心，不摄五情不？(55c)

B. 用在祈使动词前面，否定祈使，相当于现代汉语“不要”，4例。

(6) 我灭度后后五百岁中，广宣流布于阎浮提，无令断绝。(54c)

“无复”就是“无”，用在动词前面，否定动作状态和主观意愿，9例。如：

(7) 诸漏已尽，无复烦恼，逮得己利，尽诸有结，心得自在。(1c)

不　不复　靡

“不”，表否定，607例。否定的对象可以是叙述(569例)、判断(4例)、祈使(31例)和反问(3例)。在否定句式中，“不”对补语进行否定的用法到中古时期才有出现，其他用法都是承传上古而来。

A. 对叙述进行否定，569例。有两种表现：

a. 用在动词、形容词前，否定动作或状态的发生，类似于现代汉语“没”。如：

(1) 人民众多，出入息利，乃遍他国，商估贾人，无处不有。(17c)

(2) 以我此物周给一国，犹尚不匮，何况诸子？(12c)

“不”用在动词“有”之前，“不有”就是“没有”，如例(1)。

b. 用在动词、形容词或情态动词前，否定施事者的主观意愿，类似于现代汉语“不”。如：

(3) 无量亿千万，功德不可数，安住于佛法，以求无上道。

(30b)

(4) 不厚不大，亦不黧黑。(47a)

(5) 汝等所可玩好，希有难得，汝若不取，后必忧悔。(12c)

a 类多数情况出现于表示已然的句子里，b 类出现于表示客观情况或假设条件句里。在 b 类用法中，"不"可以用在述补结构中，对结果进行否定，6 例。如：

(6) 其人功德，千万亿劫，算数譬喻，说不能尽。(38b)

(7) 诚如所言，如来复有无量无边阿僧祇功德，汝等若于无量亿劫说不能尽。(19a)

其中，出现有"不"和动词或形容词组成"不 A 不 B"格式，24 例。如：

(8) 我虽能于此所烧之门安隐得出，而诸子等，于火宅内乐著嬉戏，不觉不知，不惊不怖。(12b)

B. 对判断进行否定。独立否定对方问话，句末有判断语气词，4 例。如：

(9) "舍利弗，汝意云何？是长者等与诸子珍宝大车，宁有虚妄不？"舍利弗言："不也，世尊。是长者但令诸子得免火难，全其驱命，非为虚妄。"(13a)

C. 否定祈使，31 例。"不"和"须"组合，相当于"不要"的意思。如：

(10) "舍利弗，取要言之，无量无边未曾有法，佛悉成就。""止，舍利弗，不须复说……"(5c)

D. 否定反问语气。"不"与句末语气配合，构成反问句，以否定的形式表示肯定的意思，3 例。如：

(11) 若世尊各见授记,如余大弟子者,不亦快乎?(28b)

(12) 我先不言诸佛世尊以种种因缘,譬喻言辞,方便说法,皆为阿耨多罗三藐三菩提耶?(12b)

例(12)"不……耶"是梵文不变词 nanu 的对译,nanu 在梵语里是以否定的形式表达反诘的语气,相当于现代汉语中的"岂不",译师把 nanu 翻译为"不……耶"来表达反诘语气。

"靡"与"不"并用,双重否定,表示肯定的加强。2 例。如:

(13) 尔时佛放眉间白毫相光,照东方万八千世界,靡不周遍。(2b)

"不复"就是"不",用在动词前,否定动作行为或状态性质。如:

(14) 其人不复,志求余经,亦未曾念,外道典籍。(16b)

叵

用在动词前,否定动作行为出现的可能性,类似于"不可",4 例。如:

(1) 所得第一法,甚深叵分别。(41a)

(2) 于一切世间,最尊无有上,佛道叵思议,方便随宜说。(12a)

未

A. 否定动作行为或事态已经发生过,51 例。如:

(1) 此法华经,能令众生至一切智,一切世间多怨难信,先所未说而今说之。(39a)

"未"和"有"组合,6 例。如:

(2) 是舍唯有一门,而复狭小。诸子幼稚,未有所识。(12b)

“未”可以用在动词或形容词前，表示对所发生过的事件或动作行为进行否定，如例(1)、(2)；也可以用在动词“有”之前，表示事物的存在，如例(3)。

B. 用在动词或情态动词前，否定实施某种动作行为的能力，4例。如：

(3) 尔时穷子，即受教敕领知众物，金银珍宝及诸库藏，而无悕取一飡之意。然其所止故在本处，下劣之心亦未能舍。(17b)

未曾　未尝

它们跟“未”一样，用于动词前否定过去或已然。“未曾”是常见词，61例，“未尝”不常见，仅1例。如：

(1) 遇于百千劫，未曾见是相，为大德天生，为佛出世间。(24a)

(2) 又见佛子，未尝睡眠，经行林中，勤求佛道。(3b)

“未曾”可以用在一般动词前，表示动作行为或情况从来没有发生过，也可以用在动词“有”的前面，表示动作行为或情况从来没有存在过。固定格式“得未曾有”，指“从来没有过”。这一否定格式在汉译佛经中普遍出现，而在中土文献中却极为罕见。它译自梵文 āścaryādbhutaprāpto，āścarya 和 adbhuta 都是“奇特”的意思，“奇特”即“稀有”，prāpta 表示“得到”。意指“来得很奇特”，即“从来没有过”。

5.2　否定判断

《法华经》中，表示对判断或存在进行否定的副词只有2个，用法4项，39例。“非”(35)、“不”(4)(见5.1)。“非”的用法都承传上古，有以下两类：

A. 表示否定判断，35 例。

a. 用在做谓语的体词性成分前面，31 例。如：

(1) 彼佛出时虽非恶世，以本愿故说三乘法，其劫名大宝庄严。(11b)

b. 用在判断词"是"前面，出现"非是"，4 例。如：

(2) 世尊说实道，波旬无此事，以是我定知，非是魔作佛(11b)

B. 用在形容词前，表示否定性状，类似于"不"，8 例。如：

(3) 唯此一事实，余二则非真，终不以小乘，济度于众生(8a)

"非"与"无"并用，双重否定，表示对肯定语气的加强，1 例。如：

(4) 我等诸宫殿，光明甚威耀，此非无因缘，是相宜求之(24a)

5.3　否定祈使

表示劝阻或禁止的副词 8 个，用法 8 项，75 例。它们是"无"(4)(见 5.1)、"不"(31)(见 5.1)、"勿"(21)、"勿得"(4)、"勿复"(2)、"莫"(11)、"莫自"(1)、"莫复"(1)。双音节词都在中古产生。

勿

用在动词前，表示劝阻或禁止，相当于"不要"，21 例如：

父遥见之，而语使言："不须此人，勿强将来。以冷水洒面，令得醒悟，莫复与语。"(16c)

勿得　勿复

"勿得""勿复"都相当于"勿"，都用在动词前面，表示劝阻或禁止，前者4例，后者2例，如：

(1) 语诸作人："汝等勤作，勿得懈息。"(17a)

(2) 汝常此作，勿复余去，当加汝价。(17a)

"勿得"译自梵文 mā kh。mā 指"不得"的意思，kh 写作 khalu，该词在梵文文法中是个不变词，俗体，为满足韵律而出现。

莫　莫复　莫自

A. 用在动词前面，表示劝阻或禁止，相当于"不要"，11例。如：

(1) 汝等莫得乐住三界火宅，勿贪粗弊色声香味触也。(13b)

(2) 汝等勿怖，莫得退还。今此大城，可于中止，随意所作。(26a)

"莫"多与表示劝阻或禁止的"勿"对举，如例(2)。

B. 用在情态动词前，否定施事的主观能力，相当于"不"，1例。如：

(3) 斯等共一心，于亿无量劫，欲思佛实智，莫能知少分。(6a)

"莫复""莫自"都相当于"莫"，用在动词前面，表示劝阻或禁止，各1例。如：

(4) 以冷水洒面，令得醒悟，莫复与语。(17a)

(5) 诸有所须瓮器米面盐醋之属，莫自疑难。(17a)

通过上面的描写，《法华经》中否定副词的使用状况可以归纳为以下四个方面：

第一，否定副词基本承传于上古，有"无""不""未""未曾""莫""勿"。由"无""不""勿""莫"与"复"组合而成为"无复""不复""勿复""莫复"等复合词，该复合词都出现于中古，此外，"勿得"和"叵"

也见于中古，只是并不常见。同上古一样，否定副词也是最稳定、最封闭且复现率最高的副词小类。

第二，否定叙述和判断的副词可以修饰动词、助动词和形容词等，但否定祈使的副词却只修饰动词和助动词。除“非”以外，其他词都不修饰名词和代词。

第三，否定叙述的副词仍然出现有并用情况，并集中表现在“无”和“靡”两个词，“无”和“靡”与“不”进行组合，形成双重否定的复合词，具有双重否定的功能。

第四，出现 4 例用“非是”进行否定的句子，这是中古新出现的“是”字判断句否定句式。这种句式“是”字判断句有了新发展的重要标志。此经中，翻译对否定副词的出现没有造成影响。

表 5-5 《法华经》否定副词的用法及其频率

频率 类别	词项	被修饰成分					总数
		动词	形容词	助动词	名词	代词	
否定叙述	无	77	3	5			85
	无复	9					9
	不	462	21	86			569
	靡	2					2
	不复	7					7
	叵	4					4
	未	55					55
	未曾	61					61
	未尝	1					1
	非			8			8
	莫				1		1

（续表）

否定判断	非	4			29	2	35
	不	4					4
否定祈使	无	4					4
	不	31					31
	勿	21					21
	勿得	4					4
	勿复	2					2
	莫	11					11
	莫复	1					1
	莫自	1					1
否定反问	不	3					3

六 语气副词

《法华经》中，共有语气副词 29 个，[①]用法 34 项，186 例。其中，单纯词 23 个，合成词 6 个。依据语气的不同，《法华经》中的语气副词分为四类：表示肯定和强调；表示揣度和意愿；表示疑问和反诘；表示祈使。

6.1 表示肯定和强调

《法华经》中，表示肯定和强调的语气副词共 18 个，用法 20 项，139 例。其中，单纯词 16 个，合成词 2 个。有“正”(5)、“必”(19)、“定”(3)、“必定”(1)、“实”(17)、“真”(9)、“诚”(1)、“自”(7)、“自然”(1)、“乃$_{\text{肯定}}$”(2)、“则$_{\text{肯定}}$”(36)、“即$_{\text{肯定}}$”(2)(见 4.1)、

① “乃”和“宁”做语气副词分别有两种用法，而都只算作一个语气副词。

“便肯定”(1)(见4.1)、“审”(1)、“为”(10)、“是”(22)、“慎”(1)、“了”(1)。其中,表理所当然的语气副词“自”和“自然”于东汉以后产生,表示强调的语气副词“了”“必定”最早出现在中古。东汉以后,还陆续出现有表强调意义的语气副词“正”“必定”“实”“真”“为”“是”等。

正　必　定　必定　实　真　诚

“正”用在判断词“是”之前,起确认事实和加强语气作用。如:

(1) 如前所许:“诸子出来,当以三车,随汝所欲。”今正是时,唯垂给与。(14c)

“必”“定”“必定”“毕竟”等带有主观色彩,表示对某一观点的极度肯定。如:

(2) 是人执我,必当见杀,何用衣食,使我至此?(18a)

(3) 我定当作佛,为天人所敬,转无上法轮,教诲诸菩萨。(11b)

“必定”还有表示十分肯定的估计或正确推断的作用,1例。如:

(4) 于时穷子自念:无罪而被囚执,此必定死。(16c)

“必定”译自梵文 niḥsaṃśaya 或 dhruva,有“必定无疑”的意思。

“实”“诚”“真”用在谓语之前,表示对事物的动作行为或性质的真实性加以确定。如:

(5) 此实我子,我实其父。(17b)

(6) 今日乃知真是佛子,从佛口生,从法化生,得佛法分。(10c)

(7) 诚如所言,如来复有无量无边阿僧祇功德,汝等若于无量亿劫说不能尽。(19a)

则$_{\text{肯定}}$　审　为　是　乃$_{\text{肯定}}$

“则$_{\text{肯定}}$”用在判断句中，表示对动作行为或事情的真实性作出正确的判断或加强判断语气。如：

(1) 汝诸人等，皆是吾子，我则是父。(15a)

(2) 妙光法师者，今则我身是。(5b)

“则$_{\text{肯定}}$”对应梵文词 eva，eva 有强调语气的功能，相当于“完全”的意思。

“审”用在判断句中，有肯定作用。如：

(3) 父知其子志意下劣，自知豪贵为子所难，审知是子，而以方便，不语他人云是我子。(17a)

“为”用在形容词或动词之前，表示肯定或加强语气。

(4) “是大施主所得功德，宁为多不？”弥勒白佛言：“世尊，是人功德甚多，无量无边。”(46c)

(5) 是乘微妙，清净第一，于诸世间，为无有上，佛所悦可。(15a)

例(5)“于诸世间，为无有上”的大意是：(是乘)在人世间的确是没有哪一个比得上。“为无有上”由梵文 visiṣṭarūpaṃ(最上)翻译而来，意即“(是乘在人世间)确实是最上的”。罗什用的是意译。

“是”在表示强调语气时，需分两种情况对待：

A. 用在表示猜测的词之后，对所猜测的内容进行强调，1 例。如：

(6) 是事何因缘，而现如此相？我等诸宫殿，光明昔未有，为大德天生，为佛出世间，未曾见此相，当共一心求。过千万亿土，寻光共推之，多是佛出世，度脱苦众生。(23b)

此例中的“未曾见此相，当共一心求。过千万亿土，寻光共推之,多是佛出世,度脱苦众生”的意思是:“我们从没有见过这么美妙的景致,我们应当一起来推测它的来源。经过千万亿国土,去寻找此光明的源头。那里多半是有佛出世,此佛将度脱一切苦难的众生”。“是”出现在猜测词“多”之后,对所猜测的内容表示肯定。

B. 用在形容词之前,起肯定和强调作用,21 例。如:

(7) 如是,如是。释迦牟尼世尊,如所说者,皆是真实。(32c)

(8) 如是之人,诸佛所叹。是则勇猛,是则精进,是名持戒,行头陀者,则为疾得,无上佛道。(34b)

(9) 若佛灭后,于恶世中,能说此经,是则为难。(34a)

例(8)中“是”和“则”并列用在形容词之前;例(9)中“是”“则”“为”并列用在形容词之前。

“乃$_{肯定}$”用于加强判断语气。如:

(10) 汝证一切智,十力等佛法,具三十二相,乃是真实灭。(27b)

慎 了

“慎”“了”都出现在否定词前面,起加强否定语气的作用。如:

(1) 以是本因缘,今说《法华经》,令汝入佛道,慎勿怀惊惧。(26c)

(2) 而诸子等,乐著嬉戏,不肯信受,不惊不畏,了无出心。(12c)

例(1)中的“慎”用在祈使句中,与否定词“勿”并用,有“千万不要……”的意思,是说话人对听话人的一种劝诫。例(2)中的“了”出现在“无”之前,有“根本没有”的意思,表示强调。

自　自然

表示事物性质的存在或动作行为的出现是理所当然的。如：

(1) 自成无上道，广度无数众，入无余涅槃，如薪尽火灭。(9a)

(2) 又见诸如来，自然成佛道。(4c)

此类用例中的"自"来自于代词"自"的进一步虚化。"自然"，做形容词时，既能直接做谓语，也可以用在谓语前面做状语，对事物进行客观叙述，以此表达对事物的肯定；做副词时，只做状语，表示对事物的主观态度上的肯定，相当于"理所当然"，如例(2)。《法华经》中，"自然"有13例做形容词，只有1例做副词。有时，"自"从"自然"省略而来。这由佛经中的四字格散体，或四言、五言和七言偈颂文体造成，如例(1)。

6.2　表示揣度和意外

表示揣度和意外的语气副词共6个，用法6项，11例。其中，单纯词3个，合成词3个。有"将无"(1)、"将非"(1)、"得无"(1)、"或"(4)、"多"(3)、"乃意外"(1)。沿袭于上古的有"了""或"和"得无"，产生于东汉以后表揣度或意愿的有"将非"和"将无"，至于"乃"表揣度的用法也是东汉新发展起来的。上古使用的揣度副词"盖""殆""庶""抑""傥(倘)"等，在《法华经》中没有出现，在其他汉译佛经中也是很少使用。

将无　将非　得无

"将无""将非""得无"用在疑问句中，表示揣度语气。如：

(1) 何况忧色而视如来？汝心将无谓我不说汝名、授阿耨多罗三藐三菩提记耶？(36a)

(2) 初闻佛所说，心中大惊疑，将非魔作佛恼乱我心耶？(11b)

(3) 世尊安乐，少病少恼，教化众生，得无疲惓？(40b)

“将非”译自梵文 mā haiva，mā haiva 表达一种猜测语气，相当于现代汉语口语里的“该不会……”。

或　多

“或”用在动词前面，是对动作或情况的揣度。如：

(1) 穷子见父有大力势，即怀恐怖，悔来至此，窃作是念：“此或是王，或是王等，非我庸力得物之处，……或见逼迫，强使我作。”(16c)

有时，在揣度之中还含有对动作行为或情况的担忧，类似于“唯恐”，2 例。如：

(2) 复更思惟：“是舍唯有一门，而复狭小，诸子幼稚，未有所识，恋著戏处，或当堕落为火所烧。我当为说怖畏之事……无令为火之所烧害。”(12b)

(3) 若久住此，或见逼迫，强使我作。(16c)

表示担忧的“或”在语气的表达上，带有肯定的性质。如例(2)中“或当堕落为火所烧”，指的是“很有可能会被火所烧”，其对应的原典文为 mā haiva(可能)traiva(此)sarve(诸)anena(此)mahāgnis-kandhena(大火)dhaksyatha(将被烧)∥(69 页)。“或”出自梵文 mā haiva。在梵语文法里，mā haiva 可以表示揣度中含有对过去、现在或将来情况的担忧。(Franklin Edgerton 1953:201)这段梵文的语意是“我很担心孩子们将会被火所烧”。在语义上 mā haiva 相当于英语 fear。

“多”用在动词前面，是对可能发生情况的一种肯定性的推测。

如：

(4)(我等)未曾见此相，当共一心求，过千万亿土，寻光共推之，多是佛出世，度脱苦众生。(23c)

此例中，“多是佛出世”来源于梵文 vyaktaṃ buddhasya prādurbhāvo bhivaṣyati 的翻译，它的意思是“很可能是佛将出世”。vyaktaṃ 这个词表示非常确定的估计，相当于英语 most likely or probably，相当于汉语“很有可能”。梵文 bhivaṣya 有用将来时语尾 -ṣya，表示对将来可能发生的事件的一种带有肯定语气的猜测。在竺法护译的《正法华经》中，vyaktaṃ buddhasya prādurbhāvo bhivaṣyati 被译作“定佛出世”，句中的“定”表达就是这种揣度语气。在同经异译中显示，“多”与“定”同。

乃$_{\text{意外}}$

表示在违反常态或事理的情况下，某种情形出人意料地发生，类似于“竟然”，1 例。如：

我常游诸国，未经见是众，我于此众中，乃不识一人。(40c)

6.3 表示疑问和意愿

《法华经》中，表示疑问和意愿的语气副词共 2 个，用法 3 项，7 例。有“宁”(5)、“颇”(2)，二者表疑问语气是中古新兴用法。

宁

“宁”表示语气的用法共 5 例。其中，表疑问语气 3 例，表意愿 2 例。

A. “宁$_{\text{疑问}}$”用在疑问句中，表示带有肯定的疑问语气，3 例。如：

(1) 佛告药王："若有善男子善女人，供养八百万亿那由他恒河沙等诸佛，于汝意云何？其所得福宁为多不？""甚多，世尊。"(58b)

(2) 舍利弗，于汝意云何？是长者等与诸子珍宝大车，宁有虚妄不？(13a)

上例中的"宁"，出现在疑问句中，表示肯定的疑问语气。它从梵文 api nu 译来。api 的功能就是用在句子开头表示疑问语气，而 nu 相当于英语 indeed，相当于汉语"的确"。

B."宁$_{意愿}$"用在陈述句中，表示一种意愿，2 例。如：

(3) 我宁不说法，疾入于涅槃。(9c)

(4) 宁上我头上，莫恼于法师。(59b)

例(3)意即："我宁愿不说法，迅速进入涅槃。"例(4)中的"宁"用于复句的前一小句中，表示从两种都不希望发生的事情中，勉强选取一件在说话人看来相对较好的事情，后一小句中有否定词"莫"与之呼应，相当于"宁肯……也不"。

在其他汉译佛经中，还出现有"可"用于反诘语气副词的情况。

(5) 阿罗逻言："莫行至彼，莫还来此，可不得乎？"(隋阇那崛多译《佛本行集经》卷二十二)

颇

"颇" 表示带有肯定的疑问语气，共 2 例。如：

(1) 此经甚深微妙，诸经中宝世所稀有，颇有众生勤加精进修行此经速得佛不？(35b)

此类用法中的"颇"和"宁"的 A 类用法相同，都是从梵文 api nu 译来，表达的是一种非常肯定的疑问语气。

关于这种句子中"宁""颇"到底是疑问副词还是疑问语气副

词，学界颇有争议。有人认为，“宁”“颇”是疑问副词，是句子疑问功能的负载者，“颇 VP 不”式是是非问句。也有人认为“宁”“颇”是语气副词，不是句子疑问功能的负载者，还难以根据这些来判断这类“颇 VP 不”式到底是反复问句还是非问句。[①]

6.4 表示祈使和反诘

《法华经》中，表示祈使的语气副词共 2 个，用法 2 项，21 例，有“当$_{语气}$”(12)、“须$_{语气}$”(9)。表示反诘语气副词共 2 个，用法 3 项，8 例。有“岂”(6)、“不亦”(2)。二者沿自上古。

“当$_{语气}$”用在动词前面，表示必须如此或理应如此，相当于现代汉语“必定”。如：

(1) 舍利弗，汝等当信，佛之所说，言不虚妄。(7a)

“汝等当信”的翻译来自梵文 śraddadhata。śraddadha 是“信”的意思，“当”来自形容词 śraddha 的现在时主动语态命令语气第二人称复数语尾-ta，表达命令语气。“当”表祈使或命令语气和表情态的用法有相通之处，表情态的动词其语气进一步加强，就可以发展为祈使语气副词。

(2) 当精进一心，我欲说此事，勿得有疑悔，佛智叵思议。(41a)

此例中的“当”，从梵文助动词 bhavadhvaṃ的现在时中间语态命令语气语尾-dhvam 翻译而来。

---

① 对于“宁(颇)VP 不”句式中“宁”和“颇”的性质，学术界意见不一。刘坚等(1992:68)把“宁(颇)”看作含有“推度询问的语气”副词。赵新(1994:79－86)、吴福祥(1997b:44－54)依据语义选择规则，以为“宁(颇)”是疑问副词。遇笑容、曹广顺(2002:125－135)则认为“宁(颇)”是语气副词。

“须语气”表示必须如此或理应如此,相当于现代汉语“必”。如:

(3) 止止不须复说,若说是事,一切世间诸天及人皆当惊疑。(6c)

此例中,“不须复说”来源于梵文 kim anenārthena bhāṣitena 的翻译,可直译为“算了!不必说了。”《法华经》中表示祈使语气的“须”都用于“不”之后,组成“不须”,表示对祈使的否定。

岂 不亦

“岂”用在肯定形式的反问句中,表示反诘语气。如:

(1) 尔时四众常轻是菩萨者岂异人乎?(51b)

“岂”与助动词“得”组合,表示反诘,1 例。如:

(2) 汝已殷勤三请,岂得不说?(7a)

“不亦”用于反诘问句,与“乎”一起构成反诘句“不亦……乎”格式,表示委婉的反问语气。如:

(3) 我等每自思惟:“设得受记,不亦快乎?”(29b)

通过上面的描写,《法华经》中语气副词的使用状况可以归纳为以下四个方面:

第一,绝大多数修饰动词,只有极个别的修饰形容词、名词、数词或小句。做谓语的动词可以由及物动词或不及物动词充当,做谓语的形容词和名词的多由表肯定或反诘语气的副词为主。

第二,语气副词的位置以居于谓语之前为主,也有一部分语气副词居于句首的,如“宁”“颇”“岂”“诚”等。

第三,共出现语气副词 29 个,用法 32 项,186 例。其中,单纯词 23 个,合成词 6 个。显然,单纯词是主流,合成词发展不太显著。

第四,中古新产生的副词 3 个,有“必定”“将非”和“将无”。东汉以后新发展出语气副词有 10 项,如“了”“必定”“慎”“自”“自然”

“乃”等词。

与上古比,《法华经》中语气副词的特征表现为:多沿用上古的常用词;用法上有新的发展;能表现出多种多样不同的语气;口语性明显。在总体上,《法华经》中语气副词的使用,以符合汉语规则为前提,极少受到梵文的影响。

表 5-6 《法华经》语气副词的用法及其频率

类别＼频率	词项	被修饰成分				总数
		动词	形容词	名词	小句	
肯定、强调	正	5				5
	必	19				19
	定	3				3
	必定	1				1
	实	17				17
	真	9				9
	自	7				7
	自然	1				1
	则肯定	36				36
	即肯定	2				2
	审	1				1
	乃肯定	2				2
	为	6	4			10
	是		21	1		22
	便肯定	1				1
	慎	1				1
	了	1				1
	诚				1	1

（续表）

揣度、意外	将无	1				1
	将非	1				1
	得无	1				1
	或揣度	4				4
	多	3				3
	乃意外	1				1
反诘	岂			5	1	6
	不亦		2			2
祈使	当语气	12				12
	须语气	9				9
疑问	宁疑问	3				3
	颇疑问				2	2
意愿	宁意愿	2				2

七　情状方式副词

情状方式副词起描摹性状语的作用，是用于谓词性成分前表示动作行为进行的情态或方式。《法华经》中，有情态方式副词 23 个，用法 23 项，188 例。其中单纯词 12 个，复音词 11 个。沿袭上古 13 个副词，新出现的副词 10 个，新出现的意义 8 项。

7.1　表示情状

《法华经》中，表示情状的副词有表示态度、协同两类。

7.1.1　表示态度

表示态度的方式副词共 2 个，用法 2 项，5 例。有"徐"(1)、"强"(4)。

“徐”用在动词前,表示动作行为或状态的缓慢,1例。如:

(1) 尔时长者将欲诱引其子,而设方便,密遣二人形色憔悴无威德者,汝可诣彼徐语。(17a)

“强”用在动词前,表示极力地施行某一动作行为,4例。如:

(2) 使者执之愈急,强牵将还。(16c)

(3) 父遥见之,而语使言:不须此人,勿强将来以冷水洒面,令得醒悟,莫复与语。(16c)

7.1.2 表示协同

表示协同的方式副词有5个,用法5项,83例。有“相”(16)、“互相”(4)、“共协同”(25)、“俱协同”(34)、“同协同”(4)。另外,复音组合4组,9例,有“共相”(2)、“共同”(1)、“俱同”(1)、“俱共”(3)、“共俱”(2)。

“相”“互相”用在动词前面,表示各主体以同一动作的方式交互施及于各自的主体。如:

(1) 各各自相问,是事何因缘。(4c)

(2) 心各勇锐,互相推排,竞共驰走,争出火宅。(12c)

“共协同”表示几个主体在同一时间做出同样的行为,共25例。如:

(3) 若言:“欲何所作?”便可语之:“雇汝除粪,我等二人亦共汝作。”(17a)

该用法中,存在有“与……共”结构。如:

(4) 当知是人与如来共宿,则为如来手摩其头。(31b)

“共”与“相”并用为“共相”,2例,表示共同的动作行为,相当于“一同”。如:

(5) 修敬已毕,往智积所,共相慰问,却坐一面。(35a)

“共”与“俱”并用，或为“俱共”，3 例；或为“共俱”，2 例，表示共同的动作行为，相当于“一同”。如：

(6) 一时謦欬，俱共弹指。(51c)

(7) 父语子言：“我今亦欲见汝等师，可共俱往。”(60a)

“俱协同”表示不同的人或事物施行相同的动作行为，或具有相同的情状，相当于“一起”，34 例。如：

(8) 大转轮王、七宝千子、内外眷属，乘其宫殿，俱来听法，以是菩萨善说法故。(49b)

“俱”和“与”组合成为“与……俱”结构，“俱”有时做谓语，但有时也做范围副词。做范围副词的“俱”，表示不同的施事出现相同的动作行为，相当于现代汉语的介宾结构“与……一起 V”。如：

(9) 我尔时乘六牙白象王，与大菩萨众俱诣其所……亦为供养《法华经》故。(60a)

《法华经》中的“俱”，用在动词的前面，表示主体的共同关系。从梵汉对勘来理解，“俱”译自原典文不变词 sārdha、saha 以及名词或形容词复数具格并用的翻译。在梵文文法中，不变词 sārdha 相当于英语 jointly, together, along with, with。译师将其译为“共”“俱”“与……共(俱)”等。梵文不变词 saha 与名词具格并用所具有的语法意义和不变词 sārdha 基本相同。

“同协同”表示所有的施事者都拥有相同的某种动作或结果，4 例。如：

(10) 我等亦佛子，同入无漏法，不能于未来，演说无上道。(10c)

“同”与“共”并用，2 例。如：

(11) 又为他人种种因缘随义解说此《法华经》，复能清净

持戒与柔和者而共同止。(45c)

“俱”与“同”并用为“俱同”,1例。如:

(12) 即时诸菩萨俱同发声,而说偈言……(36b)

7.2 表示方式

《法华经》中方式副词包括躬亲和私自、任随、次第、指称、特意等方面。

7.2.1 表示躬亲和私自

表示躬亲的方式副词共3个,用法3项,6例。有“身自”(1)、“密”(2)、“窃”(3)。其中“密”是新出现的副词。

“身自”表示动作行为由行为人自己直接发出,相当于“亲自”,1例。如:

(1) 世尊,我等亦当身自拥护、受持、读诵、修行是经者,令得安隐,离诸衰患,消众毒药。(59b)

“密”表示施事者的动作行为是不公开的,2例。如:

(2) 尔时长者将欲诱引其子,而设方便,密遣二人形色憔悴无威德者,汝可诣彼徐语。(17a)

调查发现,副词“密”来源于形容词“慎密”。如:

(3) 君不密则失臣,臣不密则失身。(《易经·系辞上》)

“窃”表示施事者的动作行为是私自的,并且是不公开的,3例。如:

(4) 穷子见父有大力势,即怀恐怖,悔来至此。窃作是念:“此或是王,或是王等,非我庸力得物之处。”(16c)

7.2.2 表示任随

表示任随的方式副词共4个,用法4项,11例。有“随意”

(4)、“随所”(4)、“在所”(2)、“自在”(1)。都表示某种动作行为不受任何约束。如：

(1) 汝等出来，吾为汝等，造作此车，随意所乐，可以游戏。(14b)

(2) 知诸众生，种种欲乐，及其志力，随所堪任。(19 a)

(3) 世尊，是菩萨住何三昧，而能如是在所变现，度脱众生？(56b)

(4) 当知如是人，自在所欲生，能于此恶世，广说无上法。(19c)

“随意”从梵文 karotu kāryaṃ 翻译而来，该梵文是一个佛经词汇，有“任随”的意思。“在所”“自在所”中的“所”都用作音节。汉译佛经中，这两个词逐渐变成为副词，有“任随”的意思。(胡敕瑞 2004:80－85)“自在所”虽然语义上是一个整体，但是我们习惯把合成二音节“自在”看作是一个词。在同经译异中，我们发现，“在所”“自在”表示动作行为不受任何约束，在同经异译里，它们与“随意”对应。下面是“小品般若”同经异译的例子：(引自胡敕瑞 2004:80－85)

(5) 其人语病者言：“安意莫恐，我自相扶持，在所至到，义不中道相弃。”(东汉支娄迦谶译《道行般若经》卷五)

(5’) 安慰之言：“随意所至，我等好相扶持，勿惧中道有所坠落。”(后秦鸠摩罗什译《小品般若波罗蜜经》卷五)

(6) 令我刹中人在所愿，所索饮食悉在前，如忉利天上食饮。(东汉支娄迦谶译《道行般若经》卷六)

(6’) 世界之中，无有如是饥馑之患，具足快乐，随意所须，应念即至。(后秦鸠摩罗什译《小品般若波罗蜜经》卷七)

7.2.3 表示次第

表示次第的方式副词共 3 个，用法 3 项，17 例，有“转次”(4)、“次第”(11)、“渐次”(2)。这三个词都是中古新出现的双音节方式副词。

转次

“转次”用于动词前表示动作或情况的逐一发生。如：

我今从佛闻，授记庄严事，乃转次受决，身心遍欢喜。(29b)

“转次”译自梵文 anantareṇa，anantara 有“逐一”的意思，与英语 connected with one another 相类似。

次第 渐次

“次第”11 例，“渐次”2 例，都表示动作行为或情况的逐一发生。如：

(1) 一一宝树，高五百由旬，枝叶华果，次第庄严。(33a)

(2) 或有所得，或无所得，饥饿羸瘦，体生疮癣。渐次经历，到父住城。(17c)

“次第”的语序有两例出现在动词谓语之后。如：

(3) 悉知诸法相，随义识次第。(50b)

“次第”“渐次”从梵文 anupūrva 译来，anupūrva，做形容词，语义上相当于英语 in regular order，表示“逐一”的意思。anupūrva 加词尾 eṇa，做具格副词，表示“渐次”“依次”的意思。“次第”和“渐次”也从梵文 upaniṣad 译来，upaniṣad 做名词，有“梯子”和“阶梯”的意思，做形容词，有“一一”或“逐一”的意思。从语义看，“次第”“渐次”从形容词 upaniṣad 与具格副词 anupūrva 翻译而来。

表示动作行为或情况逐一发生的副词“次第”，是由表示例序的名词“次第”发展而来。

7.2.4 表示指称

表示指称的方式副词共5个，用法5项，63例，有“各”(46)、“各自”(2)、“各各”(5)、“见”(6)、“相”(4)。前三个词与做人称代词的“各”“各自”“各各”不同：做代词时，表指示和称代，用于指人和事物，做主语和定语；做副词时，表示分别做或分别具有。在语法位置上，它们都处在动词之前。在功能上，它们只做状语，不做主语。

(1) 是时，诸梵天王即各相诣，共议此事。(23a)

(2) 舍利弗，如彼长者……然后各与珍宝大车。(13b)

“各”译自梵文 svaka，该词相当于英语 own，one's own，my (they、his、her、our、their) own。

“各自”用在动词前做状语，表示分别做。“各自”由“自”和“各”同义组合而成。如：

(3) 是学、无学人，亦各自以离我见及有无见等，谓得涅槃。(12a)

“各”与“各”相叠加，组合成“各各”。用在谓语前做状语，表示分别被做。如：

(4) 有如是七宝大车，其数无量，应当等心，各各与之，不宜差别。(13c)

见 相

“见”，6例；“相”，4例，指称副词，具体指受事。指称的对象可以是人，可以是物，也可以是事。如：

(1) 是人执我，必当见杀。(18a)

(2) 我不相犯，何为见捉？(16c)

“见”多指第一人称，它译自梵文的人称代词。如例(1)中“见杀”从梵文 mahyaṃ vadhakā 译来，mahyaṃ，做第一人称代词单数的为格，指“我”的意思。vadhakā 做主动语态，指“杀”的意思。梵文的意思是“为了杀我”。“见”表示动作的受事。例(2)中的“相”指代动词“犯”的受事；即第二人称“你”。

7.2.5 表示特意

表示特意的方式副词有“故”，3 例。表示为了某一目的而专门进行某一动作，相当于“特地”。如：

(1) 及弟子众，天人龙神，诸供养事，令法久住，故来至此。(33c)

(2) 善哉，善哉，汝能为供养释迦牟尼佛，及听《法华经》，并见文殊师利等，故来至此。(55c)

情状方式副词范围广，内容杂，所修饰的对象只限于动词，并紧贴在动词前面；与动词组合的机会少，出现的频率低；具有明显的实义，如“分明”“分别”“随意”“窃”“强”等；出现新的副词 11 个，都是双音节，如“分明”“分别”“随意”“在所”“自在”等等；出现 8 项新的意义，如“各”“同”“俱”“徐”“共”等词，都是东汉以后产生方式副词用法；这类副词的使用与中土文献基本保持一致。

表 5-7 《法华经》情状方式副词的用法及其频率

类别＼频率	词项	修饰 VP	修饰 AP	总数
态度	徐	1		1
	强	4		4

（续表）

协同	相$_{\text{协同}}$	16		16
	互相	4		4
	共$_{\text{协同}}$	25		25
	同$_{\text{协同}}$	4		4
	俱$_{\text{协同}}$	34		34
次第	转次	4		4
	次第	11		11
	渐次	2		2
任随	随意	4		4
	随所	4		4
	在所	2		2
	自在	1		1
躬亲私自	身自	1		1
	密	2		2
	窃	3		3
指称	各	46		46
	各自	2		2
	各各	5		5
	见	6		6
	相	4		4
特意	故	3		3

副词小结：

通过以上研究，《法华经》中副词的使用情况可以归纳为以下六个方面：

第一，副词系统更加完备，符合中土文献副词体系的发展规律。

在上古,《吕氏春秋》中副词只有 133 个,《晏子春秋》中副词只有 75 个。而到《法华经》中,副词 98 个,副词的数量符合中土文献副词体系的发展规律。在语义类型上,在上古,原本有几个大类,如时间、范围、程度、否定、语气、情状方式等,而在汉译佛经中,除原有的几大类继续存在外,还有在每类下面又出现一些新的语义类型的情况。以时间副词为例,有表时体、时间长短、时间快慢、时间终始、惯常、反复等多种情况。凡涉及事情的发生、发展和结果,都已经存在有时间副词的修饰。并且,在每一小类下面,也都会有多个副词出现的情况。如表示动作行为短暂的副词,既有承传上古的"时""即""便""且""寻""旋""暂",又产生有"即时""即便""一时""应时""寻时""寻复",该类副词共 14 个,98 例。其他各小类也都有类似的发展,具体情况在各个表格中均有体现,在此恕不繁述。唐宋以后的副词发展,大多只是在这种模式下进行的一些词汇替换。

《法华经》经中的副词,在运用上,仍属于上古承传而来的同一种语法系统。在语法位置上,所有的副词都处在谓语前面,充当状语。在根源上,新产生的副词,一般都是从上古形容词发展而来。遵循了副词演变的一般规律。在副词所修饰的对象上,大多是动词,少数是形容词,可以表示动作行为发生的时间、状态、范围、程度、方式和语气等。总之,副词的各项语法功能与中土文献保持高度一致。如表示范围的副词共三类:第一类范围副词标举它前面的词语的范围;第二类范围副词标举它后面词语的范围;第三类范围副词标举谓语,指示谓语的周遍性。

第二,单音词略占优势,承传之中有发展。

《法华经》中,单音词53个,占副词总数(98例)的54%。这表明,尽管汉译佛经是口语文献,并且是四字格式语体,但是在词项使用上,还是以单音词为主,它遵循汉语语法发展的总趋势。这些单音词,多数承传上古,少部分单音词是新产生的。如副词"忽""顿",在上古时还是形容词,在《法华经》中,出现了表示动作急速的用法。又如副词"复""又",在上古时还只是用在单句中,表示动作行为的反复发生。在《法华经》中,出现了用于复句后一小句,表动作累加的用法,并出现有分句之间相互关联的情况。又如"更",在上古,表同类动作重复发生和同一动作的累加,而在《法华经》中,用在分句中,发展出两个动作或状态的相继发生的用法。又如"转",在上古,仅是一个表"运转"义的动词,而在《法华经》中,虚化为表动作、情况的反复出现和动作的逐渐变化以及程度的逐渐加大。又如"皆",在上古,专表范围,而在《法华经》中,出现在让步从句"乃至……皆"结构里,既能表范围,又能表强调。又如"便",在上古,表动作发生的时间短暂,而在《法华经》中,发展出用于假设条件句中表情况发生的自然状态。

第三,双音词发展迅速,构词方式多样。

上古,在《晏子春秋》和《吕氏春秋》中,双音词分别是3个和14个,而在《法华经》中,双音词则达到了45个,双音词约占副词总数(98例)的46%。这些双音词大多是在中古新出现,如表短时间的"一时""应时""寻时",表时间早晚的"最初",表动作发生的缓慢"渐渐",表动作发生的急遽"忽然""欻然",表动作出现的频率"随时""或时""每次""常自",表情状方式的"如实""分明""分别""随意""次第""渐次""互相"等。其他各类型的双音词都有不同程度的发展。这些新词产生的方式多样化。有两个同义或近义组合而成，如“或时”“次第”；有在单音词后面加上音节成分，如“亦复”“亦自”。“自”和“复”作为构词成分，不仅在中土文献中得以使用，就是在汉译佛经中也频繁出现；有单音词后面加上词缀成分，如“最为”“实是”“甚可”，“为”“可”“是”在此时已经词缀化；有承传上古，在单音词后面加上副词词尾，如“俄然”“俄尔”。从上古到中古，通过“然”“尔”等副词词尾，构成大量的双音词；还有跨层组合，通过词汇化而来，如“一何”“未曾”“本来”；还有重叠构词，如“渐渐”“数数”“稍稍”“时时”，等等。诸如此类构词方式的出现，都是汉译佛经双音词产生手段多样化的体现。

第四，同义并用现象突出，但成词的概率低。

《法华经》中，同义并用现象突出，共有如下 26 组：表达将来时间的“当欲”和“将欲”；表达短时间的“寻即”“寻便”；表达频数和反复的“每常”“或时”“重复”和“又复”；表达时间早晚的“方始”“初始”；表达范围的“都皆”“咸皆”“悉皆”“皆悉”“普皆”“咸皆”“咸皆”“咸共”；表达程度的 “益加”“转复”“加复”“倍复加”“转更”，表达协同的“共相”“共同”“俱共”“共俱”。据分析，出现这种形式的原因，除了是汉语双音化发展的早期形式外，还应该跟佛经语言四字格语体有关。归纳起来，同义并用形式具有如下特点：

a. 语义上，是同义或近义的重叠。中土文献中，按照词语的组合规则，同义或近义的词一旦结合成词，就会产生出一个新的意义。中土文献中的这种同义并用，既不是两个词在意义上的简单相加，也不是简单地抽取其中一个词的意义来作为整个形式的意义。而《法华经》中的同义并用，与中土文献有所不同。并用后并不会形成新的意义，但会抽取其中一个词的意义来作为整个形式的意义。

b. 结构上,有不稳定性。从中古汉语语法看,同义并用在结构上是稳定的,一般不存在随意分开的情况。而在《法华经》中,同义并用则有着极不稳定的特征。在同一种功能之内,既存在有单音词之间的任意组合,也存在有组合的临时搭配。这样,就很有可能产生出一种不同的词汇并用。如"皆",此时与"悉"结合成"皆悉",而彼时却与"咸""都""普""共"等词结合。

c. 范围上,属于同类组合。《法华经》中的这种并用只能算是在同一个小类之内的组合。也就是说,此类组合只体现在具有同一种功能或语义的词语之间的组合排列,并不涉及不同语义之间的并用。

d. 线性排列上,存在有一定的随意性。在双音节词形成初期,两个音节的线性序列会极不稳定,有时会出现随意颠倒的现象。《法华经》中,出现有"皆悉"与"悉皆"并存,"即寻"与"寻即"同现的情况。我们认为,这是汉语双音节发展初期的普遍特征。

e. 功能上,能满足节律的要求。单就语义而言,不管是单音词,还是同义并用组合,并无多大差别。但从节律上看,单音词和同义并用形式存在着根本的差别。同义并用组合,既可以满足韵律上的节奏感,也可以满足佛经四字或五字格语体的需要。与此同时,这种同义并用的词在语用上还能起到强调的作用。

f. 使用上,同义并用分布不均。与中土文献相比,《法华经》中的同义并用更为丰富,且具有分布不均的特征。其表现:一些语义类型中的同义组合丰富,如将来时间副词、范围副词、频率副词、连词等;而另一些语义类型中的同义组合却很少出现或者是不出现如代词、介词、助词等。可见,这种同义并用的使用分布不均。

汉译佛经中特有的四字句或五字格,是汉译佛经双音词和同义并用出现的直接原因。南北朝时期，骈文盛行，我们所看到的汉译佛经散体，[①]绝大多数是以四字一格、两字一顿的形式出现。这种形式的语体，讲求节律，但不押韵，也不对仗。这种语体的优点在于，一是通俗易懂，二是便于记诵。而这两点，对于宣传佛教教义而言，无疑起到了积极的作用。

第五，线性排列符合汉语规则。

中土文献中，凡是副词，都出现在动词之前，充当修饰动作行为发生的时间、范围、程度和情态方式的功能。只要这些副词出现连用或并用的情况，各不同词项之间的排列顺序就会显示出一定的规律。初步调查显示，语序上，《法华经》中的多项副词遵守以下规则：位于最左边的是关联副词，包括累加副词、承接副词和条件副词等，排在最右边的是时间副词和情态方式副词。至于语气副词和程度副词、范围副词三者，语气副词靠左，程度和范围副词靠右。其中，语气副词具有极大的兼容性。如当其与否定副词搭配时，可形成"必不""独不"等。语气副词的行文也独具特性，表现为：先由语气副词之外的副词修饰谓语，再由语气副词修饰其后面的述谓成分。值得注意的是，语气副词功能所针对的对象是整个句意，并不是某个谓语或某个副词。

类同关联副词和语气副词的搭配，有一个总的趋势，即：类同关联副词在左，与动词谓语距离远；语气副词在右，与动词谓语距离近。这个趋势是符合汉语语言的组合规律的，它符合了辖域大的副词与被修饰语的距离远于辖域小的副词的规律。其根源，语

---

① 当然在《法华经》和其他汉译佛经中，还存在一些偈颂形式，这种形式有四言、五言、七言，语言生硬，形式呆板，基本不能反映当时的实际语言。

气副词管辖的是一个句子，而类同关联副词管辖的是一个复句。类同关联副词与其他副词，如表时间、范围、程度、否定、情态方式的副词多有连用，这必然出现类同关联副词在左，其他副词在右的情况。如有“亦常”(3 例)、“亦皆”(6 例)、“亦不”(32 例)、“亦甚”(1 例)的出现。这一条规律有一点很明确，但凡范围副词就必须在类同关联副词的右边。这正是范围副词与动词关系密切的前提和基础。

在进行语序比较时，我们注意到，由于分类的不同，语序的比较也受到一定影响。譬如，人们习惯上喜欢把用在复句里表重复的“重”“复”“又”“更”等副词，与用在单句里表重复的用法归为一类，从而影响到副词语序的线性序列，并将导致不科学结论的产生。

上面描写的是《法华经》副词线性排列的情况，我们又对魏晋南北朝汉译佛经进行了调查。在魏晋南北朝汉译佛经中，表示语气的副词后面接连的副词有：否定副词、时间副词、频率副词、限定副词、总括副词、类同副词、程度副词等。a. 语气副词接否定副词的有：“必不”“岂不”“何必不”“本来不”“岂复不”“独不”“殆不”。b. 语气副词接时间副词的有：“必先”“必曾”“何必正”“未必先”“未必一向”“岂复还”“必得”“必当”。c. 语气副词接频率副词的有：“未必常”“岂复更”“岂更”“宁当复”。d. 语气副词接限定副词的有：“岂但”“岂独”。e. 语气副词接总括副词的有：“何必悉”“何必共”。语气副词接类同副词的有：“必亦”。f. 语气副词接程度副词的有“反更”“必大”。这类语序的修饰方式，一般是先由表示否定、时间、频率、限定、总括、类同、程度的副词修饰动词，再由语气副词修饰整个述谓中心成分。语气副词总是处在其他副词的最左边，很少有例外。

汉译佛经中表示类同的副词和后面接连的词有表示时间、否定、频率、总括、程度、情态方式等方面的副词。这种连用线性语序的修饰方式是：先由表示时间、否定、频率、总括、程度、情态方式等方面的副词修饰动词，再由类同副词修饰整个关联小句。类同副词接时间副词的有“亦即”“亦曾”“亦当”“亦已”“亦先”“亦又(仍然)”“亦可”“亦能”“亦欲”等，类同副词接否定副词的有“亦不”“亦非”“亦莫”“亦无”“亦不曾”等，类同副词接频率副词的有“亦再三”“亦永”“亦常”“亦恒”“亦数”等，类同副词接总括副词的有“亦皆”“亦悉”“亦俱”“亦普”等，类同副词接程度副词的有“亦甚”“亦大”等，类同副词接情态方式副词有“亦尽”“亦自然”“亦相”等。在类同副词和以上这些副词进行连用时，其情况一般很稳定，少有意外发生。至于当表总括的“俱”和“亦”连用时，出现“亦俱”和“俱亦”的线性次序不明显的情况，只能说是例外。这种意外情况的出现，是由于“俱”和“亦”所指的语义范围相同，都是述谓中心语，因而也就没有大小辖域的区分，其结果必然是没有了先后语序。当类同副词后面有两项或两项以上连用时，其线性次序是：类同副词接频率副词，再接方式副词，然后接否定副词。汉译佛经中表示累加和关联的副词后面连用的词很少，累加副词只接否定副词，关联副词只接情状方式副词。其连用语序修饰的方式是：表示否定、情状方式的副词先修饰动词，然后累加副词、关联副词修饰整个关联小句，并关联前后两个小句。

汉译佛经表示总括的副词和后面接连的词有表示类同、时间、否定、情态方式等方面的副词。除了类同副词和总括语序之外，这种语序的修饰方式是：先由表示时间、否定、情态方式等方面的副词修饰动词，再由总括副词修饰主语、宾语或其他成分。时间副词和后面接连的词有表示否定、总括、限定、程度、情态方式等方面的副词。其语序的修饰方式是：表示否定、总括、限定、程度、情态方式等副词的语义最靠近动词，先修饰动词，然后时间副词修饰动词。限定副词、程度副词、情状方式很少和其他副词连用，限定副词和情态方式副词连用有“独密”等，和否定副词连用有“独不”等。程度副词和否定副词连用有“最不”“愈不”等。情状方式副词一般紧连动词，右边不再有其他的副词出现。这种连用线性语序的修饰方式是直接修饰动词。

我们发现，汉译佛经副词连用的线性次序，总体来说，与汉语保持一致。它的语序具有如下特点：a. 虽然汉译佛经属于翻译文献，但是它连用的线性次序与同期中土文献基本保持一致。其连用的线性次序大致是：累加副词→类同副词→关联副词或语气副词→总括或限定副词→时间副词→频率副词→程度副词→情状方式副词→否定副词。“→”表示“先于”。b. 与述谓中心语的语义关系越是密切的副词，其在连用中的次序就越是靠近述谓中心语。c. 语义管辖范围越大的副词，其在连用中的次序就越是远离述谓中心语。d. 中古汉译佛经副词的连用范围不是很普遍，主要集中在部分语气副词、部分时间副词、累加副词、类同副词、范围副词和程度副词上。

第六，新词和新用法多见。

《法华经》中，新出现的副词有 32 个，多为双音节。新出现的用法占副词所有用法的四分之一。如“皆”用在从句中，有表示在任何情况下都有相同结果的意义；“唯”与“除”并用，强调事态的发生受条件的唯一性制约；“都”表范围的总括和周遍；“亦”在条件句中表事理上的承接;“不”用在动补结构中否定补语的用法,等等。

通过对勘,我们发现,《法华经》中副词受翻译和梵文影响并不大。目前只发现有“既 VO 已,即(便)”格式中的副词“既”“即”“便”比同期中土文献中出现的频率要高出许多。究其原因,这是由梵文绝对分词的广泛使用所造成。

第六章　介　词

介引动作行为发生的时间、处所，并用于修饰谓词性成分的词叫介词。介词通常与体词性成分组合成介宾短语。《法华经》中介词的基本情况为：词项 15 个，用法 36 项，用例 1847 例。其功能，主要用于介引动作行为发生的时间与处所、工具与凭借、对象与施事、受事和施事或与事、原因与结果等。但也有个别介词具有标记功能，譬如“V＋於（于）＋O”结构中的“於（于）”。[①]《法华经》中介词使用的基本特点为：a. 除极个别的介词用法存在差异外，基本与同期中土文献一致；b. 汉译佛经介宾语序与中土文献基本吻合；c. 多数介词只表示一种语法意义，少数介词表示两种或两种以上的语法意义；d. 新陈代谢功能明显；e. 一部分介词出现新的用法；f. 有极个别新语法现象的产生可能跟汉译佛经的源头语有关。

一　介引时间和处所

《法华经》中，介引动作处所（范围）介词共 5 个，用法 6 项，508 例，有“於$_{处所/范围}$”（332/62）、“于$_{处所}$”（14）、“从$_{处所}$”（58）、“在”（37）、

---

① 汉译佛经中作介词的“於”和“于”在使用上有所区别，我们这里将“於”和“于”分开讨论，以显它们的不同用法。在处理用例时，只讨论“於”“于”的用法情况下，分别写作“於”“于”。其他地方都统一作“于”。

“向$_{处所}$”(5)(见第二节)。介引动作行为的时间介词共5个,用法5项,184例。有“於$_{时间}$”(147)、“于$_{时间}$”(9)、“从$_{时间}$”(21)、“自”(5)、“当”(2)。复合并用“从於”(1)、“在於”(2)、“自从”(1)。介引时间的“当”和介引处所的“向”是新产生的用法,其余的用法都承传上古。

於

“於”做介词,共741例。可以介引时间、处所、范围、施事或受事、对象、工具、原因和结果等。这里介绍其表时间、处所和范围三种用法。其中,介引处所(范围)332(62)例,介引时间147例。

甲、“於”介引处所,使用丰富。或介引动作行为施行的处所,或介引动作行为发生的处所,或介引动作行为终止的处所。在上古,这些用法都已出现。

A. 跟名词或名词短语组合,引出动作行为施动的处所,动词不含有“起始”和“终止”义,共312例。“於”跟名词组合为“於+N”格式,跟名词短语组合为“於+NL”(L表示方位词,N指名词或代词)格式。

a. “於+N”格式,186例。该格式可以前置于VP和后置于VP。

前置于VP的“於+N+V”格式,81例。如:

(1) 时富长者,於师子座见子便识,心大欢喜。(16c)

后置于VP的“V+於+N”格式,105例。如:

(2) 文殊师利,我住於此,见闻若斯,及千亿事。(3a)

b. “於+N+L”格式,126例。该格式也可以前置于VP和后置于VP,以前置为主。“於+N”带方位词的用法在上古少见,由中古发展起来。方位词的出现,导致“於”介引方位或处所功能的突显。

前置于 VP 的“於+N+L+V”格式，105 例。如：

(3) 是学无学人，亦各身以离我见及有无见等谓得涅槃；而今於世尊前闻所未闻，皆堕疑惑。(12b)

后置于 VP 的“V+於+N+L”格式，21 例。如：

(4) 世尊，我今无复疑悔，亲於佛前，得受阿耨多罗三藐三菩提记。(12b)

从以上用例看，如果没有方位词出现，“於+N”以后置为主；如果有方位词出现，“於+N+L”以前置为主。《法华经》中的这一特点与中土文献的演变规律极相吻合。

B. 引出动作行为的起始处所，动词含有“起始”义，5 例。如：

(5) 迦叶当知，譬如大云，起於世间，遍覆一切。(19c)

此类引出动作行为起始处所的“於+N”全都是后置，都指向动作行为的发生或状态存在的处所。

C. 引出动作行为的终止处所，动词含有“终止”义，15 例。此类用法中的“於+N”全都后置，多数指向主体经过位移之后最终所能到达的处所。如：

(6) 以慈修身，善入佛慧，通达大智，到於彼岸。(2a)

(7) 若人散乱心，入於塔庙中，一称南无佛，皆已成佛道。(9a)

(8) 若说是事，一切世间天人阿修罗，皆当惊疑，增上慢比丘将坠於大坑。(6c)

总体上，“於+N”和“於+N+L”的语序表达，以前置为主，达 186 例；以后置为辅，146 例。这与上古介宾结构以后置为主的情形形成了极大的反差。其原因：一是方位词的产生和使用，使得

“於＋N＋L”前移；二是宾语成分的复杂化；三是补语的产生。当然，具体应视情况而定。当表起始的处所时，“於＋N”和“於＋N＋L”一般前置；当表终点处所时，“於＋N”和“於＋N＋L”一般后置；当表施行的时间和处所时，“於＋N”和“於＋N＋L”既可以前置，也可以后置，但以前置为主。总之，“於＋N”和“於＋N＋L”的语序表达遵循时间顺序这一原则。在当时，中土文献中“於＋N”的语序变化与《法华经》相同。就这一点，体现出了汉译佛经与汉语的一致性。

表示处所的“於”多从梵文依格翻译而来，依格表示动作行为发生的处所和时间，类似于“在……里”“在……上”和“在……之间”。译师借助标记词“於”或“於……L”来表达。如“於诸欲染”中的“於”字，从梵文 kāmeṣu（欲望）语尾译来，该词的复数依格语尾 eṣu 表示“在……中”，译本把它翻译为“於”字。

乙、“於”介引范围，来源于介引处所，用法相对较少。由于范围和处所有时难以界定，因此，在操作过程中，凡“於”后面带有处所、方位等名词结构的，我们将其算作处所；凡“於”后面带有人或者法的名词结构的，我们将其算作范围。如：

(9) 正法倍寿命，像法复倍是，如恒河沙等，无数诸众生，於此佛法中，种佛道因缘。(29c)

(10) 於诸法中，任力所能，渐得入道。(19b)

例(10)的意思是指“在各种法门之中，众生根据各自的力量渐渐入道”。由于句中“於诸法”中的“於”引导的是一个抽象名词“法门”，因此，我们将这类词看作范围。

丙、“於”介引时间，引出动作行为施行的时间和动作行为发生的起始时间。

A. 引出动作行为施行的时间,145 例。如:

(11) 如来於今日中夜,当入无余涅槃。(4b)

此例中的“於 N”都属于前置,指向动作行为发生或状态存在的处所。

B. 引出动作行为发生的起始时间,2 例。如:

(12) 我等长夜,持佛净戒,始於今日,得其果报。(18c)

于

“于”做介词,27 例。主要用于介引时间(9 例)、处所(14 例)和受事(4 例)。

A. “于时间”引出动作行为进行的时间,9 例。如:

(1) 以此因缘,得值四百万亿诸世尊于今不尽。(25b)

B. “于处所”引出动作行为进行的场所,用在动词之后,形成介宾结构,并后置,14 例。如:

(2) 诸子於后饮他毒药,药发闷乱宛转于地。(43a)

此类“于 N”结构都是后置成分,可以表示动作行为进行的处所,可以表示动作行为发生的处所,还可以表示动作行为附着或滞留的处所。这种介引时间的“于 N”和介引处所的“于 N”,在意义和用法上相同。

C. “于受事”介引动作行为的受事,4 例。这是“于”的特殊用法。如:

(3) 唯愿天人尊,转无上法轮,击于大法鼓,而吹大法螺,普雨大法雨,度无量众生。(24b)

(4) 诸阿修罗等,居住大海边,自共语言时,出于大音声。(48a)

(5) 诸佛於此转于法轮,诸佛於此而般涅槃。(52a)

在例(3—5)中,“于”出现在“击”“出”和“转”等动词的后面,引出动作的受事。在中土文献中,虽然有“动词+受事”结构,但并没有“动词+于+受事”结构。

从 自

“从”做介词,105 例。其中,介引处所 58 例,介引时间 21 例,介引对象 26 例。前两种用法在上古就有使用,后一种用法是中古新产生的。

A. “从处所”跟名词或代词组合,引出动作行为的起始处所,58 例。有具体的处所,也有抽象的处所。如:

(1) 说此语时,会中有比丘、比丘尼、优婆塞、优婆夷五千人等,即从座起,礼佛而退。(7a)

(2) 尔时,世尊从三昧安详而起,告舍利弗……(5b)

对于此例中的“三昧”,罗什曾在《智度论》中说道:“善心一处住不动,谓之三昧”,认为“从三昧起”即“从善心不动之处起”,“三昧”指的是抽象的处所。“从”表起始处所,与动词有着密切关系,动词为带有起始义的“起”和“出”。

“从”出现与功能相同的“于”并用的情况。如:

(3) 尔时文殊师利,坐千叶莲华……从于大海娑竭罗龙宫自然踊出。(35b)

B. “从时间”跟时间词或指示短语组合,引出动作行为的起始时间,21 例。如:

(4) 四谛十二缘,无明至老死,皆从生缘有。(26b)

(5) 阿逸汝当知,是诸大菩萨,从无数劫来,修习佛智慧,悉是我所化,令发大道心。(41b)

(6) 从是已后,诸声闻众,无量无边不可称数。(25b)

例(4)的语意是指：苦、集、灭、道四谛法与无明至老死之间，共有十二个环节的相互缘生之法。因为众生的行为所造之业导致了众生的不断的转生，有生必有死，从生到死都便有了无尽的苦难。句中"从"介引时间。当"从"表时间时，多与"来""后"等词结合。"从……来"指的是从过去的某一时间开始，到说话人说话时为止；"从……后"指从过去某一时间以来。"从"在介引时间时，可以用在起始义动词或终止义动词当中。如：

(7) 从始至今，广说诸经。(34b)

C. "从对象"跟一般名词组合，引出动作行为的对象、事物和方法等，26 例。关于对象，既包括具体的，也包括抽象的，当介引的对象是人或者是因缘时，"从"便由表处所发展成为表对象。如：

(8) 我自昔来，未曾从佛闻如是说。(6b)

(9) 佛种从缘起，是故说一乘。(9b)

(10) 从禅定起，为诸国王、王子臣民、婆罗门等，开化演畅，说斯经典。(37c)

"禅定"，指一个人修行，能摄受散乱心，专注于一境。这是修菩萨道者的一种调心方法，能达到净化心理、锻炼智慧和进入诸法真相的境界。"从"，介词，介引动作的方法。"从"自上古以来，一直处于前置状态。《法华经》中的"从"用法也一样。

"自"，介词，引出动作行为的起始时间，5 例。"自"或者直接引出起点时间，或者引出以动作发生的时间作为起点的时间。如：

(11) 自今已后，如所生子。(17a)

(12) 我自昔来，未曾从佛闻如是说。(6b)

"自"和"来""后"组成"自……来""自……后"两种框式结构，表时间。另，"自"和"从"连用，1 例。如：

(13) 自从是来，我常在此娑婆世界说法教化……导利众生。(42b)

在 当

“在”专用于引出动作行为施行的处所和范围，37例。有“在＋N”和“在＋NL”两种格式：

A. “在＋N”格式，17例。包括在谓语动词前做状语和在谓语动词后做补语两种用法：

a. 所引出的处所用在谓语动词VP前面，9例。如：

(1) 我名某甲，昔在本城怀忧推觅，忽于此间遇会得之。(17b)

“在”与“于”连用，1例。如：

(2) 文殊师利，又菩萨麻诃萨……常好坐禅，在于闲处修摄其心。(37b)

b. 所引出的处所用在谓语动词VP后面，8例。如：

(3) 所言未竟，无数菩萨坐宝莲华，从海踊出，诣灵鹫山，住在虚空。(35b)

其中，“在”与“于”连用，1例。如：

(4) 我见诸众生，没在于苦恼，故不为现身，令其生渴仰，因其心恋慕，乃出为说法。(43c)

B. “在＋NL”格式，20例。包括做状语和做补语两种用法：

a. 所引出的处所用在谓语动词VP前面，12例。如：

(5) 若于房中，若经行处，若在讲堂中，不共住止。(37a)

在谓语动词前面做状语的“在N/在NL”格式，都表示为动作行为发生或状态存在的处所。

b. 所引出的处所用在谓语动词VP后面，8例。如：

(6) 众生没在其中，欢喜游戏……不求解脱。(13a)

在谓语动词后面做补语的“在 N/在 NL”，都表示动作行为的主体（包括人和事物）住留的处所，谓语都是有附着义或滞留义的“住”“没”和“留”等动词。

“当”跟时间短语组合，引出动作行为所进行的时间，2 例。如：

(7) 当尔之时，三千大千世界六种震动，天雨宝华，一切人天，得未曾有。(54a)

二　介引对象、施事、受事和与事

《法华经》中，表介引对象的介词 7 个，用法 7 项，411 例，有“於”(79)、“从”(26)、“与”(48)、“向”(12)、“为”(235)、“共”(3)、“如”(8)。介引施事和与事的介词 2 个，用法 2 项，50 例，有“於$_{施事、与事}$”(5)，“为$_{施事}$”(45)。介引受事的介词 3 个，用法 3 项，148 例，有“於”(96)、“于”(4)（见第一节）、“以”(48)（见第三节）。在汉译佛经中，“於/于”有标记动作行为受事的用法，而在中土文献中却没有。

於

“於”介引对象，79 例，介引受事 96 例，介引施事和与事 5 例。

A. 介引动作行为的对象。79 例。“於”引进的对象可以是一般的对象，69 例，如例(1)；也可以是比较的对象，10 例，如例(2)。如：

(1) 到已，向二世尊头面礼足……欣乐瞻仰於二世尊。(40a)

(2) 是人甚希有，过於优昙花。(10b)

B. 介引动作行为的受事,96 例。如:

(3) 是妙光法师,时有一弟子,心常怀懈怠,贪著於名利。(5b)

(4) 若我但以神力及智慧力,舍於方便,为诸众生,赞如来知见、力、无所畏者,众生不能以是得度。(13a)

例(4)中"舍於方便"指"舍弃方便法门","方便法门"是"舍"的受事,"於"起介引动作行为受事作用。

用来介引动作行为受事的"於(于)"只出现在动词和受事之间,形成"动词+於(于)+受事"结构,这种结构在中土文献中很少出现,但在汉译佛经中却使用频繁。东汉《修行本起经》中有 1 例,三国《六度集经》中有 11 例,元魏《贤愚经》中有 34 例。对于它的来源,目前尚无定论。我们曾从梵汉对勘入手,考察梵文的格是否对"於(于)"的出现造成影响。但结果发现,梵文中的受事格宾语和非受事格宾语都可以翻译为"动词+於(于)+受事"结构。可见它不受梵文受事格的影响。这种结构的产生,可能跟古伊朗语有关。在古伊朗语中,在动词与动词所指的受事之间,通常有一个标识宾语的成分。鉴于,大多译师是西域一带僧人,他们从小接受古伊朗语言的熏陶。因此,在他们所翻译的汉译佛经中,难免不会有古伊朗语言的痕迹。正因为如此,汉译佛经中出现具有古伊朗语特色的"动词+於(于)+宾语"格式。

C. 介引动作行为的施事和与事,5 例。如:

(5) 宁上我头上,莫恼於法师。(59b)

(6) 虽闻此香,然於鼻根不坏不错。(48c)

与

"与"有做连词和介词两种用法,做介词时介引对象,都前置,

48例。有三种用法：

A. 引出动作行为的协同对象，37例。如：

(1) 我等与众生，皆共成佛道。(24c)

有的动作协同的对象因文而省略，这一用法沿承上古。如：

(2) 父遥见之．而语使言："不须此人勿强将来，以冷水洒面，令得醒悟，莫复与语。"(16c)

B. 引出动作行为的比较对象，3例。如：

(3) 今我与汝便为不异，宜加用心，无令漏失。(17b)

C. 引出动作行为相关的对象，8例。如：

(4) 如来贤诸将与之共战，其有功者，心亦欢喜。(39a)

(5) 若入他家，不与小女、处女、寡女等共语。(37b)

例(5)中，"与"用于否定句，形成否定形式"不与"。由"不与"可以引出动作行为所要限制的对象。这是引出动作行为相关对象用法中的一种特殊现象。

需要提出的是，尽管《法华经》中的"与"与中土文献用法相同，但在其他汉译佛经中还是存在有特殊的用法。如：

(6) 一时佛[0]游摩竭陀国，与大比丘众俱。比丘一千悉无著、至真。本皆编发，往诣王舍城摩竭陀邑。于是摩竭陀王频鞞娑逻闻世尊[0]游摩竭陀国，与大比丘众俱。比丘一千悉无著、至真。本皆编发，来此王舍城摩竭陀邑。(东晋僧伽提婆译《中阿含经》卷十一)

此例中两处"与大比丘众俱"应该分别位于"佛"和"世尊"之后的"[0]"位置，但却处于句末。这就是"与"所带的介宾短语后置的特殊用法。此特殊用法的产生可能受原典梵文的语序翻译有关。

向

“向”做介词，17 例。其中，介引对象 12 例，介引处所 5 例。介引对象时，“向”前置，而介引处所时，“向”后置。“向”做介词是中古出现的一种新用法。

A. “向对象”与名词组合，引出动作行为涉及的对象，12 例。如：

(1) 父母念子，与子离别五十余年，而未曾向人说如此事。(16c)

B. “向处所”与名词组合，表示动作行为的处所，5 例。

a. 引出处所方向，3 例，后置。如：

(2) 如是等布施，种种皆微妙，尽此诸劫数，以回向佛道。(45a)

此例的意思是：这样的布施，种种都是微妙而又殊胜，（只要能）穷尽无数劫，就会回到功德圆满的佛道上来。

b. 引出处所终点，2 例，后置。如：

(3) 譬若有人，年既幼稚……渐渐游行遇向本国。(16b)

为 共

“为”做介词时，主要用于介引施事者和介引服务对象，共 280 例。

A. 用于被动句，引出施事者，45 例。如：

(1) 我定当作佛，为天人所敬，转无上法轮，教化诸菩萨。(11b)

(2) 供养无量百千诸佛，于诸佛所殖众德本，常为诸佛之所称叹。(2a)

(3) 而诸子等，耽湎嬉戏，不受我教，将为火害。(14b)

(4) 此舍已为大火所烧，我及诸子，若不时出，必为所焚。(12a)

“为”介引施事时，一般与“所”搭配使用。并且，在“为……所”结构中，还可以有“之”介入。当然，“为”也可以单独使用。有时，“为”后面的施事可以省略。

B. 表示动作行为的服务对象，235 例。如：

(5) 云何而为众生说法？(57a)

此类用法中的“为”，多从梵文名词属格或为格翻译而来。如例(5)中的“为诸众生”，就是梵文复合词 jagat-anāṃ的对译。该词后面带有阳性复数属格的格尾-anām，-anām 对译成“为”。属格还经常与为格接近，并起为格的作用，译师多用“为……”来翻译。通常情况下，在表示对象的“为 N”前置结构中，介词宾语往往被省略，这是对上古用法的传承。

有时，表对象的“为”从梵文中表目的的 artha 译来。如：

(6) 汝等出来，吾为汝等，造作此车。(14b)

我们对例(6)进行了对勘，前提是把“为汝等造作此车”中的“为”看作是相当于“为了……”的介引目的介词。其理由：从梵汉对应材料看：“为汝等造作此车”源自(yānaka)(乘) yuṣmākam(汝等)arthe(为)maya(我)kāritāni(被造作)//(80 页)。yuṣmad 译为“汝等”，第二人称代词，复数，属格。artha 译为“为”，名词，表示目的。该词可以单独用作名词，也可以和前面的短语组合构成一个不变复合词。这两种组合方式都是表示动作行为的目的。

“共”做介词，引出动作行为的协同对象，3 例。这是“共”新出现的用法，由动词“共同”义虚化而来。相当于“同……一起”。如：

(7) 阿逸多，若善男子善女人，闻我寿命长远深心信解，

则为见佛常在耆阇崛山，共大菩萨诸声闻众围绕说法。(45b)

(8) 穷子若许，将来使作。若言："欲何所作？"便可语之："雇汝除粪，我等二人，亦共汝作。"(17a)

如

"如"，做介词，45 例。由上古发展而来，用于介引对象和介引工具。

A. 引出动作行为的比较对象，相当于"如同"，8 例。如：

(1) 又见具戒，威仪无缺，净如宝珠，以求佛道。(3b)

(2) 其眼长广而绀青色，眉间毫相白如珂月，齿白齐密常有光明，唇色赤好如频婆果。(60c)

(3) 汝听观音行，善应诸方所，弘誓深如海，历劫不思议。(57c)

介词"如"表示等同之义，用于平比句"形容词＋如＋名词"。这一用法来自于上古。但它在汉译佛经中的使用频率远远高于中土文献。其主要原因是翻译所造成。因为梵文佛经中有大量的平比结构，其词汇主要表现为不变词 yathā 和复合词词尾的-mātra/-upama/-sama。它们的大量出现，通过翻译，被对译为"如"字，这样也就造成了汉译佛经中"如＋名词"这样的平比句大量形成。

B. 引出动作行为所凭借的依据，37 例。如：

(4) 善男子，汝往诣耆阇崛山释迦牟尼佛所，如我辞曰："少病、少恼，气力安乐，及菩萨、声闻众安隐不？"(33b)

(5) 诸比丘众，皆一心听，如我所说，真实无异。(21c)

(6) 愿为除众疑，如实分别说。(42a)

(7) 我亦如是，成佛已来，无量无边百千万亿那由他阿僧

祇劫，为众生故，以方便力言当灭度，亦无有能如法说我虚妄过者。(43b)

“如”表凭借，其义来自上古。汉译佛经中，表凭借的“如”的使用频率高于中土文献，这是因为，梵文佛经里有大量的副词性复合词“yathā＋中性单数名词”结构。这种结构表示“依据、按照”的意思，是在翻译成汉语的过程中，译师将其译成表凭借的介宾结构“如＋名词”。“如其种性具足蒙润”中的“如其种性”译自梵文 yathā- balaṃ yathā- viṣayam yathā- sthāman。“如法说”中的介宾结构“如法”译自梵文 yathā- dharmam。“如实分别说”中的介宾结构“如实”译自梵文 yathā- bhūtaṃ。

三　介引工具和凭借

《法华经》中，介引工具和凭借的介词共 3 个，用法 4 项，334 例，有“以$_{工具/凭借}$”(147/144)、“於$_{工具/凭借}$”(6)、“如$_{工具}$”(37)(见第二节)。同义并用一组：“以用”(1)。表示动作行为工具或凭借的“以……故”形式是汉译佛经中特殊形式，“随”“顺”“如”介引凭借是新出现的用法。“顺”，从动词“依顺”义发展虚化而来；“随”，从动词“跟随”义发展虚化而来。

以$_{工具/凭借}$

“以”做介词有两种用法：一种用法是介引动作行为所施行的工具和凭借，291 例；另一种用法是介引受事，48 例。

A. 介引动作行为所施行的工具，一律前置，147 例。如：

(1)(菩萨摩诃萨)以慈修身，善入佛慧，通达大智，到于彼岸。(2a)

(2) 释提桓因、梵天王等，与无数天子，亦以天妙衣、天曼

陀罗华、摩诃曼陀罗华等，供养于佛。(12a)

(3) 华光如来亦以三乘教化众生。(11b)

例(1)中的“以慈修身”是一个介宾短语，意即“用慈爱的心修身养性”，这个介宾结构所修饰的谓语是动词“入”。例(2)中的“以天妙衣、天曼陀罗华、摩诃曼陀罗华等”，是梵语中的名词 divyai vastrair ca māndāravair mahāmāndāravaiḥ puṣpair(天妙衣、天曼陀罗华、摩诃曼陀罗华)的对译，梵语名词的阳性复数具格形式对译为介词“以”。例(3)中的“以三乘”对译是梵语 trīṇy eva yānāny ārabhya dharmaṃ(三乘-即-乘-以-法)，ārabhya 有表工具的功能，译师用“以”来对译。

通常，“以”的宾语可以前置，用于强调。但有时，“以”后面的宾语可省略。如：

(4) 诸天龙神，人及非人，香华伎乐，常以供养。(3b)

(5) 有大白牛，肥壮多力，形体姝好，以驾宝车。(14c)

例(4)中“以”的宾语“诸天龙神、人及非人、香华伎乐”被移到句首，例(5)中的“以”后面省略“之”。

“以”写作“已”，1 例。如：

(6) 又饮瞻卜诸华香油，满千二百岁，已香油涂身。(53b)

B. 介引动作行为的凭借，一律前置，144 例。如：

(7) 现在未来佛，其数无有量，亦以诸方便，演说如是法。(11a)

(8) 我先不言“诸佛世尊，以种种因缘，譬喻言辞，方便说法，皆为阿耨多罗三藐三菩提”耶？(12b)

例(7)中，“以诸方便，演说如是法”指的是用种种方便之力来演说这种经法。“以诸方便”对译的是梵语中的依主释复合词 upāyakauśalya-śata-iḥ(诸善巧方便)，该词后面带有名词中性复数具格格尾-iḥ，梵文具格是携带格，表示施事者所运用的工具、方式或凭借等，译师正是把这种具格格尾-iḥ对译为介词“以”。例(8)中，“以种种因缘譬喻言辞方便”对译的是依主释复合词，后面有中性复数具格格尾-iḥ，表示演说经法所凭借的方法，译者用介词“以”来对译。

C. 介引动作行为的受事，48例。其中，有43例是前置，如例(7)；5例是后置，如例(12)。如：

(9) 自惟财富无量，等以大车而赐诸子。(13c)

(10) 我为设方便，说诸尽苦道，示之以涅槃。(8b)

“以用”由“以”和“用”同义并列组合而成，介引动作行为所施行的工具，2例。“以用＋N”中的“N”前置于“以用”，形成“N＋以用”结构。“以”“用”并用，是其宾语承前省略，或宾语前置以后，为满足四字格的需要而出现。如：

(11) 众华、璎珞、涂香、末香、烧香、缯盖、幢幡，以用供养。(21c)

於$_{工具/凭借}$

“於$_{工具/凭借}$”介引动作行为的工具和凭借，6例。如：

(1) 诸佛以方便力，於一佛乘分别说三。(7b)

(2) 於一乘道，随宜说三。(19a)

四　介引原因和目的

《法华经》中，介引原因和目的的介词共5个，用法7项，205例，有“因”(5)、“由”(6)、“以$_{原因}$”(85)、“为$_{原因/目的}$”(59/39)、“於$_{原因/结果}$”(5/6)。同义组合一组：“以用”(1)。

因　由

“因”做介词，介引动作行为或事件发生的原因和目的，都前置，5 例。

A. 介引动作行为或事件发生的原因，4 例。如：

(1) 一一诸佛土，声闻众无数，因佛光所照，悉见彼大众。(4c)

(2) 尔时诸佛各告侍者：“诸善男子，且待须臾，有菩萨摩诃萨名曰弥勒，释迦牟尼佛之所授记，次后作佛，以问斯事，佛今答之，汝等自当因是得闻。”(41a)

B. 介引动作行为或事件发生的目的，1 例。如：

(3) 汝诸子等，先因游戏，来入此宅，稚小无知，欢娱乐著。(14b)

“由”介引动作行为或事件出现的原因，包括跟“故”相搭配的“由……故”结构，6 例。如：

(4) 作是誓已，自然还复，由斯菩萨福德智慧淳厚所致。(54a)

(5) 尔时穷子，虽欣此遇，犹故自谓客作贱人，由是之故，于二十年中常令除粪。(17a)

以原因

表示原因，85 例，都前置。根据组合形式的不同，分为以下两种情况：

A. 前置的“以＋N”结构，介绍动作行为或事件发生的原因，相当于“因”，22 例。如：

(1) 今者世尊现神变相，以何因缘而有此瑞？(2b)

此例中，“N”指的是“何因缘”，“以”引进行为发生的原因。从梵汉对勘看,汉译佛经中用在名词或代词前面的“以”,大多从梵文名词具格-en 译来。梵文中的具格-en 可以表示原因或理由,语义相当于英语的 owing to,on account of,because of。

B. 前置的“以+N+故”结构,介引动作行为或事件发生的原因,63 例。如:

(2) 是人亦以种诸善根因缘故,得值无量百千万亿诸佛,供养、恭敬,尊重、赞叹。(4b)

(3) 又以贪著追求故,现受众苦。(13a)

(4) 以五欲财利故,受种种苦。(13a)

“以+N+故”主要译自梵文的具格,如例(2)中的“以种诸善根因缘故”,从梵文 tena kuśalanūlena 译来。具格词尾-ena 译作“以……故”,表示原因。如例(4)中的“以五欲财利故”,是梵文复合词īaribhoga- nimittaṃ ca kāmahetu- nidānaṃ(财利-以……故 及诸欲-以……故)的对译,“以…故”由 nimitta 译来。又如例(3)中的“以贪著追求故”,是梵文复合词īaryeṣṭha- nidānaṃ parigraha-nidānaṃ(追求-以……故 贪求-以……故)的对译,“以……故”由 nidāna 译来。nidāna 用来指最初的原因,表示原因的“以”和梵文的属格有关。属格的用法经常接近于为格,起为格的作用,类似于汉语“为”。在这里,属格被译作“以”。《法华经》中“以”表示原因的用法相当普遍。从语言接触角度,我们认为这应该与梵文中普遍出现“以”用于原因的名词具格形式有关。据王继红、朱庆之(2013:229 - 245)研究,汉译佛经中句末“故”之所以广泛出现,是由于对译了原典中的从格格尾、具格格尾和表原因的虚词 hi,以及名词 artha 或以 artha 结尾的不变状复合词。

为

“为”，介词，表示原因，59 例；表示目的，39 例。

A. 表示原因。以“为＋N”是前置结构出现，引出动作行为发生的原因，59 例。如：

(1) 众苦所恼乱，为是说涅槃。(8a)

“为”与口语词“云何”组合为“为云何”，相当于“为什么”。如：

(2) 是事为云何？愿佛为解说。(6b)

表示原因的“为”与“故”搭配，出现“为……故”结构。如：

(3) 世尊，我亦为愍念众生拥护此法师故，说是陀罗尼。(59a)

有时，“为……故”中的“为”省略，成为“……故”，而其表原因的用法依然明显。如：

(4) 哀愍妙庄严王及诸眷属故，于彼中生。(60c)

B. 表示目的，39 例。如：

(5) 诸佛子等，为供舍利，严饰塔庙。(3b)

(6) 四王诸天，为供养佛，常击天鼓。(22b)

参照梵汉对勘材料，我们可以从以下两个方面，为“为”表示目的的用法找到适当的理由：

第一，梵文名词 artha 表示目的，相当于“为了……的缘故”。《华法经》中“为汝等”中的“为”，是 artha 的直译。

第二，人称代词 yuṣmad，原本是属格格尾，但却起为格的作用，表示目的，相当于“为了你们”。

罗什在翻译《法华经》时，基本遵循直译原则。“为”表示目的的用法，就是基于对梵文的直译。再如：

(7) 为度众生生老病死、忧悲苦恼、愚痴闇蔽三毒之火，教化令得阿耨多罗三藐三菩提。(13a)

(8) 如彼诸子，为求羊车，出于火宅。(13b)

“为 VP”实际上是“为 VP 故”的省略，如(7)中“为度众生生老病死、忧悲苦恼、愚痴闇蔽三毒之火”中的“为度”对译的是梵语中的 marimonana-hetu(度-为……故)。hetu 表示“为……故”，此处用“为”来对译。例(8)中“为求羊车”中的“为”从梵文不变词 tasmāt 译来。tasmāt 主要用于表示目的句子，相当于汉语中的“为”，汉译佛经用“为”对译。

原因和目的，体现的是因与果的两个方面。事物的发展，凡有因必有果。因与果，相互依存，互为联系。《法华经》中有关原因与结果或原因与目的用例的出现，都符合事物发展的规律。

於

“於”介引动作行为或事件发生的原因和目的，一律前置，11 例。

A. 介引动作行为或事件发生的原因，5 例。如：

(1) 虽复教诏，而不信受，於诸欲染，贪著深故。(14c)

(2) 经於千岁，为於法故，精勤给侍，令无所乏。(41a)

例(1)中前文介绍结果，后文交代原因；例(2)中前文介绍原因，后文交代结果，“为”“於”连用。

B. 介引动作行为或事件发生的目的，6 例。如：

(3) 如来知是一相一味之法，所谓解脱相、离相、灭相、究竟涅槃常寂灭相，终归於空。(19c)

(4) 既知是息已，引入於佛慧。(27b)

五　介引排除

《法华经》中，介引排除的介词，2 个，用法 2 项，7 例，有“除”(6)、“舍”(1)。“除”是新出现的介词。

“舍”，介词，做排他性标记，表示不计算在内，1例。如：

(1) 自舍如来，无能尽其言论之辩。(27c)

“除”，介词，做排他性标记，表示不计算在内，6例。有时还与“唯”连用。如：

(2) 唯除如来，其诸声闻、辟支佛乃至菩萨，智慧禅定，无有与汝等者。(54c)

(3) 又于无数劫，住于空闲处，若坐若经行，除睡常摄心。(45a)

(4) 诸余众生类，无有能得解，除诸菩萨众、信力坚固者。(5c)

(5) 此诸众生，始见我身闻我所说，即皆信受入如来慧，除先修习学小乘者。(40b)

“除”跟名词(例2)、动词性短语(例3)、名词性短语(例4)等组合。排他内容可用在句首，如例(2)、(4)，也可用在主句后面，如例(5)。上例中的“除”都是从梵语中的 sthāpayitvā 对译而来，该词词根√sthā 做动词，有“除”的意思，相当于英语 except。如 They all went to sleep except the young French man。

排他性标记“除(舍)”的这一用法在东汉汉译佛经中已经出现，但在同期中土文献中却没有用例。“除(舍)”对译的是梵语中的 sthāpayitvā，该词词根√sthā 做动词，有“除”的意思，该词语尾加独立式形式 itvā，在梵语文法中独立式有充当介词的作用。如梵文独立式 ādāya 做动词时是“接受”的意思，其独立式做介词时有“用”或“以”。再如梵文独立式 muctvā 的词根√muc，有“放弃”的意思，其独立式用作介词时有“除了”义，指“除了某某以外”。可见，sthāpayitvā 之所以在汉译佛经中译作介词“除”，并有表示排除的这一用法，应该与翻译有关。介词“除”最早见于东汉汉译佛经，这一用法在汉语中保留了下来。

介词小结：

利用上面描写的《法华经》中介词的使用情况，再与《世说新语》对比，以此探讨《法华经》中介词的语法特点。先看如下表格：

表 6－1　《法华经》和《世说新语》介词的用法及其频率比较

类　别	词项和频率			
	《法华经》（约 6.9 万字）	总　数	《世说新语》（约 7.3 万字）	总　数
时 间	於$_{时间}$ 147，于$_{时间}$ 9，当 2，从$_{时间}$ 21，自 5	用法 5 项，184 例	于 11，当 4，以 4，在 37，比 6	用法 5 项，62 例
处所/范围	於$_{处所/范围}$ 332/62，于$_{处所}$ 14，在 37，从$_{处所}$ 58，向$_{处所}$ 5	用法 6 项，508 例	于 86，在 40，从 25，向 1，自 26，就 3，著 12，由 4	用法 8 项，197 例
对 象	於$_{对象}$ 79，从$_{对象}$ 26，与 48，向 12，为$_{对象}$ 235，共 3，如 8	用法 7 项，411 例	于 87，与 285，为 54，向 15，共 1，如 52，从 9，乎 2，就 5	用法 9 项，506 例
施事/与事	於$_{施事、与事}$ 5，为$_{施事}$ 45	用法 2 项，50 例	为 14	用法 1 项，14 例
受 事	於$_{受事}$ 96，于$_{受事}$ 4，以$_{受事}$ 48	用法 3 项，148 例	以 74，将 1	用法 2 项，75 例
工具/凭借	於$_{工具/凭借}$ 6，以$_{工具/凭借}$ 147/144，如 37	用法 4 项，334 例	以 110，用 4，如 6，因 7	用法 4 项，127 例
原因/目的	因 5，由 6，以$_{原因}$ 85，为$_{原因/目的}$ 59/39，於$_{原因/目的}$ 5/6	用法 7 项，205 例	以 49，因 9，由 12，为 27，用 2，于 2，缘 1	用法 7 项，102 例

（续表）

排除	除 6，舍 1	用法 2 项，7 例	0	0
总数	介词 15 个，用法 36 项	用法 36 项，1847 例	介词 23 个，用法 36 项	用法 36 项，1083 例

将表上的数据进行对比，《法华经》中介词的使用情况可以归纳为以下五个方面：

第一，除极个别的介词在用法上存在差异外，绝大多数的介词与同期中土文献一致。

《法华经》中的介词是一个独立的词类。对勘发现，该经中介词的使用很少受到原典文的约束。《法华经》中介词的使用能完全体现出中土文献语法的特征。在原典文中，介词的用量并不多，但在《法华经》中，介词的用量却有不少。《法华经》中之所以会如此普遍地出现介词，是译师出于对符合中土文献语法特征的考虑而有意为之。如：

（1）以是方便，为说三乘，令诸众生，知三界苦。（15a）

此例中，表方式的介宾结构“以是方便”，在谓语动词“说”的前面做状语，受事“三乘”，在谓语动词“说”的后面做宾语，这是中土文献当时典型的句法表现。此例的梵文对译如下：

（1’）yānāni trīṇi pravadāmi tesām jñātvā ca traidhātuki
乘 三 说 他们 知 三界
naikadoṣān nirdhāvanārthāya vadāmy upāyam//（81 页）
苦 出为 说 方便

例（1）的原典文是 vadāmy upāyam//（说方便），动宾组合，词根

√vad（说）支配双重业格，即 upāyam（方便）和 yānāni trīṇi（三乘）。译师在翻译时将 vadāmy upāyam（方便）动宾结构译为介宾结构，将业格 yānāni trīṇi（三乘）译为谓语动词的宾语，这种翻译体现出译师对中土文献语法规则的遵守。

在语法意义方面，《法华经》中，除了介词“于”在动词之后带有受事，和介词“除”表示排除这两项用法以外，其他的用法，如表示时间与处所、对象、与事、工具、凭借、原因、目的以及施事和受事等语法意义，都是中土文献介词中常见的用法。

在词项方面，每一类语法意义的常用词项都与中土文献相同。比较来看，表示时间的常用词“於（于）”“当”“以”，表示处所的常用词“於（于）”“在”“向”“从”，表示对象和与事的常用词“於（于）”“以”“为”“向”“共”“如”“与”，表示工具和凭借的常用词“以”“用”“如”“随”，表示原因和目的的常用介词“以”“因”“由”“为”等，在《法华经》和《世说新语》中都得到相同的使用，只有个别的词如“就”“著”“缘”等介词的用法在《法华经》中没有出现。这说明，在《法华经》中，大都使用的是当时极为常见的词项，对于那些在当时处于衰退状态或不常用的介词，汉译佛经中不使用或使用少。

第二，汉译佛经介宾语序与中土文献基本吻合。

《法华经》中的介词语序受原典文的影响较小，与中土文献的介词语序基本保持一致。介引时间的介词主要是“於”，“於＋N”共147例，都前置于VP。介引处所的介词主要是“於”，“於”字介宾结构共332例。可以前置于VP，也可以后置于VP两类，前置于VP的介宾结构186例，后置于VP的146例。介引动作行为起始的介宾结构都前置；介引动作行为施事过程的介宾结构可前置也可后置，但以前置居多；介引动作行为终结的介宾结构一律后置。《法华经》中的这些介词，其特征与中土文献基本保持一致。介引对象、受事、施事和与事的介词主要是“於”和“为”。“於＋N”共 180 例，都后置于 VP。“为＋N”共 205 例，都前置于 VP。介引工具和凭借的介词主要是“以”，“以＋N”结构，共 240 例。前置于 VP“以”和“以＋N”结构共出现 235 例，占据绝对优势（后置于 VP 的只有 5 例）。介引原因和目的的介词主要是“为”，“为＋N”共 19 例，都前置于 VP。这些词所表现出来的语序都和中土汉语语序保持一致。[①]

第三，新陈代谢功能明显。

引进行为发生的时间、处所和对象时，上古主要用“於（于）”“与”，《法华经》中，“於（于）”“与”的使用频率比上古有所减少，一部分被新产生的介词“从”“在”“向”“为”替代。引进行为的工具、凭借、原因和目的时，上古主要用“以”“为”，《法华经》中，“以”“为”的使用频率比上古有所减少，一部分被新产生的介词“因”“由”替代。

第四，多数介词只表示一种语法意义，少数介词表示两种或两种以上的语法意义。

《法华经》中，多数介词只表示一种语法意义，只有一部分介词表示两种或两种以上的语法意义。《法华经》共有介词 15 个，其中有 10 个介词只表示单一的语法意义，有其他 5 个介词可以表示多项的语法意义。例如“从”既表示时间，又表示处所，“向”表示对象、处所和方向，“於”表示时间、处所、对象和工具，“以”表示工具、原因和受事，“为”表示原因目的和施事，等等。与上古汉语相比，

① 《法华经》中介宾结构与中心语的语序跟中土文献能保持基本一致，这与罗什的翻译有关。但我们不难发现，在有的汉译佛经中，介宾结构与中心语的语序跟中土文献有一定的差距。有待于我们做进一步的研究。

《法华经》中具有多项语法意义的介词数量有所增加，顺应中土文献介词演变的规律。

第五，一部分介词出现新的用法。

《法华经》中，介词新出现的用法如“当”“向”新产生有介引时间和处所的用法，“从”新产生介引对象的用法，“如”新产生介引凭借的用法。

另外，有极个别新语法现象的出现，跟译师和梵文佛经翻译有关。如动词和受事宾语之间用来标记受事宾语的介词“于”，用来表示排除的介词“除”，胡敕瑞（2008：561－572）研究，表排除的介词“除”来源于佛经翻译的外借，它跟梵文佛经翻译有关。介词“除”最早见于东汉汉译佛经，后来这一用法在汉语中得到保留。“以……故”结构和介词“如”使用频率的大量增加，也都跟翻译有关。

表 6－2　《法华经》介词的用法及其频率

类别	词项和频率	总　数
时间	於$_{\text{时间}}$ 147，于$_{\text{时间}}$ 9，当 2，从$_{\text{时间}}$ 21，自 5	用法 5 项，184 例
处所/范围	於$_{\text{处所/范围}}$ 332/62，于$_{\text{处所}}$ 14，在 37，从$_{\text{处所}}$ 58，向$_{\text{处所}}$ 5	用法 6 项，508 例
对象	於$_{\text{对象}}$ 79，从$_{\text{对象}}$ 26，与 48，向 12，为$_{\text{对象}}$ 235，共 3，如 8	用法 7 项，411 例
与事/施事	於$_{\text{施事、与事}}$ 5，为$_{\text{施事}}$ 45	用法 2 项，50 例
受事	於$_{\text{受事}}$ 96，于$_{\text{受事}}$ 4，以$_{\text{受事}}$ 48	用法 3 项，148 例
工具/凭借	於$_{\text{工具/凭借}}$ 6，以$_{\text{工具/凭借}}$ 147/144，如 37	用法 4 项，354 例
原因/目的	因 5，由 6，以$_{\text{原因}}$ 85，为$_{\text{原因/目的}}$ 59/39，於$_{\text{原因/目的}}$ 5/6	用法 7 项，205 例
排除	除 6，舍 1	用法 2 项，7 例
总数	介词 15 个，用法 36 项	用法 36 项，1847 例

第七章　连　词

连词是指位于句首或主语后，用来连接词、短语，或连接小句、句子，起连接或逻辑关联作用的虚词。连词和副词的区别在于，连词可以出现在主语前面，也可以出现在主语后面。而副词不能出现在主语前面，只能出现在主语后面。（吕叔湘 1979:45）连词出现时，不能单独成句，必须有其他小句与之呼应。副词出现时，所在句可以独立成句。

《法华经》中连词的基本情况为：词项 39 个，用法 54 项，用例 1468 例。可分为联合关系连词和主从关系连词。前者包括并列连词、承接连词、递进连词、选择连词和目的连词；后者包括让步连词、因果连词、条件连词、转折连词。《法华经》中连词使用的基本特点为：a. 虽基本承传上古，但新增的词项和用法也不在少数；b. 少部分连词的使用频率高；c. 连词使用的专业化程度越来越明显；d. 双音化趋势显著；f. 存在极个别特殊的语法现象，有可能是受源头语梵文的影响。

一　联合关系连词

根据前后各项所表示的关系的不同，可将《法华经》中的连词分为两大类：联合关系连词和主从关系连词。联合关系连词共有词项 21 个，用法 33 项，1010 例。包括：并列、承接、递进、选择和目的连词。

1.1　并列连词

《法华经》中，表示并列关系的连词共 8 个，用法 11 项，367 例。有“及”(231)、“及以”(2)、“与”(13)、“并并列”(20)、“且”(1)、“共”(1)、“而并列”(31)(见 1.2)、“若并列”(68)(见 1.4)。同义并用两组 6 例，有：“及与”(4)、“并及”(2)。其中，表示并列关系的连词“或”和“乃至”，以及用于连接多项并列成分的“若”，都是汉译佛经新出现的，其余则都沿袭上古的用法。

及　及以

“及”表示并列，共 231 例，分以下三种情况：

A. 连接两项或多项并列的名词或名词性短语，214 例。如：

(1) 复见菩萨，身肉手足，及妻子施，求无上道。(3a)

(2) 尔时，世尊告摩诃迦叶及诸大弟子……(19a)

(3) 是时，天雨曼陀罗华、摩诃陀罗华、曼殊沙华、摩诃曼殊沙华，而散佛上，及诸大众。普佛世界，六种震动。(2b)

通常，“及”表并列时，既可以用在两个普通名词或短语之间，如例(1)；也可以用在两个以上的称谓名词或短语之间，如例(2)；还可以用在两个方位短语之间，如例(3)。例(3)中“散佛上及诸大众”指把花散在佛身上及诸大众身上。也许是出于对节律的考虑而省略后一个方位词。“而散佛上，及诸大众。普佛世界，六种震动”的成分，基本上是构成四字一组、两字一顿的节拍。

当“及”的前后有多项成分出现时，它的用法会变得更为灵活。既可以用在第一个成分之后，又可以用在多项成分之间，还可以用在最后一个成分之前，如例(4)—(5)。如：

(4) 是人有大信力及志愿力、诸善根力。(31c)

(5) 无有地狱、饿鬼、畜生、及阿修罗。(33b)

B. 连接两项或多项并列的动词或动词性短语，13 例。如：

(6) 阿逸多，是善男子善女人，不须为我复起塔寺及作僧坊，以四事供养众僧。(45b)

(7) 是诸大师等，六万恒河沙，俱来供养佛，及护持是经。(41a)

有时，"及"出现在两个意义相反的并列短语之间，起连接作用。如：

(8) 是诸世界，若著微尘及不著者，尽以为尘，一尘一劫。(42b)

C. "及"加上代词"其"，表示它所连接的后一事物从属于前一事物，4 例。如：

(9) 尔时妙庄严王及其夫人，解颈真珠璎珞价直百千，以散佛上。(60b)

在《法华经》中，"及"组合的并列结构，在句法功能上有着特殊的用法：有的做句子主语的同位语，后面伴有复指语，如例(10)。有的疑似充当句子的工具状语，但又省略谓语，如例(11)。共 7 例。如：

(10) 尔时，会中比丘、比丘尼、优婆塞、优婆夷，天、龙、夜叉、乾闼婆、阿修罗、迦楼罗、紧那罗、摩阇罗伽、人、非人，及诸小王转轮圣王，是诸大众得未曾有，欢喜合掌，一心观佛。(2b)

(11) 或有起石庙，栴檀及沈水，木櫁并余材，砖瓦泥土等。若于旷野中，积土成佛庙。(8c)

例(11)的意思:或者有人用石起庙,或者有人用栴檀木及沉香来造庙、造佛像,或用香木及其他的材料造庙,或用砖或用泥土造庙,或在旷野中,积土成一座佛庙。

有时,“及”和“并”连用,2例。这很有可能是出于对音节的考虑。如:

(12) 此会菩萨,五百之众,并及四部,清信士女,今于我前,听法者是。(51b)

有时,“及”还和表示并列的“若”对举,4例。如:

(13) 若沙门、婆罗门,若天、魔、梵、及余世间,所不能转。(25a)

(14) 若好、若丑、若美、不美及诸苦涩物,在其舌根,皆变成上味,如天甘露,无不美者。(49b)

这种对举的现象在中土文献中很少见,而在汉译佛经中却很常见。我们调查《中阿含经》,发现有24例这种“及”和表并列“若”对举的句子。其产生的原因汉译佛经中的“若”可以当作并列连词使用,具备与并列连词“及”对举的条件。

“及”主要译自梵文中表示并列的ca和vā。梵文中,表示并列的连接词ca和vā极为普遍,因而造成《法华经》中表示并列的连词“及”出现频繁。

《法华经》中的“及以”,连词,词中的“以”虚化,由“及”表示并列,2例。如:

(15) 是名转法轮,便有涅槃音,及以阿罗汉,法僧差别名。(10a)

需要提出的是,尽管《法华经》中的“及”与中土文献用法相同,但在其他汉译佛经中,“及”还存在有特殊的用法。如:

(16) 一时佛游摩竭陀国,与大比丘众俱。比丘一千悉无著、至真。本皆编发,往诣王舍城摩竭陀邑。于是摩竭陀王频鞞娑逻闻世尊游摩竭陀国,与大比丘众俱。比丘一千悉无著、至真。本皆编发,来此王舍城摩竭陀邑。摩竭陀王频鞞娑逻闻已,即集四种军:象军、马军、车军、步军。集四种军已,与无数众俱,长一由延,往诣佛所。于是世尊[0]遥见摩竭陀王频鞞娑逻来,则便避道。往至善住尼拘类树王下,敷尼师檀,结跏趺坐,及比丘众。(东晋僧伽提婆译《中阿含经》卷十一)

此例中的"及比丘众"应该位于"世尊"之后"[0]"位置,但却处于句末。这就是"及"所带的并列短语后置的特殊用法。再如:

(17) 是时长者问须摩提女曰:"吾今欲得见汝所事师,能使来不乎?"时女闻已,欢喜踊跃,不能自胜,而作是说:"愿时办具饮食,明日如来[0]当来至此,及比丘僧。"(东晋僧伽提婆译《增壹阿含经》卷二十二)

胡敕瑞(2010:617-625)认为,这种并列成分后置的特殊用法是受原典梵文翻译的影响而造成的。

与　并并列　亦

"与"用于连接两项并列的名词或短语,13 例。名词包括普通名词和称谓名词。如:

(1) 金银及颇梨,车磲与马脑,玫瑰琉璃珠,清净广严饰,庄校于诸塔。(8c)

"与"和"及"并用,2 例。这种并用有凑合音节的作用。如:

(2) 于八十亿劫,以最妙色声,及与香味触,供养持经者。(31b)

"并并列"表示并列,共 20 例。它包括连接并列的名词和名词性短语和连接并列的动词和动词性短语两种情况，第二种情况由第一种情况发展而来。

A. 连接两项或多项并列的名词和名词性短语，表示并列关系，12 例。如：

(3) 或有起石庙，栴檀及沈水，木櫁并余材，砖瓦泥土等。(8c)

当连接两个以上的名词或名词性短语时，前面多有连词“及”与之并举。如：

(4) 若人有能，信汝所说，则为见我，亦见于汝，及比丘僧，并诸菩萨。(15c)

B. 连接两项或多项并列的动词和动词性短语，表示并列关系，8 例。如：

(5) 汝能为供养释迦牟尼佛，及听《法华经》，并见文殊师利等故来至此。(55c)

“并”做并列连词，产生于东汉。“并”最早用于连接名词，做宾语。《法华经》中，“并”发展成为可以连接动词、形容词成分的用法，可以做主语、定语和宾语。“并”可以连接多项成分，和其他的连词如“及”并用或对举。

在其他汉译佛经中，“并”也存在结构后置的特殊表达方式。如：

(6) 尔时庵婆罗婆提，闻佛与千二百五十比丘俱人间游行来诣毘舍离，即乘车往世尊所。遥见世尊相好端严，恭敬欢喜。即时下车往诣佛所，头面礼足却住一面。尔时世尊，为说法劝化，令得欢喜。闻佛说法已，踊跃欢喜白佛言：“唯愿世尊[0]，受我明日请食，并比丘僧，在我园一宿。”时世尊默然许

可，彼知佛许已，头面礼足遶佛而去。（后秦佛陀耶舍共竺佛念等译《四分律》卷四十）

（7）佛为说法，示教利喜。示教利喜已，默然。便从坐起，偏袒右肩，合掌白佛言："世尊[0]受我明日请食，并比丘僧。"佛默然受。（后秦弗若多罗译《十诵律》卷二十六）

此两例中，"并"所带的并列结构"并比丘僧"应该位于"世尊"之后的"[0]"位置，但却处于句子末尾。这也是并列后置的特殊用法。其产生的原因与"及"相同。

且　共

"且"只限于连接形容词，表示并列关系，1 例。如：

（1）舌不干黑短，鼻高修且直，额广而平正，面目悉端严。(47b)

"共"所连接的词项只限于人名，1 例。如：

（2）其中众生、天龙、夜叉、乾闼婆、阿修罗、迦楼罗、紧那罗、摩睺罗伽、人、非人等，以佛神力故，皆见此娑婆世界、无量无边、百千万亿众，宝树下师子座上诸佛，及见释迦牟尼佛共多宝如来，在宝塔中坐师子座。(51c)

1.2　承接连词

表示承接关系的连词共 4 个，用法 5 项，379 例，有"则"(50)、"而$_{承接}$"(296)、"于是"(19)、"然后"(14)。

而

"而"做连词，367 例。其中，表示承接 296 例，表示并列 31 例，表示转折 10 例，表示目的 30 例(参 1.5)。这些用法都是沿袭上古。

A. 承接连词“而”,296 例。包括两种用法:一是连接两个有承接关系的小句的用法;二是连接状语和谓语的用法。

a. 表示承接关系,204 例。分为以下三种情况:

后一项是前一项时间上的相承。如:

(1) 说此语时,会中有比丘、比丘尼、优婆塞、优婆夷五千人等,即从座起,礼佛而退。(7a)

(2) 是时,八万四千天女,作众伎乐而来迎之。(61c)

后一项是前一项事理上的相承。如:

(3) 既得此已,心大欢喜,自以为足,而便自谓:“于佛法中勤精进故,所得弘多。”(17b)

表示前事件是后事件凭借的原因和条件,并因此引出下文的结果。如:

(4) 此诸子等,生育甚难,愚小无知,而入险宅。(14b)

b. 连接状语和谓语,表示承接,92 例。有下面两种方式:

把做状语的词或短语连接到中心词上,表示动作的原因、条件和方式。如:

(5) 我本无心有所希求,今此宝藏自然而至。(17b)

(6) 供养诸佛已,随顺行大道,相继得成佛,转次而授记。(5a)

把做状语的介词结构和谓语连接到一起,表示动作的处所、对象、原因和方式。如:

(7) 时佛说大乘,经名《无量义》,于诸大众中,而为广分别。(4b)

(8) 以常见我故,而生憍恣心。(43c)

B. 连接词、短语或分句,表示并列关系,31 例。如:

(9) 鼻修高直,面貌圆满,眉高而长,额广平正。(47a)

(10) 其父见子,愍而怪之。(17a)

表顺承和并列的"而",可以连接名词、动词和形容词等成分。这个"而"多译自梵文 ca,ca 有连接句子和短语的功能。在梵文佛典中,由于 ca 的使用频繁,因此《法华经》中"而"出现的概率大。

C. 用在复句中的后一分句之前,连接对立的两项,表示转折关系,10 例。如:

(11) 我年老大,而汝少壮。(17a)

则 于是 然后

"则"用于后一小句,表示承接上文所述的条件或前提而引出结果,50 例。如:

(1) 若贪著生爱,则为所烧。(13b)

"于是"19 例,"然后"14 例,用于连接分句。表示两个事件是前后关联的,后一事件是紧随前一事件产生的。如:

(2) 长者于牖,常见其子,念子愚劣,乐为鄙事。于是长者,著弊垢衣,执除粪器,往到子所,方便附近,语令勤作。(18a)

(3) 我等今者,免斯恶道,快得安隐。于是众人,前入化城,生已度想,生安隐想。(26a)

(4) 如来亦复如是,无有虚妄,初说三乘引导众生,然后但以大乘而度脱之。(13c)

"于是"来源于梵文 atha khalu。atha khalu 是梵文佛典中的一个常用词汇,一般放在两个前后有关联的事件之间,表示前后事件的相承关系。其中的 atha 用于句首表示承接的助词,语义相当于英语 then。在梵文佛典中,atha khalu 主要出现在谈话和偈颂之间，起过渡和衔接作用，用"于是"对译。除此之外，"于是"还来源于 tata。tata 做副词，起承前启后的作用。

1.3 递进连词

表示递进关系的连词共 7 个，用法 8 项，74 例，有"并$_{递进}$"(6)、"况"(3)、"况复"(12)、"至"(4)、"何况"(14)、"而复"(3)、"乃至$_{递进}$"(32)(见 2.1)。其中，"况""何况""而"沿袭于上古，"况复""乃至"产生于东汉汉译佛经。

并$_{递进}$

"并$_{递进}$"6 例，用在复合句后一分句，表示更进一层的意思。如：

(1) 即时诸梵天王，头面礼佛绕百千匝，即以天华而散佛上，其所散华如须弥山，并以供养佛菩提树，其菩提树高十由旬。(23b)

(2) 诸梵见此相，寻来至佛所，散花以供养，并奉上宫殿。(26b)

例(1) 的意思是"以天华散佛上，并且以菩提树供养佛"，例(2)的意思是"散天华供养佛，并且把宫殿敬奉给佛"。在汉译佛经中，"宫殿"和"天车"都译自梵文同一个词，指能在天空中移动的像宫殿一样的车。

况 况复 至 而复 何况

"况"3 例，"况复"12 例，表示层进关系。通常是在前面说了一件程度浅的事物，而后说一件程度深的事物的情况下，译师用"况复"进行连接。这样做的动机，在于强调后一件事物的程度深。如：

(1) 若为女人说法，不露齿笑，不现胸臆，乃至为法犹不亲厚，况复余事。(37b)

(2) 若全身命，便为已得玩好之具，况复方便于彼火宅而拔济之。(13a)

“况复”与表示让步的“尚”连用。如：

(3) 若三千大千国土，满中夜叉、罗刹，欲来恼人，闻其称观世音菩萨名者，是诸恶鬼，尚不能以恶眼视之，况复加害。(56c)

“况复”类似于“更何况”，除了用来表达由浅入深的程度之外，还可以用来表达先多后少的递减关系。如：

(4) 一一菩萨，皆是大众唱导之首，各将六万恒河沙眷属，况将五万、四万、三万、二万、一万恒河沙等眷属者，况复乃至一恒河沙、半恒河沙、四分之一、乃至千万亿那由他分之一……况复单己，乐远离行。(40a)

“至”是表递进的“乃至”的省略，仍然表递进，4 例。如：

(5) 譬若有人年既幼稚，舍父逃逝久住他国，或十、二十至五十岁，年既长大加复穷困，驰骋四方以求衣食。(16b)

“而复”表示递进，“复”做音节成分。如：

(6) 是舍唯有一门，而复狭小。(12b)

“何况”14 例，表示递进。前一分句已经说了一种情况，但后一分句进一步说一种情况，说话人认为后一种情况更充分、更重要。如：

(7) 是长者先作是念：“我以方便令子得出。”以是因缘，无虚妄也。何况长者自知财富无量，欲饶益诸子，等与大车。(13a)

例(7)的大意是:这位长者先这样想:"……凭这一因缘,就没有虚言妄语。"更何况是长者知道自己财富无穷,要让子女都受益得宝,平等赐予他们大车。

有时,前一分句有限定副词"但"与"何况"遥相呼应,以表示后一层意义更进一步。如:

(8) 若是施主,但施众生一切乐具,功德无量,何况令得阿罗汉果。(46c)

1.4 选择连词

《法华经》中,表示选择关系的连词共 5 个,用法 7 项,127 例,有"若"(93)、"或"(23)、"或复"(3)、"为……为……"(7)、"为是……为是……"(1)。其中,"或复"表示选择,是上古产生的,"若"和"或"表示连接多个词项的用法是受梵文的影响而造成。"为……为……"和"为是……为是……",表示选择,是中古新产生的格式。

若

在中土文献中,连词"若"可以表示选择关系,也可以表示并列关系。前者如"鱼肠胃伦肤若九,若十有一,下大夫则若七若九"。(《仪礼·公食大夫礼》)后者如"愿取吴王 若将军头,以报父之仇"。(《史记·魏其武安侯列传》)《法华经》中,连词"若"共 431 例,其中,表示选择 93 例,表示并列 68 例,表示假设 270 例(参 2.3)。"若"用于多项之间表示选择和表示并列连词的用法于汉译佛经中新出现。

甲、"若$_{选择}$"或用在两项名词的中间,或用在每个名词和数词的前面,表示选择关系,共 93 例。其中,"若"用于并列的多项名词前面，或用于数词前面，都是新产生的语法现象。根据“若”字所连接成分的数量，我们将表示选择的“若”分为以下两种：

A. 用在名词性成分或小句的前面，表示选择关系，88 例。共有下面三种格式，其中，a、b 两式是中土文献中就有的，而 c 式是新产生的。

a. 用于连接并列两项名词性成分，为“若 XX”格式，有时做“X 若 X”格式，6 例。如：

(1) 若狗野干，其影颌瘦。(15c)

(2) 我所有福业，今世若过世，及见佛功德，尽回向佛道。(12a)

例(1) 中，“若狗野干”的语意是“作狗或作野干”(野干属狐狸之类)。“若”在两项名词前，表示选择关系。例(2)的语意是“我们所积的善德福业，于现在或未来世，看得佛的功德，全部回向我们成佛的佛道。”“若”在两项成分的之间，连接谓词性成分，表示选择关系。

此类格式中的“若”，一般译自梵文表示选择的 vā。但是在梵语文法里，vā 有时可以和 ca 互换使用。ca 和 vā 相当于英语中的 either 或 or，比如梵文 iha cāmutra vā，相当于英语中的 either here or here after，这里的“…ca…vā”相当于“…vā…vā”。

b. 用在具有选择关系的两项成分的每项成分之前，为“若 X 若 X”格式，25 例。如：

(3) 我常独处山林树下，若坐若行，每作是念：“我等同入法性，云何如来以小乘法而见济度?”(10c)

(4) 若复见受持是经者，出其过恶，若实若不实，此人现世得白癞病。(62a)

(5) 是故我说:“如来灭后,若有受持读诵,为他人说,若自书,若教人书,供养经卷,不须复起塔寺,及造僧坊,供养众僧。”(45c)

(6) 其有众生求佛道者,若见若闻是《法华经》,闻已信解、受持者,当知是人得近阿耨多罗三藐三菩提。(31c)

例(3)中“若坐若行”的意思是“或在修禅打坐时,或在林中经行盘桓时”。例(4)中“若实若不实”的意思是“或是真有其事,或是虚妄不实”。例(5)中,“若自书,若教人书”的意思是“或者自己书写,或者请人代为书写”。例(6)中,“若见若闻是《法华经》”的意思是“或见到或听到这部法华经”。上例中的“若”都是连词,连接处在两个谓词性成分之间,起连接作用,表示选择关系。

c. 用在具有选择关系的多项成分的每项成分之前,出现“若X若X……”格式,57例。如:

(7) 又不亲近求声闻比丘、比丘尼、优婆塞、优婆夷,亦不问讯。若于房中,若经行处,若在讲堂中,不共住止。(37a)

此例中,“若于房中,若经行处,若在讲堂中,不共住止”的意思是“或者是在房屋内,或者是在房屋外,或者是在讲堂上,都不与他们共处同行”。“若”,连词,连接介词短语,表示选择关系。

(8) 若教人闻,若自持,若教人持,若自书,若教人书,若以华香、璎珞、幢幡、缯盖、香油酥灯供养经卷,是人功德无量无边,能生一切种智。(45b)

此句的意思是“或者教别人来听《法华经》,或者自己受持《法华经》,或者教他人受持《法华经》,或者自己写《法华经》,或者教他人写《法华经》,或者用华香、璎珞、幢幡、缯盖、香油酥灯来供养《法华经》,那么,此人的功德一定是无量无边,能成就如来无上种智”。

此例中的"若",有连接谓词性成分的作用。可以把它理解为表示不具有兼容性成分的选择关系。

B. 用在数词的前面,表示选择关系,5 例。如:

(9) 其人多诸子息,若十、二十乃至百数。(43a)

例(9)的意思是:其人有许多子嗣,或者是十人,或者是二十人,甚至或者是一百人。"若"指在这三种情况中,必有一种情况是真。"若"只出现在第一个数词之前,后面的数词前都不出现。如:

(10) 长者诸子,若十、二十或至三十,在此宅中。(12b)

例(10)的意思是"这位长者的孩子,都在这个宅子里没有出来,或者是十人,或者是二十人,或者是三十人"。

有时,"若"和表示选择的"或"对举。如:

(11) 若有众生类,值诸过去佛,若闻法布施,或持戒忍辱,精进禅智等,种种修福慧。(8c)

例(11)中,"若闻法布施,或持戒忍辱,精进禅智等"的意思是"(众生)或闻法、或布施、或持戒、或忍辱、或精进、或禅智"。句中,数个行为之间都存在选择关系,"若""或"都表示选择。此段文字的梵文是:dānaṃ(施)ca(若)dattaṃ(施)caritāḥ(行)ca(若)śile(持戒)kṣāntyā(忍辱)ca(若)saṃpādita(持)sarva(一切)caryāḥ(行)vīrye(精进)ca(若)dhyāne(禅定)ca(若)kṛtādhikārāḥ(供养)//(46 页)如果直接硬译此段文字,则应该译作:"(众生)若闻法、若布施、若持戒、若忍辱、若修行、若精进、若禅定",梵文 ca 对译为汉语"若",本应该在每一项成分之前都用"若",但由于受五言偈颂的限制,译师除了在"闻法"和"持戒"前面用了一个"若"一个"或"以外,其他成分的前面就都不再出现连接词。

通过对勘,我们发现,用在数词前面的"若",其来源与用在名词前面的“若”相同，都是从梵文 vā 的翻译而来。如：śataṃ(百) vā (若) sahasraṃ(千) vā(若) śatasahasraṃ(百千) vā(若)此段梵文在汉译佛经里中译作“若百若千若百千”，“若”，从小品词 vā 译来。

当“若”表示选择关系时，中土文献中，“若”多数用在前后两项之间，少数在并列的两项前出现，即 b 式“若 X 若 X”。汉译佛经中，出现了“若”用在多项之前，即 c 式“若 X 若 X……”格式，对勘发现，汉译佛经中，表示选择关系的“若”用在每项名词或数词前面，其缘由，原典文的每个词后面都有用 vā，译师因此直接将原典文的格式照搬照抄。

乙、“若$_{并列}$”用于连接名词或名词短语、动词或动词短语，表示并列，共 68 例。根据“若”字前后成分出现的数量多少，表示并列的“若”分为三种格式，即：A.“X 若 X”格式，或“若 XX”格式；B.“若 X 若 X”格式；C.“若 X 若 X……”格式。其中 A 式是中土文献存在的，B、C 两式是新产生的。

A. 用于连接两项成分，出现“X 若 X”格式，或“若 XX”格式，4 例。如：

(12) 声闻若菩萨，闻我所说法，乃至于一偈，皆成佛无疑。(8a)

(13) 若善男子善女人，于《法华经》乃至一句，受持、读诵、解说、书写，种种供养经卷，华香、璎珞、末香、涂香、烧香、缯盖、幢幡、衣服、伎乐，合掌恭敬。(30c)

例(12)中的“声闻若菩萨”即“声闻乘和菩萨乘”，“若”在两个称谓名词之间，表示并列关系。“声闻若菩萨”从梵文 ime ca te śrāvaka nāyakasya 译来，其中的 ca 表示并列，ca 相当于英语中的 and 或 both，汉译佛经译作“若”。例(13)中，“若善男子善女人”即

“善男子和善女人”,“若”在两个称谓名词之间,表示并列关系。“善男子和善女人”译自梵文 kulaputro vā kuladuhitā vā,“若”译自 vā,相当于现代汉语表并列的“和”。

“若”又和表示并列的“及”对举。如:

(14) 若声闻、辟支佛及诸菩萨,能信是十六菩萨所说经法,受持不毁者,是人皆当得阿耨多罗三藐三菩提、如来之慧。(25b)

(15) 诸比丘,是人所经国土,若点不点,尽末为尘,一尘一劫。(22a)

例(14)中,“若声闻、辟支佛及诸菩萨”的意思是“声闻佛和辟支佛及诸菩萨”,它的梵文为 śrāvakayānīyā vā pratyekabuddhayānīyā vā bodhisattvayānīyā vā。“若”和“及”译自 vā,表示并列,不具有排它性。

一般情况下,表示并列的“若”源自梵文 vā 的对译。但有一种情况极为特殊,即“若”译自梵文…ca…vā,如梵文 likhet svayaṃ cāpi likhāpayed vā,意思是“自己造佛像,使人造佛像”,译成汉语应该是“若自作若使人”,而在《法华经》中,罗什直接用“自作若使人”翻译。一般地,“若”既可以表示并列,也可以表示选择,从…ca…vā 译来。个别地,“若”译自梵文 yad vā…yad vā…,如:

(15’) yeṣu vā(若)upanikṣiptās(著)te(此)paramāṇavo(尘)yeṣu vā(若)nopanikṣiptāḥ(不著)//(139 页)

例(15’)的意思是“洒上墨点的和没有洒上墨点的,都再磨为微粒之尘,一尘算作一劫”。在梵语文法里,小品词 yad 与 vā 搭配,构成“yad vā…yad vā…”,用来表示并列关系。但是,如果用“若”的句子来翻译,便是“若点若不点”,罗什恰好将其译作“若点不点”。在梵语文法里，vā 通常与小品词 atha、atho、uta、kim、yad、yadi 等搭配使用。

B. 用在两项成分的每项之前，出现“若 X 若 X”格式，18 例。如：

(16) 若佛在世，若灭度后，其有诽谤，如斯经典，见有读诵，书持经者，轻贱憎嫉，而怀结恨。(15b)

此例的意思是：佛在世和佛灭度之后，若有诽谤法华经者，或见读诵和抄写法华经者，就加以蔑视，且生憎恨嫉妒之心，更怀恨于心，这些人都遭罪报。“若”表示并列关系，译自 vā。该文译自 mayi(我)tiṣṭhamāne(在世)parinirvṛte(灭度)vā(若)//(84 页)

(17) 舍利弗，如来但以一佛乘故，为众生说法，无有余乘，若二若三。(7b)

此例中“无有余乘，若二若三”译自梵文 na(没有)kiṃcic(少分)chāriputra(舍利弗)dvitīyaṃ(二)vā(若)tṛtīyaṃ(三)vā(若)yānam(乘)saṃvidyate(知)//(38 页)。该段文字的大意是“舍利弗，每个人都知道根本没有大乘和小乘，也没有声闻乘、缘觉乘和菩萨乘”。“若二若三”指“大乘、小乘和声闻乘、缘觉乘、菩萨乘”，它译自梵文 dvityaṃ vā tṛtīyaṃ vā yānam。译师用“若”来逐词对译 vā，因而在每个词的前面都出现有“若”。

梵文中的 vā，可以用在两项之间，表示并列。更多的情况是，vā 用在两个选项的每一项后面，表示并列。如 gaṇakena(算师)vā(若)gaṇakamahāmātrena(算师头目)vā(若)//(139 页)。梵文中，每项并列成分的后面都出现 vā，是译师在把它对译为汉语时，在每项并列成分的前面都用上了“若”。这段梵文罗什译作“若算师若算师弟子”。其中的“若……若……”就是从梵文“...vā...vā”对译而来。

C. 用在多项成分之前，出现“若X若X……”格式，46例。如：

(18) 药王，在在处处，若说、若读、若诵、若书、若经卷所住处，皆应起七宝塔。(31b)

(19) 若末、若丸、若涂香，持是经者，于此间住，悉能分别。(48b)

例(18)的意思是：“无论在任何地方，如解说经的地方、读诵经的地方、书写经的地方和藏经的地方，都应该建造用七宝造成的宝塔。”例(19)的意思是：“对于末香、丸香和涂香，这位受持妙法莲华经在此间住持的法师，他都能分辨它们。”“若”连接名词，起并列的作用。“若X若X……”格式出现的频率之所以很高，正是梵文翻译的结果。在梵文语法里，vā既出现在两项并列成分的后面，也出现在多项并列成分的后面，起并列作用。看例(18)的梵文：yasmin khalu punar(此时)bhaiṣajyarāja(药王)pṛthivīpradeśe(所有地方)ayaṃ(此)dharmaparyāyo(经)bhāṣyeta(所说)vā(若)deśyeta(所说)vā(若)likhyeta(所写)vā(若)svādhyāyeta(所诵)vā(若)saṃgīyeta(所诵)vā(若)tasmin(此)bhaiṣajyarāja(药王)pṛthivīpradeśe(所有地方)tathāgatacaityaṃ(如来)kārayitavyaṃ(当起)mahāntaṃ(大)ratnamayaṃ(宝所成)//(199—200页)。梵文中，vā是用来连接成分的，译师用“若”逐词对译，并在译文中置于被连接词前，这样就形成了每个词前面都有“若”出现的情况。当然，也并不是在每个名词的前面都有“若”的出现。既有出现“若”的情况，也有不出现“若”的情况。如有的只在多个词语组成的一组成分之前，出现一个“若”字。如：

(20) 若沙门、婆罗门，若天、魔、梵、及余世间，所不能转。(25a)

这段译文的原典文，每个名词后面都出现 vā，如 apravarttitaṃ（不能转）śramaṇena（沙门）vā（若）brāhmaṇena（婆罗门）vā（若）devena（天）vā（若）māreṇa（魔）vā（若）brāhmaṇā（梵）vā（若）kenacid（任何）vā（若）punar（其他）loke（世间）saha（与…俱）dharmeṇa（法）//（155 页）。如果直译的话，应该是“若沙门、若婆罗门，若天、若魔、若梵、若余世间，所不能转”，每一个称谓名词前面都应该有“若”字出现。但《法华经》中，将它译为“若沙门、婆罗门，若天、魔、梵、及余世间，所不能转”。

上面三种格式中，“若”译自梵文 ca，也译自 vā。在梵文里，ca 的用途非常广泛，通常作为小品词依附在它之前的名词后面，表示并列关系。当它和人称代词搭配时，一定会有非常完备的形式出现。如 tava ca mama ca。但是，有时 ca 还有连接整个句子或句子一部分的作用。

当“若”表示并列关系时，中土文献只有 A 式“X 若 X”式出现。如《书・召诰》：“拜手稽首，旅王若公。”而在汉译佛经中，却出现了 B 式“若 X 若 X”和 C 式“若 X 若 X……”。对勘发现，《法华经》中表示并列关系的“若”之所以会出现在每项词的前面，是因为原典文的每个词后面都有 ca 或 vā，而译师将 ca 或 vā 译作“若”，并提到每项词前面所造成。

在《法华经》中，“若”不但可以做并列关系连词，而且可以做选择关系连词。不仅如此，用于并列关系的“若”和用于选择关系的“若”存在有共同之处，具体表现在：

第一，使用频率大体相当。在《法华经》中，“若”做并列连词 68 例，做选择连词 93 例。

第二，出现的格式相同。“若”，无论是做并列连词还是做选择连词，都出现在三种格式里，即“X若X”式、“若X若X”式和“若X若X……”式。

第三，二者的来源相同，用法相通。原则上，表示并列的“若”译自梵文表示并列的ca，表示选择的“若”译自梵文表示选择的vā。在梵文语法里，由于vā有时可以和ca或api互换。因此，vā有了集表示选择和表示并列于一身的功能。同样，ca也是一个既表示并列和表示选择的词。于是，原本只用来对译表选择vā的“若”，也同样具备表并列的ca的功能。

个别地，“若”表示并列的用法是译师意译所致。如：

(21) 其有众生求佛道者，若见若闻是《法华经》，闻已信解受持者，当知是人得近阿耨多罗三藐三菩提。(31c)

此例中，“若见若闻是《法华经》”的原典文为imaṃ dharmaparyāyaṃ śṛṇvanti，意即“闻此《法华经》”。显然，“若见若闻”的出现是译师意译所致。

或

连词“或”有30例。其中，表示选择23例，表示假设7例(参2.3)。

表示选择关系的“或选择”用在名词(动词)或名词(动词)短语之间，21例。如：

A. 用在前后两项词语之间，出现“X或X”格式，1例。如：

(1) 于诸过去佛，在世或灭度，若有闻是法，皆已成佛道。(9a)

B. 用在并列的两项词语或短语的每项之前，出现“或X或X”格式，4例。如：

(2) 是时其还来归家，诸子饮毒，或失本心或不失者，遥

见其父皆大欢喜，拜跪问讯……。(43a)

(3) 诸薄德人，过无量百千万亿劫，或有见佛或不见者。以此事故我作是言："诸比丘，如来难可得见。"(43a)

C. 用在并列的多项词语之前，出现"或X或X……"格式，16例。如：

(4) 华德，汝但见妙音菩萨其身在此，而是菩萨现种种身，处处为诸众生说是经典，或现梵王身，或现帝释身，或现自在天身，或现大自在天身，或现天大将军身，或现毘沙门天王身，或现转轮圣王身，或现诸小王身，或现长者身，或现居士身……。(56a)

(5) 诸善男子，如来所演经典，皆为度脱众生，或说己身或说他身，或示己身或示他身，或示己事或示他事，诸所言说皆实不虚。(42c)

"或"用在数词和动宾短语前面，与"若"对举，表示选择关系，2例。如：

(6) 长者诸子，若十、二十或至三十，在此宅中。(12b)

(7) 受斯罪报，若作骆驼，或生驴中。(15c)

与"若"相同，"或"也是译自梵文不变词 vā。"若作骆驼，或生驴中"的梵文：uṣṭrātha（骆驼）vā（或）gardabha（驴）bhonti（作）bhūyo//（85页）。"或"译自梵文不变词 vā。在梵文语法里，vā 使用在每个名词或数词的前面，对名词或数词起连接作用。如果"或"是出现在选择疑问句里，那么"或"就应该译自于梵文 uta，该词具有表示前后两项之间选择关系的功能。

(8) 名衣上服，价直千万，或无价衣，施佛及僧。(3b)

(9) 若有众生类，值诸过去佛，若闻法布施，或持戒忍辱，精进禅智等，种种修福慧。(8c)

表示选择的"或"是从表示选择的梵文 ca 译来。如：dānaṃ(施)ca(若)dattaṃ(施)caritāḥ(行)ca(若)śile(持戒)kṣāntyā(忍辱)ca(若)saṃpādita(持)sarvacaryāḥ(一切行)/vīrye(精进)ca(若)dhyāne(禅定)ca(若)kṛtādhikārāḥ(供养)//(46页)。这段文字的意思是：(众生)闻法、布施、持戒、忍辱、精进或禅智。罗什译作"若闻法布施，或持戒忍辱，精进禅智等"。这些动作都构成选择关系。"若"和"或"表示选择的用法，译自梵文表示选择的 ca。如果是直接硬译，就应该译作"(众生)若布施、若持戒、若忍辱、若修行、若精进、若禅定"。在《法华经》中，由于受五言偈颂体的限制，所以译师只用了一个"若"，和一个"或"，分别放在每两项名词的前面，以表示选择。例"若草木及笔，或以指爪甲"(9a)从梵文 cāpi nakhena kāṣṭhena 译来，nakhena 和 kāṣṭhena 都是具格，指"用草木和指甲"的意思，ca 和 api 连用表示选择关系，译为"若……或"。"或"也源自梵文 ca api，该梵文表示选择，如"我处于山谷，或在树林下"(10c)。其梵文是：vanaṣaṇḍa(林)ārāmatha(林)vṛkṣamūlān(树下)girikandarāṃś(山泽)cāpy(或)upasevamāno(处在)//(60页)。

在中土文献中，"或"一般只用于选择关系。在《法华经》中，"或"也只用于选择关系。①

"或复"连接名词性或动词性成分，3例。"复"是音节成分。如：

(10) 或有人礼拜，或复但合掌，乃至举一手，或复小低头，以此供养像，渐见无量佛。(9a)

① 关于汉译佛经中"若"和"或"的具体讨论，参见龙国富(2008a:137-145)。

为……为……,为是……为是……

“为……为……”7 例,“为是……为是……”1 例,用在谓语之前,表示在两种情况中做出选择。这种选择格式的“为”,是魏晋南北朝新出现的。如:

(1) 佛坐道场,所得妙法,为欲说此? 为当授记?(3c)

(2) 我常于日夜,每思惟是事,欲以问世尊,为失为不失?(11a)

(3) 我今自于智,疑惑不能了,为是究竟法? 为是所行道?(6b)

例(1) 中“为……为……”,是梵文 kim...uta 的对译,kim 表示疑问,uta 有选择之义,例(2)中“为……为……”,译自梵文 atha vā,atha vā 是连接成分,表示选择关系。该词的口语性很强,相当于现代汉语的“是……还是……”。

1.5 目的连词

表示目的关系的连词共 2 个,用法 2 项,63 例,有“而$_{目的}$”(30)和“以”(33)。

“而$_{目的}$”连接前、后两项,且后一项是前一项的目的,表示目的关系,30 例。如:

(1) 尔时无数千万亿种众生,来至佛所而听法。(19a)

“以”连接短语或分句,表示目的,33 例。如:

(2) 若使人作乐……箫笛琴箜篌,琵琶铙铜钹,如是众妙音,尽持以供养。(9a)

(3) 又见诸菩萨,深入诸禅定,身心寂不动,以求无上道。(4c)

二　主从关系连词

《法华经》中表示主从关系的连词有 21 个,用法 21 项,458 例。包括:让步、转折、条件、因果。[①]

2.1　让步连词

《法华经》中,表示让步关系的连词共 6 个,用法 6 项,88 例,有"犹"(2)、"尚"(4)、"乃"(1) 、"乃至$_{让步}$"(29)、"虽"(48)、"虽复"(4),其中表示让步的"乃至"是新出现的关系连词。

犹　尚

在《法华经》中的"犹""尚",既有做时间副词的用法,又有做让步连词的用法。[②] 在做连词时,"犹""尚"符合以下三个标准:1)句法功能上,"犹""尚"所在的小句失去独立性,不能单独成句,须后有小句与之相呼应。在句中,"犹""尚"主要在前一小句起让步作用。2)位置上,"犹""尚"可以出现在主语前边,也可以出现在主语后边。3)句法结构上,"犹""尚"做连词,必须和"何""岂""岂况""何况"等搭配。汉译佛经中,"尚""犹"做让步连词是新出现的用法,它们从表持续的时间副词虚化而来。

"犹"做连词 2 例,"尚"做连词 4 例,用在前一小句的谓语动词

---

① 假设句、条件句、让步句的归类,历来存在不同看法。黎锦熙《新著国语文法》主张三分:假设句、条件句、让步句;王力《汉语语法纲要》和丁声树等《现代汉语语法》主张二分:条件句和让步句;张志公《汉语知识》主张分假设和条件。从逻辑和语义方面,我们认为让步句不宜归入假设句,单列一类似乎更好;假设句宜放在条件句中。

② 关于"犹""尚"的词性问题,在不同的语法著作和词典中存在有不同的观点。对于同一用例,也有的看作副词,有的看作连词。所以,在分类之前有必要确定一个标准。

前，提出一个事例做比况，后一小句对程度上有差别的同类事例做出当然的结论。后一小句有时是推论，有时又是反问。如：

(1) 若为女人说法，不露齿笑，不现胸臆，乃至为法，犹不亲厚，况复余事。(37b)

(2) 如来现在犹多怨嫉，况灭度后。(13b)

(3) 阿逸多，如是第五十人辗转闻《法华经》随喜功德，尚无量无边阿僧祇，何况最初于会中闻而随喜者，其福复胜，无量无边阿僧祇，不可得比。(47a)

(4) 舍利弗，十方世界中尚无二乘，何况有三。(7b)

“犹”和“尚”并用，1 例。如：

(5) 我有如是七宝大车，其数无量，应当等心各各与之，不宜差别。所以者何？以我此物周给一国，犹尚不匮，何况诸子？(12c)

乃至　乃

“乃至”共 61 例，主要表示让步和递进关系，它们都是中古出现的新用法。

A. “乃至$_{让步}$”用于主从复句的前一分句，表示让步关系，29 例。如：

(1) 于一切众生，平等说法，以顺法故，不多不少，乃至深爱法者，亦不为多说。(38b)

(2) 声闻若菩萨，闻我所说法，乃至于一偈，皆成佛无疑。(8a)

通常，“乃至”后面有副词“皆/亦”与之搭配，为“乃至……皆(亦)……”格式，相当于现代汉语“即使……都(也)……”格式。

表示让步关系的“乃至”从梵文 api 译来，api 做副词，可以表示让步，相当于汉语“即使是……”，如例(2)：eka api(即使)gāthā(偈)śruta(闻)dhāritā(持)vā(或)sarveṣa(众生)bodhāya(佛)na(无)saṃśayo(疑)asti(是)//(43 页)。此段文字的大意是：众生即使是闻法一偈，也一定会成佛。“乃至”表示让步关系。有时梵文 api 省略成为 pi。如：anumodi(欢喜)ekaṃ(一)pi(乃至)bhaṇeyya(说)vācyaṃ(言)kṛta(作)sarvabuddhanu(诸如来)bhaveya(为)pūjā(供养)//(54 页)。此段文字的大意是：(佛)即使说一句法，也是供养一切如来。罗什译作“乃至发一言，则为已供养”。(10b)“乃至”表示让步关系。

“乃至”可以跟表示进一层的“况复”“何况”等呼应。如：

(3) 文殊师利，是《法华经》于无量国中，乃至名字不可得闻，何况得见受持读诵？(38c)

“乃”因受四言的限制，“乃至”省略为“乃”，用于主从复句，表示让步关系，1 例。如：

(4) 诸声闻众，无漏后身，法王之子，亦不可计，乃以天眼，不能数知。(20c)

B. “乃至$_{递进}$”做递进连词，32 例。它有两种作用：a. 表示由小到大，由少到多，由浅入深，由低到高，相当于“以至”；b. 表示更进一步，相当于“甚至”。

a. 连接两项或两项以上性质相同或相近的事物或动作行为，“乃至”放在最后一项的前面，表示事物或动作行为所达到的最大范围或极限，24 例。包括程度由低到高，数量由少到多，或者由多到少，时间由短到长等。

指出程度由低到高。如：

(5) 若复有人……于此经卷敬视如佛，种种供养——华

香、璎珞、末香、涂香、烧香、缯盖、幢幡、衣服、伎乐，乃至合掌恭敬。(30c)

指示数量由少到多，或者由多到少。指示时间由短到长。如：

(6) 其家广大，唯有一门，多诸人众，一百、二百乃至五百人，止住其中。(12b)

(7) 一一菩萨，皆是大众唱导之首，各将六万恒河沙眷属，况将五万四万三万二万一万恒河沙等眷属者，况复乃至一恒河沙半恒河沙四分之一，乃至千万亿那由他分之一。(40a)

"乃至"放在多项数词的最后一项之前，表示它所引出的选择项是最后一项，兼指所列举数字中间有省略。例(6)中"一百、二百乃至五百人"的梵文为 dvayor(二) vā(或) trayāṇāṃ(三) vā(或) caturnāṃ(四) vā(或) pañcānāṃ(五) vā (或) prāni- śatānām(众生-百) āvāsaḥ(住)//(68 页)。梵文中，是按由少到多的顺序排列，完整列举出一组数字，中间没有省略。汉译佛经中，由于译师有意省略了中间一部分数字，而最后一项用"乃至"予以连接。

(8) 如是一小劫，乃至十小劫，结加趺坐，身心不动，而诸佛法，犹不在前。(22b)

由于从第二小劫到第八小劫被省略，因而用"乃至"连接最后一项。例(8)中"一小劫，乃至十小劫"译自梵文 ekam api(或一) dvitīyam api (或二) tṛtīyakam api(或三) caturtham api (或四) pañcamam api(或五) ṣaṣṭham api (或六) saptamam api (或七) aṣṭamam api (或八) navamam api(或九) daśamam api (或十) antara-kalpaṃ(小劫)//(141 页)。梵文中，每一项数字都没被省略，有可能是译师为了追求语言的简洁，而有意把中间的数字省略。然后在被省略数字项的位置上用"乃至"引出最后一项，以保证该组数字是表示"从一小劫开始到十小劫为止"内容上的连贯。从以上用例的分析可以看出,"乃至"表示事物的数量、范围、时间、程度等达到一定的极限。

b. 表示更进一层,相当于现代汉语"甚至",8 例。如:

(9) 若有发心欲得阿耨多罗三藐三菩提者,能燃手指,乃至足一指,供养佛塔,胜以国城、妻子……诸珍宝物而供养者。(54a)

(10) 其诸声闻、辟支佛乃至菩萨智慧禅定,无有与汝等者。(54c)

虽　虽复

"虽转折"用于复句的前一分句句首,表示转折关系,共 48 例。如:

(1) 我虽在异国,时时令说法者得见我身。(32a)

后一分句通常采用否定的词,表明与前一分句正好相反的的一种情况。最为常见的形式是"虽……不……",它译自梵语 ca...na,ca...na,相当于现代汉语的"虽然……但是不"。

"虽"有时也和"而"搭配为"虽……而……"形式,相当于"虽然……却"。否定式为"虽……而不……"。如:

(2) 是故如来虽不实灭,而言灭度。(43a)

"虽复"用于复句的前一分句句首,表示转折关系,"虽复"中的"复"是音节成分。"虽复"出现在否定句中,其否定形式用"虽复……而不……"表示,4 例。如:

(3) 如彼长者,虽复身手有力,而不用之,但以殷勤方便勉济诸子火宅之难,然后各与珍宝大车。(13b)

"虽"和"虽复"都译自梵语 ca,ca 的功能主要是用于连接各具有并列关系的成分,但有时也可以连接各具有转折关系的成分。

在其他的汉译佛经中,还有让步连词"纵令""纵使"等。如:

(4) 若人闻此问,纵令金刚心,他闻心当裂,况亲族知识。(刘宋宝云译《佛本行经》卷三)

(5) 迦叶又问:"纵使别异,究竟合不?"(西晋竺法护译《正法华经》卷五)

表让步的"虽"从表转折关系的词发展而来。在其他汉译佛经中,从转折发展为让步的连词还有"虽复""虽然"等。此外,在其他汉译佛经中,还出现有从假设关系发展为让步的连词"正使""假令""设令""设使"等。

(6) 欲令不得见者,假令对目而不能见,正使声闻、缘觉有天眼通亦不得见。(晋《大方便佛报恩经》卷一)①

(7) 设使满世界,草木及瓦石,麋鹿禽狩等,悉皆作佛像,不能动我意。(后秦鸠摩罗什译《大庄严论经》卷八)

(8) 设令有人得一阎浮提满中珍宝,犹不如请一净戒者,就舍供养获利弥多。(元魏慧贤等集《贤愚经》卷十二)

2.2 转折连词

表示转折关系的连词共3个,用法3项,23例,有"但"(4)、"然"(9)、"而$_{转折}$"(10)(见1.2)。转折关系用法没有产生新的用法。

但　然

"但"4例,"然"9例,都用于句首,表示转折关系。如:

---

① 该经的年代问题,《大正藏》为"失译附后汉录",方一新认为在魏晋以后。参见方一新(2003a:77-83)。

(1) 如来有无量智慧、力、无所畏诸法之藏，能与一切众生大乘之法，但不尽能受。(13c)

(2) 我已施众生娱乐之具，随意所欲，然此众生，皆已衰老，年过八十……我当以佛法而训导之。(46c)

2.3 条件连词

《法华经》中，条件连词主要表现在假设关系的连词方面。表示假设关系的连词共 7 个，用法 7 项，305 例，有“设”(4)、“设复”(1)、“或假设”(7)、“正使”(3)、“假使”(8)、“若假设”(270)、“若复”(12)。这些连词都表充分条件。“设复”“若复”是新产生的词。

设　设复　或假设

“设”表充分条件，先提出某种假设，然后主句根据这个假设而得出结论，4 例。如：

(1) 设得受记，不亦快乎？(29b)

“设”与音节成分“复”组合为双音节词，表示假设，1 例。如：

(2) 设复有人，若有罪若无罪，杻械枷锁检系其身，称观世音菩萨名者，皆悉断坏，即得解脱。(56c)

“设”和“设复”由梵文中表示假设的副词 sacet 翻译而来。

“或”做连词共 30 例。其中，表示选择 23 例(见 1.4)，表示假设 7 例。

用于假设复句的前一分句，表示假设关系，7 例。如：

(3) 假使兴害意，推落大火坑，念彼观音力，火坑变成池；或漂流巨海，龙鱼诸鬼难，念彼观音力，波浪不能没；或在须弥峰，为人所推堕，念彼观音力，如日虚空住。(57c)

“或”与表示假设的“假使”对举。

正使　假使

“正使”用于副句，提出某种假设，主句根据这个假设得出结论，并有“亦复”或“亦”与之对应，3 例。如：

(1) 正使满十方，皆如舍利弗，及余诸弟子，亦满十方刹，尽思共度量，亦复不能知。(6a)

“假使”用于副句，提出某种假设，主句根据这个假设得出结论，8 例。如：

(2) 假使国城妻子布施，亦所不及。(53b)

(3) 假使有人，手把虚空，而以游行，亦未为难。(34a)

“正使”是中古时期新出现的连词，由两个意义相同的语素并列而成，“正”即“使”。

若 若复

“若”做连词共 431 例。其中，表示选择 93 例，表示并列 68 例(此两类见 1.4)，表示假设 270 例。

“若假设”用于从句句首，提出假设，主句根据这个假设得出结论，共 270 例。如：

(1) 汝等所可玩好，希有难得，汝若不取，后必忧悔。(12c)

有时，“若”与表示假设语气的“时”搭配，2 例。如：

(2) 若得作佛时，具三十二相。(11a)

(3) 若有因缘须独入时，但一心念佛。(37b)

有时，“若”与“者”搭配，55 例。如：

(4) 若有国土众生应以佛身得度者，观世音菩萨，即现佛身而为说法。(57a)

“若”出现在从句中，主句有“则”“便”等副词与之呼应。如：

(5) 若贪著生爱，则为所烧。(13b)

(6) 若全身命，便为已得玩好之具，况复方便于彼火宅而济之。(13a)

梵文中，不变词 tatra hi 表示假设，相当于汉语中的“如果这样，那么……”，《法华经》用“若……则……”进行对译。“若”有的是从梵文表示假设的副词 sacet 译来，有的是从梵文 yady api 译来，yady api 可以用于表示假设关系。

“若”与音节成分“复”组合为“若复”，表示假设，12 例。如：

(7) 若复勤精进，志念常坚固，于无量亿劫，一心不懈息。(45a)

“若复”中的“复”是音节成分，来源与“若”相同，主要是从梵文副词 sacet 和 yady api 译来，表示假设关系。

有时，“若复”与“者”搭配，3 例。如：

(8) 若复见受持是经者，出其过恶，若实若不实，此人现世得白癞病。(62a)

2.4 因果连词

《法华经》中，表示因果关系的连词共 5 个，用法 5 项，42 例，有“故”(6)、“以故”(1)、“是以”(2)、“是故”(31)、“所以”(2)。“所以”是东汉以后产生的新词。

“故”“以故”“是以”“是故”都有总结上文，表达结果或推断的作用。如：

(1) 今佛现光，亦复如是，欲令众生咸得闻知一切世间难信之法，故现斯瑞。(3c)

(2) 我此九部法，随顺众生说，入大乘为本，以故说是经。

(8a)

(3) 此辈罪根深重，及增上慢，未得谓得，未证谓证，有如此失，是以不住。(7a)

(4) 弥勒菩萨，有三十二相大菩萨众所共围绕，有百千万亿天女眷属而于中生，有如是等功德利益。是故智者应当一心自书。(61c)

"所以"表示因果关系，置于主语之后，2 例。如：

(5) 我设是方便，令得入佛慧，未曾说汝等，当得成佛道，所以未曾说，说时未至故，今正是其时，决定说大乘。(8a)

(6) 我即作是念，如来所以出，为说佛慧故，今正是其时。(10a)

"所以"表示因果关系时，与表示原因的"……故"或"为……故"格式相呼应。并且是结果在前，原因在后。

连词小结：

通过上面的描写，再利用《法华经》和《齐民要术》中的连词进行对比，可以对《法华经》中连词的使用特征进行归纳。下面的表格列出的是这两部书有关于连词的数据：

表 7－1 《法华经》和《齐民要术》连词的用法及其频率比较

类别	词项和频率			
	《法华经》(约 6.9 万字)	总数	《齐民要术》(约 14 万字)	总数
并列	及 231，及以 2，若$_{并列}$ 68，且 1，并$_{并列}$ 20，共 1，与 13，而$_{并列}$ 31	用法 11 项，367 例	及 23，且 5，而$_{并列}$ 84，而且 7，既……复(亦)3，以……以 1，既……既 1，亦……亦 1，既……且 1	用法 9 项，126 例

（续表）

承接	则 50，而$_{\text{承接}}$ 296，于是 19，然后 14	用法 5 项，379 例	而$_{\text{承接}}$ 126，然后 80，于是 2	用法 3 项，208 例
递进	并$_{\text{递进}}$ 6，而复 3，况 3，况复 12，何况 14，乃至$_{\text{递进}}$ 32，至 4	用法 8 项，74 例	非直……又 7，非直……亦 4，况 4，乃至 3，犹 1，尚 2，且 3	用法 7 项，24 例
选择	若$_{\text{选择}}$ 93，或$_{\text{选择}}$ 23，或复 3，为……为 7，为是……为是 1	用法 7 项，127 例	或 51，宁 7	用法 2 项，58 例
目的	而$_{\text{目的}}$ 30，以 33	用法 2 项，63 例	以 18	用法 1 项，18 例
让步	犹 2，尚 4，乃 1，乃至$_{\text{让步}}$ 29，虽 48，虽复 4	用法 6 项，88 例	既 3，若$_{\text{让步}}$ 1，虽 19，虽……则 2，虽……亦 9	用法 5 项，34 例
转折	而$_{\text{转折}}$ 10，然 9，但 4	用法 3 项，23 例	而$_{\text{转折}}$ 52，然 17，但 11	用法 3 项，80 例
条件	设 4，设复 1，或$_{\text{假设}}$ 7，正使 3，假使 8，若$_{\text{假设}}$ 270，若复 12	用法 7 项，305 例	如 9，即 1，假如 2，若$_{\text{条件}}$ 97，若复 1	用法 5 项，110 例
因果	故 6，以故 1，是以 2，是故 31，所以 2	用法 5 项，42 例	故 26，以故 1，是以 20，是故 3，所以 10	用法 5 项，60 例
总数	词 39 个，用法 54 项	用法 54 项，1468 例	35 个词，用法 40 项	用法 40 项，718 例

从表 7－1 中的对比资料中，我们发现，《法华经》中的连词具有以下特征：

第一，连词虽基本承传上古，但新增的词项和用法也并不在少数。

在上古普遍使用的连词，在《法华经》等汉译佛经中仍然广泛出现。如表示并列和顺承关系的“而”和“及”，表示递进关系的“且”和“况”，表示转折关系的“而”和“然”，表示因果关系的“故”和“是故”，表示条件关系的“若”和让步关系的“虽”，等等。这些由上古承传下来的连词，无论是在使用频率还是在用法上，都占有很大的比重。虽然，也有少部分连词在《法华经》中没有得到使用。但据调查，在上古时，这些词或不常见，或已走向衰落，如：表并列的“与”和“以”，表选择的“与其”，表条件的“苟”，等等。《法华经》中的连词，有一定数量的词项和用法是新出现的。如：表示并列的“共”“及以”和“并”，表示递进的“并”“乃至”“而复”和“况复”，表示选择的“或复”和“为是”，表示让步的“犹”“尚”和“乃至”，表示条件的“设复”“正使”“假使”和“若复”，表示因果的“所以”，还有框式结构“为是……为是”“为……为”“虽……而”“犹……何况”“所以……以故”，等等。

第二，连词的使用频率高，但多集中在少部分词身上。

《法华经》和《齐民要术》都是口语性很强的文献，都出自北方或西北方。但对比发现，《法华经》(6.9 万字)的语料比《齐民要术》(14 万字)将近小于一倍，而相反，《法华经》中连词的使用频率却比《齐民要术》高出一倍。主要体现在：a. 表顺承和并列的“而”和“及”使用频率高。《齐民要术》中“而”和“及”也用于表并列和顺承，但是更多的情况是句意之间不用连接词，而依靠语义来表达并列或顺承的关系。而在《法华经》中，即使语义有表达顺承或并列关系的作用，但多数情况下，这种并列或顺承的关系还得依靠关系连词来表达。这种情况的出现，我们并不能简单地认为是译师添加了关系连词，而应该看到，在原典梵文中，原本就普遍存在有表示并列或顺承关系的连接词 ca。ca 的存在是《法华经》中表顺承和并列“而”和“及”使用频率高于《齐民要术》的真正原因。b. 表并列和选择关系的“若”和“或”频繁出现。虽然，《齐民要术》中也出现有“若”和“或”表示并列和选择的用法，但相比之下，《法华经》中的“若”和“或”的使用频率却远远高出《齐民要术》。其原因还是跟原典梵文有关。原典梵文中，在多项词或短语之间由于有大量 ca 和 vā 的存在，通过直译，ca 和 vā 成为“若”和“或”。可见，《法华经》中连词的高频率使用，主要集中在“而”“及”“若”和“或”等词。

第三，连词使用的专业化程度越来越明显，但也有分散使用与之相伴随。

在上古，连词的专业化程度不高。一个连词往往兼有好几个意义，并不是专表某一项语法意义。而在《法华经》中，连词开始趋向专业化。虽然也有部分连词是多种功能集于一身，但更多的连词已专业于某一种用法。如“及”在《法华经》中专表并列关系。又如“以”在上古，表并列、递进和顺承等，而在《法华经》中，却专表目的。又如“则”在上古，表顺承、转折、结果、让步等，而在《法华经》中却只专表结果。又如“而”在上古，表并列、顺承、转折，而到《法华经》中，却主要表顺承(296 例)。虽然“而”在《法华经》中还有表并列(31 例)和转折(10 例)的用法，但显然已不是主流。不仅如此，在《法华经》中，还有一部分连词出现了分散现象。如“若”在上古最为常见的用法是表条件关系，并列和选择只在少数。而到《法华经》中，“若”除了主要用作条件(270 例)以外，还普遍用作并列(68 例)和选择(93 例)关系。又如“乃至”做连词的用法产生于中古，中土文献中，“乃至”一般只表递进关系，而在《法华经》中，“乃至”却有让步和选择两种新的用法与递进并驾齐驱。

第四，双音化趋势很明显。

《吕氏春秋》中，共有35个连词，其中，单音词占绝对优势，双音词仅5个，只占总数的14%。（殷国光2008：353）而《法华经》中，共38个连词，其中，双音词达18个，约占总数的47%。双音化趋势很明显。这是因为，有些连词在出现时，必须以双音节的句法为条件。总的来说，《法华经》中连词的使用符合了汉语双音化发展的大趋势。在连词产生的方式上，有同义组合形式，如表并列的“及以”，表条件的“假使”“正使”，有词缀组合形式，如“况复”“设复”“虽复”“为是”，有跨层组合形式，如“于是”“因此”“是故”“所以”等。

第五，极个别特殊语法现象反映出翻译可能受源头语梵文的影响。

“若”和“或”，出现了用在多项名词或称谓词之前，表示并列或选择的特殊用法。而这一用法在中土文献中没有。显然，这跟梵文vā和ca出现在多项名词或称谓词后面有关。“乃至”，用在最后一项名词前，表中间成分的省略，是因梵译汉的简洁而产生。在其他汉译佛经中，“并”和“及”所带的并列词组可以用在句子末尾，与前面的词组分离，这是因为受原典梵文的影响而产生的特殊用法。

表 7－2 《法华经》连词的用法及其频率

类别		词项和频率	总数
表示联合关系	并列	及 231，及以 2，若$_{并列}$ 68，且 1，并$_{并列}$ 20，共 1，与 13，而$_{并列}$ 31	用法 11 项，367 例
	承接	则 50，而$_{承接}$ 296，于是 19，然后 14	用法 5 项，379 例
	递进	并$_{递进}$ 6，而复 3，况 3，况复 12，何况 14，乃至$_{递进}$ 32，至 4	用法 8 项，74 例
	选择	若$_{选择}$ 93，或$_{选择}$ 23，或复 3，为……为 7，为是……为是 1	用法 7 项，127 例
	目的	而$_{目的}$ 30，以 33	用法 2 项，63 例
表示主从关系	让步	犹 2，尚 4，乃 1，乃至$_{让步}$ 29，虽 48，虽复 4	用法 6 项，88 例
	转折	而$_{转折}$ 10，然 9，但 4	用法 3 项，23 例
	条件	设 4，设复 1，或$_{假设}$ 7，正使 3，假使 8，若$_{假设}$ 270，若复 12	用法 7 项，305 例
	因果	故 6，以故 1，是以 2，是故 31，所以 2	用法 5 项，42 例
总数	9	词 39 个，用法 54 项	用法 54 项，1468 例

第八章　助　词

本章所讨论的助词有结构助词、语气助词、比况助词和音节助词。《法华经》中助词的基本情况为：结构助词3个，用法3项，774例。语气助词11个，用法19项，171例。还有比况助词“等/许”，音节助词“复”“自”“而”“于”“分”。另外，《法华经》中，存在词缀“等”的用法，由于不便另立一章，将它放在这里一并讨论。《法华经》中助词使用的基本特点为：a. 语气词使用频率和语法意义都比中土文献少；b. 语气词的语法意义向专一化发展；c. 新的结构助词“许”产生，但原有的结构助词“之”“者”没有发展；d. 音节助词发展迅速，“自”“复”普遍使用。①

一　结构助词

《法华经》中，表示结构的助词共3个，用法3项，774例，有

① 《法华经》中还没有产生动态助词和事态助词，但事态助词在南北朝时期中土文献和汉译佛经里都已经出现。如：

(1) 若复彼人，未曾闻来，未曾见来，不从他人，先见闻来，直自贪心故作歌咏。复教他人种种歌咏，言我曾见，言我曾闻。（元魏般若流支译《正法念处经》卷四十九）

(2) 时彼菩萨自忆宿世，曾杀母来，曾杀父来，杀罗汉来，念彼残业，是故心热不能获得甚深法忍。（元魏毘目智仙共般若流支译《圣善住意天子所问经》卷下）

关于南北朝时期汉译佛经中事态助词的研究，参见梁银峰（2004：54－59）和龙国富（2005：54－61）。

"所"(425)、"之"(342)、"者"(7)。另外,还有同义并用一组"之者"(1)。"所""之""者"都是沿于上古的用法,是当时最主要的结构助词。

所

"所"与动词性成分组合,形成名词性词组,425例。如:

(1) 世尊,是陀罗尼神咒,恒河沙等诸佛所说,亦皆随喜。(59a)

(2) 若我等待说所因成就阿耨多罗三藐三菩提者,必以大乘而得度脱,然我等不解方便随宜所说。(10c)

该用法沿袭于上古。例(1)的意思是:勇施菩萨说:世尊,这个陀罗尼神咒,是过去恒河沙数相等的诸佛所说的。诸佛不但说此咒,而且随喜、拥护此咒。例(2)中,"我等不解方便随宜所说"指的是"我们不理解如来以善巧妙之方法随众生根基所适宜而说的法",它是由名词性成分 saṃdhabhāṣyaṃ 译来。bhāṣyaṃ 是动词 bhāṣya(说)名词化的宾格形式,译作名词性结构"所说"。这样的翻译正好与梵文的语法现象相吻合。又如:

(3) 汝于未来世过无量无边不可思议劫,供养若干千万亿佛,奉持正法,具足菩萨所行之道,当得作佛。(11b)

将例(3)与例(1)、例(2)进行对比,我们发现,各例句自有它的不同之处。在例(3)的"所"字结构中心词中,有名词"道"出现。"菩萨所行之道"由梵文名词性成分 bodhisatvacaryām 译来,caryām 是动词 car(行)名词化的宾格形式。译师用"所"字结构翻译梵文中的名词化宾格,处理极为得当。

之 者

"之"用在修饰语和中心语之间,组成偏正短语,相当于现代汉

语的结构助词“的”,342例。这是对上古用法的传承。“之”做助词分为以下三种情况:

A. 用在定语和中心语之间,构成名词性偏正结构,表示修饰、限制、方位、时间等关系,320例。如:

(1) 我有种种,珍玩之具,妙宝好车,羊车鹿车,大牛之车,今在门外。(14b)

(2) 以何因缘而有此瑞神通之相,放大光明,照于东方万千土,悉见彼国界庄严?(2c)

B. 用在领属语(或施事者)和“所”字结构之间,成为“领属者+之+所V”结构,领属语主要为代词和称人名词,表示领属关系,19例。如:

(3) 舍利弗,汝等当信佛之所说,言不虚妄。(7a)

(4) 此是我子,我之所生。于某城中舍吾逃走,伶俜辛苦五十余年,其本字某。(17b)

C. 用在分母和分子之间,3例。如:

(5) 一一菩萨,皆是大众唱导之首,各将六万恒河沙眷属,况将五万四万三万二万一万恒河沙等眷属者,况复乃至一恒河沙半恒河沙四分之一,乃至千万亿那由他分之一。(40a)

“者”用于“中心语+定语+者”结构,表修饰关系,7例。这是沿袭上古的用法,但已开始走向衰落。如:

(6) 是诸众生脱三界者,悉与诸佛禅定解脱等娱乐之具。(13c)

(7) 若有人闻《妙法华经》乃至一偈一句一念随喜者,我亦与授阿耨多罗三藐三菩提记。(30c)

(8) 尔时千世界微尘等菩萨摩诃萨,从地踊出者,皆于佛

前一心合掌，瞻仰尊颜。(51c)

例(6)中，“是诸众生脱三界者”即“是诸脱三界的众生”，例(7)中“有人闻《妙法华经》，乃至一偈一句一念随喜者”即“有闻《法华经》乃至一偈一句一念随喜的人”。此例与表假设的“若……者”格式有所不同，这个“者”是语气助词，表假设语气，参见下一节“语气助词”。例(8)中的“千世界微尘等菩萨摩诃萨，从地踊出者”即“从地踊出的千世界微尘等菩萨摩诃萨”。

“之”和“者”连用，放在动词或动词性短语之后，表修饰关系，1例。如：

(9) 时四部众，著法之者，闻不轻言，汝当作佛。(51b)

此例中的“时四部众，著法之者”即“著法之四部众”，它源于梵文 ye cāpi bhikṣū tada aupalambhikā yā bhikṣuṇī ye ca upāsakā vā upāsikās(四部众) tatra ca yā tadāsīd ye bodhi saṃśrāvita paṇḍitena(著法之者)//(322 页)，由罗什按照梵文的语序直接翻译而来。梵文的语序是决定该句定语后置的直接原因。

在其他汉译佛经里，出现了结构助词“许”。“许”用在代词和中心语之间，表领属，有两种格式：一种是“领属语＋许”，另一种是“领属语＋许＋名词”。如：

(10) 道逢牛羊象马都所不识，问是谁许。(后秦鸠摩罗什译《大庄严论经》卷十五)

(11) 我等亦为此朋友故，亦复各为自许物，来此林之内，求彼淫女。(隋阇那崛多译《佛本行集经》卷三十九)

汉译佛经中的结构助词“许”，是现代汉语“领属语＋的”结构的源头。在历时上，这一结构，首先经历了从“领属语＋许”(南北朝)到“领属语＋者”(唐代)，再到“领属语＋底”(晚唐五代)的过程,最后经历从“领属语+底”到“领属语+的”(元代)的过程。

二 语气助词

《法华经》中,语气助词共 11 个,19 项用法,171 例,具有六种功能。表示催促,有“来”(1);表示限止和感叹,有“耳”(2)、“哉”(41)、“而已”(1);表示肯定和强调,有“也”(18)、“耳”(3)、“已”(4);表示假设和停顿,有“者”(60);表示新情况的出现,有“矣”(1)、“耳”(1);表示疑问,有“耶”(5)、“乎”(8)、“不”(26)。表示催促的“来”和表示疑问的“不”都是在东汉以后新产生的,中土文献中也有这两个词的出现。在汉译佛经中最先出现,且只属于个别用例。

A. 表示催促

表示催促语气的助词只有“来”,用在祈使句中,1 例。如:

尔时导师知人众既得止息,无复疲惓,即灭化城,语众人言:“汝等去来,宝处在近。向者大城,我所化作,为止息耳。”(26a)

从翻译看,“去来”译自梵文 gacchantu,gacchantu 的词根是√gam,指“去”的意思,它的现在时不规则形式是 gaccha,用的是主动语态命令语气第三人称复数语尾-ntu。语尾-ntu 带有命令语气,表示对对方的命令或催促。梵文中的命令语气与汉语中的祈使语气相当。罗什把 gacchantu 译作“去来”,“来”是对梵文中命令语气标记词-ntu 的翻译。

B. 表示限止和感叹

用于陈述句末,表示限止和感叹语气的助词共 3 个,44 例,有

“耳”(2)、“哉”(41)、“而已”(1)。

“耳”用于陈述句末，表示限止语气，3 例。如：

(1)世间无有二乘而得灭度，唯一佛乘得灭度耳。(25c)

(2) 如是妙法，诸佛如来时乃说之，如优昙钵华，时一现耳。(7a)

“而已”用于陈述句末，表示限止语气，1 例。如：

(3) 亦复不知何者是火？何者为舍？云何为失？但东西走戏，视父而已。(12c)

“哉”用在感叹句末尾，表示感叹语气，41 例。只出现在“形容词＋哉”这类从上古遗留下来的格式中。如：

(4) 咄哉，丈夫，何为衣食乃至如是？(29a)

C. 表示肯定和强调

表示肯定和强调的判断语气助词共 3 个，25 例，有“也”(18)、“耳”(3)、“已”(4)。

“也”主要用于陈述句、祈使句和判断句，共 18 例。

a. 用于陈述句末，表示对事理的肯定和强调，5 例。如：

(1) 尔时妙庄严王……一心合掌，复白佛言：“世尊，未曾有也……”(60c)

b. 用于祈使句末，表示祈求或禁止语气，2 例。如：

(2) 汝等莫得乐住三界火宅，勿贪粗弊色声香味触也。(13b)

c. 用于判断句末，表示判断语气，出现在肯定句和否定句两种句子中，11 例。如：

(3) 尔时妙光菩萨，岂异人乎？我身是也。(4b)

(4) 佛告诸比丘：“……于汝等意云何？是诸国土，若算

师若算师弟子,能得边际知其数不?""不也,世尊。"(22a)

"耳"用于陈述和判断句末,表示肯定或判断语气,3 例。如:

(5) 汝等当前进,此是化城耳。(27a)

(6) 若有人轻毁之,言:"汝狂人耳。空作是行,终无所获。"(62a)

"已"用在假设复句的后一小句末尾,表示对推论的肯定,4 例。如:

(7) 若有侵毁此法师者,则为侵毁是诸佛已。(59a)

D. 表示假设和提顿

表示假设语气和提顿语气的助词有一个"者"字,前者 55 例,后者 9 例。

a. "者"用在假设小句的末尾,做假设语气助词,跟假设连词"若"搭配,形成"若……者"格式,55 例。如:

(1) 若父在者,慈悲愍我等能见救护。(43a)

(2) 若不顺我咒,恼乱说法者,头破作七分,如阿梨树枝。(59b)

b. "者"用在判断句的名词主语后,表示提顿,9 例。如:

(3) 妙光法师者,今则我身是。(5b)

(4) 其二子者,今药王菩萨、药上菩萨是。(60c)

将例(3)进行对勘,则是:ahaṃ(我)ca āsīt(是)tada(此)dharmabhāṇakāḥ(法师)//(24 页)。aham 是体格,做主语,对译为"我",助动词 āsīt(是)连接体格和业格,dharmabhāṇakāḥ(法师)是业格,做宾语,梵文用的是 SVO 语序,即"我+是+(妙光)法师"。很显然,是罗什把"妙光法师"提到句首,并加上"者",表示停顿兼强调语气。其目的在于强调"妙光法师"这一宾语。

E. 表示新情况的出现

表示新情况出现的语气助词共 2 个，2 例，有“矣”(1)、“耳”(1)。

“矣”1 例，“耳”1 例，都用在陈述句中，表示新情况的出现。如：

(1) 如是增上慢人，退亦佳矣。(7a)

(2) 彼佛分身佛，在于十方世界说法，尽还集一处，然后我身乃出现耳。(32c)

F. 表示疑问

表示疑问语气的助词共 3 个，39 例，有“耶”(5)、“乎”(8)和“不”(26)。

“耶”用于是非、测度、反诘等疑问句末，表示疑问语气，共 5 例。如：

(1) 世尊，少病少恼，安乐行不？所应度者，受教易不？不令世尊生疲劳耶？(40a)

(2) 初闻佛所说，心中大惊疑，将非魔作佛，恼乱我心耶？(11a)

(3) 何故忧色而视如来？汝心将无谓我不说汝名、授阿耨多罗三藐三菩提记耶？(36a)

“乎”用于单一的反诘问句格式“岂(不亦)……乎”，表示反诘疑问语气，8 例。如：

(4) 佛告宿王华菩萨：“于汝意云何？一切众生憙见菩萨岂异人乎？今药王菩萨是也……”(54a)

(5) 若世尊各见授记，如余大弟子者，不亦快乎？(4b)

不

关于中古时期“VP 不”句式中“不”的性质，目前尚未达成一致观点。有人认为是否定词，有人认为是语气词。持前一观点的人认为：a 类句型中的“不”，正处于从否定词向语气词过渡的阶段，该类句子大部分已经虚化，可以把它们作为是非问句看待；持后一观点的人认为：“不”没有虚化，仍然为反复问句。[①]客观上讲，把中古疑问句末尾的“不”看作是疑问语气词更为妥当，其理由可参见第十三章“疑问句”。

“不”用于疑问语气词，共 26 例，用于“VP 不”和“advVP 不”两种格式。

A. 用于“VP 不”，21 例。如：

(1) 佛告诸比丘：“……于汝等意云何？是诸国土，若算师若算师弟子能得边际知其数不？”“不也，世尊。”(22a)

(2) 佛告阿难：“汝见是学、无学二千人不？”“唯然，已见。”(30b)

“VP 不”格式译自梵文的是非问句。“不”，句末语气词，表示疑问。

B. 用于“advVP 不”，5 例。如：

(3) 舍利弗，于汝意云何？是长者等与诸子珍宝大车，宁有虚妄不？(13a)

(4) 此经甚深微妙，诸经中宝，世所稀有，颇有众生勤加精进，修行此经，速得佛不？(35b)

---

① 何乐士(1985)在《古代汉语虚词通释》中，把古代汉语“VP-neg”句中的“不”看作是否定词，而遇笑容、曹广顺(2002：125－135)认为，中古汉语中的“不”大部分已虚化为语气词；赵新(1994：79－86)、吴福祥(1997b：44－54)依据语义选择规则，提出“不”是疑问语气词的观点。

"advVP不"格式译自梵文带有猜测语气的是非问句,"不"仍然是句末语气词。

其他汉译佛经中,新出现一个表示疑问语气的"那",用于是非问、反诘问和选择问。(蒋冀骋、龙国富 2004:42-53)。如:

(5) 使人问比丘:"诸贤无有人能买衣者那?"诸比丘答:"无人。"(后秦竺佛念译《鼻奈耶》卷六)

(6) 世尊知而告此摩诃罗比丘曰:"汝实斫此树那?"时摩诃罗比丘内怀惭愧,外则耻众,右膝著地叉手白世尊言:"审然,世尊。"(同上,卷四)

(7) 拘律陀见来颜色异常,疑获甘露,寻问:"得甘露那?"曰:"得也。"(失译《分别功德论》卷四)①

其他汉译佛经中,还出现有表反问语气的"为"和尝试态语气的"看"。(蒋冀骋、龙国富 2005:60-65;龙国富 2003:43-46)如:

(8) 汝出去灭去,何用汝为?(后秦佛陀耶舍共竺佛念等译《四分律》卷四)

(9) 止止调达,何用此神足道为?(后秦竺佛念译《出曜经》卷十四)

(10) 汝之树神,少忍耐看,莫生忧恼。(隋阇那崛多译《佛本行集经》卷三十五)

(11) 若净人不知市价,比丘当先教,以尔所物买是物,应教此物索几许?汝好思量看。(后秦弗若多罗译《十诵律》卷七)

---

① 方一新(2003b)认为,《大藏经》把《分别功德论》附录在东汉后,实际上,该经应该在东汉以后译出,其语言风格接近魏晋时期。

还有特指问句末表示疑问的“尔”，后秦汉译佛经中出现8例。如：

(12) 问言：“何以故尔？”答言：“诸妹，我前常诣贩卖人乞故易得，而今不往从乞，是以难得。”(后秦佛陀耶舍共竺佛念等译《四分律》卷二十三)

(13) 时居士问讯：“住止安乐不？”答言：“不安乐。”问言：“何故尔？”答言：“所止处愦闹，是故不安乐。”(同上，卷二十四)

表 8-1　《法华经》语气助词的用法及其频率

词　项	功　　能	频　率
来	催促	1
耳	限止，肯定，新情况	6
而已	限止	1
哉	感叹，请求	41
已	肯定	4
者	假设，提顿	60
也	判断，肯定，祈使	18
矣	新情况	1
耶	是非问，反诘，揣度	5
乎	反诘	8
不	疑问	26
11个	用法19项	171

三　其他助词

《法华经》中，除了上面介绍的助词以外，还有比况助词、音节助词和词缀等。比况助词有“等”(13)、“许”(1),音节助词有“复”(66)、“自”(32)、“而”(30)、“于”(1)、“分”(6)和词缀有“等”(233)。

等 许

比况助词“等”和“许”,产生于中古,有两种用法:

A. 用于口语,放在词或词组后面,表示某种比喻或说明某种情况的等同。11例。如:

(1) 尔时所化无量恒河沙等众生者,汝等诸比丘及我灭度后未来世中声闻弟子是也。(25c)

(2) 华德,是妙音菩萨,已曾供养亲近无量诸佛,久殖德本。又值恒河沙等百千万亿那由他佛。(56a)

(3) 说是《普贤劝发品》时,恒河沙等无量无边菩萨,得百千万亿旋陀罗尼,三千大千世界微尘等诸菩萨具普贤道。(62a)

例(1)中的“无量恒河沙等众生”指如同恒河沙数一样的无数众生。例(2)中的“恒河沙等百千万亿那由他佛”指如同恒河沙数一样多的无数佛。例(3)中的“恒河沙等无量无边菩萨”指如同恒河沙数一样多的无数菩萨。

B. “等/许”与“如”搭配使用,构成“如……等(许)”等比格式,相当于“如同……一样”,表示等同关系。3例。如:

(4) 如恒河沙等,无数诸众生。於此佛法中,种佛道因缘。(29c)

(5) 唯有如来知此众生种相体性……如彼卉木丛林诸药草等,而不自知上中下性,如来知是一相一味之法。(19c)

(6) 观三千大千世界,乃至无有,如芥子许,非是菩萨舍

身命处，为众生故，然后乃得成菩提道。（35b）

“等/许”前面的名词都是所比喻的事物。例（4）用“恒河沙”比喻众生之多；例（6）用“芥子”比喻极其小的地方。“如……等（许）”是上古的等比结构“如……”和中古产生的“……等/许”（如 A 类）接搭而成。

从 A 和 B 两种用法看出，《法华经》中有“名词＋等”和“如＋名词＋等（许）”两种结构。这两类结构中的“等/许”都做助词。在中土文献中，只看到“如＋名词＋许”结构，并且主要见于口语性强的《齐民要术》，共 6 例（龙国富 2004：110）。如：

（7）治马中水方：取盐着两鼻中，各如鸡子黄许大，捉鼻，令马眼中泪出，乃止，良矣。（《齐民要术》卷六）

（8）栽后二年，慎勿采、沐，大如臂许，正月中移之。（《齐民要术》卷五）

而在汉译佛经中，“名词＋等”和“如＋名词＋等（许）”两种结构都很常见。表同比的助词，在中古产生了“等/许”，到唐代，又出现有“般”。

“名词＋等”和“如＋名词＋等（许）”两种结构都相当于“像……一样”，它们都源于梵文的翻译。一是梵文不变词组成的“yathā＋中性名词”，被译作“名＋等”和“如……等（许）”。如 yathā gaṅga- vālukās 译作“如恒河沙等”，gaṅga yathā vāluka 译作“恒河沙等”。二是梵文复合词词尾组成的“名词＋mātra/sama/upama”，被译作“名＋等”和“如……等（许）”。如：asarṣapa- mātro 译作“如芥子许”，gaṅga- nadī- vāluka- upamās 译作“恒河沙等”。

音节助词指用在实词和虚词后面，起音节作用的成分。有“而”（30）、“分”（6）、“于”（1）。“分”做构词成分是东汉以后新出现于汉译佛经的用法,"而"在主语和谓语之间做音节成分在汉译佛经中多见,它的出现是为了满足四字格的需要,"于"用来构成双音节,表示音节成分。

复 自 而 分 于

"复"做音节成分,共66例。"复"做双音节成分在中古汉语双音化过程中产生。有下面两种情况:

A. 用在单音副词和情态动词之后,并与之构成双音节,原词义不变,40例。如:

(1) 四王诸天,为供养佛常击天鼓,其余诸天作天伎乐,满十小劫,至于灭度亦复如是。(22b)

(2) 诸漏已尽,无复烦恼。(1c)

(3) 然舍利弗,今当复以譬喻更明此义。(12b)

B. 用在"虽""若""或"等单音连词之后,"复"起构成双音节作用,26例。如:

(4) 八百弟子中,有一人号曰求名,贪著利养,虽复读诵众经而不通利,多所忘失,故号求名。(4b)

(5) 若复得王教,然后乃敢食。(21a)

(6) 或复颦蹙,则怀疑惑,汝当听说,此人罪报。(15b)

对勘发现,"复"是音节成分。如"寻复忘失"译自梵文 naśyati kṣipram,"寻"译自 kṣipra,kṣipra 有"时间短"的意思,表示动作行为发生的时间短暂。"复"起构成双音节的作用。又如"常复获逮"译自梵文 nityakālaṃ adhigatam,"常"是对梵文 nityakāla 的翻译,nityakāla 表示动作行为或状态的惯常性,有"经常"的意思。"复"也起构成双音节的作用。

将例(7)中的"虽复"与例(8)中的"虽"进行比较,发现二者意义相同。如：

(7) 如彼长者，虽复身手有力，而不用之，但以殷勤方便勉济诸子火宅之难，然后各与珍宝大车。(13b)

(8) 如来亦复如是，虽有力、无所畏而不用之，但以智慧方便，于三界火宅拔济众生。(13b)

“自”做音节成分，共 32 例。“自”做双音节成分也是在中古汉语双音化过程中产生。有下面两种情况：

A. 用在情态动词和表时间、程度等副词之后，构成音节，原词义不变，26 例。如：

(9) 华光佛所为，其事皆如是，其两足圣尊，最胜无伦匹，彼即是汝身，宜应自欣庆。(12a)

(10) 诸法从本来，常自寂灭相。(8b)

(11) 我等每自思惟：“设得受记，不亦快乎？”(29b)

(12) 我昔从佛闻如是法，见诸菩萨授记作佛，而我等不豫斯事，甚自感伤，失于如来无量知见。(10c)

B. 用在单音连词之后，“自”起构成双音节作用，6 例。如：

(13) 得大神通，身出光明，飞行自在，志念坚固，精进智慧，普皆金色，三十二相，而自庄严。(27c)

对勘发现，“自”是音节成分。如例(11)中的“每自思惟”译自梵文 cintayitvānuvicintya，cintayitva 是一个独立式，表示前一个动作完成之后接着会发生后一个动作，相当于现代汉语“考虑以后”的意思，vicintya 是一个未来被动分词，指“考虑”的意思。承前所知，anu 表示前一动作行为发生之后接着发生另一动作行为。梵文 cintayitvānuvicintya 的表达很形象，指“考虑了以后又考虑”的意思，译师将此梵文内容对译为“每自思惟”，即为“经常考虑”。“每”

表示动作行为的惯常，有“经常”的意思，“自”起构成双音节的作用。[①]

“而”用于主谓之间，起构成音节的作用，30 例。如：

(14) 或见菩萨而作比丘，独处闲静，乐诵经典。(3a)

(15) 是时众中无有一人若身若心而生懈惓。(4a)

志村良治(1984:45－46)引入矢义高的观点应该把用于主谓之间的“而”看作表承接关系的“乃”。我们发现，在《法华经》中，同样的语言环境，有的在主谓之间用“而”，有的在主谓之间不用“而”。这是因为，“而”用在主语和谓语之间，没有实在意义。这种用法在中土文献很少见，多见于汉译佛经。“而”的这种用法的产生与汉译佛经的四字格文体有关。朱庆之(2001)认为这种“而”字是凑足音节，并没有其他的意义。

“分”接在名词和动词或动词短语之后，做名词、动词或动词短语的构词成分，6 例。如：

(16) 今日乃知真是佛子，从佛口生，从法化生，得佛法分。(10c)

(17) 斯等共一心，于亿无量劫，欲思佛实智，莫能知少分。(6a)

“分”做构词成分的这一用法不见于中土文献，只见于汉译佛经之中。

“于”可以用在连词“及”之后，构成双音节“及于”，例。如：

(18) 观世音菩萨愍诸四众及于天、龙、人非人等，受其璎

---

① 关于“复”和“自”的语法地位，历来争论不休。有的说“复/自”是构词语素，有的说是音节成分。具体讨论参见龙国富(2010a:26－30)。

珞。(57c)

词缀共1个,有"等"(233)。"等"做词缀是翻译佛经中产生的新用法,且仅见于汉译佛经。

等

"等"用在人称代词后面,表示复数,233例。如:

(1) 我等亦皆得,最妙第一法,为诸众生,分别说三乘。(9c)

(2) 我若灭度时,汝等勿忧怖。(5a)

汉译佛经中,"等"大量使用在人称代词后面表示复数,从而造成人称代词出现单复数的对立。在中土文献中,汉代以后开始出现表示复数的"曹/等"。如:(引自王力1980[1958]:272-273)

(3) 我曹言愿自杀。(《汉书·霍光传》)

(4) 不愿汝曹效之也。(马援《戒兄子书》)

王力(1980[1958]:272-273)认为,这一类的"曹/等"在中土文献中还保留有一定的实义,它们和"们"字最大的差别在于,"们"字是复数的固定形尾,"曹/等"则不是固定的,没有成为固定形尾。而在汉译佛经中,人称代词后面的"等"已经成为词缀,亦即王力所说的形尾,其功能与"们"一致。这种语法现象在中土文献中确实还没有产生,其在汉译佛经中的产生应该与翻译有关。具体讨论参见"代词"一章。

助词小结:

根据调查资料,我们将《世说新语》和《法华经》中的语气助词做了一个比较,见如下表格:

表 8-2 《法华经》和《世说新语》语气助词比较

词项	《法华经》(约6.9万字)		《世说新语》(约7.3万字)	
	功　　能	频率	功　　能	频率
来	催促	1	催促	1
耳	限止,肯定,新情况	6	限止,肯定,疑问	103
而已	限止	1	限止	12
哉	感叹,请求	41	感叹,疑问,反诘	6
已	肯定	4	肯定,感叹	3
者	假设,提顿	60	假设,提顿,肯定,原因	36
也	判断,肯定,祈使	18	判断,肯定,祈使,说明,原因,疑问,感叹,停顿	119
矣	新情况	1	判断,祈使,感叹	36
耶	是非问,反诘,揣度	5	作"邪",是非问,感叹	67
乎	反诘	8	是非问,反诘,揣度	30
不	疑问	26	疑问	45
焉		0	肯定	3
尔		0	肯定,限止	18
总数	词11个,用法19项	171	词13个,用法34项	479

如表8-2所示,《法华经》中的语气助词,有词11个,用法19个义项,171例。《世说新语》中的语气词,有词13个,34个义项,479例。将二者对比发现,《法华经》中的语气助词有以下两个较为突出的特点:

第一,语气词的使用频率和语法意义都比中土文献少。

光从语气词的使用情况看,《法华经》和《世说新语》相差无几,前者11个,后者13个。但从语气词的义项和使用数量看,《法华经》仅19个义项,171例。而《世说新语》却有34个义项,479例。

很明显,《法华经》中的义项不到《世说新语》的三分之二,而使用数量则不到《世说新语》的二分之一。可见,相对《世说新语》而言,《法华经》中语气词的运用少。“乎”在《法华经》中仅 8 例,而在《世说新语》中却有 30 例;“耶”在《法华经》中仅 5 例,而在《世说新语》中却有 67 例。这是因为,早在上古时,“乎”“耶”便都已用作疑问语气词。但在《法华经》中,使用却仅限于少数。又如,“也”在《法华经》中 18 例,而在《世说新语》中却有 119 例。这是因为,早在上古时,“也”在中古的中土文献里,通常出现在判断、肯定、祈使、说明、疑问等多种句式的末尾,表多种语气,而在《法华经》中,却只出现表强调、肯定和祈使的用法。“哉”,用在句末,表示感叹和请求,虽然在《法华经》中的使用比《世说新语》多,但一般只出现在凝固形式“善哉”中。由此得出,尽管汉译佛经语言已受到了汉语文言文语法规则的约束,但从语气词的使用情况看,其受规则约束的程度远不如其他的词类高。

第二,语气词的语法意义向专一化发展。

《法华经》中的语气助词,除了“者”“也”“耳”和“耶”有两到三种用法以外,其余的语气词都只有单一的语法功能。而《世说新语》中的语气助词“也”,在上古和中古,除了可以表判断,肯定,祈使外,还可以表说明,原因,疑问,感叹,停顿等多种语气。再如“哉”,在《世说新语》中有表感叹,疑问和反诘的作用,但在《法华经》中却专表感叹。再如“矣”,在《法华经》中只有表新情况出现的功能,而在《世说新语》中却有表判断、祈使和感叹语气的用法。当然,这也当视情况而定,如“乎”,虽然在《法华经》中只出现表示反诘语气的用法,但并不能依此得出“乎”就是该经中语气助词专业化的一员。因为在其他汉译佛经中,“乎”还依然存在有是非问和揣度问的用法。

造成《法华经》中语气词数量减少的原因是多方面的，其主要的原因可能包括如下五个方面：

a. 受汉语自身机制的制约。如表示判断语气“也”的用量之所以减少，是因为《法华经》在翻译之时，正处于汉语中表示判断的系统内部发生变革之时。因为这场变革，导致“是”“为”系词的广泛出现，并以此削弱了“也”原有在句末表示判断语气的功能。

b. 受汉译佛经文体特点的制约。汉译佛经大都为散体。佛经的这种散体以追求节律见长：四字为一顿，由四字构成一大节拍，两字构成一小拍。虽有节奏，但不押韵，也不讲求对仗。汉译佛经的偈颂部分也独具特色：每句提行，既不对仗，也不押韵，不求节律。汉译佛经的这种散体和偈颂语体，都是由梵文直译而来。正因为直译，对中土文献中原有文言语气助词的使用产生一定影响。

c. 受汉译佛经语言特点的制约。从整体上看，汉译佛经不仅是一种以口语为主的语言，而且这种语言不排除掺杂有梵文、方言和译师个人语言等成分。据考证，佛经的翻译，一般由一精通梵文，但汉语却有些欠缺的人来进行口述，再由一精通汉语但梵文不够精通的人来笔受，最后再由执笔者将译文给口述者或其他懂得梵文的人读，再由这些听的人提出意见，以供校正。《尊婆须蜜菩萨所集论》（十卷）曾指出：“僧伽跋澄携来梵本，前秦建元二十年（384）武威太守赵整求出之。由僧伽跋澄、昙摩难提、僧伽提婆三人共执梵本，竺佛念传译，慧嵩笔受，道安与法和对校修饰，赵整稍加润色。”这种翻译形式是造成汉译佛经独特风格的根本原因，也是致使汉译佛经中文言语气词减少的原因之一。

d. 受佛教教义要求的限制。佛经是一种宗教宣传品,有其独有的教义要求。为了满足这些要求,达到宣传的目的,译师多采用通俗易懂的语言,简短精炼的字句来完成译作。这样的译作,由于语气词失去了应有的语言环境,因此必然造成其用量的减少。

e. 受梵文佛典的影响。调查发现,在梵文和巴利文中,语气词极其少见。在梵文佛典中,在表示判断、疑问、陈述和祈使语气的句子,虽然也有使用语气词的情况,但是用量不多。佛经中语气词用量少与梵文佛典中语气词使用不多有关。当然,梵文中也存在有一些语气的表达,如 ā、i、e、āi、o、aha、hā、hāhā 可以表示惊奇、悲痛或遗憾;kim、dhik 可以表示轻视;hā、bāta 可以表示忧愁和沮丧;ā、hām、hum 可以表示愤怒或轻视,sādhu 可以表示高兴和请求。以 sādhu 为例,《法华经》中,sādhu 译作"哉",表示感叹和请求的语气。如:

(1) 我今所得道,亦应说三乘,作是思惟时,十方佛皆现,梵音慰喻我:"善哉,释迦文,第一之导师,得是无上法……"(9c)

(2) 善哉,世尊愿为四众说其因缘,令离疑悔。(12b)

例(1) 中的"善哉",表示的是高兴的语气;例(2)中的"善哉",表示的是请求的语气。两例中的"善哉",都是从梵文 sādhu 翻译过来,sādhu,既可以表示高兴的语气,也可以表示请求的语气。又如:

(3) 佛告舍利弗:"善哉,善哉,如汝所言。舍利弗,如来亦复如是,则为一切世间之父……"(13a)

例(3)的原典文为 sādhu sādhu evam etad yathā vadasi /(71页),重复出现的感叹语气助词"善哉",都由梵文的重复形式 sādhu

译来。

另外,汉译佛经中文言语气词减少与译师对语气词的运用也有关。

第三,新的结构助词"等/许"产生,但原有的结构助词"之""者"没有发展。事态助词已经产生,动态助词没有出现,音节助词发展迅速,"自""复"得到使用。

表 8-3 《法华经》助词的用法及其频率

类　别	词项和频率	总　　数
结构助词	所 425,之 342,者 7	用法 3 项,774 例
语气助词	来 1,而已 1,哉 41,矣 1,耳 6,已 4,也 18,者 60,耶 5,乎 8,不 26	用法 19 项,171 例
比况助词	等 13,许 1	用法 2 项,14 例
音节助词 词内成分	复 66,自 32,而 30,分 6,于 1,	用法 4 项,165 例
词缀	等 233	用法 1 项,233 例
总数	词(成分)21 个,用法 29 项	用法 29 项,1357 例

第九章　述补结构

一　述补结构的产生和判断标准

关于述补结构的产生，学术界存在着不同的观点：

A. 先秦说。余健萍(1957:114－126)认为，述补结构始于先秦。持相同观点的还有潘允中(1980)、何乐士(1984)、向熹(1993)等。

B. 汉代说。王力(1958)认为，在汉代，使成式已经产生。形式上有及物动词带不及物动词和及物动词带形容词两种使成式出现。

C. 六朝说。志村良治(1984)、梅祖麟(1991:112－136)、蒋绍愚(1999:327－348)等认为，动补结构产生于魏晋六朝。

D. 唐代说。太田辰夫(1958)认为，在唐代，使成复合动词产生既可做自动，又可做他动的动词已经逐步固定为自动用法。

鉴于学术界以上观点的不同，我们对述补结构产生的标准做如下探讨。

首先，应当基于一定的原则。根据前人的经验，在判断述补结构时，大多从语义着手，并进行具体分析。如果纯粹以语义作为标准，那得出的结论一定会有欠缺。因为这样，很容易把两个动词并列的结构也拉入动补结构的行列。事实上，即使大多数述补结构都是由动词的并列式发展而来，但两者之间还是存在有一定的差异。蒋绍愚(1999:327－348)提出，判断述补结构的产生需具备两个原则：第一，功能关系上，如果 V_2 是及物动词，或者是做使动的不及物动词和形容词，当它与宾语构成述宾关系(包括述语和使动宾语的关系)时，这个结构就必定是并列式。而当 V_2 不及物动词化或虚化，或不及物动词不再用作使动，和宾语不能构成述宾关系时，那么这个结构便必定是结果补语。第二，语义重心上，在并列式中，两个动词，或是并用，或是相承，语义重心通常会落在后一动词上；而在动结式中，动词和补语结合紧密，语义的重心通常会落在前一个动词上。

其次，应当基于一定的形式标志。判断一个句子是不是动补结构，应该首先寻找一个可以用于检验的形式标志。梅祖麟(1991:112－136)认为，在上古汉语中，"杀"是及物动词，"死"是不及物动词。如：

(1) 沛公至军，立诛杀曹无伤。(《史记·项羽本纪》)

(2) 解父以任侠，孝文时诛死。(《史记·游侠列传》)

"杀"处在"动词＋杀＋宾语"的结构中，能带宾语。"死"处在"动词＋死"的结构中，不能带宾语。从南北朝至唐代，用"杀"的地方开始改用"死"，"动词＋死"后面带有宾语，"死"做补语。不及物动词在动词后面的出现，可以突出动作行为的结果。如：

(3) 律师，律师，扑死佛子耶？(郑綮《开天传言记》，引《太平广记》卷九十二)

梅祖麟(1991)把南北朝出现的"V＋死＋O"结构看作述补结构形成的形式标记。又，蒋绍愚(2004b:559－581)把南北朝出现："V＋尽"结构看作述补结构产生的形式标记。

再次，应当基于一个历史的观点之上。关于述补结构的判定，王力(1958)的观点是，判断述补结构时，不能孤立地看待某种语法现象，而应该带有一定的历史观点。我们将南北朝与汉代相比较，发现从并列结构到述补结构发生了以下变化：

A. 使动用法衰微。上古用作使动的第二个不及物动词，中古已基本不用作使动。这些句子中的第二个及物动词一般不再和宾语发生直接的动宾关系，而只是和前一动词关系紧密，并以此来表达动作行为的结果。述补结构由此而形成。关于"V_t+V_i"结构，在汉代，它是两个并列动词做谓语，并带有被动意义。如"宫室毁坏"(《史记·宋微子世家》)指"宫室被毁而坏"。同时，还出现有"社稷坏，宗庙毁"(《史记·春申君列传》)这种动词单用的句式结构。到了南北朝，由于有一些及物动词的不及物化，"V_t+V_i"结构已不再带有被动意义，只是仍为述补结构。如"山即破坏"(《贤愚经》卷九)。关于"V_t+V_i+O"结构，在汉代，V_t、V_i 是两个并列动词。其中，V_i 用作使动，并带宾语。如"毁坏其三正"(《史记·周本纪》)指"毁其三正而其三正坏"。当时还有"坏城郭，决通堤防"(《史记·秦始皇本纪》)这种动词单用且带宾语的结构。到了南北朝，"V_t+V_i+O"结构出现，其中的 V_i 不再用作使动。并且，V_i 也不再和宾语发生直接关系。"V_t+V_i+O"中的"V_t+V_i"由并列动词带宾语发展成为整个动结式带宾语。如"破坏善根"(《贤愚经》卷十)。(蒋绍愚 1999:327－348)

B. "V杀""杀"的语义发生变化。与"死"的情况相同，"V杀""杀"具有不及物动词的性质。"杀"的语义虚化，而且不再与宾语发生联系；"V杀"由动词并列变成为述补结构。如：

(4) 下马吹横笛，愁杀行客儿。(梁·元帝《折杨柳》)

C. 动词后面出现补语，形成“动词＋得”“动词＋却”和“动词＋取”等动补结构。如：

(5) 值祥私起，空斫得被。(《世说新语·德行》)

(6) 欲知画能巧，唤取真来映。(王训《咏美人自看画》，《玉台新咏》)

(7) 若唾地者，诸人蹋却。(《百喻经·蹋长者口喻》)

例句中的“得”“却”“取”，都表示动作行为的完成，都由谓语虚化而成为补语。

D. 述补结构的否定式产生。如：

(8) 若不用心，求不得者，当俱诛灭汝等族党。(《贤愚经》卷三)

(9) 楼高望不见。(江淹《西洲曲》，《玉台新咏》)

这种否定式最先表现为主谓结构。如“求不得”的早期形式是“求之不得”，在南北朝时，经过重新分析，演变成为“求不得”。这是一种新的语法形式，其产生时间通常比肯定式晚。述补结构产生于南北朝，而其否定式却到齐梁间才开始出现。(蒋绍愚 1999：327－348)

与此同时，我们还应该考虑其他因素对动补结构产生带来的影响，如连动结构的语法化演变，动补之间插入宾语结构的出现，等等。

《法华经》中述补结构的基本情况为：动词性动结式共 8 个，128 例，形容词性动结式 2 个，31 例，动趋式共 5 个，33 例。分为表示完成、表示结果和表示趋向三种形式。根据补语的词汇构成，我们还可以把述补结构分成动词、形容词和趋向动词三种类型。其中，动词做补语的述补结构使用最多，趋向动词补语和形容词做补语的述补结构使用最少，形容词做补语则介于二者之间。从结构的搭配情况看，一有合用式，这种形式的述补结构，包括 VC 和 VCO 两种结构。并且，这两种格式都是主流；二有隔开式，这种形式的述补结构，包括 VOC 和“VO 不得”两种结构。[①] 在《法华经》中，“得”字由于还没有虚化，表示“获得”的动作义还十分明显。因此，“得”还没有在述补结构中出现。

《法华经》中述补结构使用的基本特点为：a. 合用式“VCO”运用广泛，分用式“VOC”没有出现；b. 以结果补语和趋向补语为主，形容词做补语的情况还极为少见；c. 与中土文献相比，表示完成的“已”语法化程度更高；d. 完成态双音节复合结构和表示完成的述补结构的出现，与原典文中被动句式存在一定的关系。

二　“V＋动词”述补结构

“V＋动词”述补结构通常被称作动结式。《法华经》中的动结式，都表示动作行为的完成或结果。动结式的补语动词共 8 个，128 例，有“著”(1)、“成”(7)、“倒”(1)、“堕”(3)、“及”(2)、“作”(7)、“除”(2)、“已”(105)。其中，“著”“成”“倒”“堕”“及”“作”“除”都用于合用式，有 VC 和 VCO 两种结构；“已”，用于隔开式，仅 VOC 一种结构。另外，还有一组同义并用的词，由“毕”“已”并用为“毕已”，仅 1 例。

“著”用于 VCO 结构，这种句子的谓语动词一般是外动词，而补语却是内动词，1 例。如：

(1) 以无价宝珠，系著内衣里。(29b)

---

① “V”代表动词，“C”代表补语，“O”代表宾语。

"著"表示物体位移或停止以后附着于某一处所,受"V"和"著"的语义制约,后面所跟的总是处所名词。"V"可以是静态动词和动态动词。如果"V"是静态动词,"著"相当于"在";如果"V"是动态动词,"著"相当于"到"。

需要指出的是,"著"与"贪""恋""乐"等表心理活动的语素组合成词,属于同义并用,不属于述补结构。如:

(2) 是舍唯有一门,而复狭小,诸子幼稚未有所识,恋著戏处。(12b)

(3) 父虽怜愍,善言诱喻,而诸子等,乐著嬉戏,不肯信受。(12c)

(4) 又以贪著追求故,现受众苦,后受地狱、畜生、饿鬼之苦。(13a)

此类的"著"即"执著"之义。例(2)中的"恋著"指"恋慕执著诸可意之境而不舍离也"。例(3)中的"乐著"指"娱乐执著也"。例(4)中的"贪著"指"多求而无厌足为贪,贪心固著而不离为著"。(丁福保《佛学大辞典》)

"成"用于VC(1例)和VCO(6例)两种结构,表示动作行为的结果。充当述语V的词以单音节为主,如"变""化""合"等,双音节只在少数,如"雕刻",补语的语义都指向受事,共7例。将例(5)与例(6)做比较,发现二者有着明显差异。例(5)中的谓语动词和补语都是内动词,而例(6)中的谓语动词是外动词,但补语却是内动词。如:

(5) 若好、若丑、若美、不美及诸苦涩物,在其舌根,皆变成上味,如天甘露,无不美者。(49c)

(6) 尔时妙庄严王及其夫人,解颈真珠璎珞价直百千,以

散佛上，于虚空中，化成四柱宝台。(60b)

(7) 诸佛灭后，各起塔庙……皆以金、银、琉璃、车磲、马瑙、真珠、玫瑰、七宝合成。(21c)

“倒”，用于VC结构，语义指向当事，表示动作行为的结果；述语V是单音节动词“崩”，句子的谓语动词和补语都是内动词，1例。如：

(8) 栋梁椽柱，爆声震裂，摧折堕落，墙壁崩倒。(14a)

“堕”，用于VCO(2例)和VC(1例)两种结构，3例。语义可指向当事(例9)，也可指向受事(例10)，表示动作行为的处所或结果。例(9)中，谓语动词和补语都是内动词，例(10)中，谓语动词是外动词，补语是内动词。如：

(9) 假使黑风吹其船舫，飘堕罗刹鬼国，其中若有，乃至一人，称观世音菩萨名者，是诸人等皆得解脱罗刹之难。(56c)

(10) 或在须弥峰，为人所推堕，念彼观音力，如日虚空住。(57c)

“及”，用于VCO结构，语义指向受事，表示动作扩展到某一处所或某一范围；述语用单音节动词，有“普”“流”，谓语动词和“及”都是内动词，2例。如：

(11) 周匝有园林，渠流及浴池。(27a)

(12) 愿以此功德，普及于一切。(57c)

“作”，用于VCO结构。语义指向受事，表示动作行为的结果；述语有单音节动词“化”“分”“破”，宾语表示述补的结果，7例。例(13)中的谓语和补语是内动词，例(14)中的谓语是外动词，补语“作”用作内动词。如：

(13) 作是念已，以方便力，于险道中，过三百由旬，化作一城。(26a)

(14) 即时观世音菩萨愍诸四众……受其璎珞，分作二分，一分奉释迦牟尼佛，一分奉多宝佛塔。(57c)

"除"，用于VCO结构，语义指向受事，表示动作行为的结果。动词和补语都是外动词，2例。如：

(15) 我见诸王，往诣佛所，问无上道，便舍乐土，宫殿臣妾，剃除须发，而被法服。(3a)

(16) 悲体戒雷震，慈意妙大云，澍甘露法雨，灭除烦恼焰。(58a)

"已"，在中古时期的使用最为频繁，共125例。"已"的语义指向述语动词，表示某种动作行为的完成；述语有瞬间动词，也有持续动词。"已"用作内动词，有VC和VOC两类述补结构。还有，"已"出现在否定句中，否定词"不"插入动词和"已"之间。

"已"用于VC结构时，述语V直接跟"已"搭配，构成"V已，VP"结构，33例。如：

(17) 到已，头面礼足，绕佛毕已，一心合掌，瞻仰世尊。(22c)

(18) 其有众生求佛道者，若见、若闻是《法华经》，闻已，信解、受持者，当知是人得近阿耨多罗三藐三菩提。(31c)

"已"用于VOC结构时，"已"前面出现有述宾结构，构成"VO已，VP"结构，90例。如：

(19) 作是誓已，自然还复，由斯菩萨福德智慧淳厚所致。(54a)

(20) 佛说此经已，结加趺坐，入于无量义处三昧，身心不

动。(2b)

当“已”出现在否定句中时,否定词“不”插入动词和“已”之间,2例。如:

(21) 施功不已,转见湿土,遂渐至泥,其心决定,知水必近。(31c)

(22) 诸子无知,虽闻父诲,犹故乐著,嬉戏不已。(14b)

另,“已”和“毕”同义连用,2例。如:

(23) 到已,头面礼足,绕佛毕已,一心合掌,瞻仰世尊。(22c)

(24) 修敬已毕,往智积所,共相慰问。(35a)

“已”“竟”“毕”“讫”四个都是表示完成的词,但它们在《法华经》中的使用,却带有一定的选择性。调查发现,在《法华经》中,只出现有用“已”的情况,却没有出现有用“竟”和“讫”的情况。“毕”也只在双音节“毕已”和“已毕”出现时出现。

《法华经》中,“已”有以下三个突出特点:其一,用于完成貌句式使用频率高,125例;其二,“已”在述补结构中的使用数量多;其三,“已”的性质发生变化,表现在:语义高度虚化,带有助词的性质。这种性质的变化与翻译有关。①

对勘发现,是翻译大大促进了“已”的虚化。“已”译自梵语独立式。梵语独立式的构成有两类:第一类是非复合动词用独立式语尾-tvā,字根像在-ta前一样处理;第二类是复合动词用独立式语尾-ya,字根不变,它有其特殊的规则,即以短元音收尾的字根用

---

① 关于汉译佛经中“已”的研究,可参见蒋绍愚(2001:73-78,2008b:268-285)、龙国富(2007b:35-44)。

-tya。独立式的功能是表明其动作是在谓语所表示的动作之前发生,其语法形态是在动词后面加语尾-tvā 或-ya。《法华经》中共有 126 例用于完成貌句式("已"125 例,"毕"1 例),其中有 103 例是从独立式的语尾-tvā(如例 23)、-ya(如例 24)和-tya(如例 25)翻译而来。如:

(25) 佛说此经已,结加趺坐,入于无量义处三昧,身心不动。(2b)

此例中"说此经已"中的"说……已"从梵语 bhāṣitvā 翻译而来,词根 bhāṣ 是"说"的意思,-tvā 是独立式非复合动词 bhāṣ 的语尾,"已"译自语尾-tvā 的语法意义,表明"说"这一动作是在谓语"结加趺坐"这一动作之前完成。再如:"闻已"(30c)译自梵语 rutvā,"苦切责之已"(29c)中的"责……已"译自梵语 paribhāsayitvā,"佛知是已"(19c)中的"知……已"译自梵语 viditvā。等等。

(26) 日月灯明佛于六十小劫说是经已,即于梵魔、沙门、婆罗门、及天人阿修罗众中,而宣此言……(4a)

此例中"说是经已"中的"说……已"从梵语 nirdiśya 翻译而来,词根 diś 是"说"的意思,-ya 是独立式复合动词 diś 的语尾,"已"译自语尾-ya 的语法意义,-ya 所表示的语法意义和-tvā 相同,也是指前一动作的完成。再如:"解是义已"(50a)中的"解……已"译自梵语 avabudh-ya,"作是念已"(12b)中的"念已"译自梵语 pratisa,khyā-ya,"起已"(29a)译自梵语 utthā-ya,"到已"(22c)译自梵语 upasamkram-ya,"行此诸道已"(5c)中的"行……已"译自梵语 cīmnā-ya。等等。

有的"已"译自梵语过去分词。梵语过去分词是在动词词根的后面加上语尾-ta 或-na。它的动词有及物和不及物之分。及物动词的过去分词表示过去，带有被动意义，有时表示完成；不及物动词的过去分词只表示过去。除了独立式之外，还有过去分词也译作汉语完成貌句式。如：

(27) 是诸王子，供养无量百千万亿佛已，皆成佛道。(4b)

此例中，"供养无量百千万亿佛已"中的"供养……已"译自梵语 satkṛtāni。该形式是过去被动分词，词根 satkṛ(供养)后面带有中性复数业格格尾-ta。"已"译自 satkṛ 的过去被动分词后缀-ta 的语法意义，表示动作的完成。再如"诸佛灭度已"(8c)中的"灭度已"译自梵语 parinirvṛta，"已"译自 parinirvṛ 的过去被动分词语尾-ta 的语法意义；"既得此已"(17b)中的"得……已"译自梵语 labdh，"已"译自词根 labh(得)的过去被动分词的语法意义(该词是不规则形式，不用语尾-ta)。

有的"已"译自梵文现在时和现在时主动分词。梵文现在时的构成是动词在现在时语干后面加上人称语尾。它的构成形式非常丰富，有类别、语气、语态、人称等诸多变化。其功能可以表示现在时间、不久的将来和过去时间。当表示过去时间时，是指动作或事件的过去发生。现在时主动分词是现在分词的一种，其构成手段是将语尾-t(-at)或-nt(-ant)加在现在时语干上。它可以表示现在时间和过去时间。此外，《法华经》中还出现有现在时和现在时主动分词也被译成汉语完成貌句式，共 6 例。如：

(28) 世尊悉知已，当转无上轮。(23a)

此例中"知已"译自梵文 jānāsi，用于现在时，动词"知"译自词根 jñā 的词汇意义，jñā 带有陈述语气主动语态第二人称语尾-si，表示动作的过去发生，汉译佛经僧侣用"已"来表示该语法意义。

(29) 思惟是已，驰走而去。(18a)

此例中“思维……已”对应的梵语是 anucintayantaḥ，此形式属于现在时的主动分词，词根√cint(思维)加第十类动词现在时语干 aya，其主动语态语尾-nt 表示动作的过去发生，汉译佛经用“已”来翻译。再如“分别知已”中的“知已”也译自现在时主动分词 nidarśayanto，词根√darś(示)的主动语态语尾-nt 译作“已”，表示过去发生。

梵文的独立式、现在时、现在主动分词和过去分词表示动作的过去发生，用法的普遍出现，导致汉译佛经中“已”的使用频率高于中土文献，蒋绍愚(2001)认为，汉译佛经中“已”字应该分为“已$_1$”和“已$_2$”，其中“已$_2$”已经虚化，只起语法作用。可见，佛经翻译是导致“已”字语法性质发生变化的直接原因。

三 “V＋形容词”述补结构

“V＋形容词”述补结构，指的是述语动词和表示动作行为结果或状态的形容短语组合而成的形式。《法华经》中，“V＋形容词”述补结构中的形容词只有 2 个，31 例，有“满”(26)、“尽”(4)。

“满”，用于 VC(7 例)和 VCO(19 例)结构，语义指向当事，表示动作行为的结果；述语动词是单音节，有“遍”“充”“盛”“成”“闻”等，26 例。例(1) 中的谓语是外动词，补语是内动词；例(2)中的谓语和补语都是内动词。如：

(1) 是说法之人，若欲以妙音，遍满三千界，随意即能至。(49c)

(2) 此经能大饶益一切众生，充满其愿。(54b)

“尽”，用于 VC(3 例)、VCO(1 例)结构，语义都指向受事，表示结果，谓语动词和补语都是内动词，4 例。如：

(3) 我净土不毁，而众见烧尽，忧怖诸苦恼，如是悉充满。(43c)

(4) 若灭贪欲，无所依止，灭尽诸苦，名第三谛。(15a)

四　“V＋趋向动词”述补结构

4.1　“V＋趋向动词”述补结构的产生

关于“V＋趋向动词”述补结构的产生问题，目前存在不同的看法：何乐士(2000)、向熹(2010)认为动趋结构产生于先秦；祝敏彻(1958:17－30)、王力(1989)、柳士镇(1992)认为动趋结构产生于汉代；孙锡信(1992,2010:23－34)、龙国富(2013)认为动趋结构产生于魏晋南北朝；梁银峰(2007:1－39)认为动趋结构产生于南北朝和唐代。我们认为它产生于魏晋南北朝。之所以判断“V＋趋向动词”述补结构在该时期产生，主要是基于以下诸方面的考虑：

A. 在非致使移动句式中，周代的“施事名词＋动词＋趋向动词”句式，到南北朝时期，有少数施事或当事移到了句末做宾语，出现新的“处所＋动词＋趋向动词＋施事/当事”句式。如：

(1) 人力所为，尚能如此，何况神通感应，不可思量，千里宝幢，百由旬座，化成净土，踊出妙塔乎？(《颜氏家训·归心》)

(2) 飞来双白鹤，乃从西北来。(《古辞·相合歌辞十四》)[①]

---

① “鹤”，一作“鹄”。“来”，一作“方”。

(3) 欲求芝草，入名山，必以三月、九月，此山开出神药之月也。(《抱朴子》卷六)

(4) 如意珠王踊出金色微妙光明，二光化灵禽。(刘宋畺良耶舍译《观无量寿佛经》)

该句型的中心意义已不再表示施事移动，而是表示某地出现施事或当事。该句式意义导致趋向动词在语义上的虚化。据此，趋向动词不再表示施事的位移，而是表示动作的位移方向，做补语。

B. 在致使移动句式中，上古的"施事＋动词＋受事＋趋向动词"句式，到南北朝时期，有少数受事可以移到句首做话题(也有受事承前省略的情况)，产生新的"受事＋施事＋动词＋趋向动词"句式。如：

(5) 蟾蜍含受，神龙吐出。(《三国志·魏书》引魏略曰)

(6) 舍中财物，贼尽持去。(萧齐求那毘地译《百喻经》卷三)

(7) 昔有一长者，遣人持钱至他园中；买庵婆罗果而欲食之，而敕之言：好甜美者，汝当买来。(同上，卷四)

(8) 复有五百微妙伞盖，五百金瓶，并是五百粟散诸王，遣使送来。(隋闍那崛多译《佛本行集经》卷九)

上例中，致使移动句式的中心意义仍然表示施事致使受事发生位移，动词和趋向动词也仍然是连动关系。如"汝当买来"即"汝当买而来"。但是，由于受事的前移，使得动词和趋向动词有向一个句法成分发展的趋势。趋向动词一旦有了重新分析的机会，就会成为动词的趋向补语。可以说，趋向动词的重新分析是孕育新语法形式产生的温床。上面两种句式中，趋向动词前的动词的使用范围也在发生着变化。具体表现是：位移动词在减少，只有“上”“遁”“行”等少数词；非位移的动作动词在增加，如新出现有“买”“将”“持”“开”“浮”“超”等。另，出现交际行为动词“唤”和“招”。

还有，在致使移动句式中，上古的“施事＋动词＋受事＋趋向动词”句式，到南北朝时期，有少数受事可以移到句末做宾语，造成“施事＋动词＋趋向动词＋受事”句式使用频率呈上升趋势。如：

(9) 招来种人，给其衣食。(《三国志·魏书》引魏略曰)

(10) 招来董卓，造为乱根，绍罪一也。(《三国志·魏书》引典略曰)

(11) 秦始皇将我到彭城，引出周时鼎。吾告秦始皇言：“此鼎是神物也。有德则自出，无道则沦亡。君但修己，此必自来，不可以力致也。”(《抱朴子》卷十五)

(12) 华供养已，各以宫殿奉上彼佛，而作是言……(《法华经》卷三)

由于该时期使动用法已经衰落，此句式的中心意义已不再表示施事致使客体发生位移，而是表示施事致使受事动作朝某方向发生。此句式导致趋向动词不再表示施事和受事的位移，而是表示行为的方向。而与此同时，趋向动词蕴涵着动作完成的语用意义。

除了在句法上的变化以外，制约趋向补语结构产生的还有其他因素：

第一，使动用法消失。

汉代，使动用法普遍，趋向动词常用作使动。如“招来神仙之属”(《史记·孝武本纪》)，即“招而使神仙之属来”。南北朝，使动用法消失，趋向动词不再用作使动。使动意义的表达，或加上“使”，或加上“令”字。不再说“欲去羊”或“欲去之”，而说成“欲使羊去”(《世说新语 · 雅量》)。不再说“我去汝”，而说成“我使汝去”(元魏吉迦夜共昙曜译《杂宝藏经》卷一)。不再说“召释种内外眷属而来之入宫”，而说成“召释种内外眷属令来入宫”(隋阇那崛多译《佛本行集经》卷九)。不再说“驱而出之去之”，而说成“驱令出去”(元魏吉迦夜共昙曜译《杂宝藏经》卷一)。显然趋向动词在南北朝已不再用作使动。推而断之，诸如“驱令出去”结构式中的趋向动词“去”，已不是使动，而是补语。

下面这一用例更能说明使动用法消失这一问题。如：

(13) 时捕鱼人，网得一大鱼，五百人挽，不能使出，复唤牧牛之众，合有千人，并力挽出。(北魏慧觉等集《贤愚经》卷十)

此例中的“出”，单用时，不用“不能出之”，而用“不能使出”；和动词连用时，不用“挽之而出之”，而用“并力挽出”。可见，“出”的使动用法已经消失，“挽出”不能理解为连动结构，而只能理解为动补结构。这类趋向补语，最初来源于具有时间顺序的连动结构，但其发展成为补语却是在使动用法消失之后。从汉代到南北朝，随着趋向动词使动用法的逐渐减弱，趋向补语逐渐形成。

第二，趋向动词表结果的修饰用法产生。

西汉，趋向动词还是表动作的位移，做谓语。如：

(14) 邑入不足以奉客，使人出钱于薛。(《史记 · 孟尝君列传》)

(15) 求之于白蛇蟠杅林中者，斋戒以待，譺然，状如有人来告之。因以醮酒佗发，求之三宿而得。(《史记 · 龟策列

传》)

(16) 数月,胡人去,亦罢。(《史记·孝文本纪》)

东汉以后,趋向动词发展出做修饰语的用法,做定语,表动作的结果。如:

(17) 遥见已,问城中出人:"是何等台?交露七宝服饰姝好乃尔?"(东汉支娄迦谶译《道行般若经》卷九)

(18) 来病君子,所以为疟耳。(《世说新语·言语》)

(19) 一者施远来人,二者施远去人,三者施病人……(东晋僧伽提婆译《增壹阿含经》卷二十四)

从汉代到南北朝,趋向动词的使动用法逐渐减弱,而表结果的修饰功能却逐渐凸显。正因为如此,动趋结构中的趋向动词已经不再具有与动词同等的地位,其表动作性的语义逐渐下降,结果性语义逐渐增强。固然,动趋结构的语法化必然在使动用法和趋向动词修饰语功能出现的条件下产生。

4.2　"V+趋向动词"述补结构的使用

《法华经》中,存在有"V+单音节趋向动词"述补结构。这种结构的趋向动词共5个,30例,有"来"(6)、"出"(13)、"去"(2)、"上"(6)、"下"(3)。

"来",我们之所以把它看作趋向补语,除了上面讨论到的原因以外,还有:"动词+将+来"格式出现。如:

(1) 有二乘黄马,从兵二人,但言捉将来。(《古小说钩沉·幽明录》)

(2) 命取将来,乃小豆也。(《颜氏家训》卷三)

这一类格式中,"将"的语义和前面的动词相近,构成连动式,连动式后面的趋向动词“来”趋于虚化做补语。（曹广顺 1995:46－50）这是因为，在“将”与前面的动词构成连动之后，“来”的功能由谓语降为非谓语。也就是说，在这种连动式的句法环境中，“来”句法地位下降，会直接导致其自身语义的虚化。

《法华经》中，“来”用于 VC（5 例）和有“将”组合（1 例）的述补结构，共 6 例。在用于 VC 结构的例子中，例(3)是施事表示趋向，如“出”“发”；例(4)是施事和受事二者同时表示趋向。“来”表示施事位置移动的方向或受事在施事作用力作用下位置移动的方向。如：

(3) 汝等出来，吾为汝等，造作此车，随意所乐，可以游戏。(14b)

(4) 不须此人，勿强将来，以冷水洒面，莫复与语。(17a)

“来”出现在述语 V 是自移动词的述补结构中，其语义指向施事，表示施事自发性位移的方向，共 4 例，如例(3)；“来”出现在述语 V 是致移动词的述补结构中，其语义指向受事，表示受事在施事作用力作用下位移的方向，共 1 例，如例(4)。

“来”用于“V 将来”结构，表示趋向，语义指向受事，句中宾语被省略，1 例。如：

(5) 长者是时，在师子座，遥见其子，默而识之。即敕使者，追捉将来。(18a)

“将”的语义和前面的动词相近，构成连动式，连动式后面的趋向动词“来”趋于虚化做补语。

“去”，我们之所以把它看做趋向补语，除了上面讨论到的原因以外，还有“去”语义的变化。从先秦到西汉，“去”做“离开”义。在东汉，因“往至”“去至”“往到”“去到”等双音形式出现，“去”发展为

“前往”义。（胡敕瑞 2006：520）“离开”义指起点，“前往”义指终点。在产生“前往”义以后，“去”在句子中的关系也发生了变化。如：

(6) 今日还家去，念母劳家里。（《玉台新咏·古诗为焦仲卿妻作》）

这一类的“去”表动作的方向，它是在“前往”义出现以后才产生的。当“去”在带有终点处所的句子中出现时，由于它和前面动词的语义出现重叠，因而在一定程度上失去了句法上的独立性。如例(6)“还家去”中“去”，不再表示“离开”义，也不表示施事“前往”，专指动作行为的方向。“去”由“离开”义发展为“前往”义，是“去”在带有终点处所的句子中产生趋向补语用法的关键。还有，“动词＋将＋去”格式出现。如：

(7) 忽然有人扶超腋径曳将去，入荒泽中。（《还冤志》）

(8) 若生女者，辄持将去。（《世说新语·治家》）

这一类格式中，“将”的语义和前面的动词相近，构成连动式，连动式后面的趋向动词“去”趋于虚化，做补语。

《法华经》中，“去”用于 VC(1) 和 VCO(1) 结构，有趋向义和结果义各 1 例。当“去”表示趋向时，指施事由此及彼的方向发生位移的方向，语义指向施事，述语 V 是自我位移动词，如例(9)。当“去”表示结果时，指动作行为的实现或完成，语义指向述语动词，述语 V 是致使动词，如例(10)。趋向义和结果义来源不同，前者来源于“离开”义的“去”，后者来源于“去除”义的“去”。如：

(9) 念彼观音力，寻声自回去。(58a)

(10) 香风时来，吹去萎华，更雨新者。(22b)

“出”，用于 VC(12 例)和 VCO(1 例)结构，表示人或事物随动作行为由内往外发生位移的方向，13 例。述语 V 可以是自移动词，有“踊”，“出”的语义指向施事，表示施事在自身的作用下发生位移的方向。述语 V 也可以是使移动词，有“拔”“摈”，“出”的语义指向受事，表示施事在自身的作用下发生位移的方向。如：

(11) 尔时佛前有七宝塔，高五百由旬，纵广二百五十由旬，从地踊出，住在空中，种种宝物而庄校之。(32b)

(12) 随顺世间若干种性，以方便已见而为说法，拔出众生处处贪著。(27b)

(13) 浊世恶比丘，不知佛方便，随宜所说法，恶口而频蹙，数数见摈出，远离于塔寺。(34a)

“上”，用于 VCO 结构，表示趋向义和结果义，6 例。当“上”表示趋向义时，述语是致移动词，“上”的语义指向受事，指受事随动作行为由低向高靠近目标的方向，如例(14)；当“上”表示结果义时，述语是自移动词，“上”的语义仍指向受事，表示动作行为的实现或结果，如例(15)。在以上两种结构中，述语动词只有“奉”出现。如：

(14) 华供养已，各以宫殿奉上彼佛。(23b)

(15) 到已，下七宝台，以价直百千璎珞，持至释迦牟尼佛所，头面礼足奉上璎珞。(55c)

“下”，用于 VC 结构，表示趋向义，语义指向当事，指当事随动作行为从上往下发生位移的方向，述语 V 都做自移动词，3 例。[①]

① 《法华经》中有一例“来下”，如“天衣千万种，旋转而来下”。(44c)对于“来下”，虽然佛经中很常见，并且有“来下＋处所”的结构。但是，我们并不把此例中的“下”看作趋向补语。之所以这样，是因为考虑到该时期还有“下来”这样的结构，“来”和“下”的语序极不稳定。

如：

(16) 真珠罗网，张施其上；金华诸璎，处处垂下。(14c)

述补结构小结：

通过上面的描写，《法华经》中述补结构的使用情况可以归纳为以下四个方面：

第一，合用式“VCO”运用广泛，分用式“VOC”没有出现。①合用式有由动词(包括外动词和内动词)、形容词和趋向动词充当补语成分的情况出现，但无论在用法上还是在类型上，表现得都很简单。

第二，以结果补语和趋向补语为主，形容词做补语的情况还极为少见。在“动词＋得(＋宾语)”结构中，“得”的词汇意义明显，没有虚化迹象。复音词充任谓语和补语的情况没有出现，复合趋向补语尚未产生。

第三，与中土文献相比，表示完成的“已”语法化程度更高。“已”在汉译佛经中主要表现在：a. 使用频率高；b. 高度虚化，具有助词的特征。蒋绍愚(2001:73－78)认为，先有佛经翻译导致汉译佛经中“已”的虚化，后有唐五代“V(＋NP)＋了，V＋NP”句式的产生。“已”的发展为表完成体“了”的诞生奠定基础。关于表示完成的“已”的来源，梅祖麟(1999:285－94)认为，魏晋南北朝时期“V(＋NP)＋CV，V＋NP”句式源于汉语的内部发展而不受梵语

① 《法华经》中没有“VOC”结构，但在其他汉译佛经中有使用。如：

(1) 时龟小睡，不识恩者，欲以大石打龟头杀。(元魏吉迦夜共昙曜译《杂宝藏经》卷二)

(2)夫主见妇已，爱著此瓶，即打瓶破，臭秽流溢，蛆虫现出。(后秦竺佛念译《出耀经》卷十七)

影响，Harbsmeier(1989:475－504)则认为这种句式就是从翻译而来。我们通过对中土文献的调查，发现中土文献“V(＋NP)＋已，V＋NP”句式也一直处在发展阶段，假如没有汉译佛经翻译，“已”也会虚化。而我们再把《法华经》中的“已”与梵文进行对勘发现，是佛经翻译让“已”的使用频率迅速提高，大大加快了“已”虚化的进程。(Hopper & Traugott 2003)由此，我们认为，“已”表完成体用法的产生，不仅仅是汉语内部演变的结果，也不仅仅是佛经翻译的结果，而是由汉语的内部演变与佛经翻译互相作用的结果。总之，它是汉语自身发展与佛经翻译共同作用的产物。(龙国富 2007b:35－44)

第四，完成态双音节复合结构和表示完成的述补结构的出现，与原典文中被动句式存在一定的关联。

在《法华经》和其他汉译佛经中，新出现一些双音节动词，有“忘失”“拔出”“推堕”“崩倒”“变成”。如：

(1) 虽亲附人，人不在意，若有所得，寻复忘失。(15c)

(2)(佛)随顺世间若干种性，以方便知见而为说法。拔出众生处处贪著。(27b)

《法华经》中出现的完成态双音节动词，大多都源自原典文被动句。例(1)译自梵文 dattaṃ(施舍)pi co(亦或)naśyati(被忘失)kṣipram(急速)eva(确实)//(85页)。该句的意思是：(贫穷者)很快忘记了被施舍过的东西。“忘失”，完成态双音节复合结构，译自梵文被动语态 naśya。例(2)中的“拔出”，表示动作行为完成的动补结构，译自梵文被动语态 pramocayanti。pramocayanti 由词根√mocaka(解脱)和被动态语尾 ya 组合而成，有表示被动的功能。罗什将其译作主动语态“拔出”，表示动作的完成。《法华经》中这种表示完成态双音节复合动词的出现,疑与原典文中被动句的大量使用有关。汉译佛经中这些双音节复合动词的频繁使用,可能在一定程度上促进了汉语动结式的形成和发展。

第十章 判断句

《法华经》中判断句的基本情况为:共有判断句 290 例,包括带有肯定语气的判断句和带有否定或疑问语气的判断句。按其结构,可分为:有判断标记的判断句(177 例)和无判断标记的判断句(101 例)。另外还有一种强调判断句(12 例)。《法华经》中判断句使用的基本特点为:a. 传统的"也"字判断句走向衰退,"是"字判断句成为主流;b."是"字句的特征得到了突显;c. 受梵文影响,出现有特殊判断句。

一 有标记判断句

《法华经》中,标记的判断句共 177 例,其主要标记有传统的语气词"也";[①]有新产生的系词"是"和"为"。根据标记位置的不同,有标记判断句分为两种:"也"字式;"是/为"字式。

1.1 "也"字式

以"也"做判断标记的判断句,5 例。这种句式是对上古判断

① 上古文言中的"……者"和"……者,……也"等包含"者"字的判断句已经不存在了,只有一种判断句,前一部分是文言判断句形式"……者",但其中存在特殊判断句形式"NP_2,NP_1+是"。如:妙光法师者,今则我身是。(5b)我们把这种判断句归入特殊判断句一类。

句的传承。不过，它已不是判断句的主流，正逐渐走向衰退。[①]如：

(1) 迦叶，当知如来是诸法之王，若有所说，皆不虚也。(19a)

(2) 汝等所作未办，汝所住地近于佛慧，当观察筹量，所得涅槃，非真实也。(26a)

上例中，都是用"也"来表达判断的句子。例(2)中的"非"不是系词，而是副词。还有一类句子，如："是我等咎，非世尊也。"(10c)此句中，先有"是"出现，这个"是"可以分析为指示代词，也可以分析为判断谓语。后有"也"的出现，这个"也"做判断句的标记。据调查，这种标记一般都用在对话中，表示相互应答。这种应答，是针对前文是非问句中的有关问题，所做出的必要回答。由此，我们倾向于"是"是判断系词的观点，"是"前面的主语是承前省略。这种回答，通常用否定式判断句。如：

(3)"舍利弗，于汝意云何？是长者等与诸子珍宝大车，宁有虚妄不？"舍利弗言："不也，世尊。"(13a)

1.2 "是/为"字式

用系词"是/为"做判断标记的判断句，在《法华经》中用例较多，并因此成为判断句的主流。

A. 系词"是"判断句

由"是"做谓语，表肯定的判断句，共 75 例。其中，完全摆脱

① 有一种"也"字判断句，但其中存在特殊判断句形式"NP_2，NP_1＋是也"。如：求名菩萨，汝身是也。(4b)我们把这种判断句归入特殊判断句一类。

“也”字做辅助的判断句 70 例，没有摆脱“也”字做辅助的判断句 5 例。又，“是”前面有“则”“即”“悉”“真”“皆”等副词修饰的判断句 42 例，“是”前面有否定副词“不”和“非”修饰的判断句 5 例。如：

(1) 我是如来、应供、正遍知、明行足、善逝、世间解、无上士、调御丈夫、天人师、佛、世尊，未度者令度，未解者令解，未得涅槃者，令得涅槃。(19b)

(2) 审知是子，而以方便，不语他人，云是我子。(17a)

(3) 今日乃知真是佛子，从佛口生，从法化生，得佛法分。(10c)

(4) 今此三界，皆是我有；其中众生，悉是吾子。(14c)

(5) 汝诸人等，皆是吾子，我则是父。(15a)

(6) 与大比丘众万二千人俱，皆是阿罗汉。(2a)

(7) 彼即是汝身，宜应自欣庆。(12a)

(8) 女身垢秽，非是法器，云何能得无上菩提？(35c)

(9) 以是我定知，非是魔作佛。(11b)

(10) 而今乃自觉，非是实灭度(11a)

(11) 释迦牟尼世尊，如所说者，皆是真实。(33c)

例(11)中的“真实”指真实不虚之法。以上用例表明，有系词“是”做判断标记的判断句，在《法华经》中表现为三个明显的特征：a.“是”字摆脱了对判断语气词“也”的依赖，这是“是”字能独立表示判断的标志；b.“是”字前面拥有大量带有肯定语气副词的修饰，这是“是”字完全脱离指示代词功能的体现；c.“是”字前面普遍出现有具有修饰作用的否定副词，这是“是”字判断句已经成熟的重要标志。

有时"是"除了表判断以外,还兼有强调语气。如:

(12) 是我等咎,非世尊也。(10c)

例(12)译自 asmākam(我们的)evaiṣo(确实是)aparādho(错)naiṣa(不是)bhagavato(世尊)aparādhaḥ(错)//(59 页)。该例中的"是",表示判断兼表强调语气,译自梵文 evaiṣo。判断词 as(是)前面用 eva,eva 表强调。罗什把它的强调语气附在"是"字上。

B. 系词"为"判断句

《法华经》中,系词"为"做判断标记的判断句共 97 例。如:

(1) 诸善男子,各谛思惟,此为难事,宜发大愿。(34a)

(2) 我为佛长子,唯垂分别说。(6c)

(3) 亦复不知何者是火? 何者为舍? 云何为失?(12c)

有时,出现"为""是"连用,1 例。如:

(4) 汝等师为是谁? 谁之弟子?(60a)

"为"前面有否定副词"非",1 例。如:

(5) 是长者但令诸子得免火难,全其躯命,非为虚妄。(13a)

"为""是"连用现象多见于佛经翻译,往后并没得到发展。它出现在《法华经》中,是为了更好地满足四字格语言的需求。

二　无标记判断句

此类判断句,既没有判断语气词"也",也没有判断系词"是"和"为",需要结合语义和语气等内容来进行表达。《法华经》中,这种无标记判断句共 101 例,有无标记的肯定判断句(76 例)和无标记的否定判断句(25 例)。

A. 无标记的肯定判断句。如:

(1) 我等今者,真阿罗汉。(18c)

(2) 此实我子,我实其父。(17b)

(3) 我始坐道场,观树亦经行,于三七日中,思惟如是事,我所得智慧,微妙最第一。(9c)

(4) 四王诸天,为供养佛,常击天鼓,其余诸天作天伎乐满十小劫,至于灭度亦复如是。(22b)

B. 无标记的否定判断句。如:

(1) 此非佛弟子,非阿罗汉,非辟支佛。(7b)

(2) 宝处在近,此城非实,我化作耳。(26a)

此判断句中的"非"都是否定副词,起否定兼判断的作用。

三　特殊判断句

3.1　特殊判断句的使用

所谓"特殊判断句",就是针对所要强调的内容而将其置于句首的一种句法形式,其表达格式为"NP_2+NP_1+是(是也)"。这种句式的特殊性表现在:NP_2 是旧的信息,NP_1 是强调的话题,是新信息,在句末有"是"或"是也"出现,用来突显所要强调的话题。如:

(1) 弥勒当知,尔时妙光菩萨岂异人乎?我身是也;求名菩萨,汝身是也。(4b)

(2) 尔时王者,则我身是。(34c)

例(1)中"求名菩萨"(NP_2)在上文出现过,属于旧信息,"汝身"(NP_1)第一次出现,是说话人所要强调的内容,"是"起强调"汝身"的作用。例(2)中"王者"(NP_2)在上文出现过,属于旧信息,

“我身”(NP_1)第一次出现,是说话人所要强调的内容,“是”起强调“我身”的作用。由于“是”紧靠着新信息,用“是”对新信息表示强调,因此,这种特殊判断句也可以称作“强调判断句”。在中土文献中,这种强调判断句式早在上古就有。如《孟子·梁惠王下》:“古之人有行之者,武王是也。”不过,此类句式在中土文献中非常少见,而在汉译佛经中却极为普遍。将强调判断句与汉语典型的判断句对比,发现强调判断句有两个比较突出的特点:a.句尾出现有强调的标记“是”;b.当 NP_1 和 NP_2 表示称谓和介绍人物身份时,NP_1 或 NP_2 可以由名词或代词充当,被突出的成分在“是”字前面出现。《法华经》中,强调判断句共 12 例,分为以下两种类型:

A.“NP_2,NP_1+是(也)”句式

该句式共 8 例。如:

(1) 妙光法师者,今则我身是。(5b)

(2) 求名菩萨,汝身是也。(4b)

(3) 彼佛灭度后,懈怠者汝是。(5b)

上例中,NP_2 表示人物的身份,由名词充当,NP_1 表示人物的称谓,由名词或代词充当。从信息焦点的角度看,NP_2 是前文语境里已经出现过的内容,是旧信息,NP_1 是说话人第一次提及的内容,是句中被突出的信息,即新信息焦点。“是”紧接新信息焦点,具有排他性。如例(3)只能说成“懈怠者正是汝”,言外之意不是别人。可见“是”是影响句子真值条件的关键词,其焦点在所管辖的辖域之内。有的用例在 NP_1 之前有副词“则”出现,其强调的对象仍是 NP_1,如例(1);有的在句末出现判断语气词“也”,如例(2)。

B.“NP_2,反诘句,NP_1+是(也)”句式

该句式在 NP_1 和 NP_2 之间插进一个反诘句，对 NP_2 起突出或强调作用，4 例。如：

（1）一切众生憙见菩萨，岂异人乎？今药王菩萨是也。(54a)

（2）尔时常不轻菩萨，岂异人乎？则我身是。(51a)

上面是《法华经》中特殊判断句的情况，在其他汉译佛经里，还出现有“NP_2＋是＋NP_1＋是”句式。如：

（3）能造颂偈，修摩迦提须达女优婆斯是；无所怯弱，亦是须达女优婆斯是。（东晋僧伽提婆译《增壹阿含经》卷三）

（4）复告比丘，又彼过去伽罗尸弃辟支佛边，手执伞盖，作荫人者，还是即今此耶输陀比丘身是。（隋闍那崛多译《佛本行集经》卷三十六）

这种句式，可以理解为在汉语系词判断句“NP_2＋是＋NP_1”末尾再加上一个“是”，形成“NP_2＋是＋NP_1＋是”的特殊判断句式。这种句式在佛经中得到使用，直到晚唐五代的佛教文献中仍然使用，《祖堂集》中的用例如：

（5）白牛是能证之人，故即是文殊是也。（《祖堂集》二十）

有时，在句中“是”的位置，出现有“为”或“所谓”的情况。如：

（6）尽者，为灭尽泥洹是。（后秦竺佛念译《出曜经》卷二十三）

（7）第一聪明捷疾智者，所谓鸯掘魔比丘是也。（东晋僧伽提婆译《增壹阿含经》卷三十二）

NP_1 可以用于对人物身份和人物称谓的专指和对各种事物的泛指。NP_2 表示人物身份时，由名词充当；NP_1 表示称谓，由普

通名词或人物称谓词充当。"所谓"相当于"是",表示判断,是对前文话题的解释。(李维琦 2004:299－300)

3.2 特殊判断句的来源

关于特殊判断句"NP_2+NP_1+是"的来源问题,学者们已经有过研究。日本学者香阪顺一(1997)提出,"NP_2+NP_1+是"句式的出现可能与先秦汉语"是"字居于句末的判断句有关。江蓝生(2003:43－60)、朱冠明(2005)、龙国富(2010c:347－358)则提出"NP_2+NP_1+是"句式的来源与佛经翻译有关。而姜南(2010:59－67)认为句末的"是"为指示代词,与梵文翻译没有直接的关系。此外,张华文(2000)认为这种句式与原始汉藏语 SOV 型语序有关。张美兰(2003)认为这种句式不但与汉语自身表达方式有关,而且与佛经语言判断句表达方式有关。最近,蒋绍愚(2009)对"NP_2+NP_1+是"的来源进行了深入的研究,他首先区分佛经中的"NP_2+NP_1+是也"和"NP_2+NP_1+是"两种句式。他认为,"NP_2+NP_1+是也"来源于中土文献已有的句型,不来源于梵文翻译。"NP_2+NP_1+是"是"NP_2+NP_1+是也"省略"也"的结果。朱冠明(2013:16－21)认为,"NP_2+NP_1+是也"与"NP_2+NP_1+是"有不同的来源,前者来源于中土文献,后者可能源于佛经翻译。这些观点对于我们从语言渗透的角度去探求特殊判断句的来源具有很好的启发性。

从汉语的角度理解,特殊判断句是判断句的一种。是句子的表语被提到主语之前的特殊表达方式。在汉译佛经、藏传佛经、梵文佛经和巴利文佛经中,这种句式都有存在。这种句子在汉译佛经中出现,应该跟翻译原典文有关。在梵语、藏语、巴利语等语言中,“NP_2＋NP_1＋判断动词”句式原本就属于强调判断句的一种正常语序。

针对《法华经》中的特殊判断句,我们通过对勘的方式对其来源进行探讨。看梵文对勘:

(1) yaś ca asua yaśaskāmo nāma bodhisattvo abhūt
其 又 那 求名 名 菩萨 是
kausīdya-prāptaḥ /tvam eva ajita sa tena kālena tena
懈怠 生 汝 即 迦逸多 这 此 时 此
samayena yaśaskāmo nāma bodhisattvo abhūt kausīdya-
时 求名 名 菩萨 是 懈怠
prāptaḥ//(19 页)
生

(迦逸多,那里有一个生懈怠心的求名菩萨,那个生懈怠心的求名菩萨就是你。)

罗什译:求名菩萨,汝身是也。(4b)

对勘发现,译文中,“求名菩萨”由句末移到句首,“是”由梵文表判断的动词√bhū译来,仍然放在句末。在梵文语法里,凡句末有表判断的动词√bhū的句子,便必定是一种强调式判断句。梵文中的强调判断句语序是“NP_2＋NP_1＋bhū”,表判断的动词√bhū是判断的标记。译师用古汉语常见的判断句形式“NP_1＋者＋NP_2＋也”翻译强调式判断句“NP_2＋ NP_1＋bhū”,“NP_2＋者＋NP_1＋是＋也”强调判断句由此出现。“NP_2＋者＋NP_1＋是也”在上古汉语中早就存在,译师直接用它翻译梵文中的“NP_2＋NP_1＋bhū”判断句。可以看出,“NP_2＋者＋NP_1＋是也”结构是汉语固有的，与翻译无关。

（2）ayam eva sa devadatto bhikṣus tena kālena tena
此 即 此 提婆达多 比丘 此 时 此
samayena ṛṣir abhūt//（219 页）
时 仙人 是
（那个仙人就是提婆达多。）

罗什译：时仙人者，今提婆达多是。（34c）

译师把汉语“NP_2 者＋NP_1”句式和梵语的“NP_2＋ NP_1＋bhū（是）”结构融合形成“NP_2＋者＋NP_1＋是”格式。这种“NP_2＋者＋NP_1＋是”结构在中土文献中不存在，它是翻译的结果。

再将一组中间插入反诘问的强调判断句进行梵汉对勘：

（3）anyaḥ sa tena kālena tena samayena varaprabho
别人 那 此 时 此 时 妙光
nāma bodhisattvo mahāsattvo abhūd dharma-bhāṇakaḥ/
名 菩萨 大菩萨 是 法师
na khalu punar eva draṣṭavyaṃ/ tat kasya hetoḥ/
不 然而 如此 当知 此 何 故
ahaṃ sa tena kālena tena samayena varaprabho nāma
我 此 此 时 此 时 妙光 名
bodhisattvo mahāsattvo abhūd dharma-bhāṇakaḥ //（19 页）
菩萨 大菩萨 是 法师
（妙光法师是别人？然而你当知道，不是如此，为什么呢？那妙光法师就是我。）

罗什译：妙光菩萨，岂异人乎？我身是也。（4b）

上例中，原本用“妙光菩萨，我身是也”进行翻译就已经足够。

但是，译师却在句中加上反诘问句“岂异人乎？”对“我就是妙光菩萨”这一事实进行强调。该句式的来源仍然译师用古汉语“NP_2 + NP_1 + 是也”结构翻译的结果。

现在讨论两个判断系词的格式“NP_2 + 是(为) + NP_1 + 是”的来源。

这种带有两个判断词的句式和上面只带一个“是”的句式在性质上一样，但在来源上有所不同。“NP_2 + 者 + NP_1 + 是”结构是先秦时期的“NP_2 + 者 + NP_1”和梵文的“NP_2 + NP_1 + bhū(是)”融合而形成，而“NP_2 + 是(为) + NP_1 + 是”句式则是梵文“NP_2 + NP_1 + bhū(是)”格式和汉代以后新出现的“NP_2 + 是 + NP_1”格式融合而出现的。[①]看以下梵汉对勘：

(4) ayam eva sa padmaśrīr bodhisattvo mahāsattvas

此 即 此 莲华 菩萨 大菩萨

tena kālena tena samayena śubhavyūho nāma rāja

此 时 此 时 净复净 名 王

abhūt //(383 页)

是

(净复净王就是莲华菩萨。)

竺法护译：欲知尔时净复净王发道意者……则是今现莲华首菩萨是。(西晋《正法华经》卷十)

竺法护的翻译照搬了原文的语序和内容，把梵文 eva 译为前

① “NP_2 + 是 + NP_1 + 是”这种句式产生于“者……也”判断句衰落和系词判断句产生的中古时期。参见龙国富(2010:347-358)。

一个“是”，把梵文 bhū 译为后一个“是”。在梵文、藏文、巴利文等佛典里，有一种行文方式曾得到广泛认可，即在叙述中，随时有可能插入议论或解释说明的一个或多个句子，并常常采用“NP_2＋NP_1＋系词”句式进行表达。这种表达跟汉语的表达显然是有所偏差的。汉语的表达方式是，在议论或解释的文字中，很难出现结构随文而用的情况。而“NP_2＋NP_1＋系词”句式的出现则更是罕见。这种句式，应该译自梵文中随文解释或议论上文所提及到的人物或概念的语句。在翻译时，译师把汉语“NP_2＋是＋NP_1”句式和梵语“NP_2＋NP_1＋ bhū(是)”结构叠加，翻译结合成为“NP_2＋是＋NP_1＋是”句式。这说明，汉译佛经特殊判断句是汉语判断句和梵文判断句两种句式相互融合的产物。①

判断句小结：

通过上面的描写，《法华经》中判断句的使用情况可以归纳为以下三个方面：

第一，传统的“也”字判断句走向衰退，“是”字判断句成为主流。

《法华经》中，在总数为 103 例有标记的判断句中，传统的有“也”做标记的判断句仅为 5 例。用“是”“为”做谓语的判断句有 98 例。其中，在句末出现“也”的只有 5 例，在谓语“是”前面出现修饰性副词的有 47 例，在谓语前面有“不”进行否定的有 5 例。可见，《法华经》中的判断句，以“是”做谓语的句式为主流。

第二，“是”字句的特征得到了突显。

在《法华经》中，“是”字判断句的特征非常明显。a. 句末摆脱

---

① 关于汉译佛经中特殊判断句式的用法，参见龙国富(2010c:347－358)。

了“也”的出现，由“是”独立承担起表达判断的功能；b. 通常，“是”的前面有副词进行修饰。这种副词，可以是表达确定或肯定语气的副词，可以是选择副词，可以是表达范围的副词，还可以是表达程度的副词；c. 在系词“是”的前面，出现有否定副词“不”“非”等。

第三，受梵文影响，特殊判断句得到使用。

在《法华经》和其他汉译佛经中，表强调的特殊判断句有两种：一种是“NP_2＋NP_1＋是”句式，另一种是“NP_2＋是＋NP_1＋是”句式。该经中这两种强调判断句占有整个判断句的5%。通过梵汉对勘，结合汉语“是”字句的分析，我们初步判断，特殊判断句可能是译师把汉语判断句格式与梵文中强调判断句进行融合而形成的，是汉语和汉译佛经翻译共同作用的产物。

第十一章　处置式

《法华经》中的处置式，只有“以”字句，用于广义处置（给）、处置（到）和处置（作），且其使用较少。为了更好地了解汉译佛经处置式，我们结合其他汉译佛经来研究处置式。在其他汉译佛经中，还出现有“持”字句、“取”字句和“将”字句。汉译佛经中的处置式是中古汉语处置式的重要组成部分。汉译佛经中处置式的基本情况为：从词类看，出现有“以”字句、“持”字句、“取”字句和“将”字句等处置式；从句型看，存在有“$P+N_1+V+N_2$”（$N_1 \neq N_2$）广义处置句型和“$P+N_1+V+$之”（$N_1=$之）狭义处置句型；从意义看，既存在有表示处置“给”、处置“到”和处置“作”的广义处置式，也存在有狭义处置式。汉译佛经处置式使用的基本特点为：a. 处置式的词项比中土文献更多；b. 处置式的句法类型比中土文献更丰富；c. 处置式的使用规模比中土文献更大。

一　“以”字句

1.1　广义处置式

《法华经》中，“以”字句，用于广义处置式，有处置（给）、处置（作）、处置（到）等句式出现，17 例。

处置（给），4 例。如：

(1) 如来不久当入涅槃,佛欲以此《妙法华经》付嘱有在。(33c)

(2) 我以佛法嘱累于汝及诸菩萨大弟子。(53c)

处置(作),3 例。如:[1]

(3) 所化之国,亦以琉璃为地,宝树庄严。(33a)

处置(到),10 例。如:

(4) 即时诸梵天王,头面礼佛绕百千匝,即以天华而散佛上。(24b)

(5) 是时,亲友官事当行,以无价宝珠系其衣里与之而去。(29a)

1.2 带"之"字的处置式

在其他汉译佛经中,除了"以"字句用于广义处置式以外,还附带有一种带"之"的"以+受事+介词+对象+动词+之"型处置式。如:

(6) 时世尊知而故问阿难:"众鸟何故鸣唤?"阿难具以上因缘说之,是故众鸟鸣唤。(后秦佛陀耶舍共竺佛念等译《四分律》卷十)

(7) 彼即往王子所,白言:"佛已出世,天今知不?已受我请,于舍卫国安居,可以此园卖之,我当与百千金钱。"彼言:

---

① 关于"以"字处置式中的处置(作)的性质问题,有的学者(梅祖麟 1990:191-206;吴福祥 1997a:201-220)把"以"处置式中的处置(作)看作处置式,而有的学者(刘子瑜 2002:169-185)不看作处置式。我们认为应该分阶段讨论,上古时期的所谓处置(作)不宜做处置看待,中古时期开始处置(作)则可以作为处置式。因为中古"以"处置(作)的语法作用和性质较上古发生了很大的变化。

“不卖。”（同上，卷五十）

(8) 其人担金，至僧伽蓝，付僧维那，具以上事向僧说之。（元魏慧觉等集《贤愚经》卷三）

(9) 时婆罗门即问其妇，妇即以此因缘具向夫婿说之。（东晋僧伽提婆译《增壹阿含经》卷二十九）

例(6)、(7)属于“以＋受事＋动词＋之”句式，例(8)、(9)属于“以＋受事＋对象＋动词＋之”句式。对于该两类句式中的“以”字句，有人认为，这都应视作狭义处置式，但也有的人认为，这都仍需视作广义处置式。我们发现，例(8)中“以上事向僧说之”中的“说”，在中古时期，存在“讲述”义和“告诉”义两种理解。如果把“说”理解为“告诉”义，那么“之”便是指代的对象，“以上事向僧说之”应视作广义处置式（给）；如果把“说”理解为“讲述”义，那么“之”应该看作复指“以”介引的受事，且指代功能已经弱化，“以上事向僧说之”便应视作狭义处置式。同样，例(7)中的“可以此园卖之”，句中的“之”也存在有两种理解。一种理解，“之”是代词，指代“我”；另一种理解，“之”是复指，复指“以”介引的受事。如果把“之”理解为“我”，那么“可以此园卖之”便是广义处置式（给）；如果把“之”看作复指“以”介引的受事，因“之”趋于弱化，那么“可以此园卖之”宜看作狭义处置式，但以动词“卖”为“出售”义为前提。

处置式中的“之”，在魏晋南北朝时期出现的频率不高。进入隋唐时期，处置式中的“之”更是逐渐走向衰退。为此，“以＋受事＋动词＋之”格式的发展停滞。

在《法华经》中，虽然也有“将”“持”“取”出现，但都用作动词，没有用作处置式。在其他汉译佛经中，有表处置的“将”“持”“取”字句。

二 "持"字句

《法华经》没有"持"字句。据朱冠明(2002:83-88)、曹广顺、龙国富(2005:320-332)的研究,"持"字句在东汉汉译佛经中有处置(给)、处置(作)、处置(到)广义处置式,到魏晋南北朝,汉译佛经中出现有狭义处置式的用法。

2.1 广义处置式

东汉时期的汉译佛经中,"持"开始出现广义处置式,表示处置(给,作,到)。如:

(1) 一者持法施与人,不希望欲有所得。(东汉支娄迦谶译《遗日摩尼宝经》。处置(给))

(2) 譬如万川四流皆归于海,合为一味,菩萨如是,持若干种行合会功德,持用成愿一味。(同上。处置(作))

(3) 譬如树荫却雨,菩萨如是,持极大慈雨于经道。(同上。处置(到))

上例中的"持"已经虚化为介词,"持"后面的受事,或非具体事物,或即便是具体的事物也不可把持。(朱冠明 2002:83-88)"持"字广义处置式在东汉汉译佛经中有着广泛的使用。

魏晋南北朝时期,处置(给)式和处置(到)继续发展。如:

(4) 若知水有虫,不得持汲水罐器绳借人。(东晋佛陀跋陀罗共法显译《摩诃僧祇律》卷三十二)

(5) 尔时儿妇复啼泣言:"坐是迦罗,遗我此苦,云何持我陷火坑中?"(同上,卷三十二)

隋唐时期,"持"字句衰退,由"将"字句替代。朱冠明(2002)发现,《佛本行集经》中,“持”字句只出现11例,而“将”字句却出现了52例。

2.2 带“之”字的处置式

从东汉的汉译佛经开始,“持”字还在“持＋受事＋介词＋对象＋动词＋之”格式中产生了表示处置的用法。其特征:动词前面有带对象的介宾结构,宾语由“之”来充当。如:

(6) 若余所欲有问深经者,持是深般若波罗蜜为说之。(东汉支娄迦谶译《道行般若经》卷六)

(7) 佛般泥洹后乱世时,我曹共护是三昧,持是三昧,具足为人说之。(东汉支娄迦谶译《般舟三昧经》卷中)

上例中,“为”用于引进对象,但对象可以省略。动词有“说”“解”“正”“语”等,都有“解说”义,句尾“之”虚化。在句法上,由介词和谓语动词各带一个宾语成分。魏晋南北朝时期,此类处置式的使用频率有所增加,而动词的范围却并没有扩大,仍然集中在“解说”义方面。还有的处置式属于同经异译。(龙国富2007a:46－51)如:

(8) 勤苦如是无央数劫,作善亦无央数劫,当持是经典为诸沙门一切说之。(西秦圣坚译《太子须大拏经》)

(9) 若善男子、善女人,敬爱父母……或时其欲说恶事者,持中正法为解说之。(前秦昙摩蜱共竺佛念译《摩诃般若钞经》卷二)

(10) 然其言说不近不经亏损正法,当持法句义解说之。(失译附东晋《般泥洹经》卷上)

朱冠明(2002:83－88)把例(8)—(10)中的“持”字句看作狭义

处置式，曹广顺、龙国富（2005：320－332）则认为，该“持”字句和“以”字句一样，是广义处置式，有施事、对象和受事三个论元，动词仍是三价。

三 “取”字句

《法华经》中没有“取”字句。据曹广顺、遇笑容（2000），“取”字句出现在魏晋南北朝时期的汉译佛经中。它有广义和狭义两种。

3.1 广义处置式

东汉汉译佛经中，“取”还没有出现广义处置式用法。魏晋南北朝时期，“取”大多用作动词，但在小范围内出现有处置（作）和处置（到）广义处置式。如：

（1）若不解吾疑结者，当取汝身分为三分。（后秦竺佛念译《出曜经》二十八）

（2）尔时阿世王即便差守门人，取父王闭在牢狱，自立为王，治化人民。（东晋僧伽提婆译《增壹阿含经》卷四十七）

（3）尊者瞿沙，即取众泪置右掌中。（后秦鸠摩罗什译《大庄严论经》卷八）

在隋唐时期的汉译佛经中，处置（到）的处置性能迅速衰退，并被“将”所取代。

3.2 狭义处置式

狭义处置式以“取＋N＋V＋之”为主。东汉汉译佛经中，这种格式还没有出现。到三国时期，才有个别“取”字句可以被看成是萌芽状态中狭义处置式的用法。如：（引自曹广顺、龙国富 2005）

(4)（道士）默然受拷，杖楚千数，不怨王，不雠彼，弘慈誓曰："令吾得佛，度众生诸苦矣。"王曰："取道士埋之，唯出其头，明日戮焉。"（三国吴康僧会译《六度集经》卷五）

(5) 小女即承教，数数往来沙门所，令众人知女如是，便取女杀，埋著祇树间。（三国吴支谦译《佛说义足经》卷上）

在魏晋南北朝的汉译佛经中，"取＋N＋V＋之"结构开始出现有狭义处置式的用法。同时，这种结构式中的谓语动词是及物动词，一般指向动作，只涉及一个域内题元，处置性很强。具体表现为以下四种情形：（曹广顺、遇笑容 2000；曹广顺、龙国富 2005）

A. 取＋N＋V＋之

(6) 时长生太子以见王眠，便作是念："此王于我极是大怨，又取我父母杀之，加住我国界，今不报怨者何时当报怨？我令断其命根。"（东晋僧伽提婆译《增壹阿含经》卷十六）

(7) 是时流离王，即时拔剑，取守门人杀之。（同上，卷二十六）

(8) 犹如去村落不远有好浴池，然彼浴池有虫饶脚，然村落人民、男女大小……各各以瓦石，取此虫打之，伤破手脚。彼虫意欲还入水者，终无此事，此尼健子亦复如是。（同上，卷三十）

B. 取＋V＋之

(9) 父王无咎而取害之，当生阿鼻地狱中经历一劫。（同上，卷三十二）

(10) 光音天子来下世间，见地上有此地肥，便以指尝著口中而取食之。（同上，卷四十二）

C. 取＋N＋V

(11) 若审尔者,大子就位,就位已,取父王弑。(后秦竺佛念译《鼻奈耶》卷五)

(12) 是时目连即前捉手将至门外,还取门闭,前白佛言:"不净比丘,已将在外,唯然世尊,时说禁戒。"(东晋僧伽提婆译《增壹阿含经》卷四十四)

(13) 母报儿言:"宁取我杀,不忍见汝为他所害。"(后秦竺佛念译《出曜经》卷一)

D. 取+N(+X)+V(+Y)

(14) 正使大王取彼六人碎身如尘者,终不兴恶如毛发。(后秦竺佛念译《出曜经》卷十)

(15) 诸人民取吾枉杀,然父王自与我愿。(东晋僧伽提婆译《增壹阿含经》卷三十一)

四 "将"字句

《法华经》中没有"将"字句。已有的研究表明(梅祖麟 1990:191-206;曹广顺、遇笑容 2000:555-563),"将"字句在中古汉译佛经中出现有广义处置式和狭义处置式两种形式。

4.1 广义处置式

魏晋南北朝时期,"将"广义处置式包括:处置(给)、处置(作)和处置(到)。如:

(1) 彼若在家者,便当为转轮圣王;若出家学道者,便成佛道。我今可将此女与彼沙门。(东晋僧伽提婆译《增壹阿含经》卷四十一)

(2) 我今乃可将臭肉身于此泥上作大桥梁,令佛世尊履

我身过。(隋阇那崛多译《佛本行集经》卷二)

(3) 是时梵达摩王,即将此女内著深宫,随时接纳,不令有怨。(东晋僧伽提婆译《增壹阿含经》卷四十一)

隋代汉译佛经中,"将"字句发展迅速,在《佛本行集经》中,其广义处置式的使用频繁,达50余例之多。

4.2 狭义处置式

魏晋南北朝时期,"将",多数做动词,少数做狭义处置介词。"将NV之"句型表现为以下三种格式:

A. 将+N+X+V+之(X表示状语成分)

(4) 我敕左右,将此人以称称之。(后秦佛陀耶舍共竺佛念译《长阿含经》卷七)

(5) 汝将此人安徐杀之,勿损皮肉。(同上,卷七)

B. 将+N+V(+C)

(6) 菩萨便持威神之力,随其人数,以化人补其处,将人持去,其人得脱,大欢大喜。(《佛说伅真陀罗所问如来三昧经》)[①]

C. 将+V+C

(7) 时巴树提亦集四兵共其战斗,婆罗那军悉皆破坏,擒婆罗那,拘执将去。巴树提言:此是恶人,可将杀去。(后秦鸠摩罗什译《大庄严论经》卷十)

关于例(4)、(5),魏培泉(1997)认为,句中的"将"应该仍然视

---

① 许理和(2001:309)认为:《伅真陀罗所问如来三昧经》"从风格和术语来看,它极有可能是真正的汉代汉译佛经,尽管我们还不敢肯定它就是支娄迦谶所译"。史光辉(2005:280-286)认为该经并非支谶所译。

作动词。曹广顺、遇笑容(2000)则认为，"将"应看作狭义处置介词。关于例(6)，其译经时代存疑。关于例(7)，"将"字不带受事。

隋唐汉译佛经中，"将＋N＋V＋之"句型开始消失。如例(8)，"之"已被删除，论元有三个。如：

(8) 汝今将我恶辞毁辱非法之事向眷属说，令我眷属遗忘于我，憎恶于我。(隋阇那崛多译《佛本行集经》卷十八)

在中古汉译佛经中"捉"做动词，有"捉＋N_1＋V＋N_2"和"捉＋N＋V＋之"两种句型。在"捉＋N_1＋V＋N_2"句型中，具备有向广义处置(给)和处置(到)演变的句法环境。如：

(9) 是时，世尊复更捉一髑髅授与梵志。(东晋僧伽提婆译《增壹阿含经》卷二十)

(10) 然目连有大神力知我不可，或能捉我掷他方世界。(东晋佛陀跋陀罗共法显译《摩诃僧祇律》卷十四)

在"捉＋N_1＋V＋之"结构中"捉"，具备有向狭义处置式演变的句法环境。它有三种表现形式：

A. 捉＋N＋V＋之

(11) 若使有人捉彼火扪摸呜之，即烧其皮肉筋骨消尽。(后秦佛陀耶舍共竺佛念等译《四分律》卷六十)

B. 捉＋V＋之

(12) 梵志复手捉击之。(东晋僧伽提婆译《增壹阿含经》卷二十)

C. 捉＋N(＋X)V(＋C)("X"表示动词前面的修饰成分，"C"表示动词后面的补充成分)

(13) 童子即前取带，带腰已，便捉比丘痛打，手脚令熟。(东晋佛陀跋陀罗共法显译《摩诃增祇律》卷十七)

在中古汉译佛经中,“把”字做动词已具备有向处置式演变的句法环境。如:

(14) 譬如壮士,手把轻糠散于空中。(后秦佛陀耶舍共竺佛念译《长阿含经》卷十)

在隋代阇那崛多译的《佛本行集经》中,也出现有与例(13)类似的句子。此类句子中的“把”是否虚化,至今还存在有争议。曹广顺、遇笑容(2002:555－563)认为,“把”可以算作处置介词,但魏培泉(1997:555－594)却认为,“把”仍然应当视作动词。如:

(15) 汝今把我心中所爱如意圣夫将何处置?(隋阇那崛多译《佛本行集经》卷十九)

处置式小结:

与中土文献相比,汉译佛经处置式有以下三个特征:

第一,处置式的词项比中土文献多。

从处置式的词项看,中土文献中,只出现有“以”字句、“持”字句和“将”字句,没有出现“取”字句,“取”字仍为动词,而汉译佛经中,除了出现有“以”字句、“持”字句和“将”字句等处置式以外,还出现有“取”字句。[①]

第二,处置式的句法类型比中土文献丰富。

从语义出发,中土文献中,处置式的句法类型以广义处置式为主,狭义处置式少见。[②]广义处置式用来表示处置“给”、处置“到”

---

① “捉”字句、“把”字句尚未发展为处置式,但是已经产生其语法化的句法环境。

② 就目前的材料看,中土文献只见到“将”字两例用作狭义处置式。如:

(1) 帝谓虑曰:“郗公,天下宁有是邪!”遂将后杀之。(《三国志·魏书》裴注引《曹瞒传》)

(2) 丁常言:“将我儿杀之,都不复念!”(《三国志·魏书》裴注引《魏略》)

和处置“作”。而在汉译佛经中，“以”字句和“持”字句既存在有表示处置“给”、处置“到”和处置“作”的广义处置式，也存在有狭义处置式。如：

(1) 时比房比丘闻之即问言：“汝等何故高声大唤？”时十七群比丘具以此事说之。（后秦佛陀耶舍共竺佛念等译《四分律》卷十二）

(2) 时梵德王复问优波伽摩那婆：“摩那婆，汝于今者经营何事，而于是处炽热大地而行于路？”尔时优波伽即以上事，向顶德王分别说之。（隋阇那崛多译《佛本行集经》卷五十四）

(3) 其人担金，至僧伽蓝，付僧维那，具以上事向僧说之。（元魏慧觉等集《贤愚经》卷三）

(4) 时婆罗门即问其妇，妇即以此因缘具向夫婿说之。（东晋僧伽提婆译《增壹阿含经》卷二十九）

(5) 当持是经典为诸沙门一切说之，菩萨行檀波罗蜜，布施如是。（西秦圣坚译《太子须大拏经》）

(6) 若善男子、善女人，敬爱父母……或时其欲说恶事者，持中正法为解说之。（前秦昙摩蜱共竺佛念译《摩诃般若钞经》卷二）

在中土文献中没有出现“取”字句，而在汉译佛经中，广义处置式和狭义处置式都有存在。广义处置式出现处置“到”、处置“作”和处置“给”。处置(给)的用例如：(引自赵长才 2010:342)

(7) 释提桓因自取佛牙恭敬授与尊者迦叶，尊者迦叶举著额上。（西晋安法钦译《阿育王传》卷四）

(8) 此比丘钵若贵价好者。应留置取最下不如者与之。（后秦佛陀耶舍共竺佛念等译《四分律》卷四）

“取”字狭义处置式存在有四种格式：a. 取＋N＋V＋之，b. 取＋N＋V，c. 取＋N(＋X)＋V(＋C)，d. 取＋V＋之。(曹广顺、遇笑容 2000:555－563)“将”字句既存在有表示处置“给”、处置“到”和处置“作”的广义处置式，也存在有狭义处置式的用法。“将”字句，广义处置式存在有“$P+N_1+V+N_2$”，狭义处置式表现为三种格式：a. 将＋X＋V＋之，b. 将＋N＋X＋V，c. 将＋V＋C。如：

(9) 我敕左右，将此人以称称之。(后秦佛陀耶舍共竺佛念译《长阿含经》卷七)

(10) 汝将此人安徐杀之，勿损皮肉。(同上，卷七)

(11) 汝今将我恶辞毁辱非法之事向眷属说，令我眷属遗忘于我，憎恶于我。(隋阇那崛多译《佛本行集经》卷十八)

(12) 此是恶人，可将杀去。(后秦鸠摩罗什译《大庄严论经》卷十)

第三，处置式的使用规模比中土文献大。[①]

从处置式的使用规模看，汉译佛经处置式的使用规模比中土文献大。中土文献中，“以”字句的使用规模比汉译佛经要小。(曹广顺、龙国富 2005:320－332)“持”字句在中土文献中主要见于口语性很强的民歌和乐府诗中。[②] 据朱冠明(2002:83－88)

① 该观点基本来源于下面文献：中土文献：《论衡》《三国志》《齐民要术》《世说新语》《先秦汉魏晋南北朝诗》的后汉至隋部分。汉译佛经：《道行般若经》(东汉支娄迦谶)、《六度集经》(吴康僧会)、《生经》(西晋竺法护)、《摩诃僧祇律》(东晋佛驮跋陀罗共法显)、《贤愚经》(元魏慧觉等)、《佛本行集经》(隋阇那崛多等)。

② 据朱冠明(2002)研究，在中土文献中“持”字句主要见于口语性很强的民歌和乐府诗中。如：

(1) 佳期久不归，持此寄寒乡。(《梁诗》卷一《捣衣诗》)。

调查，东汉至隋30余部汉译佛经，“持”字句达到37例。“持”字句在汉译佛经中的使用范围比中土文献更广泛。中土文献中，“将”字句少见，诚如魏培泉（1997：571）所说，从汉开始，一直到隋以前，“将”用于甲类句（相当于本文所指广义处置式）罕见其例。而汉译佛经中的“将”字句使用范围广、使用频率高，主要使用在南北朝和隋代的汉译佛经中，《佛本行集经》中，“将”字句出现有50例。（曹广顺、龙国富2005：320－332）“取”字句只出现于汉译佛经，“取”字狭义处置式主要见于《大庄严论经》《增壹阿含经》《出曜经》和《贤愚经》等汉译佛经中。（曹广顺、遇笑容2000：555－563）

由于汉译佛经的语言具有很强的口语性，所以汉译佛经处置式，与中土文献相比，具有词项多，句法类型丰富，使用规模大等特征。出现有“以”“持”“取”“将”等多个词汇项的处置式，产生广义和狭义类型的处置式。近代汉语中，“以”字句、“取”字句和“持”字句衰退，“将”字句得到发展，并产生“把”字句，以致发展成为汉语处置式的主流。

第十二章　被动式

《法华经》中被字式的基本情况为：被字式的用例共有 99 例，被动式的类型有“见”字句（1 例）、“为”字句（14 例）、“为……所”句（33 例）、“所”字句（42 例）、“蒙”字句（6 例）、“被”字句（3 例）。《法华经》中被动式使用的基本特点为：a. 被动式结构类型复杂；b. 使用频率远远高于中土文献；c. “所”字句在被动式的使用中发展突出，且其语用义以顺意为主。

一　“见”字句

《法华经》中有 1 例“见”字句用作被动。如：

（1）世尊慧灯明，我闻授论音，心欢喜充满，如甘露见灌。（30b）

此例中，“如甘露见灌”当理解为“如同被甘露浇灌”。此“见”字句是被动句。“如甘露见赏”译自梵文 amṛtena（甘露）yathā（如）siktāḥ（浇）（193 页），梵文指“我闻授记音如同被甘露浇灌”的意思。sikta（浇）是词根√sic 的过去被动分词，指“被浇灌”的意思。amṛtena（甘露）用具格，在和被动态的组合中，具格表示动作行为者。

《法华经》中另有 11 例“见”字句，不能算作被动句。如：

（2）是人执我，必当见杀。（18a）

(3) 浊世恶比丘,不知佛方便,随宜所说法,恶口而频蹙,数数见摈出,远离于塔寺。(36c)

从汉语本身看,例(2) 中,"见杀"当理解为"杀我"。例(3)中,"见摈出"当理解为"摈出我"。两个"见"字做称代副词,称代动作行为的对象,该类句式是主动句,它译自梵文的主动句。例(2) 中的"必当见杀",译自梵文 dhruva(必定) khu(确定) mahya(我) vadhakā(杀)(103 页)。梵文的语意是"一定会杀了我"。vadhakā(杀)是一个主动语态形式,主语是"是人",vadhaka(杀)的对象是 mahya(我),mahya 用的是第一人称单数为格,为格用来表示动作的对象,译师用副词"见"来翻译 mahya。例(3)中的"数数见摈出",译自梵文 punaḥ punaḥ(多次) niṣkāsanam (驱逐) vihārebhyo (塔寺)(232 页)。梵文的语意是"恶比丘多次(把善比丘)驱逐出塔寺"。niṣkāsanam (驱逐)是一个主动语态形式,主语是"恶比丘",niṣkāsana(驱逐)的对象是"善比丘",译文中指代性副词"见"用来确指"善比丘"。从梵汉对勘分析来看,《法华经》中这类表称代的"见"字句不源于梵文被动语态,而源于主动句。

可是,《法华经》中有 1 例表称代的"见"字句,源于梵文被动语态。如:

(4) 我等同入法性,云何如来以小乘法而见济度?(18a)

从汉语的角度看,此例"见"字句当看作主动句,其意思:我等声闻菩萨都得法性,为何如来不教大乘法而用小乘法度我等呢?而它的原典梵文是被动语态。"如来以小乘法而见济度"译自梵文 vayaṃ(我们) bhayavatā(佛) hīnāyāena(以小乘) niryātitāḥ(被施与)(59 页),梵文指"我们被佛施与小乘之法"的意思。vayaṃ是第一人称复数体格,做主语。niryātita 做过去被动分词,指"被施与"的意思。bhayavatā(佛)用作具格,在和被动态的组合中,具格表示行为者。hīnayānena 做具格,表示工具。表称代的"见"字句从原典梵文的被动语态译来,说明汉语"见"表施动的用法与表被动的用法是相通的。

二 "为"字句

"为"字句是指单独使用"为"字而形成的一种带有被动语气的句子,有"为 V"和"为+A+V"两种格式,共 14 例。如:

(1) 若知我深心,见为授记者,如以甘露洒,除热得清凉。(21a)

(2) 自惟失此利,我为自欺诳。(11a)

例(1) 的意思是:"佛知道我的内心。当我看见那被佛授记的人时,就如同得到佛洒上的甘露法水,消除一切热恼,感觉阵阵清凉。"例(2)中,"我为自欺诳"指"我被自己欺骗",译自梵文被动过去分词。如:hā(呜呼)vañcito(被欺诳)asmīti(我)vicintyāmi(思维)(61 页)。该段梵文的语意是:呜呼,我想我丧失了这个利益,是被自己惑乱了。"欺诳"有"惑乱"的意义,译自 vañcita,该词词根√va ñc 加上过去分词语尾 ta,表示被动意义。这个语尾 ta 由"为"字来翻译。"为"字句的语用附加意义都表示"不幸",其语义一律指向受事。

下面是一例非典型的"为"字句,即谓语动词带受事宾语的领属成分。如:

(3) 当知是人,为释迦牟尼佛手摩其头。(62a)

受事"其头"没有前移,仍然和动词"摩"组合为一般的动宾关系。这一形式在《法华经》中出现两次。它与梵文被动句的直译有关,“被释迦牟尼佛手摩其头”译自 tathāgata-pāṇi(如来手) parimārjita(被摩) mūrdhan(头顶),parimārjita 的词根是√mṛj(摩),在及物动词√mṛj 后面加词尾 ta,构成过去分词,表示被动的意义。该句的语用附加意义表示“有幸”,指向受事。

三 “为……所”句

“为……所”句用例丰富,是汉译佛经被动句的主流,33 例,存在以下三种不同的结构式:

a. 为+A+所+V

“为”字后面出现由单个体词或体词性短语做施事宾语,24 例。如:

(1) 或在须弥峰,为人所推堕,念彼观音力,如日虚空住。(57c)

(2) 于此命终,即往安乐世界,阿弥陀佛、大菩萨众,围绕住处,生莲华中,宝座之上,不复为贪欲所恼,亦复不为瞋恚愚痴所恼,亦复不为憍慢嫉妒诸垢所恼,得菩萨神通无生法忍。(54c)

b. 为+A+之所+V

“所”字之前带有“之”,7 例。如:

(3) 我当为说恐怖之事,此舍已烧,宜时疾出,无令为火之所烧害。(12b)

(4) 其形长大,五百由旬,龙骙无足,宛转腹行,为诸小虫,之所唼食。(15c)

(5) 供养无量百千诸佛,于诸佛所殖众德本,常为诸佛之所称叹。(2a)

c. 为＋所＋V

“为”字后面不出现施事宾语，介词“为”直接在“所＋V”前面出现，2例。如：

(6) 若贪著生爱，则为所烧。(35b)

(7) 此舍已为大火所烧，我及诸子若不时出，必为所焚。(12c)

“为……所”句的谓语部分都是单纯动词，前后没有其他成分。具体来说，就是动词前面不带状语，后面不带补语；动词可以是单音节，也可以是双音节，且双音节的使用略占上峰。此处所指的双音节，都是指同义并列的动词或形容词，如“烧害”“恶贱”“打掷”“惑乱”等。在“为……所”句的语用附加义中，通常伴有表示“不如意”等贬义色彩的动词，如“烧”“哭”“逼”等；有表示“高兴”等褒义色彩的动词，如“称叹”“敬”“爱念”“喜见”等；有表示不带感情色彩的动词，如“漂”“覆”等。

四　“所”字句

“所”字句指的是只用“所”字做标志的被动句，42例。《法华经》中的“所”字句有两个特点：其一，使用频率高；其二，种类多。针对其特点，下文将有专门讨论。这里，只讨论“所”字句的三种结构：

a. 所＋V

或引进施事的“为＋宾”被省略，只剩下“所＋V”；或“为”字被省略，只剩下“所＋V”，31例。如：

(1) 是诸善男子等，不乐在众，多有所说。(41b)

(2) 八百弟子中，有一人号曰求名，贪著利养，虽复读诵

众经而不通利，多所忘失，故号求名。(4b)

竺家宁(2005:70)把例(2)中“多所”的“所”看成为一般词缀，“所”字无实质意义。对勘发现，“多所忘失”译自 padavyañjanāny (文句) antardhīyante(被忘记) na(不) sa, tiṣṭhante(保留)(19页)。该梵文的意思是“文句被忘记了，没有被保留下来”。“多所忘失”指“多被忘记”的意思，“所”译自√antar-dhi(忘记)的被动标记 ya，ya 有被动标记的功能。

“所 V”式一般用作句子，只有个别用作句子的某一成分。如：

(3) 我虽能于此所烧之门安隐得出，而诸子等，于火宅内乐著嬉戏，不觉不知，不惊不怖……心无出意。(12b)

b. D+A+所+V①

此格式中，“所”字前面有施事和受事出现，“为”字省略，6例。如：

(4) 如是等大士，华光佛所化。(12a)

(5) 薄德少福人，众苦所逼迫。(8b)

在该格式的施事和受事之间，通常有一个逗号出现，起停顿作用。

c. A+(之)所+V

“所”字之前出现施事，不出现引进施事的介词“为”字，形成“A+(之)所+V”格式，共5例。分两种情况：一种是“所”字之前有“之”，2例；另一种是“所”字之间没有“之”，3例。如：

(6) 是事何因缘，天人所奉尊。(4c)

---

① “D”表示受事者，是 ditive 的第一个字母。“A”表示施事者，是 agent 的第一个字母。

(7) 愿得是乘，三界第一，诸佛所叹。(3a)

(8) 此诸菩萨，皆是文殊师利之所化度，具菩萨行，皆共论说六波罗蜜。(35b)

例(6)中，“天人所奉尊”即“为天人所奉尊”，其语用意义带有褒义性。例(7)中，“诸佛所叹”即“为诸佛所叹”，它译自梵文 yad（诸）buddhayānam（佛）sugatehi（佛）varṇṇitam（赞叹）22 页，varṇṇitam 是词根√vṛ（赞叹）的过去被动分词，表示被动意义。

“为……所”句和“所”字句的语用附加意义有三类：一类表示不顺意，35 例；一类表示顺意，38 例；一类表示中性，12 例。无论所表达的意思是不顺意的，还是顺意的，抑或是中性的，其语义都一律指向受事。“为……所”句的语用义，以不顺意和中性色彩居多；“所”字句的语用义，以顺意居多。

五 “蒙”字句

“蒙”字句在《法华经》中共有 6 例。其中，“蒙 A 所 V”结构，1 例，如例(1)；“蒙 AV”结构，3 例，如例(2)、(3)，“蒙 V”结构，2 例，如例(4)。如：

(1) 不蒙佛所化，常堕于恶道。(24c)

(2) 昔来蒙佛教，不失于大乘。(10c)

(3) 若蒙佛授记，尔乃快安乐。(21a)

(4) 十方诸众生，普皆蒙饶益。(23b)

在汉译佛经中，“蒙”字句的施事都是至尊至上的佛。关于“蒙”字句的性质，学术界意见各异，如有人认为“蒙”字句不是被动句，“蒙”，动词，有“承蒙”的意思；也有人认为，“蒙”字句是被动句，在近代汉语里，得到普遍使用。(袁宾 2005：3－17)对勘发现，凡

《法华经》中出现的"蒙"字句，都译自梵文佛经具有被动意义的过去分词和被动语态，和前面被动句来源相同。如例(1)中的"不蒙佛所化"，译自 adāntā（不被调化）lokanāthenam（佛）(154 页)，adāntā 属于过去被动分词，具有被动意义，"蒙"译自过去被动分词词尾 ta。例(2)中的"蒙佛教"，译自 paripācito（被教化）agrayāne（佛），(60 页)，paripācita 也属于过去被动分词，具有被动意义，"蒙"译自过去被动分词词尾 ta。其他用例都与此同。前面一例是否定式，后三例是肯定式。"蒙"字句的语用意义都表示顺意的事。

六 "被"字句

"被"字句在《法华经》中的使用，没有"为…所"句丰富，总共只有 3 例。其中，"被 V"结构 2 例，"被 AV"结构 1 例。如：

(1) 于时穷子，自念无罪，而被囚执，此必定死。(16c)

(2) 或在须弥峰，为人所推堕，念彼观音力，如日虚空住。或被恶人逐，堕落金刚山，念彼观音力，不能损一毛。(57c)

"被"字句的语用义一般都表示"不幸"，并都指向主语。关于"被"字句的谓项，有一项是双音节同义连用，如"囚执"，有两项是单音节词，如"逐"。其中，出现施事宾语的句子 1 例，如例(2)；不出现施事宾语的句子有 2 例，如例(1)。

据统计，在《法华经》中，出现施事宾语的被动式 62 例，不出现施事宾语的被动式 37 例。谓语都由单个的动词充当，前面没有状语性修饰成分，后面没有后续成分，这类动词有单音节和双音节形式之分。

被动式小结：

通过上面对《法华经》中被动式的描写，又结合其他汉译佛经中的被动式，汉译佛经被动式的使用特点可以归纳为以下三个方面：

第一，被动式结构类型比中土文献更为复杂。

据唐钰明(1987:216－222)、陈秀兰(2006:62－67)研究，中古中土文献中，被动式有“于”字句，“见”字句，“为”字句，“为A所V”句，“被”字句。其中，“见”字句有“见V”和“见V于A”两种；“为”字句有“为V”和“为所V”两种；“为A所V”这种框式句有“为A见V”“为A所V”“为A之所V”“为A所见V”“为A之所见V”五种；“被”字句有“被V”和“被A所V”两种。经与中土文献对比，我们发现，汉译佛经中的被动式，有更为复杂的结构类型存在。如：“于”字句除了有“DV于A”和“V于A”结构式以外，还出现了一个中未曾有过的“于＋A＋所＋V”结构。“于＋A＋所＋V”结构相当于“为＋A＋所＋V”。如：(引自陈秀兰2006:62－67)

(1) 了智慧本净，于世罔所念。(西晋竺法护译《持心梵天所问经》卷三)

“见”字句除了有和中土文献相同的“见V”结构式以外，汉译佛经还出现有中土文献少见的“A见V”“以A见V”“A见所V”和“A见为V”结构被动式。如：

(2) 世尊慧灯明，我闻授记音，心欢喜充遍，如甘露见灌。(《法华经》卷四)

(3) 天下余诸龙王，以三热见烧，阿耨达龙王，不以三热见烧。(西晋法立共法炬译《大楼炭经》卷一)

(4) 今此宝珠，必是彼人，见为偷取。(吴支谦译《撰集百缘经》卷八)

(5) 若沙门、婆罗门起凡俗见所击，谓说我见所击，说众生见所击，说寿命见所击，忌讳吉庆见所击。(刘宋求那跋陀

罗译《杂阿含经》卷十二)

例(2)中,“甘露见灌”的意思是“被甘露所浇灌”。例(3)中,“以三热见烧”指“被三热所烧”;例(4)的意思是“此宝珠被彼人所偷”;例(5)中,“我见所击”指“被我所击”。这些被动式都很特殊,在中土文献中很少用到。

“为”字句除了有和中土文献相同的“D为AV”式以外,汉译佛经还出现有中土文献少见的“为被V”“为见V”“为所V”和“D为于AV”等结构的被动式。如:

(6) 今我上体首,白生为被盗,已有天召使,时正宜出家。(吴维祇难等译《法句经》卷下)

(7) 自见有身,因生五阴六衰之惑,反为所迷,不至正真。(西晋竺法护译《生经》卷四)

(8) 举动安谛,为见侵欺。(同上,卷一)

(9) 还如今日善思如来,为于大众、声闻、人天恭敬围绕。(隋阇那崛多译《佛本行集经》卷一)

诸如例(6)—(8)的被动式,有人提出,此类句中的“为”是介引施事的介词,只是施事已被省略。我们发现,这个“为”当是助词,且与“被”“见”“所”同义并用。常因四字格音节的需要而出现。从梵汉对勘看,这些同义并用的词,都译自梵文被动语态语尾的ya和过去被动分词语尾的ta。确凿地说,宜将这些译自梵文语尾的词看作是用在动词前面的助词。例(9)中,“为”和“于”并用,出现在施事前面,用来引出施事。

“为A所V”被动式的类型变式极为多样。既出现有四组与中土文献共有的结构:“为A见V”“为A所见V”“为V于A”“为A之所V”,又出现有只见于汉译佛经的被动式若干种:“为A被

V”“为A见为V”“为A见V所V”“为A所V所V”“为A之所见V”“为于A所V”“以A所见V”。[①] 表面上看，“为A所V”被动式产生于战国后期，发展到南北朝理应逐步走向成熟和规范。但是，情况并非如此，从已有的变式看，“为A所V”被动式离成熟和规范还有相当一段距离，或许这并不仅仅是受音节的约束。

“所”字句除了同时见于中土文献的“DA所V”“A所V”和“A所见V”句式以外，还出现有仅见于汉译佛经的“A所被V”“A之所见V”被动式。该被动式，施事都有出现，但带施事的介词已被省略，这种现象在中土文献很少出现。如：

(10) 时阿须伦所被击缚，转更牢固，魔所系缚，复过于是。(后秦佛陀耶舍共竺佛念译《长阿含经》卷二十一)

(11) 世间诸众生，愚痴蔽其眼，贪淫瞋恚火，之所见烧然。(刘宋宝云译《佛本行经》卷七)

汉译佛经中的“被”字句，主要有“被V”“被AV”和“被A所V”。这些句式在中土文献中也都有使用。但汉译佛经中，还出现了几种中土文献中没有出现过的句式，如“被于AV”“被A之所

---

① (1) 意守居最意微妙随为远所作所说，能念能得意。(东汉安世高译《长阿含十报法经》卷下)

(2) 后宫婇女，名功德意，供养塔故，为阿阇世王被害。(吴支谦译《撰集百缘经》卷六)

(3) 道中复为金翅鸟王见为搏喇。(同上，卷十)

(4) 此众生类亦复如是，以无明暗室所见缠裹。(后秦竺佛念译《出曜经》卷二十四)

(5) 兄弟二人在此而耕，同时为于霹雳所杀。(东晋法显译《大般涅槃经》卷中)

(6) 菩萨不为诸结见缠所使。(后秦鸠摩罗什译《自在王菩萨经》卷下)

(7) 等化大众至入大城，不为秽浊之所见溺。(西晋竺法护译《渐备一切智德经》卷一)

V”“被于A之所V”“A被V”。如:(引自陈秀兰2006:62)

(12) 世间之中,被于苦逼。(隋闍那崛多译《佛本行集经》卷十六)①

(13) 为半钱债而失四钱,兼有道路疲劳乏困,所债甚少所失极多,果被众人之所怪笑。(萧齐求那毘地译《百喻经》卷一)

(14) 其中所烧众生辈,皆由往昔作恶因,被于天使之所诃,而心放逸无觉察。(隋达摩笈多译《起世因本经》卷四)

(15) 甥为贼臣,即怀恐惧,心自念言:“若到彼国,王必被觉,见执不疑。”(西晋竺法护译《生经》卷二)

(16) 火之炽热不过于思想,火所烧疮,可以药疗,思想火被烧,不可疗治。(后秦竺佛念译《出曜经》卷五)

例(12)—(14)中,“被”“于”大都是带施事的介词,而例(15)、(16)中的“被”,其用法则不一样。这两句式中的“被”都是助词,相当于“所”。句式上,“王被觉”与“所”字句中的“诸佛所叹”相一致,亦即:“A被V”格式相当于“A所V”格式。那么,例(15)中的“王必被觉”当为“必定被王所发觉”。“被”字前面名词“王”是施事,受事“甥”省略。同样,例(16)中的“思想火被烧”当为“被思想火所烧之疮”。它与“火所烧疮”对文,“思想火”也应当作是施事。②

---

① “苦逼”在中古时期可作两解,一是作同义连用的名词,如“见我舍家闻道出家,大生苦逼。”(隋闍那崛多译《佛本行集经》卷十六);二是当作两个词看待,“苦”作名词,“逼”作动词。如“若当有人为苦逼身。”(同上,卷二十)我们采用后一种。

② 关于例(15)(16)中的“被”字,还可以把它作表称代的词“见”理解。“王必被觉”指“王必发觉我”,“思想火被烧”指“思想火烧它(指疮)”。这是因为“见”有被动和称代两种理解,“被”和“见”关系密切,译师便误将“被”也看作称代用法。

从以上分析看，汉译佛经中的被动句要比中土文献中的被动式复杂，尤其是“为”字句、“为A所V”句式、“所”字句和“被”字句，在汉译佛经中都已得到充分使用。这是受多种因素影响的结果。归纳起来，主要受以下因素的影响：a. 佛经文体的口语化；b. 佛经文体的四字格形式；c. 被动句的自身发展；d. 译师自身的汉语修养。这最后一种因素还是造成汉译佛经被动句类型多样性的主要根源。譬如，译师有可能将“见”“为”“于”“所”“以”和“被”等，都视作同一功能的助动词。在中土文献中，当“为”和“被”用在被动句中时，一般多用于介引施事，尤其是“被”。但在汉译佛经中，译师往往将“为”和“被”放在动词前，视作助词。又如，在中土文献中，“以”是不能用在被动句中介引施事的，而在汉译佛经中，却有用“以”来介引施事的情况。可见，造成汉译佛经中被动句类型复杂化的原因，不仅跟梵文语体有关，也跟译师对汉语被动句的掌握程度有关。

第二，被动式的使用频率远远高于中土文献。

吴金华(1983)、唐钰明(1991)、朱庆之(1993)等学者都对汉译佛经中的使用频率进行过研究，认为汉译佛经中被动式的使用频率远远高于中土文献。[①] 陈秀兰(2006:62－67)通过将汉译佛经与中土文献做比较，发现汉译佛经中被动式占总数的76%，被动式在汉译佛经中的使用频率是中土文献中的3倍。具体地说，除了“于”字句和“见”字句的使用频率低于中土文献以外，“为”字句、

---

① 唐钰明(1991:282)发现，在本土文献中六朝“被”字句的使用频率只有15%，而唐代却达到了87%，从六朝到唐代“被”字句的发展出现断层。而在汉译佛经中，六朝“被”字句大量使用，其使用频率已达到了42%，使得六朝到唐代“被”字句的发展具有连续性。

"为A所V"式和"被"字句的使用都要高于中土文献。再看陈秀兰(2006)研究得出的一组资料:"为"字句,中土文献中,85例,占总数的24%;汉译佛经中,267例,占总数的76%。"为A所V"句,中土文献中,430例,占总数的24%;汉译佛经中,1369例,占总数的76%。在该时期发展起来的"被"字句,中土文献中,226例,占总数的31%,而汉译佛经中,496例,占总数的69%。该数据表明,汉译佛经中被动式的使用频率是中土文献的三倍。这种情况的出现,与原典文中被动句式的广泛使用有关。

对勘得知,"为"字句来源于梵语被动语态过去分词和将来被动分词的翻译。如第二节例(2)中的"为自欺诳",就译自梵文 hā vañcito asmīti vicintyāmi(61页)。此梵文的语义是:呜呼,我想我失去了这个利益,(是因为)我被自己惑乱了。"欺诳"译自 vañcita。vañcita 有"被惑乱"的意思,该词词根√vañc 加上过去分词语尾-ta,表示被动意义。并且,这个被动意义靠"为"字来实现。例(3)中的"为释迦牟尼佛手摩其头",译自梵文 tathāgata-pāṇi parimārjita mūrdhan。parimārjita 的词根是√mṛj(摩),及物动词 mṛj 后面加词尾-ta,构成过去分词,其中的被动意义通过"为"字来表达。

"为……所"句来式自梵文被动态和及物动词过去分词。如第三节例(4)中的"为诸小虫之所唼食",由梵文 nikhād-ya-māna bahu-prāṇa-koti-bhiḥ(食-无量-生命-千亿)译来,动词 nikhād-ya-māna 是词根√khād(食)现在时分词被动语态语尾-ya 表示被动语法意义,汉译佛经用"为……所"来对译 ya。

"被"字句也是译自梵文被动态和及物动词过去分词。如第六节例(1)中的"囚执",是梵文 grah 词汇意义的对译。"被"字对译及物动词 grah,带有过去分词的语尾-ta,表示被动意义。第六节例(2)中的"逐"是梵文 samupa 的词汇意义的对译,"被"字对译及物动词 samupa 带有过去分词的语尾-ta,表示被动意义。"被"字句在中土文献中很少出现,却没有影响到它在汉译佛经中的使用。由此推断,是梵文的直译造成了汉译佛经中"被"字句的大量出现。

通过对勘,[①]我们还发现,汉译佛经中的"为"字句、"为……所"句和"被"字句等,都是从梵语被动语态和及物动词过去分词翻译而来。梵语有丰富的被动态、未来被动分词和及物动词过去分词。这说明,是翻译造成汉译佛经中的"为"字句、"为……所"句和"被"字句大量使用。同时,我们还注意到,在原典梵文佛经中,还有相当一部分的被动语态和及物动词过去分词,但汉译佛经中并没有被翻译成被动句。据此,我们进一步断定,汉译佛经中被动句式的高频率使用,无疑与梵文佛典中被动语态和及物动词过去分词的普遍存在有关。

第三,"所"字被动句广泛使用,其语用义以顺意为主。

虽然,在中土文献中,"所"字句已出现被动的用法。(董秀芳1998:50-55)但却是刚刚产生,并未形成规模。相反,在汉译佛经中,表示被动的"所"字句却已是大规模地出现。据调查,汉译佛经中表示被动的"所"字句,不但使用频率高,而且形式多样。陈秀兰(2006:62-67)曾对一定比例的语料进行过调查,调查的结果,中土文献中,"所"字句 98 例,只占总数的 0.9%,而汉译佛经中,"所"字句 989 例,占总数的 99.1%。对勘发现,"所"字被动句都源自梵语中被动语态或及物动词过去分词的翻译。

① 关于汉译佛经中被动句的梵汉对勘用法,参见龙国富(2009a)。

在第四节中，a 格式如例(1)中的“多有所说”。“所说”由 prabhāṣita 译来，及物动词 pra＋√bhāṣ(说)的语尾用过去分词词缀 -ta，“所”对译 -ta，表达被动的语法意义。针对此类情况，竺家宁(2005：346－355)提出，应把“多所忘失”中的“所”字看作是音节助词。而就实质而言，“所”应该是被动标记。“多所忘失”从梵文 antardhī- yante 对译而来，动词 antardhī 的词汇意义通过“忘失”来表达，后面因加上表示被动意义的被动态语尾-ya，因此，其被动的语法意义又通过“所”字来表现。b 格式如例(5)中的“薄德少福人，众苦所逼迫”中的“所逼迫”从 sampīḍita 翻译而来。“逼迫”对译动词 sam＋√pīḍ，后面加上过去分词语尾-ta，其被动的语法意义用“所”字来表现。c 格式如(6)中“天人所奉尊”。动词“尊”对译 puras-kṛ(尊敬)的词汇意义，“所”字对译动词 puras-kṛ 所带的过去分词语尾-ta，表达被动意义。再如例(7)，“诸佛所叹”中的“所叹”译自梵语 varṇṇitam，动词 varṇa 表示“赞叹”的词汇意义，用“叹”字对译，后面加上具有被动意义及物动词过去分词语尾-ta，用“所”字对译。

另外，王继红(2004：98)提出，有的“所＋V”句是从梵语动词独立式“V＋语尾”对译而来。通过对勘，我们注意到，汉译佛经者的翻译方式，采用的最直接的方式是用一个汉语语素对译一个梵语音节。如由“所”字对译梵语及物动词过去分词语尾-ta(阴性-tā)或-na，以及被动态语尾-ya，“V”对译梵语的及物动词。如果用图形来表示，则为：

(17) V＋语尾(梵语)——→所＋V(汉译佛经)

“所”字是最常见的被动标记，如上图中这种对称而又简单的翻译形式，是最容易被译师接受和采用的。这表明，“所 V”式自中土文献中产生，就已具有被动句式的用法。

以往的研究，多注意被动式中表示不顺意的语用附加义，如“不幸”“不利”“不如意”等。魏晋南北朝汉译佛经中“被”字句的语用意义仅只表示不顺意色彩，不表示顺意色彩。“为……所”句，既表示不顺意又表示顺意，二者的使用基本持平。而其中，“所V”式被动式以表示顺意为主，表示不顺意的只在少数。如《正法华经》中，“所V”式被动式共48例，表示不顺意的仅为15例，而表示顺意的则有33例，后者相当于前者的两倍。《法华经》中，共有“所V”式被动式41例。其中，表示不顺意的仅为5例，表示顺意的却有36例，后者相当于前者的七倍。《贤愚经》中，共有“所V”式被动式49例，其不顺意和顺意的比例为6∶43，顺意被动式占总数的88%。《佛本行集经》中，共有“所V”式被动式66例，不顺意和顺意的比例为11∶55，顺意被动式占总数的82%。《法华经》中的被动句，常见的谓语动词有“叹”“护念”“奉尊”“供养”“敬”等等。之所以汉译佛经中会有如此众多表示顺意的“所V”式被动式出现，是因为原典文中被动句动词范围不受限制的缘故。在梵文佛典中，被动态动词和及物动词过去分词的范围广，在语用上，有表示不顺意的，也有表示顺意和中性义的。当将梵文中被动态和及物动词的过去分词翻译为汉语时，“被”字句中极有可能出现表示不顺意的被动态和及物动词过去分词的情况。“为……所”句和“为”字句多数翻译为表示不顺意和中性义的被动态和及物动词过去分词，仅有少数被翻译表示顺意。而对于“所V”格式的翻译，译师对于不顺意、顺意和中性义的被动态和及物动词过去分词，则采取不加任何选择的方式，由此使得表示顺意的“所V”格式得到迅速发展。除此以外，译师的语言思维方式应该也是造成表顺意被动句大量产生的一个重要原因，当然，在这当中，必定还有更深层次的动因。

表 12－1 《法华经》被动式的用法及其频率

类别	见字句	为字句	"为……所"句			所字句			蒙字句	被字句	总数
	A见V	为AV	为A所V	为A之所V	为所V	所V	DA所V	A之所V	蒙(A)V	被(A)V	
频率	1	14	24	7	2	31	6	5	6	3	99
总数	1	14	33			42			6	3	99

第十三章 疑问句

《法华经》中疑问句的基本情况为:共有疑问句192例,主要有特指问句(140例)、是非问句(26例)、反诘问句(13例)和选择问(2例),还有一类特殊的疑问形式"云何+疑问句"(11例)。《法华经》中疑问句使用的基本特点为:a.特指问句多用疑问代词"谁""何""云何"等,"云何"使用广泛;b.是非问句多数在句末有语气词"不";c.反诘问句在句中有"岂";d.选择问在分句前有连接词"为";e.有两种特殊表达式:一是"所以者何",二是"云何+疑问句"。它们的产生与佛经翻译有关。

一 特指问句

特指问句是指通过疑问代词对一个命题进行的提问,这种提问要求被问者必须对疑问所指的信息做出回答。在《法华经》中,特指问句共140例,用于提问的疑问代词有:"谁"15例,"云何"33例,"何"26例,"何者"2例,"何等"2例,"何故"8例,"何以故"4例,"所以者何"37例,"何由"1例,"如何"1例,"何所"6例,"几所"3例,"几何"1例,"于何"1例。根据疑问代词所指向的信息域的不同,《法华经》中特指问句可以分为以下几种:

A. 问人

问人的疑问代词有"谁",14例。可以做主语、宾语和定语,做定语时带“之”。如：

(1) 谁能于此娑婆国土，广说《妙法华经》？(33c)

在其他汉译佛经中，还出现有“阿谁”“何”用于询问人的情况。如：

(2) 婆罗门言：“云何得住？阿谁供给？”阿难言：“穷苦理极，佛与众僧。”(后秦弗若多罗译《十诵律》卷二十六)

(3) 给孤独长者问天神言：“贤者，汝是何人？”(刘宋求那跋陀罗译《杂阿含经》卷二十二)

“孰”问人的用法在汉译佛经中仍有使用，但并不多见，从抉择义发展而来。如：

(4) 若有书是经，承事供养花香缯盖幡，若复授与人，其福孰多？(吴支谦译《大明度经》卷二)

B. 问事物

询问事物的疑问句，在句中多出现疑问代词，有“何”13 例，“何者”2 例，“谁”1 例，“云何”13 例，“何等”2 例，“何所”2 例，“几所”3 例，“几何”1 例，共 37 例。如：

(1) 何者是火？何者为舍？(12c)

(2) 受持行谁经？修习何佛道？(40c)

“云何”“何等”可做主语、宾语和定语，“何所”做宾语。如：

(3) 亦复不知何者是火？何者为舍？云何为失？但东西走戏，视父而已。(12c)

(4) 舍利弗，云何名诸佛世尊，唯以一大事因缘故出现于世？(7a)

(5) 文殊当知，四众龙神，瞻察仁者，为说何等？(3c)

(6) 何等众生，于未来世当得作佛？(30c)

(7) 若言:"欲何所作?"便可语之:"雇汝除粪,我等二人亦共汝作。"(7a)

"何"在句法上做介词宾语。在《法华经》中,有 1 例用在介词之前,有 3 例用在介词之后。如:

(8) 我不相犯,何为见捉? (16c)

在其他汉译佛经中,有一种询问人的地位高下或事情得失的特指疑问句,用疑问词"何如"进行提问,具有明显的比较性。如:

(9) 我尔时复语尼揵子曰:"频毗娑罗王乐何如我乐?"尼揵子报我言:"频毘娑罗王乐胜汝乐也。"(东晋僧伽提婆译《增壹阿含经》卷三十五)

这种特指疑问句,在中土文献和汉译佛经中都很常见。

C. 问原因

《法华经》中,用于问原因的疑问代词也是"何"系词,这是特指问句使用最为广泛的一类,有:"何"12 例,"所以者何"37 例,"云何"11 例,"何故"8 例,"何以故"4 例,"于何"1 例,"何由"1 例,共 74 例。如:

(1) 今者宫殿光明,昔所未有,以何因缘而现此相? (23a)

(2) 今者世尊何故殷勤称叹方便而作是言? (6b)

(3) 是长者但令诸子得免火难,全其躯命非为虚妄。何以故? (13a)

(4) 是人于何,而得解脱? 但离虚妄,名为解脱。(15b)

(5) 导师作是念:"此辈甚可愍,如何欲退还,而失大珍宝?"(27a)

有时,表示原因与表示状态的信息域通为一体,如例(5)中的

"如何",既可以看作是针对原因的提问,也可以看作是针对状态的提问。

汉译佛经中,有一组由"何"与因缘组合的用法,这与佛教教义相关,带有浓厚的宗教色彩。或由"何"加名词"因缘"组成"何因缘",或由"何"与"因""缘"等组成"何因""何缘"或"何因何缘"。这些词与宣扬佛教因缘相随、因果相生的教义相吻合。如:

(6) 今者世尊现神变相,以何因缘而有此瑞?(2b)

(7) 世尊何因何缘殷勤称叹诸佛第一方便,甚深微妙难解之法?(6b)

"所以者何",独立句式,用于询问原因,出现在关系句之间。这种关系句,前面表明的是结果,后面表明的是原因。有"所以者何"的插入,前、后句段的逻辑关系更为缜密。如:

(8) 若有比丘实得阿罗汉,若不信此法,无有是处。除佛灭度后,现前无佛。所以者何? 佛灭度后,如是等经受持读诵解义者,是人难得。(7c)

(9) 我有如是七宝大车,其数无量,应当等心各各与之,不宜差别。所以者何? 以我此物周给一国,犹尚不匮,何况诸子?(12c)

"所以者何"相当于"为什么",该词在中土文献里没有。汉译佛经中,"何以故"和"所以者何"功能一致,都有独立成句的功能。且二者的来源相同,都译自梵文的 tat kasya hetoḥ。tat kasya hetoḥ 相当于英语的 cause of 或 reason for。但是,在汉译佛经中,二者的使用却大不一样,"所以者何"远远多于"何以故"的使用。据分析,这是因为,tat kasya hetoḥ 是一个口语性很强的词,适合用口语性强的语言形式来对译。而相比之下,"所以者何"较"何以故"口语性强，因此译师更乐意选用“所以者何”来对译。在原典梵文里，tat kasya hetoḥ 的出现较为频繁。在《法华经》中，被对译的梵文 tat kasya hetoḥ 共 72 例，除 6 例被译为“岂异人乎”以外，其他的，或译为“何以故”或“何故”，12 例；或译为“所以者何”，54 例。

D. 问处所和数量

《法华经》中，用疑问代词“何所”来询问处所的疑问句共 4 例。如：

(1) 昔所未曾见，愿两足尊说是从何所来？(40b)

“所”和“何”，既可以组合成词，也可以分开使用。“何”是疑问代词，“所”是关系代词，二者关系密切。由此，名词性短语中的关系代词有时也用作疑问代词。如：

(2) 为从何来，为欲所至？(东晋僧伽提婆译《增壹阿含经》卷二十三)

用疑问代词“几何”“几所”询问数量的疑问句共 8 例。如：

(3) 智积菩萨问文殊师利：“仁往龙宫所化众生，其数几何？”文殊师利言：“其数无量不可称计，非口所宣，非心所测，且待须臾，自当有证。”(35a)

(4) 世尊，若善男子、善女人，有能受持《法华经》者，若读诵通利，若书写经卷，得几所福？(58b)

E. 问情状方式

询问情状方式的疑问代词共 11 例，有“云何”9 例，“何”1 例，“如何”1 例，做谓语和状语。如：

(1) 此等可愍，云何舍大珍宝而欲退还？(26a)

(2) 穷子若许将来使作，若言：“欲何所作？”便可语之：“雇汝除粪，我等二人亦共汝作。”(17a)

(3) 此辈甚可愍，如何欲退还，而失大珍宝？(27a)

“云何”和“如何”通常可以通用，例(2)中的“云何”在偈颂中用作“如何”，诸如例(3)。相对而言，在《法华经》中，还是以“云何”居多。

二 是非问句

是非问句是针对某一个命题进行的提问，这种问句要求被问者做出回答。在《法华经》中，是非问句共26例，句末都带语气词“不”或“耶”。分为以下三种类型：

A. “VP不”句式，共18例，句末都带“不”。

a. “VP不”结构没有疑问词，句末用“不”，15例。如：

(1) 汝等见是妙庄严王，于我前合掌立不？(60b)

b. 句首有“颇”“宁”等疑问词，句末有否定词“不”，3例。如：

(2) 颇有众生，勤加精进，修行此经，速得佛不？(35b)

(3) 舍利弗，于汝意云何？是长者等与诸子珍宝大车，宁有虚妄不？(13a)

在整个汉译汉译佛经中，这种句末用“不”的疑问句极为普遍，“不”可以连续使用，可以和疑问语气词“婆”或“耶”连用，也可以和不带语气词的是非问连用。如：

(4) 汝丈夫不？年满二十未？非奴不？不与人客作不？不买得不……不负人债不？(后秦《十诵律》卷二十一)

(5) 云何优陀夷？体履健不？于夏坐中无苦不？乞求婆优陀夷答。(后秦《鼻奈耶》卷三)

(6) 世尊，少病少恼安乐行不？在应度者受教易不？不令世尊生疲劳耶？(40a)

(7) 少病少恼，气力安乐，及菩萨声闻众悉安隐不？

(33b)

B. 带有测度语气的“将无(将非)……耶”句式,3 例。如:

(8) 汝心将无谓我不说汝名、授阿耨多罗三藐三菩提记耶?(36a)

(9) 初闻佛所说,心中大惊疑,将非魔作佛,恼乱我心耶?(11a)

这组句子中含有“将无”“将非”等测度副词,带有非常强的肯定语气。

C. 句首有否定副词“不”“无”,句末有语气词“耶”或“不”的“不……耶(不)”句式,这种句式带有很强的肯定语气,5 例。如:

(10) 不令世尊生疲劳耶?(40a)

(11) 无不孝父母不敬沙门邪见不善心不摄五情不?(55c)

关于中古时期的“VP 不”句式的性质,目前看法不一。有看作反复问句的,也有看作是非问句的。看作是非问句的人提出:由于 a 类句型中的“不”正处在否定词向语气词过渡的时期,并且大多已经虚化,为此,“VP 不”句式理应看作是非问句;看作反复问的人则指出:“不”没有虚化,“VP 不”句式仍然是反复问句。①

我们趋向于把中古时期带“不”的疑问句看作是非问句,其理由:

a. “不”用在有否定副词和有反诘语气副词的句子中。在汉语语法中,反复疑问句中没有否定词共现的情况存在,也没有反诘

① 何乐士(1985)在《古代汉语虚词通释》中,把古代汉语“VP-neg”句中的“不”看作是否定词,而遇笑容、曹广顺(2002:125－135)、朱冠明(2007a:79－83)、龙国富(2009b:174－192)认为,中古汉语中“不”大部分已虚化为语气词,赵新(1994:79－86)、吴福祥(1997b:44－54)依据语义选择规则,认为“不”是疑问语气词。

语气副词共现的情况出现。既然如此，那么，这种句式就一定不是反复问，其句末的“不”也就应当看作语气词。如：

(12) 桓南郡每见人不快，辄嗔云：“君得哀家梨，当复不蒸食不？”（《世说新语·轻诋》）

(13) 王长史语刘曰：“伊讵可以形色加人不？”（《世说新语·方正》）

b. “不”出现在选择问句中。鉴于，选择问句中的两个选择项在句末都不用否定词，只用语气词。那么，选择问句句末出现有否定词“不”的句式应当看作是非问句。如：

(14) 一切阿难名字亦色身无有，为有更不，为从有更不？（东汉安世高译《人本欲生经》）

c. “不”出现在连用的是非问“VO 耶”格式中。只要是没有办法证明，并排在同语境出现的“VP 不”和“VP 乎(耶)”中的“不”是否定词，那么“不”就只能看作语气词。同样，如果没有办法证明，并列使用的“VP 不”和“VP 婆”中的“不”，以及并列使用的“VP 不”和“VP?”中的“不”是否定词，那么，“不”也就只能看作语气词。（遇笑容、曹广顺 2002）见例(4)—(6)。

d. “不”出现在应答辞为“尔”的语篇中。汉语的是非问，既可以通过问句的谓语中心词作答，也可以用“是的”“对”来作答。而汉语中的选择问和反复问，却只能通过问句的谓语中心词作答。（朱德熙 1982）我们的研究发现，在中古，有些表示应答之辞的“尔”可以用在“VP-neg”句后面。[①]由此可见，只要“VP 不”疑问句

① 闻一多在《乐府诗笺》中提出，“尔”在魏晋时期是应答之辞的习语，用于肯定的答复，相当于今天的答语“是的”“对”。“尔”可以是疑问句的答语，也可以是叙述的答语。

可以用答辞“尔”来作回答，那么，“VP 不”中的“不”便必定是语气词，“VP 不”必定是是非问句。（朱冠明 2007a）如：

(15) 长老优波离问摩诃迦叶：“如阿难所说不？”答言：“尔。”（后秦弗若多罗译《十诵律》卷六十）

(16) 佛问言：“比丘汝觉触受乐不？”答言：“尔。”（后秦佛陀耶舍共竺佛念等译《四分律》卷五十七）

e. “不”已发生了音变。李方桂（1980）把中古“婆”拟为 * buâ，“么”拟为 * muâ。储泰松（1998：45 - 52）认为，中古西北方音明纽读 mb。汉译佛经中，语气词“婆”出现于西北凉州（甘肃武威）人竺佛念的作品中，“婆”与“么”的读音一致，而“么”又与句末的“不”有语音上的联系。也就是说，只要“么”来源于“不”，那么“婆”与句末的“不”就应该有着必然的联系，“婆”便极有可能从“不”的音变而来。（朱冠明 2007a：79 - 83）如：

(17) 出乞食婆？无疾患婆？无若干想乎？（后秦竺佛念译《鼻奈耶》卷二）

f. “不”由梵文是非问句翻译而来。对勘发现，“VP 不”译自梵文是非问疑问句。看下面的对勘：

(18) paśyatha（见）bhikṣavo（诸比丘）yūyam（你们）imaṃ（这）śrāvakaṃ（弟子）pūrṇṇaṃ（富楼那）maitrāyaṇīputraṃ（善行子）//（175 页）

（诸比丘，你们看到富楼那善行子吗？）

表面上看，梵文中并没有用疑问词。但事实上，梵文的上文有问语，下句有答语，这就是肯定式是非问句的表现形式。这样的句子，译师一般不会将其翻译为语气不肯定的反复问。罗什把它翻译为“诸比丘，汝等见是富楼那弥多罗尼子不？”（32a）。这是一个句尾带“不”的是非问句，疑问功能通过“不”字来实现。

“VP 不”格式产生于上古，在中古汉译佛经中，“VP 不”疑问句分化成为推测问、是非问、反诘问和选择问。如：

(19) 蠲除狐疑顺法律不也？将无多怀淫怒痴行憎嫉饕餮不？能恭敬孝顺父母听受道法如法奉行不？（西晋竺法护译《正法华经》卷九）

(20) 僧将无斗诤事唤我来耶？无有破僧者不？（后秦鸠摩罗什译《大智度论》卷二）

(21) 譬喻有人，设百味食特有所上，其人食已呕吐于地，岂复香洁可更食不？（西秦圣坚译《太子须大拏经》）

(22) 前世我为何等，前世我为云何？未来世我当有不，未来世我当无有不？（东汉安世高译《一切流摄守因经》）

三　反诘问句

反诘问句能表达一种强烈的语气，一般无需回答，但也有个别的句子需要做出回答。反诘问句一般有表示反诘语气的标记成分。《法华经》中的反诘问句共 13 例，可分为以下三类：

A. 用“何用”“何为”和“云何”表示强烈的反诘语气的反诘问，句末不带语气词，6 例。如：

(1) 我不相犯，何为见捉？(16c)

(2) 是人执我，必当见杀，何用衣食？使我至此。(18a)

(3) 是事难思议，云何而可信？(42a)

B. 用“岂”表示反诘问，句末常带疑问语气词，有“岂……乎”“岂……耶”句式，4 例。如：

(4) 得大势，于意云何？尔时常不轻菩萨岂异人乎？则

我身是。(51a)

(5) 寻其幽旨,恢廓宏邃,所该甚远,岂徒说实归本,毕定殊涂而已耶?(62b)

C. 带有"不"字的"不亦……乎""不言……耶"反诘问句,3例。如:

(6) 若世尊各见授记如余大弟子者,不亦快乎?(28b)

(7) 我先不言:"诸佛世尊以种种因缘,譬喻言辞,方便说法,皆为阿耨多罗三藐三菩提"耶?(12b)

例(7)的意思是:我先前不是已经说过"十方诸佛以种种因缘、譬喻、巧妙言辞、方便法门,应机说法,都是为了无上正等正觉"吗?

在《法华经》以外的汉译佛经中,还存在有其他的反诘疑问句式"何以……尔(乎,也)"。如:

(8) 若彼人意中欲住劫、过劫,乃至不灭度,何以不住而灭度乎?(东晋僧伽提婆译《增壹阿含经》卷十八)

(9) 汝是迦叶佛时沙门,何以不识也?(元魏慧觉等集《贤愚经》卷十二)

"何以"可以在句末带上疑问语气词"尔""乎""也",表示反诘语气。

"何用……为"表示反诘,此式与"何以"比,就好比将"以"改为"用",本质上的并无区别。有时中间没有成分,句式变为"何用为"。如:

(10) 有如是智,何用信世尊为?(刘宋求那跋陀罗译《杂阿含经》卷二十一)

(11) 此鸯伽摩纳众恶悉备,然则讽诵、端正,竟何用为?(后秦佛陀耶舍共竺佛念译《长阿含经》卷十七)

把“用为”放在句末，表示疑问的反诘问，需要他方回答。如：

(12) 余人问言：“立梯用为？”答曰：“我欲上堂。”(后秦佛陀耶舍共竺佛念译《长阿含经》卷十七)

有时不用疑问词“何”，仅用“以”“用”，句末带疑问语气词“为”，表反诘。如：

(13) 天授余祚，今以子为？(吴康僧会译《六度集经》卷五)

(14) 婆罗门言：“我自乞得，用问我为？”(西秦圣坚译《太子须大拏经》)

(15) 审当尔者，我用活为？(后秦竺佛念译《出曜经》卷十六)

有仅在句末用“为”字来表示反诘语气的用法。如：

(16) 我亦无所有，复见我为？(后秦鸠摩罗什译《众经撰杂譬喻经》下)

(17) 为猎士素知太子迸逐所由，勃然骂曰：“吾斩尔首问太子为乎？”(吴康僧会译《六度集经》卷二)

有在句中用反诘词“何为”“用为”“何用”“何所”来表示诘问的句子，还有使用三个音节“何用为”，句末不再出现“为”，表示诘问的句子。如：

(18) 高结善友者，何用为增益？假恒宣劝助，何为修此义？长修正法化，何所有加施？(西晋竺法护译《生经》卷四)

这些形式并不都是汉译佛经所特有，中土文献也有使用。太田辰夫(1987:404－408)认为，“用为”是由“用……为”紧合而来。从南北朝时期的实际使用状况看，“用为”更像是带“何”“用”“为”的反诘问句。由于初期有一些不规则的形式存在，所以无所谓从谁发展到谁。“所”和“何”的情况也一样。疑问句中这些疑问词都来自于自身的演变。

四　选择问句

表示选择的问句有2例，都是并列选择问句，即是用两个或两个以上的并列分句来表达选择问语气的句子，都用选择标记“为……为”。如：

(1) 佛坐道场，所得妙法，为欲说此，为当授记？(3c)

(2) 我常于日夜，每思维是事，欲以问世尊，为失，为不失？(11a)

例(1)中，“为欲说此，为当授记”的句意是“是欲宣说无上妙法，还是欲授菩提记呢”，这是对不同项的选择。例(2)是对正、反项的选择。

汉译佛经中的选择问句发展迅速，句末语气词的使用没有上古那么要求严格，选择上也比较自由，可以出现一个，也可以出现两个，也可以一个都不出现。选择连词中出现有连词“为”，功能上由单用发展成为双用，如“为……为”。音节上则由单音节发展出双音节“为是”“为当”和“为复”。这些新的情况与中土文献保持一致。

在其他汉译佛经中，还有反复问句的出现。反复问句实际上是选择问句的一种特殊形式，它是把谓语的肯定形式和否定形式并列在一起作为选择项目的一种句式。(朱德熙1982)反复问句有“有NP，无NP”和“有NP＋无”两种形式。如：

(3) 舍利弗谓须菩提：“云何？有心，无心？”须菩提言：“心亦不有，亦不无。”(东汉支娄迦谶译《道行般若经》卷一)

(4) 云何？有痴究竟，无痴究竟？（吴支谦译《撰集百缘经》卷二）

(5) 我故自问："若随所报之，于须菩提意云何？幻与色有异无？幻与痛痒思想生死识有异无？"须菩提报佛言："尔天中天，幻与色无异也。色是幻，幻是色，幻与痛痒思想生死识等无异。"（东汉支娄迦谶译《道行般若经》卷一）

五 特殊疑问形式

5.1 特殊疑问形式的使用

《法华经》中，有特殊疑问句形式的使用，共11例。它由前后两个疑问句双层组合而成，是由前引句"云何"和后续句构成的一种疑问形式，类似于现代汉语中一种选择问句群与前引特指问的同指性双层加合语篇结构。（邢福义1995:751－770）它分为以下三种类型：

A. "云何＋VP不"形式

前引句用相当于"怎么样"的"云何"提问，后续句用"VP不"问句提问，由"云何"和"VP不"问句共同构成双层同指形式"云何＋VP不"。这类形式在汉译佛经中使用频率高，适用范围广。通常情况下，"云何"的前面有"于(汝)意"，"云何"的前面或后面有称谓词。根据"VP不"前面有无副词情况的不同，可以把"云何＋VP不"形式分为两类：

a. 无语气副词的"云何＋VP不"形式。如：

(1) 于汝等意云何？是诸国土，若算师若算师弟子，能得边际知其数不？(22a)

(2) 于汝意云何？是善男子善女人功德多不？(57a)

特指问前引句“云何”和后续句“VP 不”意向一致，都有询问人或事物以及对某一情况做出看法的意向，具有同指性。

b. 有语气副词的“云何＋advVP 不”形式。如：

(3) 诸善男子，于意云何？颇有人能说此良医虚妄罪不？(43b)

(4) 于汝意云何？是长者等与诸子珍宝大车，宁有虚妄不？(13a)

出于对探问语气的强调，后续句中有时会在谓语前面出现表示推测语气的副词“颇”“将无”和“宁”。前引句中的“云何”有询问情况的主观意向，具有泛指性和抽象性；后续句有进一步追问情况的主观意向，具有真实性和客观性。

B. “云何＋反诘问句”形式

(5) 于汝意云何？一切众生憙见菩萨，岂异人乎？今药王菩萨是也。(54a)

(6) 得大势，于意云何？尔时常不轻菩萨，岂异人乎？则我身是。(51a)

这种特殊疑问形式中的“云何”，与前面两种句式中的“云何”基本相同，但也有不同的地方。不同的是，在这种形式中的判断句的主谓之间出现一个反诘问句，而且，这个反诘问句有着强调谓语的功能。

除了有上面的特殊疑问形式以外，在魏晋南北朝时期的佛经中，还出现有另外三种疑问形式：“云何＋选择问句”，如例(7)；“云何＋反复问句”，如例(8)；“云何＋特指问句”，如例(9)。如：

(7) 复告比丘：“于汝意云何？识为当常，为当无常？”时

诸比丘即白佛言:"世尊,此识无常。"(隋阇那崛多译《佛本行集经》卷三十四)

(8)"于须菩提意云何?宁有所中伤死者无?"须菩提言:"无。"(东汉支娄迦谶译《道行般若经》卷一)

(9)我故问汝:"拘翼,随所乐报我,云何?拘翼……怛萨阿竭从何法中学得阿耨多罗三耶三佛?"释提桓因报佛言:"怛萨阿竭从般若波罗蜜中学得阿耨多罗三耶三佛。"(同上,卷二)

以上句式中的"云何",具有如下特征:a. 起加强口语性作用,可以隐藏,也可以出现;b. 做前引导性提问,询问情况或原因,具有前引问功能。

后来,这种组合式疑问形式只在唐宋汉译佛经里有少量出现,在中土文献里没有出现。《祖堂集》中曾经出现有疑问句"VP 那"后边再用一个小分句"作摩"的疑问形式。如"从来岂是道得底事那?作摩?"(《祖堂集》卷十一)据推测,这可能不是从中古汉译佛经承传而来,而是当时实际口语形式在《祖堂集》中的运用。

5.2 特殊疑问形式的来源

在中土文献中,特殊疑问形式并没有出现,但在汉译佛经中却已经存在。研究发现,诸如"云何+疑问句"等句式的出现都应该与佛经原典文有关。具体来说,"云何+是非问(反复问,选择问,特指问)"结构源自原典文的硬译;"云何+反诘问"结构源自译师的独创。看下面的梵文:

(1) <u>tat</u> <u>kiṃ</u> <u>manyase</u> śāriputra <u>mā</u> <u>haiva</u> tasya

你 认为 怎么样 舍利弗 该 不会 是

puruṣasya mṛṣāvādaḥ syād/ yena teṣām dārakāṇāṃ
长者 虚妄 关系代词 这些 儿子

pūrvaṃ trīṇi yānāni upadarśayṙtvā paścāt sarvesāṃ
先时 三 车 显示 后时 一切

mahāyānāny eva dattāni udārayānāny eva dattāni//（70 页）
大车 即 施 最上等的车 即 施

（舍利弗，你认为怎么样？这个年长者赐予诸子最上等的车该不会有虚妄吗？）

梵文中，此处先用一个疑问句 tat kim manyase 做引子。这是一个口语性极其浓厚的问句，它有提示听话人注意聆听的功能，并有希望听话人就下文中的具体问题做出回答的作用，相当于现代汉语“你们认为怎么样”，罗什把它译为“于汝意云何”。接着，再用一个后续疑问句 mā haiva tasya puruṣasya mṛṣāvādaḥ syād yena teṣām dārakāṇām pūrvaṃ trīṇi yānāni upadarśayitvā paścāt sarveṣāṃ mahāyānāny eva dattāni udārayānāny eva dattāni，这是一个带有推测语气的是非问句，相当于“这个年长者对于赐给诸子车的话该不会是谎言吗”，mā haiva 主要表示一种推测疑问语气，表示说话人要求听话人回答这一具体的提问，罗什把它翻译为是非问句“是长者等与诸子珍宝大车，宁有虚妄不”。由于译文是对梵文的直接翻译，所以毫无疑问地出现“云何＋是非问句”这种双层同指疑问句式。再如：

（2）tat kiṃ manyadhve bhikṣavaḥ śakyaṃ teṣām
于意云何 诸比丘 能 此

lokadhātūnām anto vā paryanto vā gaṇanayādhigantum
国土 边际 或 边际 或 算

ta āhuḥ / no hīdam bhagavan//（139 页）

此 说 不也 世尊

（诸比丘，你们认为怎么样呢？佛土边际可以称量吗？诸比丘回答：不能。）

对勘发现，例(2)中，译文和梵文在结构上完全一致，显然译文是对梵文的直接翻译。再者，"云何"和选择问句、反复问句、特指问句构成的疑问形式，也都由梵文直译而来。据龙国富(2008b：11－18)、吴娟(2011：43－54)对勘，发现"云何＋选择问句"中的"云何"译自梵文中做疑问助词的 kim，"云何＋特指问句"中的"云何"译自梵文中做疑问代词的 ka/katama，"云何＋反诘问句"中的"云何"译自梵文中做疑问的 kim heto，"云何＋是非问句/反复问句"中的"云何"译自梵文中做疑问助词的 kim 和 kim manyase。

从对勘看，《法华经》中，"云何＋是非问(选择问，特指问)"和"云何＋反诘问"虽然都来源于佛经翻译，但前者由梵文直译而来，后者则增加了译师出于加强疑问语气目的的意译。对照例(3)的梵文：

(3) <u>tat kasya hetoḥ</u> aham eva sa mahāsthāmaprāpta

什么原因 我 即 此 得大势

tena kālena tena samayena sadāparibhūto nāma bodhisatvo

此时 此时 常不轻 名 菩萨

mahāsatvo abhūvam//（320 页）

大菩萨 是

（(常不轻菩萨功德成就当得作佛)什么原因呢？因为常不轻菩萨就是我。）

例(3)中，先交代常不轻菩萨"功德成就当得作佛"，再提出"这是什么原因”的问题。该梵文的意思是:得大势,这是为什么?(因为)我就是常不轻菩萨。tat kasya hetoḥ 表示原因。它单独成句,用在结果与原因关系句之间,起连接结果和原因的作用,译师都把它译作“所以者何”“于意云何”。与梵文不同的是,在“常不轻菩萨就是我”之间,插入了反诘问句“岂异人乎”。无疑,这是译师出于加强语气的目的而有意为之。

这种带有“云何”的疑问形式,在梵文佛典中,看起来更像是陈述句。这说明,梵文中这种用前引问句和后续问句构成一个整体的疑问表达方式,是汉译佛经中特殊疑问形式产生的前提。

疑问句小结:

第一,句末带“不”的是非疑问句产生并得到普遍使用。

句末用“不”的是非疑问句是中古新出现的疑问句,它在中土文献和汉译佛经中都普遍得到使用。这种句末用“不”的疑问句,在《世说新语》中有 46 例,在《法华经》中有 26 例。据调查,该疑问句的句末,除了带“不”以外,还可以带“否”和“未”。“不”出现在疑问句末尾表疑问语气,给汉译佛经中的疑问句带来了一些变化。该变化主要表现在:a.“不”发展成为汉译佛经疑问句中主要的句末语气词,其他疑问语气词都处于次要地位。“不”广泛地使用在是非问、选择问、反诘问等问句中。b.“不”因表疑问而产生音变词“婆”。“不”表疑问时,其读音发生变化,读为“婆”。它在汉译佛经中做是非问语气词。c.反复问“VP 不 VP”句式产生。汉译佛经中,先有“VP 不”反复问句式的分化,后有反复问句和非反复问句的产生,个别还发展为“VP 不 VP”反复问句式。“VP+不”句式的出现标志着汉语反复问句的诞生。

第二,特殊疑问句频繁出现。

汉译佛经中,出现有特殊的疑问句或两个疑问句组合而成的疑问形式。根据太田辰夫(1987:404－408)和朱庆之(1990:75－83)的研究,这种特殊疑问句大多存在于汉译佛经之中。如:表原因问的"所以者何",表反诘问的"……为""何用……""何……为""何用……为",表提问的"如……""如行……",这类疑问形式在中土文献中都很少见。同时,还出现有"云何＋疑问句"形式,"云何"起提示作用,后面再出现真实询问的疑问句。这是汉译佛经中特有的格式,由翻译所造成。

第三,"云何"使用广泛。

中土文献中,"云何"虽然得到使用,但其范围小,功能少,使用频率低。而在汉译佛经中,"云何"得到了广泛使用。《法华经》中疑问句共 210 例,其中"云何"50 例,将近疑问句的四分之一。"云何"在特指问中,不但其对象可以是事物、原因、情况方式,而且它本身可以充当前引提示问。汉译佛经中,"云何"比"何"的使用更为普遍,这由汉译佛经语言的口语性特征所决定。

第四,疑问代词和疑问语气副词的使用与中土文献保持一致。

在中古,汉语中的疑问代词,多数出现在特指问中,少数出现在反诘问中。而汉译佛经中,共 16 个疑问代词,全都用在特指问和反诘问中。汉语中的疑问语气副词,全部用在汉译佛经的是非问和反诘问中。如疑问语气副词"颇""宁"用在是非问中,推测语气副词"将无""将非"用在推测问中,反诘语气副词"岂"用在反诘问中,这都与中土汉语的语法规则保持一致。汉译佛经中的疑问语气词,有"耶",用在是非问和选择问中;有"不",用在是非问中;有"乎",用在是非问中,这也都与汉语语法规则保持一致。

第五,疑问句末少用或不用语气词。

从上古到中古，表疑问的语气词极为丰富，就连口语性强的《世说新语》(7.3 万字)，共有疑问句 447 个，有疑问语气词 8 个，131 例，有“邪(耶)”“乎”“哉”“不(未)”“与”“也”“为”“尔”。而在《法华经》(6.9 万字)中，共有疑问句 171 个，只出现疑问语气词“耶”“乎”“不”3 个，39 例。《法华经》中的疑问语气词在词项和使用频率等方面都只是《世说新语》的三分之一。在汉译佛经中，疑问句末少用或不用语气词。以特指问为例，《世说新语》等中土文献里，很多情况是在特指问句末还用疑问语气词，而在《法华经》等汉译佛经里，在特指问句末却基本不用语气词。还有选择问句，在中土文献里，多数“耶(邪)”等疑问语气词居于句末，而汉译佛经里则极少出现。以“哉”为例，汉译佛经中，“哉”只用于表示感叹，且仅出现在凝固格式“善哉”中。而在《世说新语》中，“哉”除了表感叹以外，还可以用于是非问、特指问和反诘问。再以“乎”为例，在《法华经》中，“乎”只用于反诘问，仅出现在“岂……乎”格式里，而在《世说新语》里，它可以广泛用于是非问。

导致疑问句末少用或不用语气词的原因是多方面的，主要有三个方面：a. 文体的限制。汉译佛经多为四字格形式，尤其是西晋以后的汉译佛经，更是如此。受四字格文体的制约，语气词失去了原有的语言环境；b. 语体的制约。汉译佛经口语性强的特点，间接影响语气词的使用；c. 受原典梵文的影响。梵文中很少有疑问语气词的使用，固然，也就很容易影响到汉译佛经。

结　语

通过对《法华经》词法和句法的描写，我们发现，该经中各类语法现象基本上符合中土文献的语法表达，只有极少数的语法现象因为受佛经翻译或其他因素的影响，而与中土文献不一致。总体上说，《法华经》中的语法特征主要表现如下五个方面：

第一，既承传上古汉语语法系统，又发展出新的语法内容。

《法华经》所描述的词法和句法中各语法现象或语法项，均属于中土文献的语言特征，符合汉语语言的语法规则。汉译佛经的语法系统，其实是对上古语法系统的传承，并在传承的基础上有所发展。

在上古，人称代词有两类：第一类是纯然指人的人称代词，即第一、二人称代词；第二类是兼指事物的人称代词，即第三人称代词。（王力 1958）在《法华经》中，纯然指人的人称代词只有第一和第二人称代词，没有出现专指第三人称的代词。第三人称代词继续由指示代词“彼”“其”“之”兼用。《法华经》中人称代词系统沿上古而来，属于上古汉语语法系统。但是，却也有新的突破。其一，纯然指人的第一、二人称代词由上古单、复数同形，发展为单、复数分立，单数用“我”“汝”，复数用“我等”“汝等”。在其他的汉译佛经中，这种分立现象也非常突出。其二，纯然指人的第三人称代词“他”开始萌芽。

在上古,关于数词、量词和中心语名词的语序有三种表达方式:“数词+名词”,“名词+数词”和“名词+数词+量词”。汉译佛经中,由于量词得到了很好的发展,所以大量的量词插入到“数词+名词”和“名词+数词”两种结构中,形成“数词+量词+名词”和“名词+数词+量词”两种新的结构。不过,总的来说,汉译佛经还是以承传于上古的“数词+名词”和“名词+数词”两种结构为主。

在上古,情态动词主要有如下四类:表意愿的“敢”“肯”“欲”“愿”;表可能的“可”“能”“得”“足”“克”;表应当的“当”;表能力的“能”。在《法华经》中,情态动词仍然以承传上古情态动词为主,但也有新的发展。表意愿的仍然使用“敢”“肯”“欲”“愿”,但增加了“乐”;表可能的有所精简,只出现“可”“能”“得”;表应当的仍然使用“当”,但增加了“应”;表能力的仍然使用“能”,但增加了“可”。在使用范围上,《法华经》又有新动向:一是出现有表许可的“可”“得”,并有双音节“可以”出现;二是出现有表必然的“须”。《法华经》中的其他各种语法现象,都是在对上古语法系统传承的基础上,发展出新的语法内容。具体论述见各章小结。如副词、介词、连词、助词、述补结构、判断句、处置式、被动式、疑问句等也是如此。

第二,双音化趋势明显,同义并用突出。

一方面,双音化趋势明显。在上古,用词以单音节为主。但在南北朝时期,汉语双音化出现,并有所发展。在汉译佛经中,双音化的发展与汉语同步。和中土文献一样,汉译佛经中除量词、情态动词、语气词、介词和助词以外,名词、动词、形容词、代词、副词和连词的双音化趋势明显。如新出现的代词复数形式全都是双音节,人称代词有“我等”“汝等”,指示代词有“此等”“是等”。在新产生疑问代词中，也都是双音节，有“几何”“几所”“何所”“几许”等。双音节副词是最多的一类。据统计，汉译佛经中双音节副词占副词总数的27%（上古《吕氏春秋》双音词只占副词总数11%），同样，连词的使用也不在少数。诸如“若复”“假使”“正使”“虽复”等。

另一方面，同义并用很突出。《法华经》中的同义并用主要表现在副词、介词、连词、情态动词等词类中。其中副词同义并用的情形最为显著。如：时间副词的同义并用多集中在表示将来时间、表示短时间、表示动作的经常、表示动作的频繁等。另外，表示范围、表示程度和表示语气的副词也有不少同义并用情况出现。不过，在汉语史中，这些同义并用并不是都被后世承传。

第三，诸多新语法现象的出现早于同期中土文献。

由于，汉译佛经文献是口语文献，因此，汉译佛经中新出现的语法现象不排除有早于同期中土文献的可能。凡前文所描述的各种类型中的词法和句法，都不排除有早于同期中土文献的可能。以代词为例，在人称代词、指示代词和疑问代词中，早于同期中土文献的语法项有达十余项之多。如：第一、二人称代词单、复数形式的分工；指示代词单、复数形式的分工；“此”“彼”做虚指的用法；“此”做状语的用法；“谁”用作指物和人名的用法；“云何”做定语的功能和表反诘和虚指的功能，“云何”用在疑问句前面做前引问功能。再以判断句为例，在中土文献中，王力（1958）提出，“是”字判断句要到唐代才有“不”来限制。而《法华经》中，“是”字判断句用“不”的用法已经很普遍，而且还有用“非”的用法。“是”字判断句用“不”的情况在东汉译经就有出现。（汪维辉 1998：134－137）《法华经》中诸多早于同期中土文献的用法见各章论述。

第四，有的新语法现象可以弥补中土文献的不足。

魏晋南北朝，由于中土文献的相对不足，给汉语史的研究带来一定困难。如现代汉语用于特指问句末尾的语气词“呢”，王力(1958)认为，“呢”来源于指代词“尔”，上古“尔”虚化为疑问语气词。它在《公羊传》中就已经存在。如：(引自王力 1958)

(1) 外取邑不书，此何以书？大之也。何大尔？自是始灭也。(《公羊传》卷六)

但是，“呢”在魏晋南北朝时期的中土文献中很少出现。王力(1980[1958]:454)指出：“从语音上说，从‘尔’变‘呢’是说得通的。但是，从上古到近代，中间有将近一千年的空白点，历史的联系无从建立起来。因此，这种假设是不能成立的。”据刘坚(1992)等对六朝文献的调查，也仅发现几例“尔”做语气词的用法。相反，在汉译佛经中，“尔”做肯定语气和疑问语气词的用法却较为常见。(龙国富 2004:192－195)如：

(2) 时居士问讯：“住止安乐不？”答言：“不安乐。”问言：“何故尔？”答言：“所止处愦闹，是故不安乐。”(后秦佛陀耶舍共竺佛念译《四分律》卷二十四)

(3) 问曰：“施多少可尔？戒中有五戒，一日戒十戒，少多亦可知，色法可得分别故。余四波罗蜜，云何知其多少？”(后秦鸠摩罗什译《大智度论》卷二十八)

可见，汉译佛经中疑问语气词“尔”的出现，足以弥补中土文献中该类用法的不足。

魏晋南北朝时期，在中土文献中，处置式的使用很有限，不但用例少，而且使用范围窄。“取”字句没有出现，“持”字句虽然有，但只偶尔出现在诗歌中。而在汉译佛经中，处置式的使用情况却大不一样。不但用例多、而且使用范围广。“以”字句、“持”字句、

“将”字句、“取”字句都有出现。“以”字句承传上古,在汉译佛经中得到很好的发展;“持”字句产生于东汉汉译佛经,广义处置式和狭义处置式都有使用;(朱冠明 2002:83-88)“取”字句和“将”字句都产生于两晋,且广义处置式和狭义处置式并存。(曹广顺、遇笑容 2000:555-563)

“被”字句产生于东汉。在六朝中土文献中,“被”字句的使用还很有限,但到了唐代,其发展却很迅速。唐钰明(1991:282)调查发现,中土文献中,“被”字句在六朝理应逐渐发展,但却出现有“断裂”,与唐代“被”字句的发展相差甚远。但后来他进一步发现,六朝汉译佛经中,“被”字句广泛出现。否定了关于中土文献“被”字句“断裂”的说法。

第五,存在有原典文和翻译对语法产生影响的情况,但使用范围极为有限。

通过对《法华经》各语法现象的描写,我们发现其存在有原典文和翻译对语法产生影响的情况。这种影响主要表现在以下三个方面:

a. 各语法现象或语法项在引起使用范围或使用频率上有所扩大。在语言接触中,如果源头语中的某项语法成分普遍使用,有可能致使接受语中某项用法使用频率的急剧上升。梵文中某些普遍出现的用法,通过直译,汉译佛经中的使用范围和使用频率也会迅速上升。如:梵文佛典中,由于名词前面有指代词和冠词的普遍出现,从而造成汉译佛经中指示代词“是”的普遍出现。《法华经》中,“是”做指示代词的用例有900多例(《世说新语》中,“是”做指示代词的用例仅200例)。梵文中,由于表示无穷的数词和名词的使用普遍,因而造成《法华经》中表示无穷的数词和名词数量增多。梵文中,由于既普遍存在有表将来的时态,又同时存在有表希望的情态用法，因而造成《法华经》中“当”字的高频繁出现。梵文中由于存在有强调判断句“NP_2 + NP_1 + bhū”格式广泛使用的情况，因而造成《法华经》中“NP_2 + NP_1 + 是”格式判断句出现得多。梵文中，因为被动语态、过去被动分词和表顺意语义用法普遍，因而致使《法华经》被动式使用频率和表顺意的用法超过中土文献。梵文中，由于宾语和主语都在动词的前面，因而致使《法华经》中受事主语句比在中土文献中要发展得更快。

b. 翻译与和原典文造成原有某些语法现象发生质的变化。表示复数的“等”在中土文献中还是名词，用例少见。而通过将梵文中广泛存在的复数格尾对译为“我等”“汝等”，则造成《法华经》中“我等”“汝等”的普遍出现。并且，“等”也由此从名词虚化为词尾。对于“动词(+宾语)+已，VP”结构中的“已”，在中土文献中还是一个表示完成义的动词。《法华经》中，由于把梵文绝对分词翻译为此种格式，造成“已”的分化，其中一部分“已”已高度虚化。[①] 这种语法化或虚化的现象，在语言接触中被称作“外表语法化”，这种“外表语法化”的演变，并不是依照语言自身内部的演变模式发生变化，而是依照外部环境的变化发生演变。

c. 翻译和原典文造成新语法现象的产生。如果将梵文中某一种形式或用法进行直译，而中土文献中又找不到恰当的对应项来表达，就会导致《法华经》中新的语法形式或用法出现。如：“云何+疑问句”这一新的语法现象，由梵文“tat kim manyase+ 疑问句”模型直译而来，因为当时汉语中没有这种由两个疑问句组成的

---

① 关于汉译佛经中“已”的研究，参见蒋绍愚(2001)，龙国富(2007b)，蒋绍愚(2008b)。

句群出现;表原因的“所以者何”是一新的句式,由梵文“结果句+tat kasya hetoḥ+原因句”格式直译而来,因为当时汉语中没有这种口语化极强的原因句式出现。再如:用在多项名词之前表并列和选择的“若”“或”是新产生的格式,从梵文“名词+vā+名词+vā+名词+vā……”格式而来;新出现的表排除的介词“除”,由梵文绝对分词 sthāpayitvā 直译而来;新出现的用作定语的反身代词“自”,由梵文中做定语的反身代词 sva 直译而来。当然,原典梵文佛经和翻译对《法华经》语言的影响还是有限,影响不到《法华经》语言的性质。总体上,《法华经》语言还是与汉语本身的语言保持一致。并且,这些特殊语法现象只是在《法华经》和其他汉译佛经中得以使用,并没有在汉语史得到很好的保留和发展。

为什么原典梵文和翻译会对汉语的语法现象或语法项产生影响呢?因为汉译佛经来自印度原典文佛经,而印度原典文佛经属于印欧语系,汉语却属于汉藏语系。把原典文佛经翻译成汉语,显然是一种典型的语言接触。这种把源语(source language)即原典文佛经,迁移到受语(recipient language)即汉语之中的情况,属于跨语言迁移(transfer),这种语言迁移的出现,势必对汉语语言产生影响。并且,这种影响所带来的变化,必定是外部因素促动的变化(externally motivated change)。众所周知,翻译是一项系统工程。它是通过语言编码,把一种语言翻译成另一种语言。其所采用的方法,既可以是直译,也可以是意译。从东汉汉译佛经开始,翻译对汉语的影响就从来没有中断过。后来,罗什遵守直译和意译相结合的原则,这对汉译佛经的语言带来一定的影响,这种影响表现在句法和词法方面的变化。

参考文献

著作：

蔡镜浩　1990　《魏晋南北朝词语例释》，南京：江苏古籍出版社。

曹广顺　1995　《近代汉语助词》，北京：语文出版社。

曹广顺　遇笑容　2006　《中古汉语语法史研究》，成都：巴蜀书社。

曹广顺　梁银峰　龙国富　2011　《〈祖堂集〉语法研究》，开封：河南大学出版社。

陈前瑞　2008　《汉语体貌研究的类型学视野》，北京：商务印书馆。

陈秀兰　2004　《魏晋南北朝文与汉文佛典语言比较研究》，韩国：韩国新星出版社。

程　工　1999a　《语言共性论》，上海：上海外语教育出版社。

狄原云来　土田胜弥　1934　《改订梵文法华经》，东京：山喜房佛书林。

丁邦新　1975　《魏晋音韵研究》，台湾：中研院历史语言学研究所。

董秀芳　2011　《词汇化：汉语双音节词的衍生和发展》，北京：商务印书馆。

董志翘　蔡镜浩　1994　《中古虚词语法例释》，长春：吉林教育出版社。

段　晴　2001　《波你尼语法入门》，北京：北京大学出版社。

段业辉　2002　《中古汉语助动词研究》，南京：南京师范大学出版社。

方一新　王云路　1993　《中古汉语读本》，长春：吉林教育出版社。

冯春田　2000　《近代汉语语法研究》，济南：山东教育出版社。

哈阿曼等　1981　《语言和语言学词典》，黄长著等译，上海：上海辞书出版社。

何乐士　2000　《汉语语法研究论文集》，北京：商务印书馆。

洪　波　2005　《立体化古代汉语教程》，北京：高等教育出版社。

胡敕瑞　2002　《〈论衡〉与东汉佛经词语比较研究》，成都：巴蜀书社。

季羡林　1985　《原始佛教的语言问题》，北京：中国社会科学出版社。

季羡林　2007　《佛教十五题》,北京:中华书局。
江蓝生　1988　《魏晋南北朝小说词语汇释》,北京:语文出版社。
———　2000　《近代汉语探源》,北京:商务印书馆。
姜　南　2011　《基于梵汉对勘的〈法华经〉语法研究》,北京:商务印书馆。
蒋冀骋　吴福祥　1997　《近代汉语纲要》,长沙:湖南教育出版社。
蒋绍愚　2005　《近代汉语研究概要》,北京:北京大学出版社。
蒋绍愚　曹广顺　2006　《近代汉语语法研究综述》,北京:商务印书馆。
蒋忠新　1988　《梵文〈妙法莲华经〉写本》,北京:中国社会科学出版社。
李方桂　1980　《上古音研究》,北京:商务印书馆。
李维琦　2004　《佛经词语汇释》,长沙:湖南师范大学出版社。
———　2011　《李维琦语言学论集》,北京:语文出版社。
梁银峰　2007　《汉语趋向动词的语法化》,上海:学林出版社。
刘丹青　2003　《语序类型学与介词理论》,北京:商务印书馆。
刘　坚　江蓝生　白维国　曹广顺　1992　《近代汉语虚词研究》,北京:语文出版社。
刘精盛　2007　《诗经通释》,长沙:湖南大学出版社。
刘　利　2000　《先秦汉语助动词研究》,北京:北京师范大学出版社。
刘子瑜　2007　《〈朱子语类〉述补结构研究》,北京:商务印书馆。
柳士镇　1992　《魏晋南北朝历史语法》,南京:南京大学出版社。
龙国富　2004　《姚秦译经助词研究》,长沙:湖南师范大学出版社。
陆俭明　马　真　1999　《现代汉语虚词散论》,北京:语文出版社。
卢烈红　1998　《〈古尊宿语录〉代词助词研究》,武汉:武汉大学出版社。
吕叔湘　1979　《汉语语法分析问题》,北京:商务印书馆。
———　1982　《中国文法要略》,北京:商务印书馆。
———　1985a　《近代汉语指代词》,江蓝生补,上海:学林出版社。
———　1985b　《汉语语法论文集》(增订本),北京:商务印书馆。
罗世芳　巫白慧　2001　《梵语诗文图解》,北京:商务印书馆。
马贝加　2002　《近代汉语介词研究》,北京:中华书局。
马建忠　1898　《马氏文通》,北京:商务印书馆,1983年。
梅祖麟　2001　《梅祖麟语言学论文集》,北京:商务印书馆。
牛岛德次　1961　《汉语文法论》(中古篇),日本:大修馆书店。
钱宗武　2004　《今文尚书语法研究》,北京:商务印书馆。

任继愈　1985　《中国佛教史》(二)，北京：中国社会科学出版社。

石毓智　李　讷　2001　《汉语语法化的历程：形态句法发展的动因和机制》，北京：北京大学出版社。

斯坦茨勒(Stenzler，A. F.)　1996　《梵文基础读本》，季羡林译，段晴、钱文忠补，北京：北京大学出版社。

孙锡信　1992　《汉语历史语法要略》，上海：复旦大学出版社。

唐贤清　2004　《〈朱子语类〉副词研究》，长沙：湖南教育出版社。

太田辰夫　1958　《中国语历史文法》，蒋绍愚、徐昌华译，北京：北京大学出版社，2003年。

———　1988　《汉语史通考》，江蓝生、白维国译，重庆：重庆出版社，1991年。

汪维辉　2007　《〈齐民要术〉词汇语法研究》，上海：上海教育出版社。

王　力　1943　《中国现代语法》，北京：商务印书馆，1985年。

———　1958　《汉语史稿》，北京：中华书局，1980年。

———　1989　《汉语语法史》，北京：商务印书馆。

魏培泉　2000　《魏晋六朝称代词研究》，台湾：中研院历史语言学研究所。

吴福祥　1996　《敦煌变文语法研究》，长沙：岳麓书社。

———　2004　《〈朱子语类辑略〉语法研究》，开封：河南大学出版社。

香坂顺一　1983　《白话语汇研究》，江蓝生、白维国译，北京：中华书局，1997年。

向　熹　2010　《简明汉语史》(修订本)，北京：商务印书馆。

杨伯峻　何乐士　2001　《古汉语语法及其发展》，北京：语文出版社。

杨树达　1954　《词诠》，北京：中华书局。

杨永龙　2001　《〈朱子语类〉完成体研究》，开封：河南大学出版社。

杨荣祥　2005　《近代汉语副词研究》，北京：商务印书馆。

姚振武　2002　《〈晏子春秋〉词类研究》，开封：河南大学出版社。

殷国光　2008　《〈吕氏春秋〉词类研究》，北京：商务印书馆。

殷国光　龙国富　赵　彤　2011　《汉语史纲要》，北京：中国人民大学出版社。

叶桂郴　2008　《明代汉语量词研究》，长沙：岳麓书社。

俞理明　1993　《佛经文献语言》，成都：巴蜀书社。

遇笑容　2010　《〈撰集百缘经〉语法研究》，北京：商务印书馆。

张　桢　2002　《汉语介词词组词序的历史演变研究》，北京：北京语言文化大学出版社。

张美兰　2003　《〈祖堂集〉语法研究》，北京：商务印书馆。

张维耿　1995　《客家话词典》，广州：广东人民出版社。

赵元任　1979　《汉语口语语法》，吕叔湘译，北京：商务印书馆。

郑贤章　2007　《〈新集藏经音义随函录〉研究》，长沙：湖南师范大学出版社。

志村良治　1995　《中国中世语法史研究》，江蓝生、白维国译，北京：中华书局。

周法高　1959　《中国古代语法》(造句篇)，台湾中研院历史语言研究所。

周生亚　2007　《〈搜神记〉语言研究》，北京：中国人民大学出版社。

朱德熙　1982　《语法讲义》，北京：商务印书馆。

朱冠明　2008　《〈摩诃僧祇律〉情态动词研究》，北京：中国戏剧出版社。

朱庆之　1992a　《佛典与中古汉语词汇研究》，台北：文津出版社。

祝敏彻　1996　《近代汉语句法史稿》，郑州：中州古籍出版社。

Bybee, J., Revere Perkins, and William Pagliuca　1994　*The Evolution of Grammar: Tense, Aspect and Modality in the Languages of the World*. Chicago: University of Chicago Press.

Bybee, J. & Fleischman (eds)　1995　*Modality in Grammar and Discourse*. Amsterdam/Philadelphia: John Benjamins.

Franklin Edgerton　1953　*Buddhist Hybrid Sanskrit Grammar*. New heaven: Yale University Press.

Harris, A. C. & Campbell, L.　1995　*Historical Syntax in Cross-Linguistic Perspective*. Cambridge: Cambridge University Press.

Heine, B., Claudi U. & Hünnemeyer　1991　*Grammaticalization: A Conceptual Framework*. Chicago: University of Chicago Press.

Herne, B. & T. Kuteva　2002　*World Lexicon of Grammaticalization*. Canbridge: Cambridge University Press.

Heine, B. & T. Kuteva　2005　*Language Contact and Grammatical Change*. Cambridge: Cambridge University Press.

Heine B. & T. Kuteva.　2006　*The Changing Languages of Europe*. Oxford: Oxford University Press.

Hopper, P. J. & E. C. Traugott　2003　*Grammaticalization*. Cambridge: Cambridge University Press.

Hoye, L. 1997 *Adverb and Modality in English*. London and New York: Longman.

Joan Bybee, R. Perkins & W. Pagliuca 1994 *The Evolution of Grammar: Tense, Aspect, and Modality in the Languages of the World*. Chicago: The University of Chicago Press.

Lyons, John 1977 *Semantics*. Cambridge: Cambridge University Press. 2 vols.

Palmer, F. R. 1986 *Mood and Modality*. Cambridge: Cambridge University Press.

Palamer, F. R. 1990 *Modality and the English Modal*. 2nd ed. London: Longman.

Perkins, M. R. 1983 *Modal Expressions in English*. ABLEX Publishing Corporation.

Plag, I. 1993 *Sentential Complementation in Sranan: On the Formation of an English-based Creole Language*. Tübingen: Niemeyer.

Seishi Karashima 2001a *A Glossary of Dharmarakṣa's Translation of the Lotus Sutra*. Tokyo: Meiwa Printing Company.

Seishi Karashima 2001b *A Glossary of Kumārajiva's Translation of the Lotus Sutra*. Tokyo: Meiwa Printing Company.

Sweetser, Eve E. 1990 *From Etymology to Pragmatics: Metaphorical and Cultural Aspects of Semantic Structure*. Cambridge: Cambridge University Press.

Tyaugott, Elizabeth closs 1982 *Perspectives on Historical Linguistics*. Amsterdam: John Benjamin.

Trask R. L 1996 *Historian Linguistics*. London: English edition.

论文：

贝罗贝 1989 《早期"把"字句的几个问题》,《语文研究》第1期,1—9页。

曹广顺 龙国富 2005 《再谈中古汉语处置式》,《中国语文》第4期,320—332页。

曹广顺 遇笑容 2000 《中古译经中的处置式》,《中国语文》第6期,555—

563 页。
陈秀兰 2006 《魏晋南北朝文与汉译佛典的被动式研究》,《绵阳师范学院学报》第 6 期,62—67 页。
程 工 1999b 《汉语“自己”一词的性质》,《当代语言学》第 2 期,33—43 页。
储泰松 1998 《梵汉对音与中古音研究》,《古汉语研究》第 1 期,45—52 页。
董秀芳 1998 《重新分析与“所”字功能的发展》,《古汉语研究》第 3 期,50—55 页。
——— 2002 《古汉语中的“自”和“已”——现代汉语“自己”的特殊性的来源》,《古汉语研究》第 1 期,69—75 页。
——— 2006 《古汉语中动名之间“于/於”的功能再认识》,《古汉语研究》第 2 期,2—8 页。
方一新 1993 《分别功德论翻译年代初探》,《浙江大学学报》第 5 期,92—99 页。
——— 2003 《翻译佛经语料年代的语言学考察:以〈大方便佛报恩经〉为例》,《古汉语研究》第 3 期,77—83 页。
郭锡良 1980 《汉语第三人称代词的起源和发展》,《语言学论丛》第 6 辑,北京:商务印书馆,64—93 页。
洪 波 1986 《先秦指代词研究》,转引杨伯峻、何乐士(2001)《古汉语语法及其发展》,北京:语文出版社,161 页。
胡敕瑞 2004 《略论汉文佛典异译在汉语词汇研究上的价值》,《古汉语研究》第 3 期,80—85 页。
——— 2006 《“去”之“往/至”义的产生过程》,《中国语文》第 6 期,520—530 页。
——— 2008 《汉语负面排他标记的来源和发展》,《语言科学》第 6 期,561—571 页。
——— 2010 《汉译佛典中的一类特殊句式:并列成分后置》,《语言科学》第 6 期,617—625 页。
江蓝生 2003 《语言接触与元明时期的特殊判断句》,《语言学论丛》第 28 辑,北京:商务印书馆,43—60 页。
姜 南 2010 《汉译佛经“S,N 是”句非系词判断句》,《中国语文》第 1 期,

59—67 页。

蒋冀骋 1998 《二十世纪的近代汉语研究》,载刘坚主编《二十世纪的中国语言学》,北京:北京大学出版社,182—224 页。

——— 2003 《论明代吴方言的介词“提”》,《古汉语研究》第 3 期,36—40 页。

蒋冀骋 龙国富 2004 《汉译佛经中的表疑问的语气词“那”》,《汉语史学报》第 4 辑,上海:上海教育出版社,42—53 页。

——— 2005 《中古译经中表尝试态语气的“看”及其历时考察》,《语言研究》第 4 期,60—65 页。

蒋绍愚 1997 《把字句略论——兼谈功能扩展》,《中国语文》第 4 期,298—304 页。

——— 1999 《汉语动结式产生的时代》,《国学研究》第 6 卷,北京:北京大学出版社,327—348 页。

——— 2001 《〈世说新语〉〈齐民要术〉〈洛阳伽蓝记〉〈贤愚经〉〈百喻经〉中的“已”“竟”“讫”“毕”》,《语言研究》第 1 期,73—78 页。

——— 2004a 《汉语语法演变若干问题的思考》,《第五届国际古汉语语法研讨会暨第四届海峡两岸语法史研讨会论文集》。

——— 2004b 《从“尽 V—V 尽”和“误 V/错 V—V 错”看述补结构的形成》,Language and Linguistics 5.3:559—581 页。

——— 2008a 《汉语“广义处置式”的来源——兼论“语汇替换”》,《历史语言学研究》第 1 辑,北京:商务印书馆,32—38 页。

——— 2008b 《语言接触的一个案例——再谈“V(O)已”》,《语言学论丛》第 36 辑,北京:商务印书馆,268—285 页。

——— 2009 《也谈汉译佛典中的“NP_1,NP_2+是也/是”》,《中国语言学集刊》第 3 卷第 2 期。又载蒋绍愚、胡敕瑞主编《汉译佛典语法研究论文集》,北京:商务印书馆,2013 年,166—181 页。

梁晓虹 1986 《小议佛经“仁”“仁者”》,《南京师范大学学报》第 3 期,23—44 页。

梁银峰 2004 《汉语事态助词“来”的产生时代及其来源》,《中国语文》第 4 期,54—59 页。

刘子瑜 2002 《再谈唐宋处置式的来源》,宋绍年主编《汉语史论文集》,武汉:武汉出版社,139—165 页。

龙国富　2003　《姚秦译经中疑问句尾的“为”》,《古汉语研究》第 2 期,43—46 页。

——　2005　《从中古佛经看事态助词“来”及其语法化》,《语言科学》第 1 期,54—61 页。

——　2007a　《试论“以”“持”不能进入狭义处置式的原因》,《古汉语研究》第 1 期,46—51 页。

——　2007b　《汉语完成貌句式和佛经翻译》,《民族语文》第 1 期,35—44 页。

——　2008a　《从语言接触看汉译佛经中连接词“若”的特殊用法》,《汉语史学报》第 9 期,137—145 页。

——　2008b　《佛经中的双层同指疑问与佛经翻译》,《汉语学报》第 1 期,11—18 页。

——　2008c　《从梵汉对勘看早期佛经翻译对译经人称代词数的影响》,《外语教学与研究》第 3 期,218—224 页。

——　2009a　《中古汉译佛经被动式与佛经翻译》,《历史语言学研究》第 2 辑,北京:商务印书馆,147—157 页。

——　2009b　《汉语中“VP-neg”疑问句式再探》,《语言论集》第 6 辑,北京:中国社会科学出版社,174—192 页。

——　2010a　《从语言接触看“复”和“自”的语法地位》,《语文研究》第 2 期,26—30 页。

——　2010b　《动词的时间范畴化演变:以汉语动词“当”和“将”为例》,《古汉语研究》第 3 期,31—39 页。

——　2010c　《从语言渗透看汉译佛经中的特殊判断句》,载《汉语史中的语言接触问题研究》,北京:语文出版社,347—358 页。

——　2013　《构式语法化:试论汉语动趋结构的语法化》,《汉语史学报》第 13 辑,上海:上海教育出版社。

卢烈红　2008　《魏晋以后疑问代词“云何”的发展与衰亡》,《长江学术》第 4 期,94—101 页。

鲁国尧　2002　《“颜之推谜题”及其半解(上)》,《中国语文》第 6 期,536—549 页。

——　2003　《“颜之推谜题”及其半解(下)》,《中国语文》第 2 期,137—147 页。

梅祖麟　1988　《汉语方言里虚词"著"字三种用法的来源》,《中国语言学报》第3期,193—216页。
——　1990　《唐宋处置式的来源》,《中国语文》第3期,191—206页。
——　1991　《从汉代的"动、杀"、"动、死"来看动补结构的发展——兼论中古时期起词的施受关系的中立化》,《语言学论丛》第16辑,北京:商务印书馆,112—136页。
——　1994　《唐代宋代共同语的语法和现代方言的语法》,《中国境内语言暨语言学》第二辑,台湾:中研院历史语言研究所,61—97页。
——　1999　《先秦两汉的一种完成貌句式》,《中国语文》第4期,285—294页。
钱学烈　1992　《试论〈全唐诗〉中的把字句》,《纪念王力先生九十诞辰文集》,济南:山东教育出版社。
史光辉　2005　《从语言角度判定〈伅真陀罗所问如来三昧经〉非支谶所译》,《汉语史学报》第五辑,上海:上海教育出版社,280—286页。
孙锡信　2010　《汉语趋向补语的形成过程》,《汉语史学报》第10辑,上海:上海教育出版社,23—34页。
唐钰明　1987　《汉魏六朝被动式略论》,《中国语文》第3期,216—222页。
——　1991　《汉魏六朝佛经"被"字句的随机统计》,《中国语文》第4期,282页。
——　1996　《"亿"表"十万"和"万万"的时代层次》,《辞书研究》第1期,132—136页。
唐作藩　1980　《第三人称代词"他"的起源时代》,《语言学论丛》第6辑,北京:商务印书馆,55—63页。
太田辰夫　1987　《中古(魏晋南北朝)汉语的特殊疑问形式》,江蓝生译,《中国语文》第6期,404—408页。
汪维辉　1998　《系词"是"发展成熟的时代》,《中国语文》第2期,134—137页。
王继红　2004　《基于梵汉对勘的佛教汉语语法研究》,北京大学博士学位论文。
王继红　朱庆之　2013　《汉译佛经句末"故"用法考察》,蒋绍愚、胡敕瑞主编《汉译佛典语法研究论集》,北京:商务印书馆,228—245页。
魏培泉　1997　《论古代汉语中几种处置式在发展中的分与合》,《中国境内语言暨语言学》第 4 辑，台湾中研院历史语言研究所，555—594 页。
吴福祥　1997a　《唐宋处置式及其来源》，*Cahiers de Linguistique Asie Orientale*（东亚语言学报），26(2)：201—220.
———　1997b　《从“VP-neg”反复问句的分化谈语气词“麽”的产生》，《中国语文》第 1 期，44—54 页。
———　2003　《再论处置式的来源》，《语言研究》第 3 期，1—14 页。
吴金华　1983　《试论“R 为 A 所见 V”式》，《中国语文》第 3 期，207—210 页。
吴　娟　2011　《汉译〈维摩诘经〉中“云何”的特殊用法》，《中国语文》第 1 期，43—54 页。
辛岛静志　2000　《汉译佛典的语言研究》，《文化的馈赠：汉学研究国际会议论文集》，北京：北京大学出版社。
邢福义　1995　《选择问句群与前引特指问的同指性双层加合》，《中国语研究》(37，东京)；又载《邢福义学术论著选》，华中师范大学出版社，751—770 页。
许理和　1977　《最早的佛经译文中的东汉口语成分》，蒋绍愚译，《语言学论丛》第 14 辑，北京：商务印书馆，1987 年，197—225 页。
———　2001　《关于初期汉译佛经的新思考》，顾满林译，《汉语史研究集刊》第 4 辑，成都：巴蜀书社。
余健萍　1957　《使成式的起源和发展》，《语法论集》第 2 集，北京：中华书局，114—126 页。
遇笑容　曹广顺　2002　《中古汉语中的“VP 不”式疑问句》，《王力诞辰一百周年纪念论文集》，北京：商务印书馆，125—135 页。
袁　宾　2005　《“蒙”字句》，《语言科学》第 6 期，3—17 页。
张华文　2000　《试论东汉以降前置宾语“是”字判断句》，《云南师范大学学报》第 1 期，20—24 页。
赵长才　2000　《汉语述补结构的历时研究》，中国社会科学院研究生院博士学位论文。
———　2010　《也谈中古译经中“取”字处置式的来源——兼论“打头破”、“啄雌鸽杀”格式的形成》，遇笑容、曹广顺、祖生利主编《汉语史中的语言接触问题研究》，北京：语文出版社，335—346 页。
赵　新　1994　《略论“VP-neg”式反复问句的分化演变》，《湖北教育学院学报》第1期,79—86页。
朱冠明 2002 《中古译经中的“持”处置式》,《汉语史学报》第2辑,上海:上海教育出版社,83—88页。
——— 2005 《中古汉译佛典语法专题研究》,北京大学博士后出站报告。
——— 2007a 《关于“VP不”式疑问句中“不”的虚化》,《汉语学报》第4期,79—83页。
——— 2007b 《从中古佛典看“自己”的形成》,《中国语文》第5期,402—412页。
——— 2013 《汉译佛典语法研究述要》,载蒋绍愚、胡敕瑞主编《汉译佛典语法研究论文集》,北京:商务印书馆,1—45页。
朱庆之 1990 《试论汉魏六朝佛典里的特殊疑问词》,《语言研究》第1期,75—83、117页。
——— 1992b 《试论佛典翻译对中古汉语词汇发展的若干影响》,《中国语文》第4期,379—385页。
——— 1993 《汉译佛典语文中的原典影响初探》,《中国语文》第5期,379—385页。
——— 2001 《佛教混合汉语初论》,《语言学论丛》第24辑;又载遇笑容、曹广顺、祖生利主编《汉语史中的语言接触问题研究》,北京:语文出版社,2010年,232—255页。
竺家宁 2005 《中古佛经的“所”字构词》,《古汉语研究》第1期,68—75页。
祝敏彻 1959 《先秦两汉时期的动词补语》,《语言学论丛》第2辑,北京:商务印书馆,17—30页。
祖生利 2002 《元代白话碑文中助词的特殊用法》,《中国语文》第5期,459—472页。

Baker, P. & A. Syea (eds.). 1995 Changing Meanings, Changing Functions: Papers Relating to Grammaticalization in Contact Languages. (*Westminster Creolistics Series*, 2.) London: University of Westminster Press.
Bennett, Paul. 1981 The evolution of passive and disposal sentences. *Journal of Chinese Linguistics*, 9(1): 61—90.

Harhsmeier, Christoph. 1989 The Classical Chinese Modal Particle yi. Proceedings of the Second International Conference on Sinology, *Section on Linguistics and Paleography*, Taipei, Academia Sinica, 475—504.

Heine, B. & T. Kuteva 2003 On Contact-induced Grammaticalization. *Studies in Language*. 27(3):529—572.

Johanson, Lars. 1998 Code-copying in Irano-Turkic. *Language Sciences*, 20, 3:325—337.

后　记

本书是笔者在博士后出站报告《〈妙法莲华经〉虚词研究》(中国社会科学院语言研究所,2005 年)的基础上,增加句法部分的内容而完成。早在 2004 年,本人曾出版过《姚秦译经助词研究》一书。这两本书都是关于汉译佛经语法研究的著作。《姚秦译经助词研究》是专题研究,此书则是专书研究。本书以佛教经典《法华经》为研究对象,运用梵汉对勘的方式,将所有语法现象进行描写。目的是为了从《法华经》入手,研究汉译佛经语法的面貌和基本特征,为魏晋南北朝汉译佛经语法研究和整个中古汉语语法史研究打下基础。

本书通过对《法华经》中词法和句法的使用情况进行描写,展示《法华经》中词法和句法的语法特征。对于《法华经》中特殊的语法现象,本书列举部分梵汉对勘的材料,以此体现佛经翻译与汉译佛经语法之间的关系。

本书可分为三个层次:第一个层次是介绍与《法华经》语法研究有关的基本情况,包括鸠摩罗什的经历、《法华经》梵、汉版本以及《法华经》语言特征等。第二个层次是对《法华经》中的词法和句法进行描写,同时运用对比的手法,将《法华经》与中土文献进行对比,以此展现《法华经》中的语法特征。又运用梵汉对勘的方法,将汉译佛经与其梵文佛经进行对勘,以此揭示汉译佛经中因为原典佛经翻译而产生的特殊语法现象的根源。还有，充分运用当代语法化理论和接触语言学理论，以此分析汉译佛经中因为语言演变和语言接触而产生的特殊语法现象的动因。第三个层次是对《法华经》中语法特征的归纳和总结。

本书的写作方法：a. 历史描写法。遵循语言的历史观，把《法华经》中的各语法现象放到历史语法演变的大环境中进行描写，客观地表现出《法华经》中各语法现象的历时地位。b. 共时比较法。把《法华经》中的各语法现象与同期中土文献进行比较，展现《法华经》中各语法现象的共时特征。c. 梵汉对勘法。将《法华经》中特殊的语法现象与其原典梵文进行对勘，探求其特殊语法现象产生的根源。d. 理论指导法。以接触语言学理论和语法化理论为指导，对《法华经》中因语言接触和语法演变而造成的语法现象进行分析。

本书的写作，得到了我的博士后导师曹广顺先生的悉心指导。在此，我深表感谢。我还要感谢我的导师李维琦和蒋冀骋两位先生，是他们引领我走上语言学学术之路。佛语云："勤修净业，图报信施之恩。"我只有在学术上努力探索，积极进取，以此来报答导师的教诲之恩。感谢中国社会科学院语言所江蓝生、沈家煊、白维国、刘丹青、张伯江、方梅、吴福祥、杨永龙、赵长才、祖生利、李明诸位师友以及所里其他同仁，是他们在我博士后工作期间关心我、支持我。感谢北京大学东语系段晴先生，是她教授了我梵文知识。感谢美国加州大学圣塔·芭芭拉分校遇笑容先生，感谢北京大学胡敕瑞和陈明、中国人民大学朱冠明等同仁，在梵语学习期间对于梵汉对勘有关问题的探讨。感谢商务印书馆周洪波先生对本书出版的大力支持。感谢我的家人，是他们一直以来在学术上支持我，在生活上照顾我。

古人做学问，“十年磨一剑”。从事汉译佛经语法研究也是如此，需要研究者具有一定的素养，需要有扎实的汉语历史语法知识，需要有读懂汉译佛经经文及其原典梵文的能力，还需要掌握语言接触和语言演变的当代语言学理论知识。本文的撰写，虽历时十年，但也仅是本人在汉译佛经语法研究方面的一种尝试。“一经果能通，则诸经可旁及。”我撰写《妙法莲华经》语法研究的初衷，就是想为将来撰写整个汉译佛经语法研究专书做铺垫，但愿如此。

“文章千古事，得失寸心知。”限于本人学识，书中讹误在所难免，敬请海内、外专家、学者批评指正。

龙国富

于中国人民大学文学院

2012年8月